地方税務職員のための

事例解説
税務情報管理とマイナンバー

地方税事務研究会 ［編著］

ぎょうせい

は じ め に

　本書は、平成11年3月に発刊した『情報公開時代の地方税務とプライバシー』を、その後の税制改正や「個人情報の保護に関する法律」の施行などにより内容を改訂した『事例解説　地方税とプライバシー』(25年4月改訂版) を基に作成したものです。発刊以来、いずれの図書も地方税実務の中で幅広く活用していただき、多くの読者の皆さんの賛同を得てきました。

　本書の主題のように税務におけるプライバシーの保護、特に税務職員の皆さんが日々実務の中で体験する、いわゆる税法上の守秘義務について身近な事例や、現実に窓口でどのように取扱いをした方がよいかなど、その処理の仕方に苦労した事例を取り入れて説明しておりますから本書を活用された多くの皆さんから貴重なご意見や激励など好評をいただいてきました。

　このような状況の中で、国として長年の懸案であった個人番号に関する法律、「行政手続における特定の個人を識別するための番号の利用等に関する法律」(マイナンバー法) が施行されたことによりまして、税務における守秘義務との関係がどのようになってくるかという新たな課題が生まれてきました。

　同法は、社会保障、税及び災害の分野において利用することとされており、個人番号を通してあらゆる情報が判明するため国民の行う手続等が簡素化されるといわれております。この個人情報を使用するのは行政機関及び地方公共団体等に限定され、さらにその使用する業務等につきましても一定の制限が設けられております。

　それでは、このマイナンバー法において個人の所得・資産はどうなっているか、また税の納付状況はどうか、特に税法上の守秘義務との関係はどうなるかという基本的な疑問が湧いてきます。

　このため、当研究会のスタッフが全国的に開催されている税務職員研修会等で講演している時などの質疑におきましても同法と税務の守秘義務との関係はどうなっているのかという話題が多く、問題として提起されております。これまでの前掲書の解説では説明できない実態が現実に実務の中

i

で生じておりますから研修生等からもマイナンバー法との関係を解説して欲しいという強い要望が数多く出されてきております。

　こうした大きな関心を持っていただいている機会を捉え、税務を取り巻く状況に見合う解説や説明などが新たに必要であると考えまして前掲書を書き改め、ここに本書を刊行した次第です。

　今後とも旧版にも増して日常の税務事務に活用されることを期待しております。

　おわりに、刊行にあたっては、横浜市の税務行政の推進に尽力されてきた江間利男（当研究会副代表）及び北野信行（同）が実務の状況を捉えてまとめのために尽力されたことを記しておきます。

　　令和元年7月

地方税事務研究会代表

尾 澤 詳 憲

目　　次

はじめに

第Ⅰ部　総　　論

1　税務窓口の現場 …………………………………………………… 2
2　守秘義務の基本的な考え方 ……………………………………… 4
3　守秘義務が解除される基準 ……………………………………… 7
4　証明等の事務に関する基本的な考え方 ……………………… 14
5　個人情報保護制度の基本的な考え方 ………………………… 15
6　マイナンバーと守秘義務 ……………………………………… 27
　1　マイナンバー制度の要点 …………………………………… 27
　2　個人番号の利用と特定個人情報の提供 ………………… 35
　3　情報連携と守秘義務―情報提供 NWS の課題 ………… 42
　4　公益上の必要がある場合の情報提供 …………………… 67
　5　本人確認の留意事項 ………………………………………… 71

第Ⅱ部　事例解説

1　情報公開・個人情報保護制度と税務関係資料の開示 ……… 82
2　原付バイクのナンバーと所有者 ……………………………… 92
3　家族の課税証明書は交付できるか …………………………… 99
4　税務調査と納税者の協力 …………………………………… 104
5　下水道使用料滞納者に対する納税状況の照会 …………… 114
6　証明窓口での本人確認の方法 ……………………………… 121
7　上司・同僚と守秘義務 ……………………………………… 131
8　嘱託員による税務証明書の発行 …………………………… 137
9　公正な裁判の実現とプライバシー ………………………… 143
10　通称名での納税通知 ………………………………………… 151
11　預金照会と銀行秘密 ………………………………………… 158
12　税務調査と滞納者のプライバシー ………………………… 165
13　税務訴訟における立証活動とプライバシー ……………… 171

iii

目　　次

14　滞納整理と調査の相手方 …………………………………… 178

15　捜査機関からの照会と私人の秘密 ………………………… 185

16　郵便による税務証明の請求と電話による照会 …………… 193

17　会計検査院の検査と課税台帳の閲覧 ……………………… 199

18　特別徴収義務者の守秘義務 ………………………………… 206

19　マイナンバーの提供における電話での本人確認 ………… 209

20　生活保護法24条による庁内連携 …………………………… 217

21　固定資産課税台帳の閲覧とマイナンバー ………………… 228

22　証明等窓口の安全管理措置 ………………………………… 238

第Ⅲ部　資　料　編

1　照会・証明請求等に応じることを許容していると認めら
れる法律（例） ……………………………………………… 248

2　照会・証明請求等に応じることを許容していないと認め
られる法律（例） …………………………………………… 250

3　証明請求者とその確認方法 ………………………………… 251

4　証明窓口での本人確認関係書類 …………………………… 252

5　行政通達等・実例 …………………………………………… 254

(1)　原動機付自転車に係る所有者情報の取扱いについて（平
成17年3月29日総税企第70号） …………………………… 254

(2)　原動機付自転車等に係る使用者関係情報の取扱いについ
て（平成18年7月20日総税企第161号） …………………… 257

(3)　地方税法第22条と公営住宅法第23条の2の関係等につい
て（昭38・3・22建設省住発第62号） …………………… 259

(4)　市民税の納税義務者名について（『市町村税実務提要』自
治省市町村税課編） ………………………………………… 263

(5)　預貯金等の税務調査に対する協力について（昭和26年10
月16日蔵銀第5364号） ……………………………………… 263

(6)　地方税に関する事務に従事する職員の守秘義務について
（昭和49・11・19自治府第159号） ………………………… 265

(7)　事件記録等の閲覧および謄写に関する事務の取扱いにつ
いて（昭和43年9月9日付最高裁総三第45号） ………… 265

(8)　秘密漏えいに関する罪について（昭40自治大税務別科質

目　　次

疑回答）……………………………………………………………… 266

(9)　納期内完納者に対する報奨金について（昭26・10・11地
　　財委税第1749号）…………………………………………………… 266

(10)　個人情報の保護に関する法律についてのガイドライン
　　（平成28年11月30日個人情報保護委員会告示第6号）（抄）
　　………………………………………………………………………… 267

(11)　特定個人情報の適正な取扱いに関するガイドライン（行
　　政機関等・地方公共団体等編）平成26年12月18日（平成
　　30年9月28日最終改正）個人情報保護委員会（抄）……… 268

(12)　訴訟物の価額の算定のための資料として添付すべき固定
　　資産の価格に関する証明書の交付について（昭55・7・
　　2自治省税務局固定資産税課長内かん）………………………… 277

(13)　宅地建物取引業者の固定資産課税台帳の閲覧及び評価証
　　明書の交付について（平成3年3月19日自治固第16号）………… 279

6　判　　　例…………………………………………………………………… 281

(1)　民法761条は、夫婦が相互に日常の家事に関する法律行為
　　につき他方を代理する権限を有することをも規定してい
　　るものと解すべきである。（昭和44年12月18日最高裁第一
　　小法廷判決昭43(オ)971）………………………………………… 281

(2)　夫婦が長期間別居し、生計を異にし、夫婦の共同生活は
　　破綻に帰していた場合には、夫婦の日常の家事に属する
　　行為はありえない。（昭和49年10月29日大阪高裁判決昭44
　　(ネ)第1312号）……………………………………………………… 281

(3)　別居中の配偶者に課税証明書を発行した行為、判断は、
　　やや慎重さを欠く面があったことは否定できず、今後、
　　その取扱を一層慎重にしなければならないというべきで
　　あるが、本件証明書の発行手続にかんがみれば、これが
　　直ちに不法行為法上又は国家賠償法上も違法であるとま
　　で評価されるものではない。（平成19年5月9日横浜地裁
　　判決、平成18年(ワ)第3379号）…………………………………… 282

(4)　公営住宅法第21条の2に基づく割増賃料徴収のため、事
　　業主体の長に地方税の課税台帳を閲覧させた行為が地方
　　税法第22条にいう「事務に関して知り得た秘密をもらし、
　　又は窃用した場合」に当たらない。（昭和45年1月29日大
　　阪高裁判決昭44（行コ）第2号）………………………………… 282

(5)　区長が弁護士法第23の2に基づく照会に応じて前科及び
　　犯罪経歴を報告したことが過失による公権力の違法な行
　　使に当たる。（昭和56年4月14日最高裁第三小法廷判決昭
　　52(オ)第323号）…………………………………………………… 283

ⅴ

目　次

- (6) 戸籍上の氏名が漢字のみによって表示されている納税者の氏名の称呼をかな文字で表わして納税者の氏名として納税通知書等に記載することも、当該納税者の特定に欠けるものでない限り、処分の効力には何らの影響も及ぼさない。(昭和49年1月28日東京地裁判決昭46(行ウ)第228号) ……………………………………………… 284
- (7) 所得税法234条による質問検査の範囲、程度、時期、場所等実定法上特段の規定のない実施の細目は、権限ある税務職員の合理的な選択にゆだねられているものである。(昭和48年7月10日最高裁第三小法廷決定昭45(あ)第2339号) …………………………………………………… 284
- (8) 国家公務員法100条1項にいう「秘密」とは、非公知の事項であって実質的にもそれを秘密として保護するに値すると認められるものをいい、国家機関が形式的に秘扱の指定をしただけでは足りない。(昭和52年12月19日最高裁第二小法廷決定昭48(あ)第2716号) …………………………… 285
- (9) 民事訴訟法220条四号ロの「公務の遂行に著しい支障を生ずるおそれがあるもの」については、当該文書の記載内容に照らして具体的に著しい支障が生じる可能性が認められることが必要であり、今後の同種事件への事実上の影響が懸念されるという程度のものは該当しない。(平成16年5月6日平成16年東京高裁判決(行ス)第26号) ………286
- (10) 郵便法上の守秘義務を負う被控訴人が弁護士法23条の2第2項に基づく照会の報告を拒絶する正当な理由があるか否かは、照会事項ごとに、報告することによって生ずる不利益と報告を拒絶することによって犠牲となる利益を比較衡量することにより決せられるべきである。照会事項のうち、①郵便物についての転居届の提出の有無、②転居届の届出年月日及び③転居届記載の新住所(居所)については、報告を拒絶する正当な理由がないが、④転居届に記載された電話番号については正当な理由がある。(平成29年6月30日名古屋高裁判決平成28年(ネ)第912号) …………286

7　関係法令　　　　　　　　　　　　　　　　　　　　288

8　用語索引　　　　　　　　　　　　　　　　　　　　342

第 I 部　総　　論

第 I 部　総　論

1　税務窓口の現場

　税務における守秘義務の基本的な考え方について解説する前に、守秘義務に関連して窓口はどのような現状にあるか、窓口行政の問題について見てみよう。

　窓口行政というのは具体的な状況が数多く、応急的な解決を迫られることが多いので、理論化するのは難しい。窓口を通じて市民生活と税務行政というテーマについて考えていくと、そこでの問題は、どうすれば税務情報を適正に管理することと窓口での事務処理を円滑に行っていくこととの両立が図れるか、という課題に突き当たる。つまり親切な窓口行政を心がけようとすれば、それだけ市民社会の中での個人の私生活の安全、特に個人情報の管理をゆるやかに運営しないと窓口対応がうまくいかないというような現状がある。逆に市民の私生活情報の保護を尊重し、個人情報の管理を徹底しようとすれば、外部とのコンフリクト、外部からのリアクションは避けることはできない。これは税務行政の担当者としては、換言すれば、いわば外圧とも感じられるものである。このような外部からの反応には、市民からのものと官公署からのものがある。

1　市民サイドのリアクション

　外部からのリアクションの一つは、市民サイドからのものである。

　市民サイドからは、違法駐車に悩む住宅の管理人や滞納している法人を取材するためのマスコミ等からの開示請求のほか、親族や法人の従業員、代理人から証明請求を行った際に税務窓口で身分確認が求められることに対する感情的な反発などによるものがある。

　例えば、親子なのに身分証明書を提示しないと証明書を発行しないのは何故か。法人の所在証明などは従業員でも代理人でも自由に発行してよいのではないか、法人の所在にどのような秘密があるというのか等々である。

　親子といえども未成年者は別として独立の人格である以上に証明書の発行に対しては本人の同意を必要とすると考えるのが税務情報管理の基本であるが、これを認めようとしない請求者がいる。法人市民税申告書からの

2

情報は税務に関する情報であり、会計学上ディスクロージャー、アカウンタビリティが論議されているとしても、現行法上法人・企業情報は税法上の秘密と解されるものである。

このような市民との接点においてトラブルが生じるのは、根底には税務当局との間にプライバシー、あるいは個人情報（法人を含む。）に対する認識のずれがあるためである。市町村の窓口で、プライバシーを重視した対応が実際にはとりにくいのは、福祉をはじめサービス行政を行う市町村長はただ一人であり、その顔から硬軟両方の行政を行わなければならないこともあり、個々の市民にはなかなか理解してもらえないという実情があるからである。

プライバシーに対する社会的なルールが確立されていればともかく、プライバシー概念そのものも未だ十分に確立されたものでないわが国の現状において、個人のプライバシーを守りつつ、親切で市民常識に適った税務行政を行うというのは案外困難な課題なのである。

窓口のトラブルに対する対応は、税務職員が行うことになるが、その際はまず法律を頭に入れ、身分確認を行い、開示に慎重なのは何よりも納税者の利益を守るためであること、また、税務調査が私人のプライバシーを放棄させるものであることから、この結果収集された情報の管理にはやむを得ない制限があることを市民に説明して理解を得る必要がある。

2 官公署サイドのリアクション

こちらは市民サイドと違って、本人確認ということはあまり問題とされない。

むしろ困るのは、行政目的を実現するため、それぞれが一様に「公益」という旗印を掲げて開示を迫ってくることである。官公署という以上、私益のための請求であるはずはない。それゆえ、いずれの官公署も公益を基本とした行政を行っており、その公益上の理由を掲げてくる。公益というだけで開示をしていたのでは、市民生活は官公署の前に裸同然で立ちつくすに等しい結果となる。個人情報、プライバシーを守るというのは税務以外の目的にそれらの情報が使用されないということ、すなわち、納税者と税務当局との信頼関係の上に立って課税関係が成り立っているものであるのだから、公益というだけの理由で例外とすることはできないのである。そして、官公署サイドにおいてもそのことを理解してもらうのは、市民と

第 I 部　総　　論

同様困難で、対応に苦慮することが少なくない。

　だが、このような実際上の対応とは別に、税務行政が真に納税者の信頼の下で運営されるためには、守秘義務について基本的な認識をもつことが必要である。

2　守秘義務の基本的な考え方

　そこで、以上のような市民や官公署サイドからいろいろな事情があるにもかかわらず、簡単には開示が許されないのはいかなる考え方によるものか、税法（地方税法（以下本稿において「法」という。）22条）において、守秘義務が設けられている趣旨はどのようなものか見てみよう。

1　税務職員の職業モラルと法

　税法上の守秘義務というのは、納税者である個人（法人を含む。）から入手した情報は、情報提供者との信義に照らし、その者の許諾のない限りこれを明らかにしないという、法以前の極めて常識的なモラルを背景に成立している。

　これに理屈をかぶせると、税法上の守秘義務は、一般公務員法上のそれに比べて罰則が重いから、より税務上の個人情報を重視した運用が求められているとか、あるいは、質問検査権をバックに行われる税務調査によって、私人はプライバシーを放棄したとみなされる（知られることについて受忍義務がある）ことの代償として税務職員は提供された情報を外部に漏らさない義務を負うとか、こういった説明が行われることになる。講学的には、「租税情報開示禁止原則」というように表現されている（金子宏著『租税法』第18版（弘文堂）、739頁）。要するに平たく言ってしまえば、それは税務という職業モラルのことになるし、これを守らないことには、納税者の信用を失い、ついには相手にされなくなってしまう懸念もある。

　そうしたモラルを超えて地方税法上、守秘義務が定められているのは、税務というのは何といっても公会計の中心であり、いわば財政の屋台骨ともいうべきものであるから、ここが潰れた時には、市民のための様々な行政施策を云々しても始まらないというわけがあるからである。

　したがって、法22条の大本はモラルではあるが、これを罰則という法形

4

式にしたのは、つまるところ税務行政秩序を維持し、確保するためと考えることができるであろう。

そうすると、このことはプライバシーの保護とは、表裏の関係になる。つまり、プライバシーを守ることは税務行政を守ることに、税務行政を守るためにはプライバシーに対する十分な理解とデリカシーを必要としているという関係に立つのである。

2 租税情報開示禁止原則

以上のことを税法に即して条文を照らし合わせながら、もう少していねいに見てみよう。

(1) 地方公務員法と地方税法

地方公務員である税務職員は、地方公務員法において「職務上知ることができた秘密を漏らしてはならない」とされ、その違反に対しては1年以下の懲役又は3万円以下の罰金に処することとされている（地方公務員法34条1項、60条2号）。他方、地方税法は「地方税に関する調査…に関する事務又は地方税の徴収に関する事務に従事している者又は従事していた者がこれらの事務に関して知り得た秘密を漏らし、又は窃用した場合においては、2年以下の懲役又は100万円以下の罰金に処する」（法22条）こととして、地方公務員法の罰則に加え、さらに罰則が加重されている。

(2) 秘密の意義

秘密とは、一般に個人又は法人の生活や活動に関する事実のうち、一般に知られておらず、他人に知られないことについて客観的に相当の利益を有すると認められる事実をいうものと解されている。

税務に関する申告書、課税台帳及び収納簿等の諸帳票の記載事項は一般的には納税者等の秘密に属する事項と認められ、法律上これを開示することが認められている場合を除き、本人以外からの請求には応じることができないものと考えられるものである。

(3) 二つの守秘義務

地方公務員法では、一般職の地方公務員は在職中、退職後を問わず、職務上知ることができた秘密を漏らすことを禁止され、「職務上知り得た秘密」とは、公務員の職務上の秘密＝行政庁の秘密（公的秘密）のみでなく、公務員がその担当する職務を遂行するうえで、職務上知ることができた私人の秘密（私的秘密）を含むものとされている。一方、法22条は「これら

第Ⅰ部　総　　論

の事務に関して知り得た秘密」を漏らすことを禁止しており、これは専ら税務調査に関して知り得た納税者等の秘密をいうものとされている。

地方公務員法34条において、地方公務員がその職務上知り得た秘密を漏らした場合の秘密漏えい罪が重ねて規定されているが、これはこれらの規定がそれぞれ保護しようとする主体及び目的が異なることによるものである。

すなわち、地方公務員法は地方公共団体の内部規律を定めた法規であり、同法34条1項は地方公務員が地方公共団体に負うべき義務を定めたものである。ここにいう秘密とは、前述のとおり職務上知り得た私人の秘密も含まれるのであるが、地方公共団体の事務においてその執行上外部に公表することが望ましくない事実、すなわち、これを公表することによってその執行を困難にし、又は住民の信託を裏切る結果を生じる秘密＝公的秘密（入札予定価格等）を主に保護するために設けられたものといえる。

一方、地方税の賦課徴収をするにあたっては、その事務の性質上私人の所得や財産の状況等を調査することがあり、納税者等からの申告、報告又は質問検査権の行使によって納税者等の秘密を知ることとなる。法第22条はこの税務調査によって知り得た納税者等の秘密を保護し、あわせて地方税の賦課徴収を円滑に行うことを目的としているものである。また、このような点から税務調査上知り得た納税者の秘密に関しては、地方公務員法より罰則を加重することにより一層手厚く保護しているものである。

(4)　税務上の秘密

地方税に関する職務上の秘密のうち、収入金額、所得金額及び税額等は、地方公務員法34条1項及び法22条のいずれにも該当し、滞納者名及び滞納税額の一覧等は、地方税に関する調査に関する事務に関して知り得たものではないので、法22条の「秘密」には該当しないが、地方公務員法34条1項の「秘密」に該当するものと考えられている（「地方税に関する事務に従事する職員の守秘義務について」昭和49年11月19日自治府第159号）。いまこの関係を図示すると図Ⅰ-1のとおりとなる。

(5)　税務調査と受忍義務

地方税の調査に従事する者は、その職務を遂行する過程において納税者の行う申告若しくは報告又は質問検査権の行使により、納税者及びその他の私人の秘密（以下「納税者等」という。）を知ることができるものであり、また、納税者等はこれを地方税の賦課徴収上必要なものとして受忍しなけ

ればならない、いわゆる受忍義務を負う関係に立つものである。

税務調査の権限は地方税の賦課徴収を行うためにのみ認められた権限であるから、これによって得られた納税者等の秘密は外部に漏れないよう厳格に守られなければならない。

また、納税者等の秘密が容易に漏れるようでは納税者等の税務行政に対する協力は得にくいものとなる。このような点から税務職員

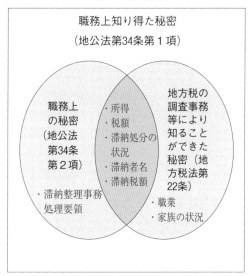

図Ⅰ-1　秘密に関する概念図

に対しては、地方公務員法とは別に納税者等の秘密を保護する規定が設けられている。税務に関して租税情報開示禁止原則が唱えられるのはこのような趣旨からである。

その結果、税務窓口では、市町村税に関する証明や閲覧さらに照会事項については受付やこれに伴う事務を行っているが、法律により証明請求等に応じることを適法として許容されている場合を除き、納税者本人以外の者からの請求に応じることは、納税者の秘密保護の点から禁止されており、その取扱いは特に慎重に行うことが求められていることになるのである。

3　守秘義務が解除される基準

租税資料は不開示が原則であるが、例外に当たる場合として、法律により開示請求を適法なものとして許容される場合と納税者本人からの開示請求があった場合ということになる。納税者本人からの開示請求の場合は別として、法律により開示請求を適法なものとして許容される場合については、どんな場合に許容されているか、言葉を換えれば、守秘義務について

第Ⅰ部　総　　論

解除が認められる場合はどのような場合か、それについて何らかの基準を立てるとしたらどのようなものがあるかということになる。これは守秘義務の解除の条件に関する解釈の問題である。

　解除の基準については、本書ではしばしば、開示請求を適法なものとして許容したと認めるに足る法律の規定がある場合であるという言い方をしている。これは、昭和38年に出された内閣法制局第一部長回答（昭和38年3月15日内閣法制局1発第6号〔資料編260頁参照〕）中に同旨の表現があり、ここから判断基準の一つを抽出しているものであるが、もとより様々な事例全てに対応するオールマイティな基準というものは存在しない。個々の事例に当たり一つ一つ考え方の合理性を検討するほかない。

1　守秘義務解除に関する4つのタイプ

　以上の観点から、様々な事例について、それぞれ共通する事項ごとに分けて、その適用すべき基準を分類すると、これには4つのタイプがある。

第1　直接規定型

　これは、法自らが直接的に開示に関する明文規定を置いている場合である（図Ⅰ-2-1参照）。

　ちょっと法令を見てみよう。このような場合に該当する条文として民事執行法第18条がある。

民事執行法第18条（官庁等に対する援助請求等）

> 1　民事執行のため必要がある場合には、執行裁判所又は執行者は、官庁又は公署に対し、援助を求めることができる。
> 2　前項に規定する場合には、執行裁判所又は執行官は、民事執行の目的である財産（財産が土地である場合にはその上にある建物を、財産が建物である場合にはその敷地を含む。）に対して課される租税その他の公課について、所管の官庁又は公署に対し、必要な証明書の交付を請求することができる。
> 3　前項の規定は、民事執行の申立てをしようとする者がその申立てのため同項の証明書を必要とする場合について準用する。

　所管の官庁又は公署に対し、必要な証明書の請求ができると定めるものだが、民事執行の対象である財産が不動産である場合、ここでの「租税その他の公課」は、一般には固定資産税であり、ここでの証明書はいわゆる「公課証明書」のことである。必ずしも固定資産税の課税証明書とは一致

しない。執行対象財産に関する公課であるから、厳密には当該財産に対する「課税相当額」を証明するものにほかならない。

いずれにしても、財産を特定した上での公課証明の請求である限り、これに応じることは法自らが認めているものであり、守秘義務に抵触する

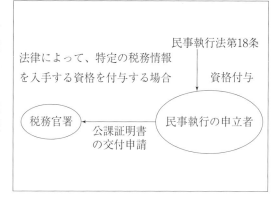

図Ⅰ－2－1　直接規定型

ものではない（詳しくは「事例15　捜査機関からの照会と私人の秘密」参照のこと。）。

第2　他法解除型

これは、開示の拒否によって税務職員に対するペナルティが課される場合である（図Ⅰ－2－2参照）。

この場合にあたる条文として刑事訴訟法144条がある。

刑事訴訟法第144条（公務上秘密と証人資格）

> 公務員又は公務員であった者が知り得た事実について、本人又は当該公務所から職務上の秘密に関するものであることを申し立てたときは、当該監督官庁の承諾がなければ証人としてこれを尋問することはできない。但し、当該監督官庁は、国の重大な利益を害する場合を除いては、承諾を拒むことができない。

刑事訴訟法第161条（宣誓証言の拒絶と刑罰）

> 1　正当な理由がなく宣誓又は証言を拒んだ者は、10万円以下の罰金又は拘留に処する。
> 2　前項の罪を犯した者には、情状により罰金及び拘留を併科することができる。

証言拒否ができる場合として「国の重大な利益を害する場合」が掲げられており、一般には証言拒否権はないと考えるのが相当である。税務職員を中心に考えると、一方において税務職員は守秘義務があり、他方におい

て証言義務があり、いずれも義務違反に対しては、罰則の制裁が定められている場合である。この場合は端的に法22条の守秘義務は刑事訴訟法によって解除されているものと考えるべきであろう。窓口問題で問題とされることはないと思うが、守秘義務の例外の一つのタイプとして覚えておくとよいと思う。

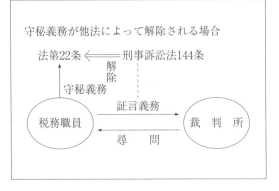

図Ⅰ-2-2　他法解除型

第3　相対的秘密型

　これは、法律解釈上請求の対象となった事項を開示することが「秘密」を漏らしたことにはならないと考えられる場合である（図Ⅰ-2-3参照）。

　もともと秘密でなければ法22条は適用がなく、ここで問題とすることではない。

　秘密とは、前述のとおり、広く世間に知られていない事項で、知られないことについて本人に相当の利益が認められる事項という二つの要件にまとめることができる。

　したがって、問題となるのはこの二つの要件をいずれも備えていて、なお特定の場合について「秘密」を漏らしたとは考えられないか、または「秘密」と考える必要がない場合のことである。

　この典型的な条文に公営住宅法34条（旧法23条の2）がある。

　先ほどの内閣法制局第一部長回答は、この条文に関して示されたものであった。ここでの考え方の要旨は次のようなものである。

　公営住宅法34条は、「事業主体の長は、第16条第1項若しくは第4項若しくは第28条第2項若しくは第4項の規定による家賃の決定、第16条第5項（第28条第3項若しくは第4項又は第29条第9項において準用する場合を含む。）の規定による家賃若しくは金銭の減免、第18条第2項の規定による敷金の減免、第19条（第28条第3項若しくは第4項又は第29条第9項において準用する場合を含む。）の規定による家賃、敷金若しくは金銭の徴収の猶予、第29条第1項の規定による明渡しの請求、第30条第1項の規定によるあっせん等

又は第40条の規定による公営住宅への入居の措置に関し必要があると認めるときは、公営住宅の入居者の収入の状況について、当該入居者若しくは雇主、その取引先その他の関係人に報告を求め、又は官公署に必要な書類を閲覧させ、若しくはその内容を記録させることを求めることができる。」

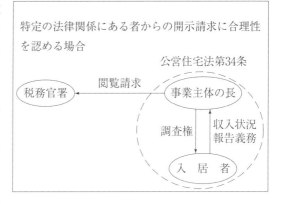

図Ⅰ－2－3　相対的秘密型

と規定しているが、実質的には入居者に対して事業主体の長の求めに応じて報告すべき義務を課したものであり、同条に定める措置に関し、必要と認められる限りにおいては、入居者の収入状況は、事業主体の長に対する関係においては秘密であってはならず、むしろ事業主体の長に知得させなければならないものである。

　他方、同条は公営住宅の入居の措置に関し必要があるときは、官公署に必要書類を閲覧させ、その内容を記録させることを求めることができると規定し、これによって入居者の収入状況を知得したとしても、本来知得すべき事項を知得しただけのことであって何等不合理はないのである。従って、公営住宅法34条の規定は、市町村民税の課税台帳の記載であって地方税法22条の「これらの事務に関して知り得た事実」に該当するものを市町村長が公営住宅の事業主体の長に閲覧させることを許容する趣旨を有するものといわざるをえない。

　要するに、一定の給付を行う者が受給者に対し一定の事項（例えば収入、所得、世帯構成等）について報告義務を定め、かつ、当該事項について調査権を有する場合、当該事項はこの関係者間では秘密でなくなるから、秘密でない事項について、税務官署が開示したとしてもなんら秘密を漏らすことにはならないという論法である。

　ここで、実務を執行するサイドから特記したいことがある。

　介護保険法が制定されてから、この第3の類型に準じた解除型ができていることである。

第Ⅰ部　総　　論

　それは、公営住宅法の入居者のように自ら収入状況を事業主体に報告するものではなく、介護保険の保険者である市町村は、介護保険法202条1項の規定により保険料に関して必要があると認めるときは被保険者及びその世帯員に対して文書の提出等を命じ、又は質問することができることとされており、さらに同法203条の規定により官公署に対しては被保険者等の収入状況等について資料の提供等を求めることができることとされている。この場合において、同法214条の規定により被保険者が202条の文書の提出や質問等に応じなかった場合には、保険者は罰則を適用するという仕組みである。

　このように被保険者が、直接保険者である市町村に自ら収入状況を報告するのではなく、法律により資料の提出や質問等に応じなければならないという義務が発生したことになり、保険者と被保険者との間では秘密関係がないというものである。

　したがって、同法203条の規定により保険者である市町村の介護保険担当から税務当局に対して被保険者の収入状況等の照会等があった場合に、これに応じても秘密を漏らしたことにはならないことになる。

　このような型で、秘密関係を解除する例は、国民健康保険法、国民年金法等がある。

第4　法益均衡型

　これはいわゆる法益均衡論によって、秘密事項の開示が違法とされない場合である（図Ⅰ-2-4参照）。

　法22条は、個人のプライバシーをその保護法益として、その違反に対する制裁を定めるものであるが、この法益に対する侵害が全て違法な行為となるものではない。他の法益が優先し、結果的に守秘義務違反という違法性が否定される場合があるのである。代表例としては、次のような通達がある。

　「滞納者名及び滞納税額の一覧であっても、納税者等の利益を保護し、行政の円滑運営を確保するため、公表すべきでないことは勿論であるが、議会の審議の場においてその開示を求められた場合においても、原則として、開示すべきではないものであり、議会から地方自治法100条等の規定に基づきその開示を求められた場合においては、議会の審議における必要性と納税者等の利益の保護、行政の円滑な運営確保の必要性とを総合的に勘案した結果、その要請に応ずべきものと判断したときを除き、開示すべ

きものではないものであること。なお開示する場合であっても、議会に対し秘密会で審議することを要請する等適切な配慮をすること。」(昭和49年11月19日自治府第159号自治省税務局長通達〈資料編265頁参照〉)

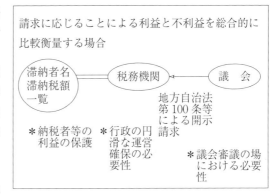

図Ⅰ-2-4　法益均衡型

　この法益均衡論は、とかく硬直化しがちな守秘義務を弾力的に運用することに通じると同時に、恣意的、ご都合主義的に運用される危険を常に持っているということができる。したがって、法益均衡論が適用される場合かどうか十分かつ慎重な検討が必要である。

　第Ⅱ部では、「事例2　原付バイクのナンバーと所有者」、「事例11　預金照会と銀行秘密」(ただし、ここでは徴税機関のものではなく、銀行側の銀行秘密義務の解除の理由としている。)「事例15　捜査機関からの照会と私人の秘密」等の各項目において必要に応じてこの法益均衡論の適用及びその際の注意点を論じているので参照してもらいたい。

　以上を要約すると、守秘義務の置かれた趣旨は、プライバシーの保護である以上に税務行政秩序の維持にあると考えることが、税法の目的に適った解釈である。

　また、守秘義務の例外として四つのタイプを掲げたが、特に事例が多いのは、第3のタイプであり、納税者と閲覧・証明請求者との間には秘密関係がなくなっているなどのケースが、福祉関係立法に多くその例を見出すことができる。

　窓口行政というのはどちらかというと地味な分野であるが、ここが納税者・市民との直接の接点となり、初期対応の是非にかかわる重要なところであるので、単に窓口の機械化を進めるばかりでなく、市民サービスの向上とは何か、守るべき市民のプライバシーとは何かについて謙虚に自らを振り返って点検してみることが大事である。

第Ⅰ部　総　　論

4　証明等の事務に関する基本的な考え方

　税務における窓口で、通年的に事務の中心をなすものは照会、証明及び閲覧に関する事務である。

　この照会、証明及び閲覧事項は、国又は地方公共団体等からの照会や課税証明、納税証明、固定資産課税台帳登録事項証明に関する事務、あるいは同台帳の閲覧に関する事務と多岐に亘るものであるが、これらの照会等に対する基本的な考え方と注意点は次のとおりである。

① 　市町村税に関する証明のうち、法20条の10、382条の3、法施行令6条の21、法施行規則1条の9の規定により請求できることとされている事項については、その者に関する事項（法定納期限が請求する日の3年前の日の属する会計年度までの地方団体の徴収金に関する事項に限る。）について証明請求があった場合は、これを交付しなければならないものである。

　しかしながら、これら以外の事項（右記事項で3年前の日の属する会計年度前のもの）であっても市町村税の賦課徴収に関する処分の基礎となった事項で公簿等により確認できるものについては、証明することが適当であろう。

　これは、例えば所得に関する資料は市町村では住民税の賦課決定の際に、税務署では所得税の確定の際に、それぞれ課税の根拠として持っているが、それでは住民税のうち、市町村長が独自に決定したものは市町村で住民税の証明を、税務署長が認定した所得を基に行ったものであれば、税務署で所得の証明をというように分けて対応できるかというと、市町村が住民にとって身近で、かつ、基礎的なサービスの主体であることを考えるとむずかしい。

　この場合、税務署長が認定した事項であっても、それが市町村の課税台帳等の公簿に記録されているものである以上、自ら管理する公簿上の記録として証明することができるものであり、住民サービスの観点からも証明請求に応じることが適当なものと考えられるものである。

② 　同様に市町村税に関する閲覧事務についても、固定資産課税台帳の閲覧（法328条の2）を除き地方税法上閲覧を義務付けられたものではない

が、市町村の行政サービスの一環として、事務に支障のない限りこれに
応ずることが適当である。
③　国の各行政機関又は他の地方公共団体からの証明、閲覧及び照会につ
いては、原則として法律上守秘義務を解除したと認められる事項に限り
応じるよう注意が必要である。
④　市町村税に関する照会、証明及び閲覧事項は、市町村税の賦課徴収に
関し幅広く存在する事項であることから、証明等の内容及び目的を十分
確認し、その請求目的に即した事務を行うよう努めることが必要であ
る。また、これらの証明事項等は一般的に守秘義務に関する事項である
ことから、その取扱いに当たっては証明請求者の確認等に十分配慮する
とともに、秘密保護の点に重点を置きすぎ、不親切な対応により住民感
情を害することのないよう注意することも忘れてはならない。

5　個人情報保護制度の基本的な考え方

　平成17年の4月から国の個人情報保護制度が始まった。
　中核をなす個人情報保護法は、正式には個人情報の保護に関する法律
（平成15年5月30日法律第57号、以下「個人情報保護法」という。）といい、直接
には民間事業者を対象とするもので、企業活動などに対して個人情報保護
の観点からいろいろな制約を課している。このため個人情報にかかわるこ
との多いわれわれ税務職員においては、税務調査を行うときなど、この辺
を十分注意しながら、企業側からの反発など無用な混乱を生じないよう注
意しなければならない。
　そこで、個人情報保護制度を正しく理解することによって、税務を市民
に信頼されるよう運用していく、ここでは、そういった視点で、制度の概
要に触れてみたい。

1　背　景

　今日のような個人情報保護制度が必要とされる背景として、
　①　コンピューターの普及
　②　個人情報漏洩の実態
の二つがある。

第Ⅰ部　総　　論

　個人情報保護制度が必要とされる背景として、コンピューターの飛躍的な進化と普及によってもたらされた情報ネットワーク社会の成立がある。
　このことが、われわれの社会に大きな便益をもたらすとともに、私生活や個人の人格としての営みに対して侵害の脅威となってきている。
　私たちは多くの新聞やメディアの流す報道によって、何十万、何百万人分の個人情報が私たちの知らないところで売買されている現実を知るようになった。なぜこういうことが起こるのか。理由は簡単、著名人の情報や特定の人のプライバシーではなく、一般の多くの人の個人情報が売買という取引の対象になるようになったのだ。

2　個人情報漏洩の実態

　最近の報道等における主な個人情報流出事件を見ると、大手のコンビニ、インターネットプロバイダー、電気通信事業者、鉄道、会計事務所、警察、地方公共団体といった官公署等とほとんど全業種にわたる情報流出事件が毎月のように報道され、その形態もデータの外部委託業者の従事者による情報の持ち出し、ネットへの売却から社員が個人用のパソコンに入れて持ち出した顧客情報がネットを通じて流出したものまで多種多様なものに及んでいる。
　私たちの社会が便利さと引き換えに私生活の平穏（プライバシー）が危機に晒されているのを知ることができる。

3　個人情報とは何か

　個人情報の保護は、このような背景のもと、コンピューターの普及とともに、1970年代ころからOECDにおけるプライバシー保護8原則が勧告されるなど、その保護対策が検討されてきたものだが、その保護の対象となる「個人情報」をどのように定義するかについては、必ずしも意見が一致しなかった。
　個人情報保護の大本（おおもと）の理念は、私生活の平穏、つまりプライバシーを守ることにあるが、プライバシー概念そのものが定まらないこととプライバシー概念が主観的すぎて、法制化しにくいということがある。
　国の法律ができるまでは、個人情報保護制度についても、情報公開制度と同様に、地方公共団体の「条例化」が先行して普及したのであるが、条

例そのものがプライバシーをそのまま書き込むタイプと住所、氏名、性別、生年月日という特定個人が識別される情報を「個人情報」とする簡易な概念を立てるタイプとに分かれていた。結局運用のしやすさ等から簡易な「個人情報」の概念が主流となり、国の個人情報保護制度もこれに従ったものとなった。

「個人情報」とは、生存する個人に関する情報であって、「当該情報に含まれる氏名、生年月日その他の記述等により特定の個人を識別することができるもの（他の情報と容易に照合することができ、それにより特定の個人を識別することができるものを含む）」又は「個人識別符号が含まれるもの」とされている（個人情報保護法2条1項1号及び2号）。

また、「個人識別符号」とは、特定の個人を識別できるものとして個人情報の保護に関する法律施行令に定められた文字、番号、記号その他の符号をいうものとされている。

例として、氏名、住所、生年月日、電話番号、家族構成、基礎年金番号、健康保険証等の記号・番号、成績、Eメールアドレス、収入、写真、映像などがこれに該当する。

これに対して「プライバシー」というのは、私生活に関して通常他人に知られたくないと認められる情報であって、個人の信条、健康状態、職業、経歴、所得などをいう。

また、これを守る権利はプライバシー権と呼ばれる。この権利の中身は現在では①みだりに自分の私生活を公開されない権利と②自分の情報をコントロールする権利と二つの定義がある。こちらは裁判等を通じてだんだん明らかにされてきた権利である。

結局「個人情報」概念は、もともとは個人の私生活の平穏を守るためのものであるが、以上のような定義から、その守備範囲は「プライバシー」概念とだいぶ違ったものとなった。

一番の大きな違いは「知られたくない」というのは、個人情報の要件ではないということ。次に「個人情報」は、非公知を要件としないということである。

この結果、個人情報概念のほうが断然保護の範囲が広くなっている。そしてそのことが、まだ制度が定着してないせいもあると思うが、実際の事例の扱いを分かりにくくさせている面もある。

それゆえ、運用の上では、「個人情報」は「プライバシー」とは一応別

第Ⅰ部　総　　論

物と考えておいたほうがいいだろう。はっきり別概念だと書いている解説
書も多い。だが、大本の議論としては、その根底にプライバシー保護の精
神が働いていることを忘れてはならない。

4　個人情報保護法制成立の経過

　通常、個人情報保護制度とセットで語られる国の情報公開制度は、平成
11年に制定されたが、国の「個人情報保護制度」の検討のほうはその当時
大きな動きはなかった。

　ところが、国の情報公開法が制定されてまもなく、政府において住記
ネット法案を審議している最中に、宇治市で市民の乳幼児検診データ22万
件がネットで公開されるという事件が発生した。平成11年5月22日のこと
である。

　このため、国会は紛糾し、住記ネット法案は棚上げ、その後与野党の合
意によって住記ネット法案の通過を条件に、政府において個人情報保護法
制化を進めることになった。

　その後、政府内部で検討をすすめ、政府における立案作業が法案の形と
なったのは、平成13年3月。これは第151回通常国会に提出されたが、審
議は難行を極め、いったん廃案後、再度提出し、成立したのは、2年後の
平成15年5月のことであった。

　ようやくにしてできた法律が施行されたのが平成17年4月。個人情報の
法制化は、難産の末、こうしてわが国の隅々まで影響を及ぼすこととなっ
たのである。

5　個人情報保護法制

①　個人情報保護制度は大きく分けて、基本法と個別法に分かれる。

　基本法である個人情報保護法の趣旨は「個人情報の適正な取扱いに関し
基本理念及び政府による基本方針の作成その他の個人情報の保護に関する
施策の基本となる事項を定め」るものとされている。また、同法第1条の
目的にもあるように「個人情報を取り扱う事業者の遵守すべき義務等を定
めることにより、個人情報の有用性に配慮しつつ、個人の権利利益を保護
することを目的とする」こととされた。

　これは「本法が一面的に個人の権利利益の保護のみを目的とするもので
はなく、個人情報の有用性と保護の両面の適正な利益衡量の上に立ってい

図Ⅰ-3　個人情報保護法制

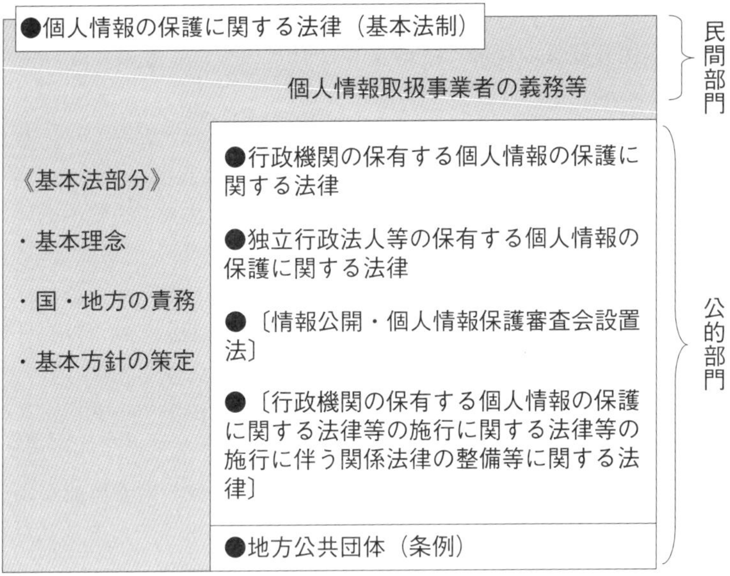

		民間部門
●個人情報の保護に関する法律（基本法制）		
個人情報取扱事業者の義務等		
《基本法部分》 ・基本理念 ・国・地方の責務 ・基本方針の策定	●行政機関の保有する個人情報の保護に関する法律 ●独立行政法人等の保有する個人情報の保護に関する法律 ●〔情報公開・個人情報保護審査会設置法〕 ●〔行政機関の保有する個人情報の保護に関する法律等の施行に関する法律等の施行に伴う関係法律の整備等に関する法律〕	公的部門
	●地方公共団体（条例）	

るとの趣旨も明確にしている。」（「個人情報保護法の解説」園部逸夫編平成17年刊ぎょうせい）といわれている。

　この法律は、直接には、民間事業者を保護責任の主体として、「個人情報取扱事業者」（同法2条5項。15条以下。）と呼んでいる。

②　基本法である個人情報保護法のほか、法律は行政機関の保有する個人情報の保護に関する法律（平成15年5月30日法律第58号、以下「行政機関個人情報保護法」という。）など合わせて5本により保護法制を構成している。

　このうちとくに注意が必要なのは、個別法のなかで「行政機関の保有する個人情報の保護に関する法律」である。ここでの行政機関はすべての行政機関ではなく、直接には国の行政機関を対象とする。

　地方公共団体については、それぞれ条例を制定することとされている。

　したがって、地方公共団体の職員には国の法律の適用ではなく、条例が適用される。

第Ⅰ部　総　　論

6　個人情報取扱事業者

個人情報保護制度が民間でどのように取り扱われるものとされているか、少し見てみよう。

ここで民間の個人情報取扱事業者について知っておきたいのは、われわれ税務がその業務のさまざまな局面で民間事業者と接触する機会が多く、たとえば特別徴収義務者であったり、固定資産税や法人市民税の納税義務者であったりするが、これらの民間事業者のうち「個人情報取扱事業者」となり、個人情報保護法の取扱い上、法の要求水準を満たすために、事業活動の見直しや社内研修をしたりといった経験を積み、それだけに「個人情報保護」に神経過敏になっているということがあるからだ。

「個人情報取扱事業者」とは、民間事業者で個人情報データベース等を事業の用に供している者である。

「個人情報データベース等」については、個人情報が検索可能なように整理されているデータのこと。必ずしもコンピュータ等に入力されたものばかりでなく、紙面で処理した個人情報を一定の規則（例えば、五十音順等）に従って整理・分類し、特定の個人情報を容易に検索することができるよう、目次、索引、符号等を付し、他人によっても容易に検索可能な状態に置いているものは含まれる。

「事業の用に供している」の「事業」とは、一定の目的をもって反復継続して遂行される同種の行為であって、かつ社会通念上事業と認められるものをいい、営利・非営利の別は問わない。

また、個人情報データベース等を事業の用に供している者であれば、当該個人情報データベース等を構成する個人情報によって識別される特定の個人の数の多寡にかかわらず、個人情報取扱事業者に該当する。

法人格のない、権利能力のない社団（任意団体）又は個人であっても、個人情報データベース等を事業の用に供している場合は個人情報取扱事業者に該当する。

ただし、行政機関が除かれている。国の機関、地方公共団体、独立行政法人、地方独立行政法人はこの法律で適用除外である。

7　個人情報取扱事業者の責務

法令やガイドラインが、個人情報取扱事業者に求めていることをまとめ

20

てみると次のようになる（参考：「これだけは知っておきたい個人情報保護」岡村久道・鈴木正朝著日本経済新聞社刊）。

① あらかじめ利用目的をできるだけ特定しその利用目的の達成に必要な範囲内でのみ個人情報を取り扱う。これは「目的明確化の原則」と呼ばれているものである。

② 個人情報は適正な方法で取得し、取得時に本人に対して利用目的の通知・公表等をする。同じく「収集制限の原則」と呼ばれている。

③ 個人データについては、正確・最新の内容に保つように努め、安全管理措置を講じ、従業者・委託先を監督する。これは、「適正管理（安全保護）の原則」。

④ あらかじめ本人の同意を得なければ、第三者に個人データを提供してはいけない。これは「利用制限の原則」である。

⑤ 保有個人データについては、利用目的などを本人の知り得る状態に置き、本人の求めに応じて開示・訂正・利用停止等を行う。これは、「個人参加の原則」。

⑥ 苦情の処理に努め、そのための体制を整備する。これは、「責任の原則」である。

②から⑤までは、行政管理庁のプライバシー保護研究会が昭和57年7月に公表した「プライバシー5原則」に掲げられている。

「個人情報」と「プライバシー」とは、前述のとおり概念は異なるが、その精神は個人のプライバシーを保護しようということにある。

法律の具体的な運用は、法律の趣旨にのっとり、各省庁がガイドライン（指針）を定めており、このガイドラインは告示されている。

例：平成29年4月　総務省　「電気通信事業における個人情報保護に関するガイドライン」

平成29年2月　金融庁　「金融分野における個人情報保護に関するガイドライン」

なお、番号法を所管する特定個人情報保護委員会が平成27年法律第65号により個人情報保護委員会に改組され、新たに個人情報保護法をも所管することとなったが、同委員会において個人情報取扱事業者向けに「個人情報保護に関する法律についてのガイドライン」（平成28年11月通則編ほか3編）が告示されている。

第Ⅰ部　総　　論

8　税務における調査活動と個人情報

　税務調査に当たっては、民間事業者およびその従事者である個人が個人情報に過敏になっていることを踏まえ、無用な混乱を生じないよう、注意して行わなければならない。

　ここでは、個人情報取扱事業者は、個人情報保護法のルールではどのような問題があるか。収集制限の原則、目的外利用禁止の原則又は第三者情報提供の原則について、それぞれその原則と例外を明らかにしておく必要がある。

　他方、税務機関は、条例上の「実施機関」として、個人情報保護条例上どのような問題があるかだが、個々の地方団体の条例の規定の仕方にもよることになるので、一般的な考え方を示しておきたい。

(1)　税務調査と収集制限の原則

　税務機関がその保有する特定個人の個人情報を示して民間事業者にあてて税務調査をするときは、相手方民間事業者からすると個人情報を取得することになる。この場合の個人情報保護のルールは次のようになっている。

個人情報の保護に関する法律第18条（取得に際しての利用目的の通知等）

　個人情報取扱事業者は、個人情報を取得した場合は、あらかじめその利用目的を公表している場合を除き、速やかに、その利用目的を、本人に通知し、又は公表しなければならない。

（第2項及び第3項省略）

4　前3項の規定は、次に掲げる場合については、適用しない。

　一　利用目的を本人に通知し、又は公表することにより本人又は第三者の生命、身体、財産その他の権利利益を害するおそれがある場合

　二　利用目的を本人に通知し、又は公表することにより当該個人情報取扱事業者の権利又は正当な利益を害するおそれがある場合

　三　国の機関又は地方公共団体が法令の定める事務を遂行することに対して協力する必要がある場合であって、利用目的を本人に通知し、又は公表することにより当該事務の遂行に支障を及ぼすおそれがあるとき。

　四　取得の状況からみて利用目的が明らかであると認められる場合

　個人情報取扱事業者は、個人情報の提供を受ける（取得する）とき、すぐに本人に対して「利用目的」を通知等することが原則とされている。こ

れだけでは取扱いの円滑を欠く場合があるので、法18条4項各号に例外が設けられている。

　税務調査との関係では、第3号の利用目的を本人に通知し、または公表することによって国の機関又は地方公共団体の事務の遂行に支障を及ぼす場合が想定される。個人情報保護委員会のガイドライン3－2－5では、具体例として次の事例を挙げている。

＜(3)　行政事務遂行に支障がある場合（法18条4項3号関係）＞

　　事例）警察が、公開手配を行わないで、被疑者に関する個人情報を、被疑者の立ち回りが予想される個人情報取扱事業者に限って提供した場合において、警察から当該個人情報を受け取った当該個人情報取扱事業者が、利用目的を本人に通知し、又は公表することにより、捜査活動に支障を及ぼすおそれがある場合

　税務調査においても、原則どおり本人に通知されたのでは、ガイドラインの事例と同様、多大な影響を与えることがあると言わなければならない。

(2)　税務調査と目的外利用・第三者提供の制限の原則

　税務調査に対してどのように対応するかというのは、相手方からすると特定の目的で保有する個人情報をその目的以外の目的に利用するかどうかということ（「目的外利用禁止の原則」）であり、また、それは同時に個人情報の当事者である本人以外の第三者に情報提供をするかどうかということ（「第三者提供の制限の原則」）である。

　目的外利用の原則は、保有している個人情報を目的外利用をするには本人の同意が必要という原則であり、第三者提供の制限の原則は、個人情報を第三者に提供する場合は、事前に本人の同意が必要という原則である。それぞれ例外がある。

個人情報の保護に関する法律第16条（利用目的による制限）

　個人情報取扱事業者は、あらかじめ本人の同意を得ないで、前条の規定により特定された利用目的の達成に必要な範囲を超えて、個人情報を取り扱ってはならない。

（第2項省略）

3　前2項の規定は、次に掲げる場合については、適用しない。

　一　法令に基づく場合

　二　人の生命、身体又は財産の保護のために必要がある場合であって、本人

第Ⅰ部　総　　論

　　の同意を得ることが困難であるとき。
　三　公衆衛生の向上又は児童の健全な育成の推進のために特に必要がある場
　　合であって、本人の同意を得ることが困難であるとき。
　四　国の機関若しくは地方公共団体又はその委託を受けた者が法令の定める
　　事務を遂行することに対して協力する必要がある場合であって、本人の同
　　意を得ることにより当該事務の遂行に支障を及ぼすおそれがあるとき。

　以上のとおり、他に優先すべき利益がある場合は、例外として目的外利
用は許される。
　第1号と第4号は税業務でも係わりがある。法令による調査は第1号に
該当し、任意調査は第4号に該当する。いずれも正当な業務として行われ
る税務調査に対する協力は許容されている。
　《例外の具体例》第3項各号に関する個人情報保護委員会のガイドライ
ン3－1－5を見てみよう。

＜(1)　法令に基づく場合（法16条3項1号関係）（抜粋）＞
　事例1）　警察の捜査関係事項照会に対応する場合（刑事訴訟法（昭和23年
　　　　　法律第131号）197条2項）
　事例2）　裁判官の発する令状に基づく捜査に対応する場合（刑事訴訟法
　　　　　218条）
　事例3）　税務署の所得税等に関する調査に対応する場合（国税通則法（昭
　　　　　和37年法律第66号）74条の2　他）
＜行政事務遂行に支障がある場合（第4号）（抜粋）＞
　国の機関若しくは地方公共団体又はその委託を受けた者が法令の定める
事務を遂行することに対して協力する必要がある場合であって、本人の同
意を得ることにより当該事務の遂行に支障を及ぼすおそれがあるとき。
　事例1）　事業者が税務署又は税関の職員等の任意の求めに応じて個人情
　　　　　報を提出する場合
　個人情報の保護に関する法律第23条（第三者提供の制限）

　　個人情報取扱事業者は、次に掲げる場合を除くほか、あらかじめ本人の同意
　を得ないで、個人データを第三者に提供してはならない。
　一　法令に基づく場合
　二　人の生命、身体又は財産の保護のために必要がある場合であって、本人
　　の同意を得ることが困難であるとき

三　公衆衛生の向上又は児童の健全な育成の推進のために特に必要がある場
　　　合であって、本人の同意を得ることが困難であるとき。
　　四　国の機関若しくは地方公共団体又はその委託を受けた者が法令の定める
　　　事務を遂行することに対して協力する必要がある場合であって、本人の同
　　　意を得ることにより当該事務の遂行に支障を及ぼすおそれがあるとき。
　　（第２項以下省略）

　第三者提供の制限の原則についても同様のルールとなっている。例外に
あたる参考となるものをあげると次のような場合である（参考：園部逸夫
編集「個人情報保護法の解説（改訂版）」ぎょうせい刊）。

＜法令に基づく場合（第１号）＞
① 情報を第三者へ提供することを義務付けられている場合
　・税務署長に対する支払調書等の提出（所得税法225条１項等）
　・税務官署の職員、徴税吏員が行う質問検査への対応（地方税法72条の
　　７等）
② 提供義務があると解される場合
　・捜査関係事項への回答（刑事訴訟法197条２項）
③ 法令の規定で提供そのものが義務付けられているわけではないが、第
　三者が情報の提供を受けることについて法令上の具体的な根拠がある場
　合
　・捜査機関の行う任意調査（刑事訴訟法197条１項）
　・収税官吏、徴税吏員の行う犯則事件の任意捜査（国税犯則取締法１条及
　　び同法を準用する地方税法71条等）

＜行政事務に支障がある場合（第４号）＞
　・税務官署の職員又は地方公共団体の税務担当職員が、適正な課税の実
　　現の観点から、個々の質問検査権等の規定によらずに任意調査（課税
　　上必要な資料情報の収集、酒類等の製造免許及び酒類の販売業免許等の申請
　　に対する審査において必要な資料収集等を含む。）を行う場合

(3) **税務機関側からみた個人情報保護のルール**（地方公共団体の条例）
　税務機関が調査活動をする上で、個人情報保護のルールはどのように作
用するか。それぞれの地方公共団体の条例が適用され、その条例の規定に
従うことになるが、もともと賦課徴収を目的として作成され又は受理され
た資料を使って行う税務調査については、目的外利用の原則の適用はな
く、条例上の問題が生じることは考えにくい。例えば、滞納整理のために

滞納者情報を利用して銀行等に預金照会をしたり、給与支払者から提出された給与支払報告書に書かれた受給者の住所等情報を確認するための企業等に対する調査などを行うような場合は、そこで利用される情報は、賦課徴収という目的のためにある情報であるからである。

この他の場合であっても、税務では質問検査権や取扱通達、官公署等に対する照会など調査のための手法が法的に整備されており、正当な業務である限り、税務機関の行う本人以外からの情報収集は個人情報保護法の特別法として税法体系の中で許容されていると考えられる。

したがって、一般に税務調査が法令等に基づいて適正に行われている限り、税務機関の調査活動が、条例に抵触するというようなことは考えにくい。

むしろ、個人情報事務取扱者に対する情報提供の際は、個人情報ばかりではなく、私人の秘密を扱った「守秘義務」(地方税法22条)のほうに注意が必要である。調査を行う際には、納税者(滞納者)のプライバシーを損なわないように納税者への配慮が必要である。プライバシーは、「知られたくない」を要件としていることを思い出してほしい。

9 罰則の適用

最後に罰則についてふれておこう。

受託業者や行政機関の職員による不正持ち出しや不正利用が事件として報道されることが多い。行政機関個人情報保護法はこのため罰則を設けているが、地方公共団体でも条例に罰則を設けておくとよい。

例えば、行政機関個人情報保護法は、次のような定めとしている。

・主体:行政機関の職員、受託業者等に対する罰則
・行為:正当な理由なく個人情報ファイルの提供等を行った場合
・罰則(最高):2年以下の懲役又は100万円以下の罰金

10 個人情報保護のよい習慣を身につけよう

これからも社会では個人情報保護の要求が強く求められていくであろう。世の中全体が「個人情報」の取扱いにますます過敏になっているからだ。個人情報については、いろいろ新聞報道されるなど社会問題とされてきたが、ひとたび漏洩事故が起きた場合には、その影響は決して小さなものではない。個人情報というものは、いったん漏洩したら修復が不可能に

なる性格のものである。

このようなことから身の回りの個人情報の載った資料の整理整頓から始めて、ささいなことでも少しずつ個人情報を大事にするという感覚を身に付け習慣化するようにしてほしい。普段から大事に心がけていることというのは、自然にお客様との応対などで表に現れてくるものである。事故防止に有効なのは、普段から個人情報保護の良い習慣を身につけておくことである。

6　マイナンバーと守秘義務

1　マイナンバー制度の要点

平成25年のマイナンバー法の成立以来、有識者の著書が税法上の守秘義務にほとんど触れることなく、個人番号が含まれる特定個人情報の利用と提供は番号法9条又は19条によって法定された場合に限って利用できることと解説されることが多かった。これを裏返せば「番号法9条又は19条によって法定された場合」には特定個人情報の利用と提供は何らの留保なく許容されると受け取ることもできるかもしれない。

マイナンバーとは「社会保障と税の共通番号」のことであり、これによって社会保障を公平適正に行うことが主役である。そのための実質的な役割を担うのが税務、とりわけ地方税務であることもまた疑う余地のないことである。社会のボーダーにある所得層の所得の捕捉は、国税ではなく主として地方税務が担い、社会保障の恩恵を公平かつ適正に配慮していくためには地方税務が陰の主役として重用されなければならないのである。

因みに、行政機関等が互いに情報のやり取りを行う「情報提供ネットワークシステム」のいわばメニュー表ともいうべき「番号法別表2」のうち地方税務が提供する「所得情報」の項目は、平成27年7月現在、所得情報等の提供を予定している120事務のうち、55の事務に所得情報等の地方税関係情報の提供が予定されている（「税」2017年10月号地方税窓口事例研究会「地方税務の現場から見たマイナンバー情報連携」より）。情報提供ネットワークシステムはマイナンバー制度の肝とも表現されているが、この仕組みは地方税務の働きがなくては動けない仕組みとなっているのである。

それだけに所得情報の取扱いと不可分のルールともいうことができる租

第Ⅰ部　総　　論

図Ⅰ－4

出典：内閣官房HP

税情報開示禁止原則（守秘義務）について、十分な対応がなされていないのではないか。

　本書は、地方税務職員にはできるだけ早期にマイナンバー制度と租税情報開示禁止原則との関係性に関する正しい理解をいただくことが重要であることを意図しているものである。特に、ここでは税務情報の管理に関する既存の制度や考え方と新参のマイナンバー法がどこまで整合性が取れているかなかなか理解が容易であるとは言い難いことを前提にして進めていきたい。

　そこで、その前提としてマイナンバーに関する既刊の概説書の例に倣ってまずマイナンバー法の三つの要点とマイナンバー法を読み解くうえで必要な用語についても簡単に触れることとする。

　番号制度の要点は、付番、情報連携、本人確認の三つである。

　図Ⅰ－4はこの三つの要点で社会保障・税番号制度の仕組みを整理したもの。順に見ていこう。

ア　第1の要点「付番」

　住民一人ひとりに付けられる番号をどのようなものと考えるか、番号の
コンセプトを決める必要がある。そして次にいつ誰がどのようにしてこの
番号をふっていくか、これが「付番」の問題である。住民一人ひとりにつ
けられる番号のことを番号法は「個人番号」と呼び、住民の個人情報に個
人番号を加えたものを「特定個人情報」と呼んでいる。

　番号制度は、まず住民一人ひとりに固有番号を付設することから始ま
る。その人固有の番号は番号法では「個人番号」と呼ばれている。これ
は、12桁の数字で構成され、悉皆的で、重複のない唯一無二の番号で視認
性のあるものであることが要件とされている。

　つまり①悉皆性②唯一無二性③視認性を構成要素とした概念である。最
後の視認性というのは目で「見ることのできる番号」というわけである。
番号法はこのほか「見ることができない番号」も準備されている。こちら
は「符号」と呼ばれている。符号については、情報連携のところで再度触
れるので、住民に付番される番号には目で見ることのできる個人番号と目
で見ることのできない符号の２種類のものがあることを覚えておいていた
だきたい。

　個人番号は無意味な数字ではなく、住民票コードを変換して生成される
ものである。個人番号の生成を担当するのは地方公共団体情報システム機
構（以下「機構」という。）である。機構は、地方公共団体が共同で設置す
る法人で、総務大臣から指定を受けて住民基本台帳ネットワークシステム
の運営を行っていた財団法人地方自治情報センター（LASDEC）が改組さ
れて指定情報処理機関として運営にあたっている。平成26年４月１日に設
立され、J-LIS（ジェイリス）と略称されている。この団体と住基システム
を管理する市町村との間で連絡をとって、市町村長からの指定により「個
人番号」を作る仕組みが採られている。この間の手順は次の通りである。

　まず住民基本台帳に記録されている住民票コードを市町村長から機構に
通知して、個人番号案を生成するようお願いする。提供を受けた機構では
住民票コードを電子情報処理をかけて変換して個人番号案を作る。個人番
号案を技術的に生成するのは機構の仕事。そして出来上がった個人番号案
を市町村長に渡す。機構から個人番号案の提供を受けた市町村長はこれを
住民基本台帳に記載し、そしてその住民の個人番号として指定する。個人
番号を法的に意味のある指定行為によってさせるのは市町村長の役割であ

第Ⅰ部　総　論

る。あとはこの個人番号を住民に通知することによって「個人番号」が出来上がる。これらは番号法に基づいて行われる（番号法7条、8条）。したがって個人番号の元は住民票コードである。

　個人番号は唯一無二性という性格から強力な個人識別機能をもち、そのために有用なものとなるが、それとともに取扱いによっては本人の知らないうちに名寄せされ個人情報が蓄積されるなどの危険がある。そこで番号法は、番号法が認める場合以外には個人番号の利用、提供ができないものとされ、それだけでなく提供の求めをすること自体も原則として禁止されている（番号法15条）。個人番号は住民基本台帳に記録され個人情報の一となるが、従来の個人情報の扱いに比べ、かなり厳格な規制が施されている。

　法人についても「法人番号」が付番される。こちらは、個人番号より一つ多い13桁の数字で構成され、悉皆的で、重複のない唯一無二の番号で視認性のあるものである点は個人番号と同様である。付番機関は、国税庁長官であるが、個人情報保護の必要のない法人番号はインターネットを通じて公表されることが個人番号と最も異なる点である（番号法58条4項）。個人番号と違って、どんどん活用しても実害がないということである。法人番号についても、個人番号と同様に平成27年10月から法人あてに通知されている。

　イ　第2の要点「情報連携」

　個人番号のついた個人情報を利用することが認められた機関同士で、どのようにして個人情報の利用・提供を行うか、これが「情報連携」の問題である。番号法は、安全に特定個人情報を利活用することを目的としているので、利活用のための情報連携の仕組みをどのようなものとするかはこの制度のもっとも大事なところである。マイナンバー法の解説書では情報連携は番号制度の「肝」などと表現されている。肝心なところだからよく理解しておいてほしい。

　付番や本人確認が情報連携のための前提となり手段方法となる関係からすると、情報連携は番号システムという基盤の中核となる仕組みであるといってよい。この情報連携で主要な役割を担うのが情報提供ネットワークシステムである。特定個人情報は、主としてこの情報提供ネットワークシステムのもとで利活用されることになる。情報連携で大事なことは、個人

情報の利活用を積極的にすすめるという課題と、本来断片的に存在する個人情報が個人番号をキーとして蓄積されて、特定個人のイメージが出来上がりプライバシー侵害が発生するというリスクを極力回避するという課題を共にクリアすることにある。このため情報提供ネットワークシステムは、情報連携を支える仕組みとして番号制度の生命線ともいうべき仕組みなのである。

　ここで注意が必要なのは情報提供ネットワークシステムでは個人番号が使われないということ。間に立つのは情報提供ネットワークシステムから提供される前述の「符号」という仕組みである。情報連携は異なった機関同士で特定個人情報のやり取り（照会と回答）をすることであるが、個人情報の照会者から情報の提供の求め（照会）があると情報提供ネットワークシステムは、この照会が番号法の情報提供が禁じるものでないことの確認をした上で、照会者と情報を管理する行政機関（回答側）に連絡をすることになる。この際、そのそれぞれの行政機関の間でやり取りされるキー番号となるのがこの符号なのである。詳しくは42頁「情報提供ネットワークシステムの仕組み」のところで解説するが、この仕組みが電子情報処理だからできることである。だが、この仕組みはちょっと複雑である。

　なぜこのような複雑な仕組みとされたのか、これには深いわけがある。

　まず知っておいてほしいのは、共通番号制度というのはすでに先進諸国において採用されており、個人情報の管理方式には大きく分けて二つの方式がある。

　すなわち、「一元管理」と「分散管理」です（図Ⅰ－5参照。出典：内閣官房 HP「番号制度の概要」より）。

　一元管理というのは、巨大なデータベースを用いて1か所で行政機関が保管する情報を管理するもの。分散管理というのは、各行政機関がそれぞれいままでどおり管理をしながら互いに情報の利活用を行おうとするもの。一元管理は韓国などで、分散管理はベルギー、オーストリアなどといわれている。我が国は分散管理することとされたが、この分散管理の下で各行政機関が相互に情報の利活用をおこなうこととなり、このための工夫として符号という仕組みが必要になったのである。

　我が国が共通番号制度を導入するにあたって分散管理を選択し、情報の受伝達に符号のしくみを設けたのは、情報ネットワーク社会の中で個人のプライバシーを保護することを重視したためにほかならない。こうした考

第Ⅰ部　総　　論

図Ⅰ－5

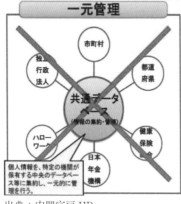
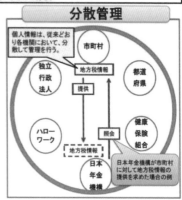

出典：内閣官房 HP

えは実は住民基本台帳ネットワークシステムの導入に際して起こされた紛争を背景にしている。

　この紛争の結末は、平成20年3月6日の最高裁判決によってもたらされることになる。争点は住民基本台帳ネットワークシステムの運用はプライバシーの侵害にあたるか、ということ。最高裁は「行政機関が住民基本台帳ネットワークシステムにより住民の本人確認情報を収集、管理又は利用する行為は、憲法13条の保障する個人に関する情報をみだりに第三者に開示又は公表されない自由を侵害するものではない。」との判断である。

　この最高裁の判旨からプライバシーの侵害にあたらないネットワークシステムの条件とはどのようなものかという分析が行われた結果、次のような条件が抽出された（参考：平成23年6月30日「社会保障・番号大綱」17頁）。

① 個人に関する情報をみだりに第三者に開示又は公表されない自由を有するものであること
② 個人情報を一元的に管理することができる機関又は主体が存在しないこと
③ 管理・利用等が法令の規定に基づき、正当な行政目的の範囲内で行わ

れるものであること

④　システム上、情報が容易に漏えいする具体的な危険がないこと

⑤　目的外利用又は秘密の漏えい等は、懲戒処分又は刑罰をもって禁止されていること

⑥　第三者機関等の設置により、個人情報の適切な取扱いを担保するための制度的措置が講じられていること

　したがって、新しい番号制度を企画するにあたって、この判決からは我が国では「一元管理」というのは選択肢とはなり得ないのである。今回の番号制度を通観していくと、この制度には端々にここに掲げた条件が透徹しているのがわかる。

　ウ　第3の要点「本人確認」

　特定の個人が真実その人であることを証明するためにはどのような工夫があるであろうか、これが「本人確認」の問題である。

　現在窓口での証明発行の際に窓口に来たお客様が真実申請書に記載されたご本人であるということを運転免許証などで確認しているが、自分が自分であることを証明することは本人にとって大事なことである。また納税者の皆様から情報の提供を受ける税務にとっても、誤って別人と取り違えることがあってはならない。それと同様に、番号法では本人確認の果たすこのような役割りの重要性にかんがみ、独自の本人確認のための公的認証の仕組みを設けている。

　国民一人ひとりに固有の番号を付番し、各種の資料に個人番号の記載を義務付けたとしても、その資料に記載された個人番号がその資料にある特定個人と同じものであるとは限らない。番号の記載ミスもあり得るし、なりすましもあり得るからである。

　また、窓口に来所した市民に、その方自身の確認のために個人番号の提供をうけたとしても、その番号が示す個人と窓口に来所した市民の方とが同一人とは限らない。

　これがその番号が示す個人をどのようにして確認するかという「本人確認」の問題である。

　本人確認とは何かという明確な定義はないが、ここでは「身元確認」と「個人番号の真正性の確認」からなる行為であるとしておく。

　つまり、本人確認は、狭義には行政手続きにおける申請者を真実申請者

第 I 部 総　　論

本人であると確認する身元確認（身分確認）であり、広義には申請者の申請資料に記載された個人番号が真実その申請者の個人番号であることを確認する真正性の確認を含む概念である。

　身元確認は、元来形質情報を元にその人本人であると確認することでなければならないが、真正性の確認は必ずしも形質情報を元に行うものではない。形質情報というのは、髪の毛や顔の形象、身長など生物の持つ形態や機能上の特徴を示す情報のことといわれている（八木晃二編著「マイナンバー法とは何か」東洋経済新報社）。

　本稿では主に窓口等において対面で行われている本人確認が身元確認。バックオフィスで申請書や添付書類に付番された番号が、その申請者や添付書類に掲げられたその人であるかを確認するのが真正性の確認というようなことばの使い方をしている。「本人確認」ということばは第一義的には対面で行われる身元確認を指すものであるが、バックオフィスでの真正性の確認も広く本人確認と呼ばれ、それぞれは確認のために用意された手段方法が異なることに注意が必要である。

　本人確認ということばに、このようなこだわりを持つのは、アメリカや韓国など番号制度を導入した先進国において、深刻ななりすましが発生しており、社会問題となっているからである。我が国で導入したマイナンバー制度においても、最大限なりすましや間違った情報の結び付きを防止するために「厳格な本人確認」をすることになっている。

　番号法は以上の身元確認や真正性の確認に対応してそれぞれ異なった確認方法を用意している。一つが顔写真付きの個人番号カードを用いる方法であり、もう一つは個人番号等の本人確認情報が保存されている機構や住民基本台帳ネットワークシステムに対して氏名、住所、生年月日、性別といった4基本情報やその者の個人番号を照会する方法である。まずは身元確認から見ていこう。

　マイナンバー法の要点は以上のとおりである。

　このようなマイナンバー法の理解を踏まえたうえで、いよいよ税務情報管理という本題に入る。マイナンバー法の中で租税情報開示禁止原則＝「守秘義務」について重点的に見てみよう。

2　個人番号の利用と特定個人情報の提供

⑴　個人番号を利用できる事務

　番号法9条では、個人番号を利用できる事務として番号法別表1に掲げる主体が同表に掲げる事務において利用する場合（同条1項）や福祉、保健若しくは医療その他の社会保障、地方税又は防災に関する事務その他これらに類する事務であって地方公共団体が条例で定めるものの処理に関して必要な限度で個人番号を利用する場合（同条2項）のほか、個人番号関係事務実施者が個人番号関係事務において利用する場合（同条3項）などが規定されている。

　このうち地方団体が主体となって個人番号を利用することができる事務としては番号法9条1項の別表1に掲げる事務（法定事務）、独自利用事務（条例事務）及び庁内連携事務（条例事務）がある。

　番号法9条1項においては、別表1に掲げる主体が同表に掲げる事務の処理に関して保有する特定個人情報ファイルにおいて、個人情報を効率的に検索し、管理するために必要な限度で個人番号を利用できるとされている。これは次の独自利用事務と区別して法定事務と呼ばれている。

　次の番号法9条2項の独自利用事務として想定される事務の類型は、次のような事務とされている。

「①　個人番号等を活用して情報共有を図ることで、より有効な対応が可能となる事務

→番号制度導入を機に整備される団体内統合宛名システムを有効活用することなどによる個人番号、団体内統合宛名番号による庁内連携体制の構築。

②　法令に基づき実施する行政サービスに上乗せ・横出し等で、実施されている地方単独事務

→番号法別表に定める事務において事務の簡素化、住民負担の軽減が図られても、上乗せ・横出し等で実施されている地方単独事務などについて、従来どおりの手続が残るとすれば行政・住民双方にとっての番号制度導入による効果は限定的。」

（「個人番号を活用した今後の行政サービスのあり方に関する研究会」論点整理参考資料2頁、総務省、以下「研究会資料」という。）。

　同条2項は、番号法別表1に掲げられていない事務で地方公共団体が条

第 I 部 総 論

例等によって定めている事務について個人番号を利用しようとする場合には、法律において当該事務を特定することは困難であるため、条例により別途規定できることとされたのである。その範囲は社会保障、地方税又は防災その他これらに類する事務に限定される。

地方公共団体は社会保障、地方税又は防災に関する事務を同一機関内で処理しているため、国の機関等であれば19条7号による情報提供ネットワークを介して情報の授受を行う別表1に規定されている事務について、地方公共団体では部署間での内部利用として庁内連携システムを介して特定個人情報の授受ができることとなる。この庁内連携については、番号法に基づく個人番号の利用として第9条2号に基づき条例に定める必要がある。

番号法第9条

（利用範囲）

第9条 別表第1の上欄に掲げる行政機関、地方公共団体、独立行政法人等その他の行政事務を処理する者（法令の規定により同表の下欄に掲げる事務の全部又は一部を行うこととされている者がある場合にあっては、その者を含む。第3項において同じ。）は、同表の下欄に掲げる事務の処理に関して保有する特定個人情報ファイルにおいて個人情報を効率的に検索し、及び管理するために必要な限度で個人番号を利用することができる。当該事務の全部又は一部の委託を受けた者も、同様とする。

2 地方公共団体の長その他の執行機関は、福祉、保健若しくは医療その他の社会保障、地方税（地方税法（昭和25年法律第226号）第1条第1項第4号に規定する地方税をいう。以下同じ。）又は防災に関する事務その他これらに類する事務であって条例で定めるものの処理に関して保有する特定個人情報ファイルにおいて個人情報を効率的に検索し、及び管理するために必要な限度で個人番号を利用することができる。当該事務の全部又は一部の委託を受けた者も、同様とする。

(2) 庁内連携

庁内連携というのは同じ機関内の部署間で情報の移転が行われることをいうものであるが、このような情報の移転は情報の「提供」とは呼ばない。番号法上は同一機関内で行われる情報の移転は「利用」と呼び、他機関又は他の地方団体に対して情報の移転が行われる場合を情報の「提供」と呼ぶ。

「利用」と「提供」の違いについては、特に地方公共団体内部の複数の事務間で情報の授受が行われている場合に、それは利用か、提供か分かりにくい。この点について解説した著書を引用してみよう。

「収集・利用・提供のいずれに該当するかの判断には、同一組織内の行為か否かが重要となります。同一組織内で特定個人情報を授受する場合は「収集」「提供」に該当せず、「利用」に該当することになります。一方、他の組織との間で授受する場合には「収集」「提供」に該当することになります。」とあり、国の機関と自治体の機関の違いについては「たとえば厚生労働省内であっても、ごく限定された場合を除き、利用目的通りにしか特定個人情報を利用することができません。したがって、結局一定の課のみが特定個人情報を利用できることとなり、これにより取扱いの適正性を確保します。これに対して地方公共団体については、同一機関内（B市長部局内、C県教育委員会内など）であれば同一組織に該当することになります。同一地方公共団体内であっても機関が異なれば（たとえばB市長部局とB市教育委員会は）、異なる組織となります。」（水町雅子著「Q&A番号法」有斐閣、076〜078頁。以下「前掲書」という。）

つまり、国においても地方においても同一組織（機関）を単位に「利用」、「提供」が判断されるものであるが、この場合の機関とは、国の場合は行政機関個人情報保護法でいう「行政機関」であり、それは実質的に「一定の課」であって、そこでは他課との特定個人情報の連携は考えにくいのに対し、地方の場合は、首長部局や教育委員会などがそれぞれ一の機関であり、当該機関内部で複数の事務間で情報の授受が行われているという実態がある。同一組織は機関単位で判断される結果、地方公共団体では同一機関内での特定個人情報の授受については「利用」にあたり、「提供」には当たらないということになる。

前掲書では、地方公共団体において同条①別表1に規定する事務について個人番号を庁内利用する場合には、条例で利用事務の範囲について規定することが必要であるとする理由について、次のように解説されている。

「(e) 条例の必要性

仮に、条例に規定がない場合は、複数事務間で特定個人情報を授受することはできず、本人に所得額証明書などを取得してもらう必要が生じてしまいます。

番号制度は行政手続の簡素化も目的とするものです。つまり、本人

第Ⅰ部　総　　論

に行政手続の添付書類を取得してもらうのではなく、地方公共団体や行政機関側がバックヤードで情報連携することを促す仕組みです。このような番号制度の趣旨や、転出入などがあった場合との均衡を踏まえると、複数事務での特定個人情報の利用・授受について、番号法9条2項に基づく条例を規定する必要があります。

　なお、条例の規定ぶりとしては、別表2に該当する授受を同一執行機関内で行う場合については、その旨を包括的に規定することも考えられます。」（前掲書086頁「(e)　条例の必要性」）

　結局、地方公共団体が行う番号法9条1項・別表1に規定する法定事務に関する庁内利用については、番号制度の趣旨と住民に転出入があった場合に地方公共団体は番号法19条7号による情報提供ネットワークシステムを利用して当該住民の特定個人情報を求めることになるのであるから、このような取扱いとの比較から考えて番号法9条2項に基づく条例を制定するということになるのである。

(3)　他機関への特定個人情報の提供（他機関連携）

　以上のとおり、同一機関内での庁内連携は、個人番号の「利用」であり、番号法9条2項により条例で規定する必要があるが、以上と異なり、同じ地方公共団体の中であっても、例えば首長と教育委員会のように同一地方公共団体内であっても庁内他機関へ特定個人情報を提供することは、特定個人情報の提供となる。この場合は、番号法19条10号に基づく条例を制定する必要がある。これは他機関連携と呼ばれており、番号法9条2項と同じように条例に規定する必要がある。

番号法第19条第10号

10　地方公共団体の機関が、条例で定めるところにより、当該地方公共団体の他の機関に、その事務を処理するために必要な限度で特定個人情報を提供するとき。

(4)　特定個人情報を提供できる事務

　ここでは特定個人情報を守るための保護措置の中でもとくに重要な位置をしめる番号法19条を中心に情報提供のルールがどのようなものとされているか見てみることにしよう。

ア　特定個人情報は情報提供禁止が原則

　番号法は、9条において特定個人情報を利用できる者とその範囲について規定するとともに、19条において特定個人情報は原則として本人を含め情報提供を禁止するものとし、例外を個別に制限列挙する取り扱いとした。これは禁止に対する例外についてポジティブリストと呼ばれる方式を採用したものである。

　すなわち9条で規定する別表1に掲げられた者は自分の保有する特定個人情報ファイルをその事務処理のために利用できるが、事務処理の範囲を超えて外部に情報提供をすることは、19条各号に該当する場合でなければできない。これは、個人情報に個人番号が加わると、個人番号をキーとして個人情報を集積し、連結することが可能となり、それまで断片的・個別的に存在したに過ぎなかった個人の特徴が、にわかに具体的で全体的な人物像へとイメージが発展造成され、これによって個人のプライバシーが侵害されるといったおそれが生じるからである。個人番号は、不正利用があった場合に、これまでの個人情報保護法よりもその弊害が著しく、その取扱いにはとくに慎重さが要求されるのである。このため、特定個人情報の利活用をいう前に、19条はその柱書において、まず本人も含め外部提供はできないのが原則である旨を宣言したのである。

イ　所得情報等の情報提供先リスト（概観）

　それでは番号法はどのような場合に例外として提供できるとしているか、ポジティブリストの中身を見てみよう。例外は19条各号にリスト化されて規定されている。

　このリストは、地方税務にとって、所得情報等の提供予定先を想定することのできるリストでもある。

表1　特定個人情報の提供禁止例外リスト（番号法19条各号）

号	提供が許される場合	情報提供者	情報提供先
1	個人番号利用事務実施者からの提供	個人番号利用事務実施者	本人・その代理人 個人番号関係事務実施者

第Ⅰ部　総　　論

2	個人番号関係事務実施者からの提供	個人番号関係事務実施者	個人番号関係事務の関係者
3	本人又は代理人からの提供	本人又はその代理人	個人番号利用事務等実施者
4	機構（＊）による個人番号の提供 （第14条第2項、施行令第11条）	機構	個人番号利用事務実施者
5	委託、合併に伴う提供	特定個人情報の委託者等	受託者等
6	住民基本台帳法上の規定に基づく提供 （施行令第19条）	市町村長等	道府県知事等
7	別表2の法定事務のために情報提供NWSを使用した情報連携	別表2の3欄情報提供者	別表2の1欄情報照会者
8	委員会の承認に係る独自利用事務のために情報提供NWSを使用した情報連携	別表2の3欄に準じる条例事務関係情報提供者	別表2の1欄に準じる条例事務関係情報照会者
9	国税・地方税法令に基づく国税連携及び地方税連携による提供 （施行令第22条、第23条）	国税庁長官、都道府県知事、市町村長	国税庁長官、都道府県知事、市町村長
10	地方公共団体の他の機関に対する提供 （他機関連携）	地方公共団体の機関	地方公共団体の他の機関
11	社債、株式等の振り替えに関する法律第2条第5項に規定する社債等の振替機関等からの提供	社債等の振替機関等	社債等の発行者、他の社債等の振替機関
12	12号（番号法による報告及び立入検査）	特定個人情報を取扱う者等	特定個人情報保護委員会
13	機構処理事務の適正な実施を確保するため必要であると認めるときの提供	機構	総務大臣
14	各議院審査等その他公益上の必要があるときの提供 （施行令第26条、施行令別表）	特定個人情報に関する関係者	各議員の委員会・調査会、裁判所、検察官、租税犯則事件調査機関
15	人の生命、身体又は財産の保護のための提供	特定個人情報に関する関係者	

| 16 | 委員会規則に基づく提供 | 特定個人情報に関する関係者 | |

＊地方公共団体情報システム機構

　このうち、所得情報等の提供者である地方税務機関にとってとくに実務上注意が必要と考えられるのは7号・8号と地方団体内部における他機関連携にあたる10号の場合である。

　7号・8号は、情報提供ネットワークシステムを使った公用照会として独自の仕組みが構築されている。地方税務機関においても情報提供者として制度上回答を義務付けられており、半ば自動的に回答されるものである。

　ウ　条例による独自利用と他機関連携による所得情報等の提供（番号法19条10号）

　地方団体内部の機関の間で個人番号を独自利用する場合は、番号法19条10号と9条2項に基づく条例にそのことが定められることが必要とされている。

　例えば特定の市の教育委員会から市長部局に属する税務課に対して所得情報の求めを行うような場合をいう。このための条例には、番号法9条に規定する別表1と19条に規定する別表2の双方の定めを下敷きに書くことになるであろう。つまりどの機関からどの機関あてにどのような事務のためにどのような特定個人情報が必要かが定められていなければならない。9条2項と19条10号の双方の規定が要求する定めが必要となるのは、条例に情報照会者と情報提供者について規定することによって特定個人情報の提供の求めができることになっても、それによって入手した情報を利活用するためには利活用の権限が付与されていることが必要だからである。番号法の解説書では「利用規制」（9条）と「提供規制」（19条）の双方の規制をクリアーすることが必要である旨説かれている（水町雅子「Q&A番号法」080～087頁）。

　以上までは地方団体内部で個人番号を独自利用するための条例の準備についての話である。

　独自利用の対象が地方税務が管理する所得情報等の場合は、さらに税法上の守秘義務が解除されることという条件が加わる。この辺は番号法の解

説書ではあまり触れられることはないので注意を要する。ここは地方税務にとっては看過することの許されない条件なのである。今更言うまでもないことではあるが、守秘義務は条例上の制限ではなく法律の制限である。したがって、条例に情報提供の規定があることが守秘義務解除の根拠となるものではない。法律上の義務であるから、義務の解除もまた法律に根拠があることが必要なのである。この法律の根拠もいろいろあるが、ここは本人同意と法律の規定によって秘密ではない関係が認められる場合を挙げておこう（注1）。

(注1) 月刊「税」2014年10月号で総務省自治税務局市町村税課浅井啓文「マイナンバー（番号）制度で変わる地方税務 Q&A」20〜21頁は、次のように注意を喚起している。

「ここで注意が必要なことは、番号法第9条第2項及び第19条第9号に基づき条例を制定したとしても、地方税法上の守秘義務の考え方自体は従前通りと変わらない点である。地方税関係情報の提供にあたっては、各地方団体において、地方税法上の守秘義務の趣旨を踏まえ、①利用事務の根拠法律において、本人が行政機関に対して報告を行う義務が規定されており、本人にとってはその行政機関に情報が伝わることは秘密として保護される位置づけにないと解される場合、②利用事務が申請に基づく事務であり本人の同意により秘密性が解除される場合、以上の二つのどちらかを満たす場合において、地方税関係情報の庁内連携が可能である。」適切な指摘というべきである。

3　情報連携と守秘義務──情報提供 NWS の課題

(1)　情報提供ネットワークシステムの仕組み

　番号法のハイライトは情報連携であり、その中でも行政の効率性と住民の負担の軽減という効用を兼ね備えた情報提供ネットワークシステム（以下「情報提供 NWS」という。）はこれまでに経験のない新たな仕組みとして導入されたものである。これからこの仕組みについて見てみよう。

　まず、情報提供 NWS で情報照会者と情報提供者をつなぐ回路に用いられるキーとなる符号について取り上げてみる。ここでの仕組みのポイントは、どのようにしてシステム上、容易に情報が漏えいする具体的な危険がないことという条件を守ることができるかということ（注2）であり、どのようにして情報漏えいの危険を防ぎつつ、効率的な情報連携の仕組みと

することができるかということである。

　情報提供 NWS では、こうした要請にこたえるための工夫として、見える番号である個人番号を使わず、見えない符号を使うこととしている。見えない符号を機関別符号という（注3）。

（注2）平成23年6月30日「社会保障・番号大綱」にプライバシーの侵害にあたらないネットワークシステムの条件として掲げられた条件をいう。

（注3）機関別符号は、番号法施行令では、個人番号に代わって用いられる特定の個人を識別する符号として「情報提供用個人識別符号」と呼んでいる（番号法施行令20条）。本稿では、単に機関別符号とする。

　情報照会者と情報提供者とは、それぞれ同一人について住民票コードを変換して生成した機関別符号を持っており、これにより情報提供の求め（照会）と情報提供（回答）が行われる。この場合、情報照会者が把握している機関別符号と情報提供者が把握する機関別符号は異なる符号とされている。同一人について機関ごとに異なる符号が与えられているのである。これは同一人に付与された機関別符号が同じ番号であると、個人番号を直接共通キーとして用いるのとあまり差のない結果となり、機関別符号が流出した場合には、数珠つなぎに機関別符号に紐ついた個人情報が芋づる式に流出してしまう危険があり、これにより複数の個人情報の累積によって個人の具体像が描写されるといった危険がありうるからである。

　したがって、ここで情報連携の回路を流通するのは同一人に付与された異なる機関別符号となる。そしてシステム上は情報照会と情報提供が円滑に行われるために、これらの異なる機関別符号が同一人のものであることを確認する仕組みがなければならない。

　そのような仕組みを担当するのが情報提供 NWS の頭脳部分であるコアシステムと呼ばれているものである。これは情報照会者と情報提供者との情報連携のいわば仲立ちをする機関で、総務大臣が管理し、情報照会者から求めのあった特定個人情報に係る機関別符号を変換して、情報提供者が管理している特定個人情報に係る機関別符号を確認する（図Ⅰ-6参照）。

　情報提供者が管理する特定個人情報は、コアシステムと情報提供者が運営する業務システムの中間に位置する中間サーバーに副本として登録されている。コアシステムでは、情報照会者の特定個人情報の求めが番号法で定める条件に適合するものであることを確認した場合には、情報提供者に情報照会者から照会があった旨の通知をする。この通知により、原則とし

43

図Ⅰ-6 番号制度における情報提供NWSの仕組み図

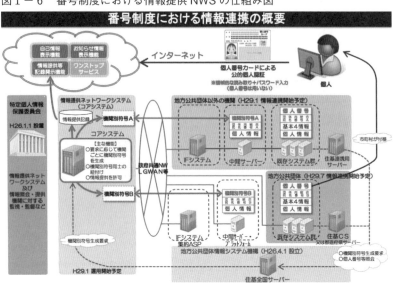

出典：内閣官房HP

て半ば自動的に情報提供者から情報照会者あてに特定個人情報が送信されることになる。この際、特定個人情報は、コアシステムを経由することなく直接情報照会者に送られる。このような仕組みにより、情報提供NWSの内部では、特定個人の情報を一元的に把握する機関はどこにも存在せず、1か所からの情報漏えいによって各機関間にある個人情報が芋づる式に番号を通じて流出することのないような仕組みとされているのである。

(2) 情報提供NWSの導入の意義

情報提供NWSの目的は、第1に社会保障制度の基礎となっている税情報等が提供されることにより公正公平な社会が築かれること、第2にネットワークを利用した電子システムの活用により迅速な情報連携を行うことにより行政の効率性を高めること、第3に税務部門等で発行する所得証明等の添付書類の請求を省き、社会保障制度の利用者の負担を軽減することにある。

社会保障制度の実態を見ると、生活保護費給付の例を一つとってみても、スムーズに運営されているとはいい難いところが見受けられる。そこで真に手を差し伸べるべき者に十分な施策が及ぶようにきちんとした対応

をするために、縦割りが徹底した行政システムを改革し、行政のあり方を変更する必要があるとして、共通番号制度（システム）が採用されたものである。その中でも情報連携の仕組み、とりわけ IT を活用した情報提供 NWS により社会福祉制度の円滑な運営を意図しているものである。

　つまり、IT を活用して異なる機関間での情報連携をできる限り効率的に行うと同時に、これまで社会保障給付を受けるために個々の申請手続きに所得証明等の添付を行っていたものをやめ、行政が申請者に代わって直接特定個人情報を管理する部署に情報提供の求めを行う。これによって、申請者である住民の負担を軽減するという効用が期待されることになるのである。

(3)　情報提供 NWS の課題

　システムによる情報連携についてこれを受け入れる行政内部の事情は必ずしも簡単ではない。行政機関は、それぞれ業務の特性に応じて活動しており、それぞれが保有する情報のとらえ方も自ずと異なる。主に所得を基準とし給付の公正さを目指す社会保障の分野では、税情報はできるだけオープンにしてほしいというのが本音であろう。一方、歳入部門の中心となる税務行政における情報管理の原則は租税情報開示禁止原則である。給付の公正を本旨とする社会保障の分野と反対給付を前提としない税務行政では基本的に性格の異なる原理で動いているのである。

　租税の分野では、いわば不文律となっている租税資料開示禁止原則があり、その例外として開示が許容される本人の同意がある場合と開示することが適法なものとして許容される場合がある。総論として行政相互の情報連携に異論はないとしても、各論としてシステムになったからといってこれまでのルールを跳び越えて保有する情報をオープンにということにはならない。

　したがってシステムで情報連携するには、税情報を最大限に活用したい社会保障分野の要求と、原則として税情報の開示禁止原則が正面に置かれた租税の世界での納税者情報の安全管理という二つの要求をどのように調整するかという課題がある。いいかえればマイナンバー制度が入ってきて、租税情報の管理に関する大原則とされる租税情報開示禁止原則はどこまで守り切れるのか、あるいはシステムによる情報連携では人と人とのやり取りの中で行われるチェックと同様にできるのかといったことが大事な課題となってくるのである。課題にきちんと向き合うことができるかどう

かは税務行政の公正さが試されているという見方もできる。

　もう一つ課題がある。それは、社会保障分野の「世帯単位の原則」と所得課税の分野の「個人課税の原則」という二つの分野の原則を実務の中でいかに融和させるかという課題である。従来この課題は、社会保障の分野で準備される世帯構成員から提出される「本人同意」によって解決されるものとの建前があった。必ずしも実態は適当であると言い切ることができない場合もある（注4）。

　したがって、この課題は、情報連携を適正に行うために「本人同意」をシステムにいかに組み込むか、あるいはこれに代わる工夫があるのか、さらにこのために制度としてどのような説得力のある仕組みを用意することができるかという課題である。

（注4）自治体ソリューション2015年5月号「番号法における世帯単位の情報と個人課税原則」45〜48頁。

⑷　情報提供 NWS の特色

　情報提供 NWS は、ネットワークシステムを用いて異なる機関間で特定個人情報の提供（情報連携）をする方法であり、特定個人情報を提供禁止とする番号法のルール（番号法19条柱書）の例外となるものである。

　すなわち、番号法には何人も特定個人情報の提供をしてはならないとの原則が規定されているが、情報提 NWS はそのような原則に対する例外の一つとして規定されているものである。まず条文をみてみよう。

特定個人情報の提供規制（19条7号）

（特定個人情報の提供の制限）
第19条　何人も、次の各号のいずれかに該当する場合を除き、特定個人情報の提供をしてはならない。
（1号から6号まで省略）
　七　別表第2の第1欄に掲げる者（法令の規定により同表の第2欄に掲げる事務の全部又は一部を行うこととされている者がある場合にあっては、その者を含む。以下「情報照会者」という。）が、政令で定めるところにより、同表の第3欄に掲げる者（法令の規定により同表の第4欄に掲げる特定個人情報の利用又は提供に関する事務の全部又は一部を行うこととされている者がある場合にあっては、その者を含む。以下「情報提供者」という。）に対し、同表の第2欄に掲げる事務を処理するために必要な同表の第4欄に掲げる特定個人情報（情報提供者の保有する特定個人情報ファイルに記

録されたものに限る。）の提供を求めた場合において、当該情報提供者が情報提供ネットワークシステムを使用して当該特定個人情報を提供するとき。
（以下省略）

　番号法19条7号は情報提供NWSによる特定個人情報の提供は、別表2の各欄に掲げる条件によって行うというように、独特な構成が採られている。

　別表2には、情報照会者、情報提供者、情報照会者の処理する事務、当該事務を処理するために必要な特定個人情報の項目といった四つの欄が設けられている。

　この別表2により、どのような特定個人情報がどのような事務のために、どの機関からどの機関に向けて提供されるかを知ることができ、ネットワークシステムを使って行われる情報連携の具体的な内容が明らかにされており、特定個人情報の流通の見える化が行われているともいうことができる。

　そして、情報提供NWSには、もう一つこの表に登場しない大事な機関がある。そしてこの機関の存在こそ、この制度の最も独特な性格を示すものとなっている。それは、番号法に規定された「総務大臣」の存在である。これはシステムの説明のところでコアシステムと呼ばれたものでシステムの頭脳に当たる。この機関は、当事者というよりも仲介者と呼んだ方がよいのかもしれない。この機関が情報連携システムで果たす役割を正当なものとするために、番号法はこれまでの公用照会の取扱いでは経験しなかった制度上独特の仕組みを導入しているのである。

(5)　独自事務の情報連携（番号法19条8号）

　情報提供NWSによる情報連携は19条7号のほかに19条8号がある。8号の情報連携は平成27年の番号法改正によって追加され、条例による独自事務のための情報連携として整備されたものである。

　条例事務関係情報連携と呼ばれるこの情報連携の要件は個人情報保護委員会規則で定められ、①条例事務の趣旨目的が法令の趣旨・目的と同一であること②情報連携を行いたいとする独自事務の内容が法定事務の内容と類似していること③情報の提供者が別表2の法定事務の項に規定された情報提供者であって、情報が別表2の法定事務の項の特定個人情報の範囲内であることとされている（平成28年個人情報保護委員会規則5号2条1項・3

第Ⅰ部　総　　論

項）。番号法は、情報提供NWSによる特定個人情報の提供にあたって7号の規定を8号に準用することとしている（番号法26条）。

　なお、この8号で提供される特定個人情報が地方税関係情報である場合には、委員会での独自事務の情報連携に係る届出の承認にあたって「本人の同意」をとることが条件とされている（54頁において後述する）。ここでは7号の情報連携を中心に解説することとし、8号は必要に応じ触れることとしたい。

(6)　公用照会では経験しなかった制度上独特の仕組み

　コアシステムすなわち総務大臣が情報連携システムで果たす役割を正当なものとするために、番号法は、①総務大臣の通知制度（番号法21条2項本文）と②総務大臣の通知に伴う提供拒否の禁止のルール（番号法22条1項）という仕組みを設けている。

　まず、①総務大臣の通知制度（番号法21条2項本文）から見ていこう。

（情報提供ネットワークシステム）

第21条　総務大臣は、委員会と協議して、情報提供ネットワークシステムを設置し、及び管理するものとする。

2　総務大臣は、情報照会者から第19条第7号の規定により特定個人情報の提供の求めがあったときは、次に掲げる場合を除き、政令で定めるところにより、情報提供ネットワークシステムを使用して、情報提供者に対して特定個人情報の提供の求めがあった旨を通知しなければならない。

　一　情報照会者、情報提供者、情報照会者の処理する事務又は当該事務を処理するために必要な特定個人情報の項目が別表第2に掲げるものに該当しないとき。

　二　当該特定個人情報が記録されることとなる情報照会者の保有する特定個人情報ファイル又は当該特定個人情報が記録されている情報提供者の保有する特定個人情報ファイルについて、第27条（第3項及び第5項を除く。）の規定に違反する事実があったと認めるとき。

　委員会というのは、個人情報保護委員会のことである。

　総務大臣は、特定個人情報保護を含む個人情報保護制度全般を管理する個人情報保護委員会との協議により情報提供NWSを設置し、管理する役割を担当する（1項）。

　2項により、総務大臣は、情報照会者から第19条第7号の規定により特定個人情報の提供の求めがあったときは、情報提供NWSを使用して、情

報提供者に対して特定個人情報の提供の求めがあった旨の通知を義務付けられている。

　なお、次の場合は、この通知が行われなくてよいものとされている。
① 　別表2の定める項目に該当しない場合
② 　特定個人情報保護評価の手続きが遵守されていない場合

　①はむしろ通知が行われてはいけない場合であり、②は保護評価が遵守されていないことは「情報提供ネットワークシステム全体に負の影響を発生させるおそれがある」（宇賀克也「番号法の逐条解説」104頁）からと解説されている。このように特定個人情報保護評価の手続きを遵守することは情報提供NWSを利用する条件となっている。

　①と②に該当する場合でないことが総務大臣の通知をするための前提条件であるから、総務大臣は通知をする前に、この①と②に該当する場合でないことを確認する必要がある。①がないことの確認は情報提供NWSを利用するための条件であり、番号法別表2に該当することの確認は、情報提供NWSを利用するための条件であり、かつ通知の前提条件である。

　このような確認を行ったうえで行われる総務大臣の通知に対しては、番号法はこの通知に特別な効果を与えている。それが次の「②総務大臣の通知に伴う提供拒否の禁止のルール（番号法22条1項）」である。総務大臣の通知は単なるお知らせではなく、番号法固有の効果が与えられている。番号法22条1項をみてみよう。

（特定個人情報の提供）
第22条　情報提供者は、第19条第7号の規定により特定個人情報の提供を求められた場合において、当該提供の求めについて前条第2項の規定による総務大臣からの通知を受けたときは、政令で定めるところにより、情報照会者に対し、当該特定個人情報を提供しなければならない。
2　省略

　22条1項は、総務大臣の通知があった場合には、情報提供者は情報照会者に対して特定個人情報の提供をしなければならないと規定し、情報提供者に当該特定個人情報の提供を義務付けている。このことを裏返せば、総務大臣からの通知を受けた情報提供者は提供をするかどうかの判断の自由がない、提供を拒否することは番号法が禁じているということができる。これを語弊はあるかもしれないが、わかりやすく「提供拒否禁止のルー

第Ⅰ部　総　　論

ル」と呼んでおくこととしよう。

(7)　番号法22条１項と情報提供者の守秘義務

　租税情報開示禁止原則をちょっと脇において考えれば、一般の行政機関相互の間では調査協力義務があるので、それほどの問題はないといえるものであるが、税務の場合は必ずしもそうとはいえない。公用照会が行われている場合には、公用照会が適法なものかどうかの判断は情報提供者が行う。それでは情報提供 NWS を使った特定個人情報の提供の求めについてはその適法性の判断は誰がどのように行うのか。また、税務情報の開示禁止原則はどのようにかかわっているのか、という疑問がある。

　この点は制度を解説する資料の中には「情報提供ネットワークシステムを通じた所得情報の提供は、法律上規定された請求に対し、法律上規定された提供義務（番号法22条）を履行するための正当な行為として許容されるものであり、守秘義務違反は成立しないと解される」(注5) というものがある。しかし、番号法22条１項の規定があり提供の義務付けが法定されているというだけでは単なる法文上の事実を語るにすぎず、当該規定に従うことが任意なのか強制的に義務付けられているものなのか、さらにこの規定から直ちに内容的にも納税者の秘密を侵害するものではないという積極的な意味付けを与えるまでのものなのか、必ずしも明らかではない。ニュアンス的には、刑法35条の正当業務行為に似たものがあるが、これだけではやや舌足らずの印象がある。

　したがって、番号法22条１項に従うことが税法上の守秘義務に反しないという理由は、同条項が存在することとは別に見出さなければならない。なぜなら、地方税法22条による守秘義務の解除は、単に形式的に法令を遵守していることをもって十分とするものではなく、租税情報開示禁止原則に対する例外とされるだけの積極的な理由を必要とし、なぜ守秘義務が解除されるのか、特定個人情報の提供による開示が許容されるのかの説明が求められるものと考えられるからである。これまでの公用照会の例においても、照会に対する一般的な応答義務のみで回答が許容されるものではない。

　それでは、総務大臣の通知から、どのような理由で税法上の守秘義務が解除されると考えることができるか。

　特定個人情報の提供拒否の禁止について、その正当性をぎりぎりつめて考えていくと、そこでの守秘義務の解除が肯定されるのは、番号法22条１

50

項により提供を義務づける総務大臣の通知が存在するという一点にあるのではなく、その通知の前提をなす総務大臣の判断そのものに内在的な理由を見出すことができるのではないかと考える。

つまり総務大臣の通知は情報照会者の提供の求めが適法に行われているという審査と確認を経て行われるものであるからこそ、番号法は総務大臣の通知に提供拒否の禁止の効果を与えていると考えられる。

もう一度番号法21条2項1号に戻ってみよう。

総務大臣には情報照会者の提供の求めを受けて、番号法21条2項各号に基づき、別表2に該当することについて確認することが求められている。別表2は、特定個人情報の提供が許容される例外を規定しているものであるが、これらの規定は特定の当事者間における個別の地方税関係情報の開示を許容している規定でもある。このことから総務大臣が別表2について確認することは、情報照会者の情報の求めについて総務大臣がその適法性を審査し確認する意味があると考える。

公用照会の場合はこの審査と確認は回答者が行うものであるが、番号法は情報提供NWSを通じた情報連携のもつ特殊性からこの確認を総務大臣が行うものとしたと理解することができる。こうして総務大臣が通知を発した場合には、その通知が情報提供者の元に着信した段階で適法性の確認は効力を生じ、情報提供者に本来義務付けられた守秘義務は解除されることになるものと考えられる。

つまり、番号法19条7号・別表2に基づいて情報照会者から情報提供ネットワークシステムに送信し、これを受けた情報提供ネットワーク（総務大臣）側が情報提供者に番号法22条1項による通知をすると、この通知の着信をもって適法な特定個人情報の求めがあったものとして回答できることになる。これは着信の時点ですでに当該特定個人情報の求めはオーソライズ（正当性が付与）されていることを意味することになるから、公用照会に対する場合と区別する意味で本書では「着信時オーソライズ方式」と呼ぶことにする。

（注5）総務省「番号制度に係る地方税業務システム検討会」平成25年7月17日
　　　　開催資料3、7頁。

(8) システム上の適法性の確認の仕組み

着信時オーソライズ方式をシステムの上で保障するために、情報提供NWSではプレフィックス情報という仕組みを設けている。

第Ⅰ部　総　　論

　公用照会においては、照会者側の情報の求めに対して回答者側では人的に適法性の確認を行っているところであるが、それを着信時オーソライズ方式ではシステムで行うことになる。仕組みはプレフィックス情報と呼ばれるもので、これは番号法19条・別表2をデーター化、プログラム化しようとするものである。プレフィックス情報を定義すると「番号法別表第2に規定される情報照会者、情報提供者、事務、特定個人情報の組合せを定義した情報)」とされているが、このプレフィックス情報による提供可否の判断及び制御を行うことにより目的外の情報提供を防ぐ仕組みが提供される、とされる（「地方公共団体における番号制度の導入ガイドライン」第3章第3節3(5)）。(参考1「プレフィックス情報の組込み」)

　また、「特定個人情報の適正な取扱いのためのガイドライン」では安全管理措置として、システムを使用して個人番号利用事務等を行う場合、事務取扱担当者及び当該事務で取り扱う特定個人情報ファイルの範囲を限定するために、適切なアクセス制御を行うこと、またアクセス制御としては、個人番号と紐付けてアクセスできる情報の範囲をアクセス制御により限定することやユーザーIDに付与するアクセス権により、特定個人情報ファイルを取り扱う情報システムを使用できる者を事務取扱担当者に限定することなどが手法として例示されている。このように番号法では、個人番号や特定個人情報を保護するため、これまで以上に具体的な取り組みが行われることが示されている（「特定個人情報の適正な取扱いのためのガイドライン」(別添)特定個人情報に関する安全管理措置)。

　政府がIT時代の情報提供のあり方としてこのような新たな方式を開拓しようとしていることは十分理解できるし、税と社会保障分野での情報連携に多くの非効率が存在することも事実として認めなければならない。そのような中で、IT化の進行と共に少し気がかりなのは、果たしてそのような志と異なって従来かかっていたチェックがかからなくなるような事態が発生することはないだろうかということである。そのようなことがあるときは、納税者の信頼を損なうことになりかねないが、ここは別表2の設計そのものの問題であるので、ここではこれ以上はふれることは差し控える。着信時オーソライズ方式はIT時代の大きな挑戦でもある。これを確実に定着させ、新しい行政のスタイルを確立することに大きな期待がかかっているということである。

⑼　ネットワークでの情報提供が可能な守秘義務解除の論理

　このテーマについて、総務省においてはしばしば次のような説明がされている。

「市町村の税務当局から情報提供ネットワークシステムを通じて所得情報を提供する社会保障分野の事務については、地方税法上の守秘義務の趣旨にかんがみ、情報提供の必要性が認められ、本人の権利利益に悪影響を与えない以下 a、b のいずれかに該当する場合に限定して番号法の別表第 2 に規定している。

　　a　利用事務の根拠法律において、本人が行政機関に対して報告を行う
　　　義務が規定されており、本人にとってはその行政機関に情報が伝わる
　　　ことは秘密として保護される位置づけにないと解される場合

　　b　利用事務が申請に基づく事務であり本人の同意により秘密性が解除
　　　される場合（照会にあたっての本人同意の取得について法令で規定予定）」
　　（注 6）

以上の説明は、守秘義務が存在することを当然の前提として、その上で別表 2 に規定される情報連携の条件として、a、b の場合があることを掲げている。

　（注 6 ）前掲「番号制度に係る地方税業務システム検討会」平成25年 7 月17日開
　　　　　催資料 3 、 7 頁から。

　それでは守秘義務に留意しながら、これまでの公用照会と情報提供NWS に切り替わることによって、これまでの守秘義務解除の論理にどのような変化がうまれるのか、考えてみよう。

　これまで公用照会では回答者が行っていた照会者の資格確認や照会に応じることができるかどうかの適法性の確認を、システム上はコアシステムに相当する総務大臣が情報提供 NWS を使って迅速に行い、事務の効率化を図ろうとするものである。前述のとおり適法性の確認にプレフィックス情報が用いられる。

　この結果、公用照会では場合によって照会者に電話確認していたような作業はシステムではできない。したがって、できるだけ定型的な情報照会事項や定型的な情報に限定されるよう、別表 2 にある主務省令の策定過程で項目の絞り込みと精査が行われているものと考えられるのである。

⑽　情報提供 NWS は守秘義務解除のどの類型か

　番号法22条 1 項があって、提供拒否の禁止のルールが規定されているの

第Ⅰ部　総　　論

で他法解除型（第２類型）に近い関係にはある（注７）。他法解除型というのは、刑事訴訟法144条で証言義務を履行する際に税法上の守秘義務に触れる場合に、証言すれば守秘義務違反、証言しなければ宣誓した証人の証言義務違反で罰則の適用があるという場面を想定し、この場合には刑事訴訟法144条によって地方税法22条の守秘義務が解除され、税法上開示が禁止される納税者の秘密にかかわる事項を証言したとしても、守秘義務違反には問われないと解釈するものである。この場合には、刑事訴訟法161条の罰則が存在することと、裁判における真実究明という司法の場における正義の追求という大義があることがある。

　番号法22条１項の総務大臣の通知も、公平で公正な社会保障の実現に役立てるという大義はある。ただ罰則の規定はない。したがって、ただちに他法解除型と決めつけるわけにはいかない。

　他方このシステムにおいてもプレフィックス情報の仕組みにより、番号法別表２に適合しているかどうかの確認が行われるが、これは公用照会における照会者資格の確認及び適法性の確認に相当するものであるから、別表２の存在は直接規定型（第１類型）とみることもできるし、その組み合わせは相対的秘密型（第３類型）にも似通ってくる。そういったことから、４類型のいずれかではなく、直接規定型と相対的秘密型と他法解除型の混合類型になるのではないかと考えられる。

（注７）他法解除型（第２類型）をはじめ守秘義務解除に関する４類型については、本書８頁以下を参照。

⑾　「本人の同意」により秘密性が解除される場合（問題の所在）

　情報提供NWSを通じて市町村の税務当局から社会保障分野の事務に所得情報を提供することが守秘義務に抵触しない理由について、これまで次のように説明されている。

　市町村の税務当局から情報提供ネットワークシステムを通じて所得情報を提供する社会保障分野の事務については、地方税法上の守秘義務の趣旨にかんがみ、情報提供の必要性が認められ、本人の権利利益に悪影響を与えない以下のa、bのいずれかに該当する場合に限定して番号法の別表第２に規定している。

　a　利用事務の根拠法律において、本人が行政機関に対して報告を行う義務が規定されており、本人にとってはその行政機関に情報が伝

わることは秘密として保護される位置づけにないと解される場合
　b　利用事務が申請に基づく事務であり本人の同意により秘密性が解
　　除される場合（照会にあたっての本人同意の取得について法令で規定予
　　定）

　以上の説明は、ａとｂとがそれぞれ守秘義務解除の理由となることを説
明するものであるが、この二つは別表２の確認を経て総務大臣の通知に
よって守秘義務を解除する「着信時オーソライズ方式」の仕組みの中では
問題の意味と性格が異なる。
　ａについては、これまで守秘義務解除の４条件の中で説明をしてきたも
のである。別表２の中には、情報照会のための事務の法的根拠が組み込ま
れ、守秘義務解除の条件が掲載されている。このような条件が、システム
的にはプレフィックス情報に取り込まれることによって守秘義務解除の理
由が理解可能なものとなっている。
　ｂについては、別表２の情報照会のための事務の中に同意条件がある場
合には、守秘義務の解除という観点からは保留状態にあるということがで
きる。つまり同意が確認されないままでは守秘義務が解除されるものでは
ない。この場合、別表２は守秘義務解除の根拠としては不完全な状態に置
かれているのである。
　つまり、ａは、根拠法令から「守秘義務解除」の理由を求める法律解釈
の領域の問題であるのに対し、ｂは、もともとは守秘義務解除の条件とし
ての「同意」があるか否かの事実確認の領域の問題であって、本来的に、
ａとｂは問題の領域を異にするものである。
　ａと同様に守秘義務が解除されるというためには、ｂについては何らか
の同意を確認する仕組みを別途講じるか、情報提供 NWS という仕組みの
中でそれが困難ということであれば、「同意を確認する仕組み」に代えて
実質的に同意がある場合と同視できる法的な状態を整備するかされること
が必要である。
　果たして、情報提供 NWS を使って情報連携する場合に、情報照会者の
情報の求めの根拠となる事務手続きにおいて「同意」があることをどのよ
うに確認するか、実質的に同意がある場合と同視できる法的な状態をどの
ように整備することになるのだろうか。

第Ⅰ部　総　　論

⑿　課題へのアプローチ

　この課題に対する解決方法としては、システム的に同意を確認する仕組みを設ける方法も考えられないわけではないが、平成25年検討会資料では「照会にあたっての本人同意の取得について法令で規定」とあり、この課題に対するアプローチとしては、法的整備によって「本人の同意により秘密性が解除される場合」とする解決方法をとることとしたものと考えられる。

　果たして以上の解決方法は次の告示によって明らかにされた。

　平成29年5月29日に「行政手続における特定の個人を識別するための番号の利用等に関する法律第19条第7号の規定により地方税関係情報を照会する場合に本人の同意が必要となる事務を定める告示（平成29年内閣府・総務省告示第1号）」が公布され、平成29年5月30日から施行することとされた。

　この告示はどのような性格のものであり、どのような内容が規定されたものか。この告示によって実質的に同意がある場合と同様に考えられる法的な整備がされているものと理解することができるであろうか。

　そこで告示について見てみよう。

　告示の柱書は次のように規定している。

　行政手続における特定の個人を識別するための番号の利用等に関する法律（以下「法」という。）第19条第7号の規定に基づき、次の各号に掲げる事務の区分に応じ、当該各号に定める情報を提供するときは、当該提供について本人（法第2条第6項に規定するものをいう。）の同意を得なければならない。この場合において、情報照会者（法第19条第7号に規定する「情報照会者」をいう。）が、情報提供者（同号に規定する「情報提供者」をいう。）に対し、当該情報の提供を求めるに当たっては、当該情報提供者が当該情報を提供することにつき、当該情報照会者が、当該情報提供者に代わって当該情報に係る本人の同意を得るものとする。

　この「告示」の法的性質について考えてみるに、ここでは一般的に広く周知する意味での告示が示されているのではなく、本人の同意の取得を情報照会者の義務として規定されているものであり、このことから（注8）、本件告示は行政立法の一つとしての法規の性質を有するものとして規定さ

56

れており、講学上の法規命令としての告示が規定されたものと考えられる（注9）。

　別表2のうち本人の同意を要するものについては、守秘義務解除の根拠としては不完全な状態に置かれている。この事務手続きに同意を要する項目については、法的脆弱性があるということもできる。

　このため、この告示に申請者本人からの同意取得を情報照会者の義務として定めることによって、この義務を履行したもの以外は、ネットワークを使った情報連携を認めず、ネットワークにアクセスする資格はないものとの意味を告示に規定したものと考えられる。

　こうしたことから告示は同意の取得が義務とされた情報照会者に（同意を取得したことを条件に）ネットワークにアクセスする正当性を付与したものということができる。

・本件告示はこのような方法によって別表2を補充する役割を担うこととしたものと考えられる。

（注8）規定上は、同意を得て情報提供するのは情報提供者の役割とされ、情報照会者が情報提供者に代わって本人の同意を取るものとされているが、守秘義務の主体側からこのような規定をしたにすぎず、本人の同意の取得は実質的には情報照会者の義務である。

（注9）告示が行政立法の一つである法規命令として公示されるときは、新たな規範が定立されたものと理解される。

⒀　告示による情報照会者の正当性の付与方式という考え方

　この告示による情報照会者の正当性の付与方式という考え方は、情報提供NWSを使って税情報と情報連携する場合に守秘義務解除のハードルとなる「同意」をいかにネットワークを使った情報連携システム全体の中に組み込むかという課題に対する新たな手法であろう。

　この手法を「同意」が問題となる三つの場面についてそれぞれ「同意」がそれぞれどのようにかかわっているかについて考えてみる。

場　　　面	同意が係わる意味
①　告示によって別表2の主務省令において同意が必要とされている事務であることが明らかにされている場面	・地方税関係情報の求めを行うためには、当該事務は同意を要するものであること。 ・当該事務の情報照会者は同意の取得

	が義務づけられているものであること。
② 申請時に地方税関係情報について調査を受けることを同意する場面	・同意が得られれば、情報提要NWSを使うことが許容された者となる（ネットにアクセスする資格を得る） ・同意が得られなければ、情報提要NWSを使うことが許容されないものである（ネットへのアクセスを排除されたものであること）
③ 申請者の同意を得て当該申請者の地方税関係情報を保有する地方団体の税務部署に情報の求めを行う場面	・告示によって同意を取得した者のみが使うことが許された情報提供NWSによってアクセスが行われている。 ・情報提供NWSを使って情報照会する以上、当該情報照会者は同意を取得し、アクセスが許された者と考えられ、特段に不正が疑われるような事情のない限り、22条によって情報提供が義務付けられた情報提供者の情報提供は守秘義務に反するものではない。

⒁ 告示による情報照会者の正当性を付与する方式に対する評価

　情報提供NWSを使用してこの告示で個別に指定された本人同意が組み込まれた事務のために情報の求めをしようとするには「本人の同意」の取得が義務とされ、そのような義務の履行ができない者が情報提供NWSへアクセスすることを排除するのが本件告示の目的であろう。

　「同意」の本来的な意味からすると、法令（告示）をもって本人の同意の取得を義務付ける本件告示の役割というのは、必ずしも本人の同意を確認する行為に代替されるものではないが、情報照会者による同意の取得の事実確認がネットワーク上で容易でない（注10）とすれば、法令（告示）によって同意の取得を履行しない者が情報提供NWSへアクセスすることから排除する方法が採られてたとしてもやむを得ないものと考えられる。

　（注10）　公用照会では、申請者等の本人同意は送付された照会状により一定程度確認が可能であるが、ネットワークではこれと同程度の確認を求めるのは現実的ではないであろう。

　この告示は、このような関係者間のルールを明確にして、このルールを遵守することを情報照会者に命令することに意味がある。

告示という形式を借りて、新たな行政立法が行われ、本人同意の取得がルール化され、同意の取得は情報照会者の義務であり、守るべき規範とされたものと考えられる。

以上の関係について別の見方をすれば、本来事実確認の領域に属する「本人同意の取得」を告示という法形式を使って規範化することによって、本来同意がついているかどうかの事実確認を、「同意を取得すべき義務」という規範に置き換えたものと考えることができる。

つまり情報照会者が情報の求めを行うために必要な申請者の同意を取得することは、情報照会者がネットワークにアクセスするための資格要件となった、告示によってそのような要件が新たに整備されたと考えられる。

これによりｂの場合の同意は事実確認の問題ではなく、ａと同様に法令に定められた法的な資格条件の整備の問題となったのである。

平易にいえば、「別表２に同意を要する事務手続きが規定され、その手続きが厳格に同意を取得しなければならない事務」であると告示で宣言された以上、情報照会者が同意を取得することなくネットワークにアクセスすることはあるべきことでなく、仮にそのようなことがある場合は当該情報照会者は告示に違反する違法を侵すことになる（注11）。適法な地位にある情報照会者と情報提供者の間での情報連携に当たって、そのような不正常な事態を想定したルールを策定することまで必要とされていないということではないだろうか。

(注11) 同意を要する事務については官報で告示され、この告示により事務の内容等は知ることができるものとなり、マイナポータルに記録される。マイナポータルへの記録は、違法なアクセス防止に対する担保措置となるものである。

⒂　実務上の対応

以上の告示に伴い、地方団体の税務担当部署に向けて、平成29年５月31日事務連絡として次のような総務省自治税務局市町村税課通知が発せられている。

○平成29年５月31日事務連絡　総務省自治税務局市町村税課通知

> 行政手続における特定の個人を識別するための番号の利用等に関する法律第19条第７号の規定により地方税関係情報を照会する場合に本人の同意が必要となる事務を定める告示（平成29年内閣府・総務省告示第１号）

第 I 部　総　　論

が平成29年5月29日に公布され、平成29年5月30日から施行されること
とされた。

　以下において、これまでの守秘義務解除の根拠が確認されている。

　地方税法（昭和25年法律第226号）第22条の規定により、地方税の調査又は徴
収等の事務に従事している者等には守秘義務が課されているが、情報提供ネッ
トワークシステムを介して地方税情報を第三者に提供する際、
　①　利用事務の根拠法律において、本人が行政機関に対して報告を行う義務
　　が規定されている場合
　②　利用事務が申請に基づく事務であり本人の同意により秘密性が解除され
　　る場合
のいずれかを満たせば守秘義務違反には当たらないと解されている。
　このため、①を満たさない場合は、②に基づき、本人同意の要することから、
情報提供ネットワークシステムを介して地方税情報を提供するに当たって、本
人の同意が必要な事務及び情報を明らかにするために定めるもの。

○各府省社会保障・税番号制度主管課長あて内閣府大臣官房番号制度担当
　室参事官及び総務省自治税務局市町村税課長依頼通知（平成29年5月31
　日府番第96号総税市第56号）

参考

府　番　第 96 号
総税市第56号
平成29年5月31日

各府省社会保障・税番号制度主管課長　殿

　　　　　　　　　　　　　　　　内閣府大臣官房番号制度担当室参事官
　　　　　　　　　　　　　　　　　　　　　　　　　　　（公印省略）
　　　　　　　　　　　　　　　　総務省自治税務局市町村税課長
　　　　　　　　　　　　　　　　　　　　　　　　　　　（公印省略）

　　　情報提供ネットワークシステムを使用して地方税関係情報
　　　の提供を行う場合に本人の同意が必要となる事務における
　　　所要の措置について（依頼）

　情報提供ネットワークシステムを介した行政手続における特定の個人を識別

するための番号の利用等に関する法律（平成25年法律第27号。以下「番号利用法」という。）別表第２の１の項に規定する「地方税関係情報」を提供するには、地方税法に基づく守秘義務との関係上、情報照会を行う事務の根拠法令に、本人（番号利用法第２条第６項に規定する「本人」をいう。以下同じ。）に対する質問検査権及びそれに応じない場合の担保措置（罰則等）がない場合、当該事務が申請に基づくものであり、かつ、本人の同意をとることが必要となります。

　このため、番号利用法第19条第７号の規定により、情報提供ネットワークシステムを使用して地方税関係情報の提供を行う場合に、本人の同意が必要となる事務については、「行政手続における特定の個人を識別するための番号の利用等に関する法律第19条第７号の規定により地方税関係情報を照会する場合に本人の同意が必要となる事務を定める告示（平成29年内閣府・総務省告示第１号）」（別添）により規定し、平成29年５月29日に公布、平成29年５月30日に施行したところです。

　貴職におかれては、関係制度所管部局を通じて情報照会機関となる行政機関及び各府省所管の独立行政法人等（以下「行政機関等」という。）に対しまして、同告示の内容について周知いただくとともに「情報提供ネットワークシステムを介した地方税関係情報の照会を行う事務手続における所要の措置について（依頼）（平成28年11月30日付事務連絡）」（参考）においてお願いしておりました、申請様式の根拠となっている省令・通知等の改正、行政機関等への様式改正依頼通知の発出及び行政機関等の様式改正状況の把握などの所要の措置を、情報連携開始までに速やかに講じていただきますようお願いします。

参考

　また、各府省において改正された申請様式及び行政機関等へ発出された通知については措置後速やかに、行政機関等の様式改正状況については別添様式により情報連携が開始されるまでに、総務省市町村税課までご報告いただきますようお願いします。

〈担当〉総務省自治税務局市町村税課　松村

TEL：03-5253-5111（内23579）

E-mail：r.matsumura@soumu.go.jp

内閣府大臣官房番号制度担当室　葉柴

TEL：03-6441-3457

　以上のことから、同意告示によるアクセスが許容された情報照会者による情報の求めは、４類型のうち、直接規定型に属する。

　すなわち、ａが相対的秘密型（第３類型）を基本とした混合類型ｂが直

接規定型（第1類型）になる。

　⒃　ｂの同意を要する事務について

　次に、「ｂの同意を要する事務」について述べる。

　これまでの公用照会の実務では、本人（世帯員を含む）の同意書の添付が必要とされている場合は、同意書が添付されているか、添付された同意書が適切なものかなど、同意書の点検は回答にあたって必要なチェックポイントであった。

　日常の実務を行う上では、情報照会者に対して情報提供者から公用照会の根拠を尋ねても十分な応答を得られなかったり、本人の同意が必要な事務であるにもかかわらず同意書がついてなかったりすることなども稀ではなく、またどこまで形式上の不備を確認するか判断に迷うこともあり、極端な言い方をすれば、「信じるしかない」といった場合もないわけではない。

　これまで行われてきた公用照会の長い経験の中で、実務を通じてしばしば困惑を感じるのは添付書類に表示された「本人の同意」がどこまで真正なものと考えることができるか、どこまで調べるかということである。同意が求められる世帯員の署名欄の筆跡が申請者の筆跡によく似たものであったり、印影が同じものと考えられるものであったりといったことは日常的にみられたものである。

　申請により本人同意が必要とされる事務に関して提供された書類のチェックは、必ずしも機械的な処理になじむものばかりではなく、どこまで厳密にやるかはそれぞれの自治体のスタンスにもよるとは思われるが、手間と時間を要する事務の一つである（注12）。

　（注12）　地方税事務研究会著「番号法における世帯単位の情報と個人課税原則」（自治体ソリューション（㈱ぎょうせい刊）2015年5月）でその一端を紹介している。

　平成28年11月通知は、この点について関係省庁社会保障・税番号制度関係課あてに、情報提供ネットワークシステムの本格稼働に向けた体制とするため、次のように記載されている。

　情報提供ネットワークシステムの本格稼働を予定する平成29年7月以降、当該事務を実施する地方公共団体や独立行政法人等（以下「地方公共団体等」という。）が、情報提供ネットワークシステムを介して地方税関係情報を取得する

ためには、申請の際に地方税関係情報が必要となる者の同意を得られるような体制にしておく必要があるため、今後のスケジュールにご留意の上、下記のとおり必要な措置を講じていただきますようお願いいたします。

なお、本人の同意を得ることが担保されない事務については、情報提供ネットワークシステムを介した地方税関係情報の提供を行うことができず、これまでと同様に、申請者に対して所得証明書等の提出を求めることとなりますので、関係省庁におかれましては、その運用にあたり事務処理上遺漏なきようご対応ください。

以上のように注意を喚起した上で、必要な措置の具体的な内容については次のように記載している。

1　申請様式の改正および通知の発出

以下の点にご留意の上、同意事務の申請様式の根拠となっている省令・通知等を改正するとともに、地方公共団体等においても、申請様式の改正に必要な規則等の改正や新様式の印刷等の所要の措置を講じるよう通知願います。併せて、所得証明書の提出が不要となる代わりに本人の同意が必要となること等について、住民の理解が得られるよう、HP・パンフレットによる事前広報や申請窓口での説明等を行っていただくようお願いします。

・取得する地方税関係情報の利用目的を明示した上で同意をとること。
・地方税関係情報が必要となる者すべての同意をとること。
・同意する者は自ら署名を行うこと。
・代理人が同意書に署名する場合、本人からの委任状をとること。

この通知は、以上のとおり、細部にわたる注意を書きだした上に、改正状況の把握まで指示したもので内容的にはかなり現場に対するインパクトのある通知となっているが、こうした通知の背景には実務におけるこれまでの不適切な運用の実態を踏まえ、国が是正に向けた強い意志を表す必要があるとしたことによるものと考えられる。

この通知により、今後速やかに実務の運用が改善されることを期待したいところであるが、一方公用照会を受ける情報提供者の立場からすると、本人の同意が必要な事務において情報提供NWSを使用する場合には、本人の同意書を確認するという作業が不要となるというのは、事務の安全性という点からすると疑問な点が残るところである。

第 I 部 総　　論

⒄　本人の同意による秘密性の解除と利用事務の根拠法律において秘密
として保護される位置づけにないために守秘義務が解除されるものと
の差異

　これまでも折に触れその違いは触れてきたが、ここで改めて整理してみ
たい。
　しばしば引用してきた「番号法の別表第 2 に規定している利用事務の根
拠法律において、本人が行政機関に対して報告を行う義務が規定されてお
り、本人にとってはその行政機関に情報が伝わることは秘密として保護さ
れる位置づけにないと解される場合」を便宜上「守秘義務解除 a 型」と
「番号法の別表第 2 に規定している b 利用事務が申請に基づく事務であり
本人の同意により秘密性が解除される場合」を「守秘義務解除 b 型」と
してその差異を比較してみよう。

表 2

類型	解除理由	補足理由
守秘義務解除 a 型 （秘密として保護される位置づけにない類型）	別表 2 の第 1 欄に掲げる者が行う第 2 欄に掲げる事務を処理する根拠となる法令等に法22条の守秘義務を解除すると考えられる根拠が法定されていることの確認が行われているため。	・別表 2 の第 1 欄に掲げる者（以下「行政機関等」という。）と第 4 欄に掲げる特定個人情報が帰属する者（以下「納税義務者等」という。）との間において、行政機関等が納税義務者とされる者の所得等の税情報を知ることができる法的な立場にある（行政機関等に知られることについて納税義務者等に受忍義務がある）と考えられる場合には、これらの者の間では当該所得等の税情報は秘密ではないと考えられる。 ・別表 2 の第 1 欄から第 4 欄（第 2 欄の事務のうち平成29年同意告示に定められた事務を除く。）までの項目は、このような場合を規定したものと考えられる。 ・ネットワークシステムを管理する総務大臣が、別表 2 に法定された情報連携であることを確認（番号法21条②）することにより、税務機関が当該行政機関等の求めに応じて所得等の税情報を提供したとしても、本人の秘密を漏らしたことにはならず、守秘義務違反が

		成立することはない。
		・なお、別表2の確認（番号法21条②）は、特定個人情報保護評価が不適正なものでないことの確認も併せて行われている。
守秘義務解除b型 （本人同意により秘密性が解除される類型）	別表2の第4欄に掲げる特定個人情報については本人の同意の取得義務が平成29年告示に定められており、この前提に立って法定された別表2の情報連携であることの確認が行われるため。	本来は、別表2の第1欄から第4欄を確認するだけでは守秘義務を解除することにならないが、平成29年同意告示により、同告示に示された別表2の第2欄に掲げられた事務については「本人の同意」があることが前提とされており、この前提に立って別表2があることから、守秘義務解除a型と同様に別表2を確認（番号法21条②）することによって、税務機関が当該行政機関等の求めに応じて所得等の税情報を提供したとしても、納税義務者の秘密を漏らしたことにはならず、守秘義務違反が成立することはないということなる。 　なお、この場合は本来事実確認の領域に属する「本人同意の取得」を、告示という法形式を使って同意を取得すべき義務という規範に置き換えたものと解される。

　そもそも、守秘義務解除b型の場合は、守秘義務解除の理由となる「本人同意の取得」は、総務大臣における情報NWSの管理に係わる段階（番号法21条1項）の事務ではなく、当該管理以前の情報照会者が行う申請の段階で取り扱う事務のことと考えられるものである。

　言葉を換えれば、総務大臣の管理区域に入ってきたときには、すでに（実際に本人同意の取得があったかどうかにかかわらず）同意による守秘義務解除の問題は切り離されてしまっているということもできる。

　以上のことから、守秘義務解除b型においては、本人同意が擬制されているという理解ではなく、本人同意が適正に取得されたかどうかは申請段階の問題として残り、仮に不適正な事案があったとしても、基本的に情報照会者側における申請の段階で対応すべき問題に止まり、情報提供者の守秘義務の問題になることは通常はないものと考えられる。

　参考図に、情報照会者が本人の同意を得て特定個人情報の提供の求めを

第Ⅰ部　総　　論

　行い、これを受けて総務大臣が番号法21条2項の確認を行い、これによって情報提供者に通知するまでの関係を図解しているので参考とされたい。
　参考図について、補足すると、
・情報照会者（甲）の欄の破線による丸い囲み線は、平成29年5月29日の内閣府・総務省告示第1号が、告示に定める事務の区分に当たるときは本人の同意を取得することを義務づけているが、その告示が適用される範囲を示している。本人同意があるかどうかが問題となる場合はこの範囲の問題となる。
・総務大臣（乙）の欄は、番号法21条2項に規定された別表2により法定された情報連携であることの確認と特定個人情報保護評価（番号法28条）が適切に行われたかどうかの確認の二つの確認を行うことにより、情報提供者に通知することとされている。ここでは、本人同意の存否は問題とされない。
・情報提供者（丙）の欄では、これまで公用照会で行ってきた本人同意の存否等のチェックはここでは必要とされていない。番号法22条1項は情

（参考図）

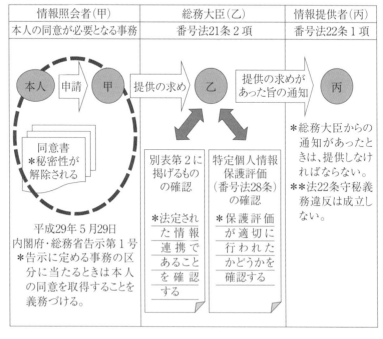

報提供者が守秘義務に違反することのないように本人同意があるかどうかといった判断義務を免除していると考えることができる。

それにしても、実際に本人の同意を取らないまま特定個人情報の提供の求めが行われ、あるいは本人の同意と無関係なところで特定個人情報の提供の求めが行われることがあったとしても、本人自身がマイナポータルをチェックするようなことがない限り、不適切事例が表面化することはまずないのではないか、ということが気になるところである。

このような場合は守秘義務の問題ではなく、プライバシーの保護のありかたとして問題があり、今後さらに検討されるべきことではないかと考える。

4　公益上の必要がある場合の情報提供

(1)　公益上の必要がある場合の情報提供（番号法19条14号）

所得情報等の提供者である地方税務機関としてとくに注意が必要な提供先は、前掲リストの14号である。14号は6件の「公益上の必要がある場合」が個別に列挙され、さらに特定個人情報の提供が許容される場合が政令に委任されている。前述のとおり、番号法は情報の提供の求めにポジティブリスト方式を採っているから、単に公益上の必要というばくぜんとした理由では情報の提供の求めをすることは許されない。個別に公益上の必要がある場合が番号法又は番号法から委任を受けた政令以下の法令に書かれていなければならない。このような法令として「行政手続における特定の個人を識別するための番号の利用等に関する法律施行令」（平成26年3月31日政令第155号）がある。この政令の別表には26件の情報の求めができる場合が定められている。

また、番号法19条16号の規定に基づき14号に準ずるものとして個人情報保護委員会から規則が定められ、行政書士法の規定による立ち入り検査又は調査等の公益上の必要がある場合の情報提供が4件定められている。「行政手続における特定の個人を識別するための番号の利用等に関する法律第19条第8号に基づく特定個人情報の提供に関する規則」（平成28年個人情報保護委員会規則第5号）

この結果、番号法と合わせて公益上の必要がある場合を理由とする番号法の提供規制をクリアーするものは現在36件とされている。どのような情報の求めか要旨を掲げたので参考にしてほしい。（表3参照）

第Ⅰ部　総　論

表3　番号法・番号法政令及び個人情報保護委員会規則により提供ができる場合
　　　（要旨）

	番号法により提供ができる場合
1	国会法又は議院における証人の宣誓及び証言等に関する法律による各議院の委員会若しくは参議院の調査会が行う審査若しくは調査
2	訴訟手続その他の裁判所における手続
3	裁判の執行
4	刑事事件の捜査
5	租税に関する法律の規定に基づく犯則事件の調査
6	会計検査院の検査
	番号法の委任による政令により提供ができる場合
1	恩赦法による刑の執行の免除又は復権
2	独占禁止法による処分又は犯則事件の調査
3	地方自治法によるいわゆる100条委員会の調査
4	金融商品取引法による検査、処分、審判手続、又は犯則事件の調査
5	公認会計士法による処分又は審判手続き
6	検察審査会法による審査
7	少年法による調査
8	租税法令による質問、検査、提示若しくは提出の求め又は協力の要請
9	破壊活動防止法による処分の請求、審査、調査、書類及び証拠物の閲覧の求め
10	租税条約等の実施に伴う所得税法、法人税法及び地方税法の特例等に関する法律による情報の提供
11	国際捜査共助等に関する法律による共助又は協力
12	暴力団員による不当な行為の防止等に関する法律による報告若しくは資料の提出の求め又は立入検査
13	国際的な協力の下に規制薬物に係る不正行為を助長する行為等の防止を図るための麻薬及び向精神薬取締法等の特例等に関する法律による共助
14	情報公開法による諮問
15	不正アクセス禁止法による申出

16	組織的な犯罪の処罰及び犯罪収益の規制等に関する法律による共助
17	無差別大量殺人行為を行った団体の規制に関する法律による処分の請求
18	独立行政法人等の保有する情報の公開に関する法律による諮問
19	個人情報保護法による報告の徴収
20	行政機関個人情報保護法による諮問、報告の求め又は資料の提出及び説明の求め
21	独立行政法人等個人情報保護法による諮問又は報告の求め
22	犯罪被害財産等による被害回復給付金の支給に関する法律による犯罪被害財産支給手続又は外国譲与財産支給手続
23	犯罪による収益の移転防止に関する法律による届出、通知、提供、閲覧、謄写若しくは写しの送付の求め、報告若しくは資料の提出の求め又は立入検査
24	国際刑事裁判所に対する協力等に関する法律による執行協力又は管轄刑事事件の捜査に関する措置
25	更生保護法による更生緊急保護
26	公文書等の管理に関する法律による移管又は諮問
	委員会規則（＊）により提供ができる場合
1	行政書士法の規定による立入検査又は調査
2	税理士法の規定による報告の徴取、質問又は検査
3	社会保険労務士法の規定による報告の求め又は立入検査
4	条例の規定に基づく不服申立てに対する裁決又は決定をすべき当該地方公共団体の機関による諮問

　このような規定が設けられた理由について番号法の解説書では、「各議院の審査、裁判、捜査などの公益上の必要がある場合は、特定個人情報の提供の必要性が高く、またこのような場合には不正な情報提供が想定されず、このような場合にまでを義務付けることは不適当であるため、情報提供ネットワークシステムを使用せずとも、特定個人情報の第三者提供が行えることとしています。」と述べている（『番号法で変わる自治体業務』137〜138頁）。

　ここは立法理由を述べたものであろう。特定個人情報の第三者提供が行える場合というのは、情報提供ネットワークシステムを使用する場合だけ

ではない。各議院の審査等の公益上の必要がある場合には特定個人情報にアクセスすることができると言うことをいっている。だが、ここは所得情報等の提供者である地方税務の立場からはもう少し補足して説明がほしいところである。

(2) 公益上の必要がる場合の情報提供と守秘義務

　ここで注意が必要なことは、番号法19条14号に基づく所得情報等の提供の求めがあったとしても、これに対して地方税法上適法なものとして回答できるかどうかという守秘義務の考え方自体は従前と変わらないということである。特定個人情報の提供規制が必要とされるかどうかという切り口からは問題がないとしても、所得情報の提供が守秘義務に抵触することはないかどうかという切り口から見た場合には、公益上の必要がある場合だから当然に適法に情報を開示できる場合になるということにはならない。特定個人情報の提供規制の例外とするかどうかの判断と租税資料開示禁止原則の例外に当たるか否かの判断は別個の判断であるということもできる。ここで個人情報保護法と番号法及び租税法（守秘義務の規定）の関係を、情報提供のルールという面で整理してみよう。個人情報保護法、番号法及び租税法（守秘義務の規定）をそれぞれ原則と例外に分けて横に並べて比較してみる。すると、それぞれの関係法規が一般法と特別法の関係に立つことが分かる。すなわち、個人情報に個人番号が加わることによって特別法（番号法）が優先して適用される。そして、提供の求めの対象が租税資料であることによって新たな条件が追加され、特別法（租税法）が優先して適用される。少なくとも、所得情報等の租税資料の提供に当たっては、関係法規がこのような関係にあることは理解しておいたほうがよい（図Ⅰ-7）。

　番号法によって特定個人情報の開示が許容されたとしても、情報提供の求めの対象となる資料が税務情報である場合には租税情報開示禁止原則の適用があり、提供の求めに応じることを許容する法的な根拠がなければこれに応答することは違法行為となることに変わりはない。ここは注意が肝心である。

　番号法19条14号に掲げられた場合を提供先として見てみると、裁判の執行、捜査手続きなどこれまでの実務では税務情報を提供（照会等に回答）することは守秘義務に抵触するとして回答を拒否している場合もあり、その対応に課題のある場合が並んでいる。

図Ⅰ-7　個人情報の提供に関する一般法と特別法、租税資料開示禁止原則

A 個人情報保護法	B 番号法
の情報提供ルール	原則禁止のルール
・目的外利用禁止	・本人に対しても提供禁止が原則

個人番号の追加

例外は、
・本人同意
・公益上の必要等

例外は、
ポジティブリスト（19条各号）

租税資料が
提供の対象

C 租税法（守秘義務の規定）
租税資料開示禁止原則

例外は、
・適法なものとして提供が許容
　された場合
・本人同意

　所得情報等の提供者として番号法の解説を読むときには、地方税務の担当としては守秘義務解除の条件を追加して考えるなど思考の切り替えが必要であることに注意を喚起しておきたい。

5　本人確認の留意事項

(1)　マイナンバーカードとは

　番号法では身元確認のために個人番号カード（マイナンバーカード）を導入している。個人番号カードは、申請のあった者に交付され、付番されたすべての者が個人番号カードを持つわけではない。個人番号は通知カード

第Ⅰ部　総　　論

により通知することとされているので、この通知カードは付番されたすべての者に送られている。通知カードには個人番号のほか、氏名、生年月日等の基本4情報が記載されている。通知カードは運転免許証等とプラスして本人確認に用いられ、これから本人確認のために大事な役割を担当することになる（図Ⅰ－8参照）。

図Ⅰ－8　通知カードのイメージ

出典：総務省資料から

図Ⅰ－9は個人番号カードのイメージである。

個人番号カードの定義は番号法2条7項にあるが、要するに「個人番号カード」とは、氏名、住所、生年月日、性別、個人番号等のカード記録事項が記載され、本人の写真付きで、かつこれらの事項が電磁的な方法で記録されているものをいうものである。

正式には総務省令（平成26年11月20日総務省令85号）にその様式が定められているが、以上のカードに記録される事項のうち「個人番号」は、個人番号カードの裏面に記載されることになっている。これにより個人番号カードをコピーしたりするときに、氏名等の基本4情報といっしょに個人番号が記録されないようにされているのである。

図Ⅰ－9のICチップには、券面に書かれている情報（氏名、住所、生年

図Ⅰ－9

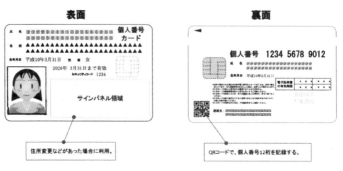

出典：総務省・住基ネット調査委員会資料を基としている。

72

月日、性別、個人番号、顔写真など）のほか、電子申告の際に必要な公的個人情報サービスにおける電子証明書が記録される。これらの情報は、あらかじめ個人番号カードにインストールされるアプリケーションに格納されるかたちで、記録される。とくに顔写真が確認できることになるので、なりすまし防止対策として有効と考えられる。

　サインパネルの領域は、個人番号カードの表面に設けられており、住所や氏名等の記載事項に変更があった場合に、変更後の情報を記載する領域として考えられるが、手書きでも専用プリンタのどちらでも書き込みできるとされている。

　QRコードは、そのQRコードから個人番号を読み取ることができるので、照合番号入力時や番号利用事務において、手書きによることなく、カードから効率的かつ正確に読み取ることができものとされている。個人番号の取扱いに神経を使う庶務事務において、主に人事異動や経理事務等で効果的な仕組みとなるのではないだろうか（以上は「自治体ソリューション」ぎょうせい26年12月号44頁、27年1月号44～45頁から）。

(2)　厳格な本人確認（番号法16条）

　本人確認で一番気を付けなければならないことは「厳格な本人確認」が必要とされるということである。

　個人番号カードでは顔写真が必須とされ、住基カードのように顔写真が選択的ではないのは、本人確認の徹底のためである。身元確認のための本人確認では身体的特徴などを元にした形質情報の確認が最も効果的といわれている。

　「厳格な」とは漫然と確認しないということである。解説書では「個人番号カードによって特定される人物と面前にいる人物の同一性について疑義がある場合には、その者に説明を求め、また併せて他の資料の提示を求めて確認するなどして厳格な本人確認を行う必要がある」（宇賀・水町・梅田共著『自治体職員のための番号法解説（実務編）』94～95頁）第一法規）と繰り返し強調されている。

　本人確認は、いまでも証明窓口などで日に数えきれないくらい多数の人に行われているが、ときにはっと息をのむほどに面前の人物と運転免許証の人物との違いに驚かされることがあるとは、ベテラン職員の話である。そんなときどこまで「厳格な」が徹底できるか、職員教育もさることながら、住民、来庁者に対する広報が大事である。ここは実態と理想の段差の

第Ⅰ部　総　論

大きいところである。

　本人であるかどうかはどのようにして確認するか、番号法16条を見てみよう。

番号法第16条　本人確認書類

（本人確認の措置）

第16条　個人番号利用事務等実施者は、第14条第１項の規定により本人から個人番号の提供を受けるときは、当該提供をする者から①個人番号カード若しくは②通知カード及び当該通知カードに記載された事項がその者に係るものであることを証するものとして主務省令で定める書類の提示を受けること③又はこれらに代わるべきその者が本人であることを確認するための措置として政令で定める措置をとらなければならない。（条文中丸数字は本稿で注記したもの。）

(3)　個人番号利用事務実施者と個人番号関係事務実施者

　個人番号利用事務等実施者というのは、番号法によって特に個人番号を利用して事務を行うことが認められた者（個人番号利用事務実施者）とこの者のために他人の個人番号を使う事務を行う者（個人番号関係事務実施者）の両者を含めた用語である。具体的には、例えば個人番号を利用して行う、源泉徴収事務に関する税務署や特別徴収事務に関する市町村の税務担当が個人番号利用事務実施者。源泉徴収事務を行うため報酬や給与の支払を受ける相手から個人番号の提供を受ける報酬・給与支払者や、特別徴収事務を行うために従業者から個人番号の提供を受ける特別徴収義務者が個人番号関係事務実施者となる。

　支払調書や給与支払報告書の作成事務に関して源泉徴収（特別徴収）義務者は従業者本人から個人番号の提供を受け、税務署や市町村の税務担当では確定申告書や住民税申告書の提出を本人から受ける際には個人番号の提供を受けることが必要になってくる。番号法16条は、このような場合について個人番号を提供した本人に対する本人確認を求めているのである。それでは、このような本人確認の方法について見てみよう。

(4)　本人確認の方法（確認書類のランキング）

　番号法は、本人確認として三つの方法を省令で定めている。

本人確認の方法	根拠法令
① 個人番号カードの提示	番号法16条
② 通知カード及びこれと併用される確認書類の提示	主務省令：平成26年7月4日内閣府省令3号
③ 政令で定める措置	平成26年3月31日政令155号

　確認書類を使って本人確認する際には、記載された個人番号が正しい番号であることの確認（番号確認）と申請者が番号の正しい持ち主であることの確認（身元確認）の二つの確認が必要である。

　①の個人番号カードには、個人番号が記入され顔写真がついているから、番号確認と身元確認の二つが可能であり、そのまま本人確認書類となる。②の通知カードの場合は、顔写真等の形質情報がないから、顔写真のある主務省令で定める本人確認書類がプラスして用いられる。通知カードで番号確認し、主務省令で定める本人確認書類で身元確認することになる。③は、①と②に代わるものとして政令で定める措置があるが、具体的には個人番号の記載された住民票の写し等が採用されている。住民票の写し等で番号確認し、形質情報が確認できる他の書類で身元を確認することになる。

　本人確認のために、主務省令で考えられている書類について見てみよう。

　番号法では、多くの本人確認のための書類が登場しますが、それらの書類は、一番確認しやすいもの、次に確認しやすいもの、さらに一定の条件を加えて確認書類とできるものという具合に、ランク付けがされている。

　第1順位は個人番号カード。これは番号法が直接規定し、次順位以下が主務省令に規定されている。主務省令もいろいろ出てくるので、ここでの主務省令は「番号法施行規則」と呼んでおく。

　本人確認書類を仮にランク付けすると次のような順位となる。

　この順位は、それぞれ番号確認と身元確認を行うことになるが、図Ⅰ-7に代表的な書類の取扱例を掲げているので、おおまかなイメージをつかんでいただきたい。第1順位の番号カードによる番号確認は、カードの裏面を見て正しい個人番号であることを確認し、カードの表面を見て、顔写真や記載事項によって面前の方が番号の正しい持ち主であることを確認する。第1順位の個人番号カードは、このカード1枚で番号確認と身元確認

第Ⅰ部　総　　論

が済むが、次順位以下では番号確認することのできる書類にプラスする書類が必要になる。順次見ていこう。

●第2順位の本人確認書類　（通知カードにプラスする顔写真付きの書類）

運転免許証	番号法施行規則1条1項1号書類
運転経歴証明書（交付年月日が平成24年4月1日以降のものに限る）	
旅券	
身体障害者手帳	
精神障害者保健福祉手帳	
療育手帳	
在留カード	
特別永住者証明書	
具体的な書類名は規定されないが、右記に準じる本人確認書類	同1条1項2号書類
官公署から発行され、又は発給された書類その他これに類する書類であって、通知カードに記載された氏名及び出生の年月日又は住所（以下「個人識別事項」という。）が記載され、かつ、写真の表示その他の当該書類に施された措置によって、当該書類の提示を行う者が当該個人識別事項により識別される特定の個人と同一の者であることを確認することができるものとして個人番号利用事務実施者が適当と認めるもの	

　ここでは、番号確認に通知カードが用いられる。

　通知カードは付番されたすべての住民に個人番号の通知とともに送付されるが、個人番号カードと異なり、通知カードには個人識別のための形質情報である顔写真が付いていないので、通知カードだけでは「本人確認」には十分ではない。

　1条2号書類は「個人番号利用事務実施者が適当と認めるもの」とされており、具体的には、法文上個人番号利用事務実施者に判断が委ねられている。

　次が、第3順位の書類。

●第3順位の本人確認書類（通知カードにプラスする顔写真のない2以上の書類）

国民健康保険証	同1条1項3号イ書類
健康保険証	
船員保険証	
後期高齢者医療被保険者証	
介護保険被保険者証	
健康保険日雇特例被保険者手帳	
国家公務員共済組合若しくは地方公務員共済組合の組合員証	
私立学校教職員共済制度の加入者証	
国民年金手帳	
児童扶養手当証書	
又は特別児童扶養手当証書	
具体的な書類名はないが、右記に準じる本人確認書類	同1条1項3号ロ書類
以上のほか、官公署又は個人番号利用事務実施者若しくは個人番号関係事務実施者（以下「個人番号利用事務等実施者」という。）から発行され、又は発給された書類その他これに類する書類であって個人番号利用事務実施者が適当と認めるもの（通知カードに記載された個人識別事項の記載があるものに限る。	

　第3順位でも番号確認に通知カードが用いられるが、第2順位の顔写真付きの書類がないので、通知カードにプラスして2以上の書類の提示が必要とされる。いずれも顔写真付きでないことから、形質情報が得られず、身元確認のため、より慎重な手続きが要求されているものと考えられる。
　ランキング第4の順位は、番号法16条で「政令で定める措置」と規定されているもので、個人番号のついた住民票の写しとこれにプラスされる顔写真のついた書類を用いる方法である。この政令は、平成26年3月31日政令155号（以下「番号法施行令」という。）である。

第Ⅰ部　総　論

●第4順位の本人確認書類（住民票の写しとこれにプラスする顔写真付きの書類）

住民票の写し（又は住民票記載事項証明書） （氏名、出生の年月日、男女の別、住所及び個人番号が記載されたもの）	番号法施行令155号 第12条1項 番号法施行規則2条
次のいずれかの書類 ①　運転免許証等の顔写真付きの書類 ②　官公署から発行され、又は発給された書類その他これに類する書類であって、住民票の写し等に記載された個人識別事項が記載され、かつ、写真の表示その他の当該書類に施された措置によって、当該書類の提示を行う者が当該個人識別事項により識別される特定の個人と同一の者であることを確認することができる書類で個人番号利用事務実施者が適当と認めるもの	

　　ここでは、番号確認の役割を住民票の写し等が担う。住民票単体で本人確認するものではないことに注意が必要。②の確認書類については、個人番号利用事務実施者に判断が委ねられている。なお、「個人番号利用事務実施者が適当と認めるもの」については申告等を行う納税義務者や特別徴収義務者等の個人番号関係事務実施者に対してあらかじめ示すことが適当である。このため、各地方団体において公にする場合の告示に関して総務省から次の告示例と書類の具体例が示されているところである。

・地方税分野での本人確認に際し、番号法施行規則に規定する「個人番号利用事務実施者が適当と認めるもの」の告示（例）（平成27年12月更新）

・告示（例）に規定している書類の具体例（平成27年12月更新）

(5)　租税に関する事務における本人確認の特例

　租税に関する事務における本人確認について、番号法施行規則は、確認を一部簡略化する規定を設けている。

　すなわち、租税に関する事務処理に関して個人番号の提供を受ける場合については、顔写真付きの確認書類（番号法施行規則1条1項1号、2号の書類）による本人確認が困難な場合は、顔写真のない本人確認書類は2以上ではなく、いずれかの書類で済ませることができるなどの規定が設けられている（番号法施行規則1条3項）。

78

租税に関する事務の実態を踏まえた規定をおいたものと考えられる。

表4　本人確認書類（代表例）

順位	番号確認	身元確認
1	個人番号カード（裏面）	個人番号カード（表面）
2	通知カード	運転免許証（顔写真付きの書類）
3	通知カード	健康保険証 年金手帳等（顔写真のない2以上の書類）
4	住民票（写し）：個人番号・氏名	運転免許証等（顔写真付きの書類）

第Ⅱ部　事例解説

第Ⅱ部　事例解説

1　情報公開・個人情報保護制度と税務関係資料の開示

【事　例】

　Aは、自己が所有する家屋の固定資産税の評価額算定に使用する家屋調査表の写しをB市税務課に請求したが、課税上の内部資料であるとして写しの交付を拒否された。このため、AはB市の個人情報保護条例に基づく本人開示請求を行ってきたが、B市は「内部資料」であるという理由でこの請求に応じないことができるか。

【解　説】

1　変化の時代と税務行政

　行政にとって、今日ほど変化の著しい時代がかつてあっただろうか。

　行政評価やバランスシートの導入、PFIによる公共工事、パブリックコメントの採用、さらには「アウトソーシング」という言葉ではもはや表現し切れなくなってしまった公共サービス改革法の登場などいずれも20年前には考えられなかった手法のオンパレードだ。カタカナ文字が多いことと官業と民業の境目がだんだん見えにくくなっているのもこれらの特徴である。

　こうした中で、税務の世界というのは、比較的に大きな変化はなく、伝統的な手法がまだまだ通用しているような感がある。税務行政上の付与された権限と責任の範囲については、大きな変化がないからだ。税務という世界は、時代の変化とあまり関わらなくても済むのであろうか。

　そうは言っても、世の中の流れに税務が無関係であるわけではない。そうした変化の一つに文書管理のありかたを挙げることができる。税務が抱え込んでいる膨大な資料（行政文書）の管理については、他の行政分野と同じように、ここ数年静かな変革が進んでいる。それは、情報公開法と個人情報保護法の登場によってもたらされたものである。

82

1 情報公開・個人情報保護制度と税務関係資料の開示

　ここでちょっと、行政の保有する情報というものが、今という時代にとってどのような意味を持つか情報公開を例に考えてみよう。

　情報公開というものは、これから述べるとおりデモーニッシュ（悪魔的で破壊的）なパワーを秘めた存在であり、国はこれを平成13年4月に施行している。

　かつて外務省の不祥事などに敏感に反応し、情報公開がさかんに駆使されたように、情報公開は政治的にも大事な役割を果たす仕組みとなっている。平成16年度の情報公開請求のトップは日本郵政公社であった。また、税務署の情報が情報公開請求のトップになったこともある。

　今日では情報公開は国ばかりでなく、どこの自治体でも市民相談室や文書課と同様に自治体の標準装備の制度（窓口）となったといってもよい。実はこのことはこれからの行政のあり方を考える上で大事なポイントを提示してくれる。いくつかその持つ意味を挙げてみよう。

2　行政制度としての情報公開

　ここでは、4点ほど指摘しておこう。

(1)　情報公開の光と影

　情報公開制度は、国に先駆けて一部の自治体で以前から実施されてきたものであるが、そこで運用上生じていた問題は、国をはじめどこの自治体で起こってもおかしくないということである。全国市民オンブズマンの活躍はよく知られているところだが、一方、一個人ではとうてい閲覧不可能な「大量請求」があったりと、情報公開の世界には光の部分と影の部分がある。こうしたことは特定自治体の問題ではなく、全自治体に普遍的な問題である筈であるが、影の部分が紹介されることは少ない。だが、この制度が標準的な行政となるということは、とりもなおさず影の部分も受け入れなくてはならないということを知らなくてはならない。

(2)　情報公開に関する競争の時代

　情報公開制度の大きな効果として、行政の透明性を促進させるということがこれまで実証されている。

　同じような文書が、A町では非公開、B町では公開といった対応が、新聞などで取り上げられることがあれば、A町の首長としては嫌なものである。

　現在、47都道府県と政令指定都市を対象として、毎年3月に全国市民オ

ンブズマン連絡会議が実施している「全国情報公開度ランキング」の結果が、仮に全自治体を対象としたものとなれば、自治体の首長はいやでも我が町の情報公開の公開度を高める努力をせざるを得なくなるであろう。各地で行われる情報公開をめぐる訴訟の結果は、自治体の情報公開担当者にとって気になるものであり、裁判例に従って運用していく限り、極端な非公開はとれないことになる。いささか楽観的な見通しであるが、こうして全国的なレベルで審査基準の見直しが進行し、公開度アップの方向へ平準化が行われていく。それは同時に自治体の体質転換へ向けた流れでもあると言うことができる。

(3) 取得文書のもつ意味

　取得文書は、文書作成を行った自治体の意思を超えて開示されることがある。国と自治体、自治体相互に発生することがあり得る。

　一の自治体で非公開となった文書が国や他の自治体に向けられたものである場合、文書の相手方である国や当該自治体に対する情報公開請求によって、公開、あるいは一部公開とされることがあり得るということである。マスコミ関係者によってしばしば指摘されることであるが、旧厚生省、外務省や旧防衛庁の文書で「非公開」、「該当なし」等と回答されたものが、アメリカの情報自由法（FOIA）に対する公開請求によって暴かれるということがある（中島昭夫著『使い倒そう！情報公開法』日本評論社、82頁以下）。隠しても隠しきれないものであるならば、やがては公開に向かうことであろう。今後は、国と自治体、あるいは自治体相互の間で同様の事態が発生することが予想されるということができる。

(4) 文書管理のあり方の見直し

　情報公開が全国的に必須の事務となることによって、それぞれの自治体でその保有する行政文書の総量の把握と検索のための分類、整理が進むことであろう。それは同時に情報公開時代を意識した文書の作成・保管の始まりでもある。各自治体は情報公開の制度化と並行して文書管理の見直しを進めざるを得ないであろう。そうしてみて、これまでの半ば習慣的に作成され、保管されてきた我が町の行政文書というもののあまりの無防備さに気がつくはずである。

　ア　公のものとして作成される文書に書いてはならない記述はなかったか、イ　あるはずの文書が消えていることはないか、ウ　メモなのか行政文書なのか判然としないものが保管されていることはないか、エ　経常文

書で年によって、存在したり不存在であったりという文書はないか。各自治体は、文書の種類や保存年限の体系的な整理に取り組まざるを得ず、それぞれの方法で文書の検索を可能にするような工夫を考案せざるを得ない。情報公開が具体的になるまでは、一部の文書管理担当者を除いて誰も深刻に検討してこなかったことである。国は現在情報公開の方法として、行政文書ファイル管理簿をネットワーク上のデータベースとして整備し、一般の閲覧に供するとともに、インターネットでも提供している（「行政文書の管理方策に関するガイドラインについて」（平成12年２月25日各省庁事務連絡会議申合せ）第５、１）。似たような作業は、自治体でも進行することになるであろう。

　以上が、この制度が標準装備となることによって自治体にもたらされる変化のポイントである。

3　行政文書は市民との共有財産

　さて、以上のことから言えることは、公務員が文書を作成するときは、やがてこの文書が公開されることがあるということを、予め意識しておかなければならないということである。さらに踏み込んで言うと、いま作ろうとしているその文書は役所が独占排他的に使用する文書ではなく、市民のための文書であり、市民との共有財産であるということである。

　公開請求されて隠さなければならないような情報だったら、最初から作らないのが原則である。もちろん公開してはいけない非開示事由というものはある。だが情報公開の初期の段階で見られる担当者の反応の多くは、こういう非開示事由にあたるかどうかではなく、請求対象となった文書が、それを作るときにそうと意識していないので公開されるとなにかと紛議をまねくおそれがあり、それゆえに公開したくないということが多い。だから何とか非開示事由に当てはめることはできないかということに腐心する結果となる。

4　対象文書

　それでは公開請求（個人情報に対する本人開示も同じ）の対象となる文書はどのようなものか。国の情報公開法も多くの自治体も対象文書を「行政文書」であるとしている。

　「行政文書」についてみてみよう。

第Ⅱ部　事例解説

情報公開法第2条（定義）

（第1項省略）
　2　この法律において「行政文書」とは、行政機関の職員が職務上作「成し、又は取得した文書、図画及び電磁的記録（電子的方式、磁気的方式その他人の知覚によっては認識することができない方式で作られた記録をいう。以下同じ。）であって、当該行政機関の職員が組織的に用いるものとして、当該行政機関が保有しているものをいう。
　（ただし書き以下省略）

　これが「組織内共用文書」と呼ばれる行政文書の定義である。国の情報公開は、自治体に遅れて制度化されたが、そのぶんだけそれまでの自治体のノウハウや先進国の制度を取り入れ、それなりに先進的な内容となっている。この行政文書の定義もその一つといってよい。すなわち、決裁の有無という形式的な基準によって対象文書を定義するのではなく、実質的に組織内で共用化されている文書をもって請求の対象としており、それを「行政文書」の内容としているわけである。
　そして個人情報保護法もこのような情報公開法の定義を踏襲している。こちらは「保有個人情報」について同様の内容を盛り込んでいる。

行政機関個人情報保護法第2条（定義）

（第1項から第4項省略）
　5　この法律において「保有個人情報」とは、行政機関の職員が職務上作成し、又は取得した個人情報であって、当該行政機関の職員が組織的に利用するものとして、当該行政機関が保有しているものをいう。ただし、行政文書（行政機関の保有する情報の公開に関する法律（平成11年法律第42号）第2条第2項に規定する行政文書をいう。以下同じ。）に記録されているものに限る。
　（第4項以下省略）

5　不開示事由としての事務事業情報

　情報公開法の開示請求と個人情報保護法の本人開示請求とは、コインの裏表のようなものである。開示請求によった場合、対象となる行政文書に特定個人を識別できる情報がある場合は開示は認められず、このような個人情報は本人からの開示請求によらなければ開示されない。両者は請求者

1　情報公開・個人情報保護制度と税務関係資料の開示

からの開示請求という局面では密接に係わっており、合わせて検討することが必要なことが多く、別々に切り離して運用しにくい性格のものである。

　それゆえ、ここでは両制度を合わせて「情報公開・個人情報保護制度」としてこの制度の主な内容を挙げてみよう。

① 　開示請求の対象となる行政文書はいずれの制度にとっても原則開示である。情報公開制度と個人情報保護制度にあっては、請求者が「何人」と「本人」というように、それぞれ請求資格は異なるが、開示が原則であって、これに対する例外は限定的に規定されるのが通例である。

　例外的に不開示とされる場合とは、たとえば本人からの個人情報に対する開示請求の場合に、本人の生命、健康、生活又は財産を害するおそれがある情報として開示しないことができる。これは「不治の病気に関する情報であって本人がそれを知ることによって大きな打撃を受け、健康が悪化するおそれがあるような場合」をいうものである（宇賀克也著『個人情報保護法の逐条解説』有斐閣292頁）。

② 　開示請求に対する不開示事由のうちには、行政側の事情を理由にして開示しないとする規定がある。

行政機関個人情報保護法第14条（保有個人情報の開示義務）

　行政機関の長は、開示請求があったときは、開示請求に係る保有個人情報に次の各号に掲げる情報（以下「不開示情報」という。）のいずれかが含まれている場合を除き、開示請求者に対し、当該保有個人情報を開示しなければならない。

（第１号から第６号まで省略）

　七　国の機関、独立行政法人等、地方公共団体又は地方独立行政法人が行う事務又は事業に関する情報であって、開示することにより、次に掲げるおそれその他当該事務又は事業の性質上、当該事務又は事業の適正な遂行に支障を及ぼすおそれがあるもの

　　イ　監査、検査、取締り、試験又は租税の賦課若しくは徴収に係る事務に関し、正確な事実の把握を困難にするおそれ又は違法若しくは不当な行為を容易にし、若しくはその発見を困難にするおそれ

　（ロ以下省略）

（情報公開法５条６号にもまったく同旨の規定が置かれている。）

これは情報公開法が施行される以前から地方の情報公開条例で規定され

第Ⅱ部　事例解説

ているもので、「行政運営情報」と呼ばれる不開示事由である。行政機関個人情報保護法や情報公開法では「事務または事業に関する情報」(以下「事務事業情報」という。)と表現されている。

　ここでの保有個人情報は、組織内共用文書をいうものであるから、組織内で共用されている限り、いまだ決裁を得る前の保有個人情報であってもここでの行政文書にあたる反面、職員が調査の過程で個人的に作成し、保有する単なる計算書、メモの類は含まない。

　不開示事由としての事務事業情報について見てみよう。

①　法文中、「次に掲げるおそれ」として掲げたものは、いずれもその性質上、開示することによって、その適正な遂行に支障を及ぼすおそれがある典型的な支障を例示したものであって、限定列記したものではない。

②　「当該事務又は事業の性質上、当該事務又は事業の適正な遂行に支障を及ぼすおそれ」とは、「具体的には、当該事務または事業の目的、その目的達成のための手法等に照らして、その適正な遂行に支障を及ぼすおそれがあるかどうかを判断する趣旨」とされる。

③　「正確な事実の把握を困難にするおそれ又は違法若しくは不当な行為を容易にし、若しくはその発見を困難にするおそれ」とは、監査等の事務は、いずれも事実を正確に把握し、その事実に基づいて評価、判断を加えて、一定の決定を伴うことがある事務であるから、監査内容等の詳細については、たとえ事後であっても、これを開示することによって以後の法規制を免れる方法を示唆することになるようなものは該当し得ると考えられたためとされている（以上、総務省行政管理局監修『行政機関等個人情報保護法の解説』ぎょうせい、95～98頁）。

　また、宇賀前掲書は、もっと端的に「本号イの例としては、違反行為を行っていると疑われる個人に対して、証拠隠滅が行われないよう事前通知なしに行政調査を計画している場合の調査予定日等に関する情報がある」とその具体的な例を掲げている（同書310頁）。

　以上が情報公開・個人情報保護制度における不開示事由としての事務事業情報であるが、このことから、本件の家屋に係る固定資産税の評価額の算定に使用する家屋調査表の写しの本人開示請求に応じることの適否について次に検討しよう。

6　家屋調査表に対する本人開示

　本件家屋調査表は、家屋の所有者と家屋評価の積算内容を記載した個人情報である。それゆえ個人情報保護条例に基づく本人開示請求を行うことになるが、現場では、しばしばこれに応じることに強い拒否反応を示すことがある。

　税務課が課税上の内部資料であるとしてその写しの請求を拒否しようとするのは、必ずしも請求者が納税者本人である点から、納税者に課税資料（本件の場合は家屋評価の積算内容）を見られたくないということではないと思う。

　そうではなく、家屋評価の積算内容を記載した家屋調査表には、家屋評価のための専門・技術的な計算過程が表示されており、その写しを交付することは、家屋の評価計算の基本的仕組みから、基礎、屋根、外壁等の家屋の各部分の積算内容まで長時間を要して説明しなければならないこと、また、この写しを持って帰った納税者が再度来庁して詳細な質問をすることなどが考えられ、場合によっては他の調査事務等をはじめとする課税事務の停滞を招くおそれがある。したがって、このような行政執行上のデメリットと写しを交付するメリットを比較した場合、現場としてはできればこれを拒否したいと考えるのが一般的かもしれない。

　そこで、拒否理由について考えてみると、まず本件家屋調査表が行政文書に該当するかどうかである。

　本件家屋調査表は、家屋の評価額を求めるため職務上作成された固定資産税の課税資料であるが、単なるメモというものではなく、課税台帳を作成し課税する際の基となる帳票であって、作成後上司の決裁を経て保管されている文書であり、行政文書の要件を満たしている。

　次に、本件家屋調査表の本人開示請求が制度上の「適用除外事項」に該当するだろうか。税務課にとって、課税事務の停滞が憂慮されるとすれば、不開示事由である事務事業情報に当たるかについて検討することになるであろう。

　家屋調査表は、家屋評価の積算内容を記載し、家屋評価のための専門・技術的な計算過程が表示されたものである。これは多くの素人である納税者に難解なものであり、説明に多くの時間を要することは想像に難くない。だが、税務にとっては、そもそもそのような説明を尽くすことが業務

第Ⅱ部　事例解説

であり、それによって課税の根拠について納税者の理解を深めることになることを考えれば、開示することをもって「適正な遂行に支障」ということは自らの使命に背くことになりはしないだろうか。

情報公開・個人情報保護制度は開かれた行政を実現するため、住民の請求により情報を公開することを条例で法的に義務づけたものである。そして、「行政情報」は原則として公開するという制度の趣旨からすると、適用除外事項の範囲は最小限に止めるべきものであり、公開または開示しない場合については、そのことについて明確かつ合理的な理由があることが要請されていると考えるべきであろう。

この点から考えると、本件の家屋調査表の写しを交付することが納税者に対する詳細な説明を要することとなり、他の調査事務等の課税事務の停滞を招くなど行政執行上のデメリットが生ずるとしても、「事務事業情報」としての適用除外事項に該当するとして、その請求を拒否することができると解するのはきわめて困難と言わざるを得ない。

【結　論】

結論としては、本件家屋調査表については、本人開示請求に応じることが適当であると判断される。

本件のような課税の根拠となった資料について本人開示を行うことは、行政に対する住民の理解を深め、住民と行政との信頼関係を増進するという情報公開・個人情報保護制度の趣旨に合致するものと考えられるからである。

仮に、本件家屋調査表の本人開示を拒否した場合には、その決定に対してAから不服申立てがされ、情報公開・個人情報保護審査会等において審査が行われることも予想される。しかしながら、情報公開・個人情報保護制度の趣旨等を考慮すると、情報公開・個人情報保護審査会等においては、本件家屋調査表の写しの交付が他の調査事務等の課税事務の停滞を招くなど行政執行上のデメリットとなることが、本人開示の拒否についての明確かつ合理的な理由として認められる余地は、非常に少ないと考えられる。

今回の事例は、情報公開・個人情報保護制度が制定されている地方団体における税務関係資料の本人開示請求という前提をとっているが、行政文書公開というレベルの話ではなく、もっと単純に自分の家屋の課税がどうなっているかという素朴な疑問あるいは質問に対して、税務の窓口でどう

1 情報公開・個人情報保護制度と税務関係資料の開示

取り扱うかという点から考えることも大切である。

　家屋調査表は、前述のとおり課税台帳を作成するため個々の家屋の実態を調査して作成した基礎資料であり、これがなければ課税することすらできないものと考えてよいだろう。固定資産税は、賦課課税であり、課税庁側で課税の基となる事項をすべて調査して課税するものであることを考えると、自分の家屋がどのような方法で課税されるのかそれ自体を知らない納税者にとって、課税庁側が調査して得た情報は是非とも知りたいものである。

　賦課課税を基本とする固定資産税については、課税庁側が本人に調査して得た情報は基本的には納税者の請求に応じて開示しなければ、納税者の信頼は得られないだろう。

　だから、設例のような家屋調査表は、税務の窓口で納税者に見せ十分説明をして納得してもらえるものでなければならない。それが税務の説明責任を果たすということである。したがって、コピーの請求についても必要により応じていくことが、信頼される親切な税務行政といえるのではなかろうか。

　以上のように情報公開・個人情報保護制度の有無に関係なく、親切で分かりやすい行政を心掛けていくことが開かれた行政として求められているのであり、それが行政への信頼確保にとって必要なのである。

　今回の事例は、プライバシーの保護とは一見逆のように見える情報公開・個人情報保護制度において、本人開示請求という形をとって、プライバシーの積極的な概念としての「自己に関する情報をコントロールする権利」の行使が生じていること、そしてこの権利行使に窓口でどう対応することが適当であるかを検討してみたものである。

第Ⅱ部　事例解説

2　原付バイクのナンバーと所有者

【事　例】

　A市の税務課軽自動車税担当の窓口で次のような照会があったが、どのように対応すべきか。

1　放置バイクの整理のため、A市の道路管理担当部長Bから標識番号を示して原動機付自転車についてその所有者名と住所の照会があった。

2　A市にある駐車禁止区域内に置かれている原動機付自転車の使用者に対して放置違反金を徴収するために必要があるとして、A公安委員会からその所有者名と住所を明らかにするよう求められた。

3　バイクに乗った2人乗りの者にひったくりに遭って財布を取られたという事件で、その被害者がバイクのナンバーを覚えていたので刑事訴訟法197条2項の規定によりA警察署からその所有者名と住所の照会があった。

【解　説】

　「放置バイクに、ナンバー照会拒否、守秘義務を理由に」といった見出しの記事が新聞に載ることがある。

　軽自動車税の担当者にとっては、普通の自動車のナンバー等が制度として登録されて誰でも見ることができるにもかかわらず、原付バイクの方はこの登録から除外されているので頭の痛い話題である。銀輪公害が社会問題となるにつれ、「何故協力できないか」などと、マスコミ等で何度も報道されてきた問題でもある。

　軽自動車税の課税客体のうち、原動機付自転車と小型特殊自動車（以下「原動機付自転車等」という。）のナンバープレートについては、市町村の軽自動車税を課税するために、税条例により取り付けられているものであり、市町村の税務窓口で交付している。

　これは、三輪・四輪の軽自動車や125ccを超えるバイクのナンバープ

92

レートが、道路運送車両法の規定により陸運事務所や軽自動車検査協会で交付されているものとは基本的に異なるものである。このように同じ軽自動車税の課税客体であっても、原動機付自転車等のナンバープレートについては三輪や四輪の軽自動車などとはナンバープレートを取り付ける意味も違うわけである。他方、同じバイクのことでも放置バイク対策といえば、放置されたバイクの持ち主を捜すこと。そして、その持ち主に連絡して直ちに引き取ってもらえばよいが、それにはナンバープレートから持ち主を割り出す方法等、解決方法としてはごく限られたものであり、その代替手段も現実には極めて乏しい。

だから、税務担当課が協力してこれらの情報を警察や道路管理者などの求めに応じて開示すれば、放置バイクに伴う社会問題等に対して、一応効果的に対応できることになる。

そこで、税法上どのようになっているか、見てみよう。

1　持ち主と住所は「秘密」になるか

バイクの持ち主にしてみれば、自分の氏名、住所、バイクを所有しているという事実、その標識番号、車体番号、これらはすべて個人情報であり、あるいは、個人に帰属する財産に関する情報として、その財産の所有を通じて私生活の一部となる情報であるから、そのような情報が本人の知らないところで開示されることに問題がないわけではない。しかも、これらの情報を一括して把握しているのは市町村の税務担当課である。ここにプライバシーと税法上の守秘義務という問題がある。

バイクの持ち主と住所がプライバシーという概念で取り扱われることに異論はあるかもしれないが、ここでは、税法上の守秘義務という視点から、バイクの持ち主と住所という情報がどのように理解されているかについて考えてみよう。

(1)　地方税法22条における秘密とは、

①　まだ一般に知られていない事実であること

②　一般に知られないことについて客観的に保護の利益があること

この二つの要素から成り立っているが、標識による原動機付自転車の所有者とその者の住所は、この二つの要素を備えており「秘密」に当たる。

(2)　法第22条で開示することが禁じられるのは「地方税に関する調査…に関する事務又は地方税の徴収に関する事務に従事している者又は従事し

第Ⅱ部 事例解説

ていた者がこれらの事務に関して知り得た秘密を漏らす」ことであり、原動機付自転車の所有者とその者の住所は賦課徴収の事務を遂行するために知り得たものであり、このような事実を漏らすことは、法第22条に抵触するものである。

(3)　他の行政官庁等における行政の目的のために税務執行上知り得た秘密が使用されることは、法のまったく予想しないところであるから、税務執行上知り得た秘密を外部に示すことができる場合は、その照会、閲覧等に応ずることを許容した法令の根拠を必要とする。

(4)　したがって、他の行政機関からの照会に対して原動機付自転車の所有者とその者の住所を知らせる行為は(3)の許容した法令の根拠がない限り、照会に応じることはできないことになるが、この点について検討するのが本題である。

2　法の一般的解釈

市町村の税務担当者としては厳格に解釈して、守秘義務で通せることであればいいが、市町村は地域住民の生活に密着した仕事を数多くやっている。税務担当課を指揮監督し、自ら課税権者である市町村長が、交通安全対策基本法による交通安全を所管する責任者であることなどを踏まえると、全国の市町村がどこまで守秘義務を盾に乗り切れるか、極めて疑問という他ない。また、少し視点を変えてみると、これら車両のオーナーであり、納税者でもある国民の側からみると、課税客体としてはよりグレードの高い普通自動車については、前述のとおり所有者の氏名とその住所は、その登録制度を通じて誰でも簡易な手続きで知ることができるということがある（道路運送車両法22条）。

つまり、普通自動車も含めた車両に関する交通体系全体のなかで、交通安全や放置車両に対する放置違反金の納付という最近の動き等からみると、秘密を漏らしたと解されない場合もあるのではないか。解釈論としてはもっと柔軟に解釈する余地があるのではないかということである。

3　秘密をめぐる3つの説

これについては、いくつかの見方がある。

第1説は、登録自動車は登録車公開制度を通じて「秘密」の問題が法的に解決されているものと解する。このような登録制度がない場合の車両

は、原則にしたがって秘密に当たるかどうかをみるほかにはない。そして、税法上の秘密の原則は、租税資料については門外不出を原則とする（租税情報開示禁止原則）というもの。

第2説は、登録自動車は、登録しなければ運行の用に供することができない普通自動車について登録車公開制度を設けたものである。登録すら必要とされない原動機付自転車については、所有者の氏名とその住所はたまたま税務上の必要から把握されているに過ぎず、車両の所有者の氏名及びその住所は登録制度との均衡からも秘密性が弱いというもの。

第3説は、一般的には守秘義務による開示禁止原則は原動機付自転車について所有者の氏名とその住所にも当てはまるが、開示を求める者と開示を求める理由や必要性によっては、相対的に開示禁止原則が弱まり、開示が許容されるというもの。

すなわち、特定の場合にあっては、開示しないとすることより開示することの方が、より公益が優り増進されるということであり、いわば、一種の法益均衡論と理解されてよい。道路行政の上からも都市防災の上からも、適切な施策が広く市民、国民から求められている放置バイクについては、その所有者の氏名と住所の開示によってもたらされる公益は、計り知れないものがある。とはいっても、原動機付自転車について所有者の氏名とその住所は、誰でもアクセスできる情報ではないのでアクセスできる者の条件は十分吟味する必要がある。

このように三つの考えを述べたが、ここで悩みの多いこの問題に対して、近時総務省が一定の解釈を示し、通知を出しているので紹介してみよう。

4　総務省の通知

二つの通知があるが、まずその一つは刑事訴訟法第197条第2項に基づく照会である。

(1)　「原動機付自転車に係る所有者情報の取り扱いについて」（平成17年3月29日、総税企第70号）において、次のように述べている。

「原動機付自転車の所有者関係情報（氏名、住所、標識番号、車台番号等）について、刑事訴訟法197条2項の規定に基づいて捜査機関から情報提供を求められた場合においては、同項に基づく報告義務に従って情報提供に応じることが相当であり、当該情報提供については、地方税法22条の守秘

第Ⅱ部　事例解説

義務違反の罪に問われることはないと解されるものであること。」としている。

この通知が出された背景を見ると、原動機付自転車に係る情報については全国的に見て取扱いが市町村によって区々であったことなどもあって、平成15年12月18日の犯罪対策閣僚会議において、「犯罪に強い社会の実現のための行動計画」の中で、原動機付自転車に関する情報を犯罪捜査等に有効に活用できる仕組みについて検討を進めることが閣議決定された。それ以後、政府部内で検討が進められてきたものである。

そして、第160回臨時国会で提出された「質問主意書」に対する答弁（平成16年8月10日）において、「刑事訴訟法第197条第2項の規定に基づく照会については、相手方に報告すべき義務を課するもの」である旨の解釈が閣議決定され、同条同項の規定に基づく照会は、単なる協力依頼ではなく、報告義務を伴うものであることが明確化されたものである。原動機付自転車に関する情報は、市町村の税務当局にしかないデータであり、かつ犯罪捜査上必要が生じた場合には、他の代替手段が難しいという実態から、報告義務に従って市町村は情報の提供に応ずることとしたものである。

このように、捜査機関から刑事訴訟法第197条第2項の規定を根拠にして原動機付自転車の所有者等の情報を請求しているものであるが、これについては政府の責任において報告義務を伴うものというように解釈することとされたものである。

しかし、これは、あくまでも犯罪捜査上の原動機付自転車に係る所有者情報に関して情報提供に応じることを意味するものであり、他の全ての税務情報について情報提供する必要が生じたというように拡大解釈するものではない。

もう一つは、公安委員会からの照会である。

(2)　平成18年7月20日の通知「原動機付自転車等に係る使用者関係情報の取り扱いについて」（総税企第161号）を見てみよう。

この通知は、警察庁交通局交通指導課の要請を受けて、道路交通法の改正により放置車両に対する放置違反金を徴収することとされたが、その車両の使用者関係情報について、公安委員会からの所有者等の照会又は協力依頼に対してこれに応じるように通知されたものである。

これは、車両の使用者、所有者は「当該車両の使用に関し必要な報告又

は資料の提出義務が課せられていることから、当該車両の使用者関係情報は、使用者等と公安委員会に対する関係においては秘密ではないと考えられる。」と同通知に記されている。

この考え方を解説すると、次のようになる。

すなわち、この場合における車両とは、道路交通法2条1項8号に定義されており、「自動車、原動機付自転車、軽車両及びトロリーバス」をいうこととされている。そして、同法51条の5では、「車両の使用者、所有者その他の関係者に対し、当該車両の使用に関し必要な報告又は資料の提出を求めることができる。」とされ、さらに同法119条の3第5号では、「第51条の5（報告徴収等）第1項の規定による報告をせず、若しくは資料の提出をせず、又は虚偽の報告をし、若しくは虚偽の資料を提出した者」には10万円以下の罰金に処するとされている。このように使用者等が報告等をしなかった場合には、罰則規定を設けることにより使用者等と公安委員会との関係においては、秘密関係がないというように解されるものである。

以上のように総務省の見解が示されているが、これはあくまでも捜査機関と公安委員会からの原動機付自転車に関する照会等に対する対応に限られていることを理解することが大事である。

本稿のまとめであるが、原動機付自転車に係る所有者情報については、個別具体的な状況に応じて、その重要性や緊急性、代替的な手段の有無などを総合的に考えると、保護法益間の均衡等を考慮して取り扱うものであるとする前述の第3説をもって妥当な解釈と考えるものである。

そして、第3説の課題は、標識番号から原動機付自転車等の持主とその住所にアクセスできる者をどの範囲に絞るかである。この場合、道路の安全性、公害の防止等公の利益を実現する権限と責任を負う、いわゆる公益性の有無が中心になるが、具体的には個別の状況に応じて判断していくことである。

【結　論】

事例1のA市のBは、公の道路管理者であり、その道路における人や車両の安全通行を確保するために道路上の放置車両を撤去する必要があり、安全通行の公益性を認め、照会に応じることは許容されるものと考える。

事例2については、前記の総務省通知に示されているが、公安委員会か

第Ⅱ部　事例解説

らの照会は道路交通法の規定により罰則の規定があり、所有者等との間には秘密関係はないと考えられるので照会に応じるものである。

　事例3については、前記総務省通知に示されているとおり犯罪捜査のため、原動機付自転車の所有関係情報（氏名、住所、標識番号、車台番号等）について、刑事訴訟法197条2項に基づく照会は、市町村の課税当局にしかない情報であり、他の代替手段が乏しいことから単なる協力依頼ではなく、報告義務を伴うものであることが明確化されたこと等から、この照会に応じるものである。

　なお、同法に基づく照会に対する情報提供は、原動機付自転車に係る情報について応じるものであることに留意することである。

3 家族の課税証明書は交付できるか

【事　例】

　A市の税務課の窓口に、B、Cからそれぞれ次のような課税証明書の交付申請があった。いずれも運転免許証からB、Cはそれぞれ本人であることの確認はとれているが、委任状は持参していない。

　B、Cの請求に応じることができるか。

1　父親Bから同居の娘（30歳）の「個人番号カード」を持って娘の課税証明書の交付申請があった。親子であっても委任状が必要である旨告げると、Bは「娘の個人番号カードを預かって持って来て提示しているのだから委任と同じではないか」と非難を受けた。

2　Cは融資を受けるため配偶者（妻）の課税証明書が必要となったものである。課税証明書の申請は本人申請が原則である旨伝えたところ、Cは妻とは現在離婚調停中であって委任状は取れないという。

【解　説】

　最近の家族の生活について問われるとき、親子にしても夫婦にしても家族の連帯が稀薄になって、家族の団欒（だんらん）を保つのが難しくなったという話を聞くことがある。

　ところで、市町村の税務窓口での中心的な業務は、証明事務であり、課税証明、所得証明、固定資産評価証明、納税証明と、税務の中だけでもいろいろな証明を行っている。そして、税務の窓口で扱う証明書は、原則として本人以外には交付できないものである。

　それゆえ、この証明書を請求することができるのも納税者本人であり、本人以外の第三者には、原則としてこれらの税務証明書の交付を求める請求権はない。

　一般的に税は、所得・消費・資産に対して課すものといわれるが、所得・消費・資産といえば、要するに国民の経済生活全般を意味するもので、このため税務行政というものは、行政運営に必要な資金を調達すると

第Ⅱ部　事例解説

いう目的の下で、市民生活の隅々に課税に必要な限度ではあるが、調査権が及んでいる。税務行政は、ときには市民から任意で、また場合によっては半ば強制的に情報収集する権限が法律によって与えられており、当然のことながら、職業や財産・生活ぶりまではとんど個人のプライバシー丸抱えといった情報が蓄積された世界である。このような世界での鉄則は、民間流にいえば、「お客様情報の管理の徹底」である。租税資料開示禁止の原則とか、あるいは税法上の守秘義務と呼ばれるものも、要はお客様（納税者）の秘密は最大限尊重しないと商い（税金を課税するための調査や納税折衝といった税務行政全般）が成り立たないということである。税務行政は信用を元手に仕事をしている世界であるといっていい。

　だから、情報が「門内」から「門外」へ出るおそれのあるゲートには、しっかり目を光らせる必要がある。ゲートは三つある。

1　三つのゲート

　一つは、行政機関や各種の団体から寄せられる照会。次は税務用の公簿の閲覧。最後が証明。

　三つのゲートで最も出入りが多く、事務量ばかりでなく、応対の際のサービスの質が最も問われるのが証明事務である。照会や閲覧の場合は、客層は比較的に限定されているといえるが、証明の場合はそうでもない。だから、ここではその際の接遇等については市民の率直な批判が聞かれるところでもある。

　サービスの質を落とさず、かつ、信用を守る。これが証明窓口事務の課題といって良い。

　このような課題であって難問といえるのが本人以外の者からの証明請求であり、とりわけ本人でなく設問のような家族からの証明請求である。

　この場合も、依頼した本人からの委任状があれば問題はない。租税資料開示禁止原則は、いわば納税者一人ひとりの税務調査資料がそれぞれしっかり封印されていて、特定の場合しか開封できない状態になっているものであるが、委任状は本人からの封印を解除する旨のメッセージと理解されるものである。

　だから、親子であっても、夫婦であっても証明書を取るときはきちんと本人から委任状をもらっておくことが必要である。しかし、必ずしも家族が委任状を持参することが一般的であるとも言いにくいのが現状である。

100

委任状を持参しない場合は、一切拒むべきかどうか。

2　委任状なしの場合の三つのケース

一つは、本人からの説明があったように親が娘の「個人番号カード」を提示した場合については、どう取り扱うか、委任状と同じように取り扱うかことができるかどうかという問題である。

確かに、「個人番号カード」を提示することによって銀行では新たに預金口座を開設する場合には認めているケースがある。

しかし、「個人番号カード」の利用については、身分証明書や市町村が地域住民の利便性の向上を図るため条例で定めた事務に利用する場合のほかは、番号法の別表1に定められた事務において申請・届出等を行う者の本人確認など一定の場合に使用されるものであり（番号法18条）、設問のように本人以外の同居の親が提示したとしても、委任状の性格とは全く異なるものであり、証明に応じることはできない。

なお、他人のカードを利用することは罰則が適用されることになる。

次に、二つ目のケースを見てみよう。

家族といえども、プライバシーは守らなければならない。税務証明書は、所得、財産、課税納税の有無等を証明の対象にする。いずれも課税団体が賦課徴収のために私生活にわたり調査・決定し、その管理する公簿に記載された事実について公に認定するものである。その意味で、この公簿上の事実というのは個人の私生活を、いわば課税という次元に投影した事実というように考えることもできる。納税者個人からすれば、これらの事実は他の者から覗かれたくない個人の領域に属するものである。

したがって、税務証明書を請求できるのは本人に限定される。本人以外の第三者が請求することができるのは、原則として本人からの依頼があった場合のみである。家族であっても例外ではない。なお、未成年の子に対する親権者等民法上の法定代理人は本人に代わって申請することができる。

また、夫婦については、判例上日常家事代理権（民法761条等）が認められることが多く、婚姻が別居等破綻状態に陥っている場合は別にして、委任状がないときでも法律上代理人として証明書を申請することができる場合がある（最高裁昭和44年12月18日第一小法廷判決は「本条（注：民法761条）は、夫婦が相互に日常の家事に関する法律行為につき他方を代理する権限を有す

第Ⅱ部　事例解説

ることをも規定しているものと解すべきである。」とする。)。

　本人の依頼は、通常委任状、代理権授与通知書等何らかの本人の証明書の発行を依頼する趣旨を記した書面の提出が必要である。

　三つ目は、推定的承諾という考え方である。

　家族は、互いに協力し扶助する関係にある。夫婦については民法では義務として定めている（同法752条）が、定めがなくても親子、夫婦はもともと相互扶助・協力といった関係の下で繋がった集団である。この集団の中では、お互いが共同生活のために補い合う関係があり、一定の法律行為について口頭又は暗黙の承諾を与えることは日常的に見られることである。

　なかには明らかに本人が承諾することはないと考えられる場合もある。

　事実上の離婚状態や財産の帰属を巡って親子で訴訟中などの場合である。家族という集団ではこれは例外。この場合はむしろ家族関係の破綻と見ることができる（大阪高裁昭和49年10月29日判決は、「夫婦が長期間別居し、生計を異にし、夫婦の共同生活が破綻に帰していた場合には、夫婦の日常の家事に関する行為はあり得ない」とする。)。

　税務の窓口に家族から証明の請求があった場合には（確かに本人から委任を受けたものであるか、質問等により確認する事は必要であるが）、通常は本人の承諾があったものと推定して、税務証明書を発行して差支えのないものである。

　最初の考え方は、プライバシー保護という観点からは徹底しているし、理論上一番悩まなくてよい考え方である。

　しかし、問題は納税者がどこまでこの取扱いに応じてくれるか。うっかり委任状を忘れたという場合はまだいいが、もともと家族であっても証明書の交付申請に委任状が必要というのが、どこまで広く国民の中で一般的な認識になっているであろうか。そこが行政にとって悩みのあるところだ。わが国において既にプライバシーは十分に定着しているということであればいいが、そうとも言い切れないのではないか。現状を直視すると、この説では窓口でのトラブルをある程度覚悟しなくてはならないであろう。

　この場合「家族」という概念は不明確な概念であるので、基準としては疑義を生じないよう「本人から依頼があったと認められる生計を一にする親族」ということになる。

【結　論】

　1の事例は、Bと娘とが同一生計であるか別生計であるかにかかわりなく、個人番号カードの提示では委任とは認められないので委任状を必要とするものである。

　2のCはいわゆる家族としての推定的承諾が否認される場合である。法律上の夫というだけでは、証明を受ける何の資格もない。なお、婚姻が正常に営まれていると考えられる場合にあっても、推定的承諾が認められる場合であるからといって、機械的に受け付けるのではなく、窓口での質問等により最低限本人（妻又は夫）から依頼を受けていることの確認程度は必要であろう。

　今回の事例は率直にいって、問題が顕在化するほど多くある事例ではないが、窓口における対応の仕方によっては問題が生じる場合もある。それぞれの市町村の立場で考え方を整理しておいて、住民からの疑問等に適切に対応することが求められている事項と言えよう。

第Ⅱ部　事例解説

4　税務調査と納税者の協力

【事　例】

1　家屋調査のために新築家屋（丙町に所在、登記済み）の所有者Ｃの住
　所（隣接の丁町）に立ち寄ったところ、Ｃは不在で父親Ｄが出てきた。
　そこで「丙町に子Ｃが所有する家屋の調査をしたいので、立会いの
　適当な期日を連絡してほしい」旨伝言して帰ったところ、翌日Ｃか
　ら電話で「父親と別居するため、内緒で家屋を新築したのに、なぜわ
　ざわざ知らせたのか。これは個人情報保護法違反だ」と抗議を受け
　た。

2　甲社からの給与支払報告書（受給者Ａ、記載住所に住民登録なし）の
　調査のため、記載住所近くに住民登録のある同姓同名のＢ（乙社で特
　別徴収）に電話で「甲社から同姓同名の人あてに給与20万円が出てい
　るが、貴方は心当たりないか」と聞いたところ、「自分には心当たり
　がない」との返事である。この事実を甲社に告げたところ「Ａに対
　する給与の支払いという個人情報をＢに告げたのは個人情報保護法
　に違反するのではないか」と批判された。

　　1、2をそれぞれどのように考えるか。

【解　説】

　税務調査がやりにくい時代になった。

　税務調査には納税者ばかりでなく関係者の協力も不可欠である。関係者
の協力を得て、正確な情報を得るために納税者に関する周辺事実等の説明
を余儀なくされることもある。この事例は納税者の協力を得るためにどこ
まで手持ち情報を開示できるかが問題となったものである。

　例えば、1の事例であるが、以前は調査先に本人不在の場合、親に伝言
しても子の情報を勝手に親に漏らしたというような抗議を受けることはな
かった。私生活を共同にしている家族というのは互いに情報がつつぬけ。
親に内緒がばれたといっても他人様に抗議するのはお門違いというのが世

104

間の常識ではなかったか。また、漏らしたといわれても設例の場合は「登記情報」である。登記情報はもともと取引の安全のために公示制度がとられていて、天下に公の事実であるといってよい。「公の事実を告げても……とは。」抗議を受けた職員の憤懣やるかたない声が聞こえてきそうだ。

だが待て、ここは冷静に振り返ってみる必要がある。時代背景が変わったのだ。個人情報保護法の施行である。この法律の施行でそのうち日本人の文化意識も大分変容していくのではないだろうか。この法律はそのくらいインパクトがある。

1　個人情報保護法とは

個人情報保護法は、いわば日本の法人・個人事業者にさっと網をかけて、事業をやるときにはきちんと「私はあなたの個人情報を守ります」といういわば祝詞（のりと）を唱えてからにしなければいけないというような法律である。

対象になるのは、個人情報データベース等を事業の用に供している事業者である。そして、この事業者と取引する相手方事業者もまた、事業をする上でこれに従わざるを得ないものであるから、事業を行う者はすべてこの法律に従うことになってしまうといっても過言ではない。

だが、この法律は、直接行政を対象にしていない。国の行政機関であれば、これとは別に行政機関個人情報保護法という法律で拘束されるが、これは地方団体には直接適用されるものではない。法的には地方団体で同様の条例がある場合に初めてかかわりを持ってくる（本書19頁参照）が、同法に規定する考え方は基本的には地方団体にとっても参考になることであり、無関心ではいられない。

この点では、企業に従事する従業員は敏感である。事例にあるように、しばしば税務職員と民間企業の従業員との間で意識のギャップが生じるのはこの法律に対する両者の距離の違いといっていい。だが、この法律ができた以上、個人の情報をもっぱら扱って日常業務を執行している税務職員は「よく知りませんでした」では済まない。

それでは、どんなことに注意していなければならないか、「第Ⅰ部　総論」にまとめておいたので、概要はそこで摑んでおいてほしい（本書14頁参照）。

まず、この法律は税務職員の調査における発言には直接適用されないこ

第Ⅱ部　事例解説

とである。

　それでは、まったく個人情報の保護を意識しないでいいかというと、そうではない。地方団体の税務職員であれば条例で規制されていることがあるからである。

　したがって、条例の定めいかんでは調査の際の個人情報の提供が問題になることはありうることであるから、それぞれの地方団体の個人情報保護条例をよく確認しておこう。

　ここでは、行政機関個人情報保護法の規定を参考にどのような問題が生じるか考えてみたい。

2　保有個人情報の利用・提供禁止のルール

　行政機関個人情報保護法では、個人情報の利用及び提供の禁止に関して第8条で次のように規定している。

行政機関個人情報保護法第8条（利用及び提供の制限）

　行政機関の長は、法令に基づく場合を除き、利用目的以外の目的のために保有個人情報を自ら利用し、又は提供してはならない。
（第2項以下省略）

　「保有個人情報」という概念が出てきた。保有個人情報がここでの利用・提供が禁止されるものである。保有個人情報でなければ、「保有個人情報の利用・提供の禁止」にそもそも当たらない。そこで、保有個人情報の定義を明らかにしておく必要がある。ここでは「個人情報」との違いに留意しよう。

　「個人情報」は、同法によれば、「生存する個人に関する情報であって、当該情報に含まれる氏名、生年月日その他の記述等により特定の個人を識別することができるもの（他の情報と容易に照合することができ、それにより特定の個人を識別することができることとなるものを含む）をいう。」と定義されている（同法1条1項）。

　そして「保有個人情報」については、次のように定義されている。

行政機関個人情報保護法第2条（定義）

5　この法律において「保有個人情報」とは、行政機関の職員が職務上作成し、又は取得した個人情報であって、当該行政機関の職員が組織的に利用するも

のとして、当該行政機関が保有しているものをいう。ただし、行政文書（行政機関の保有する情報の公開に関する法律（平成11年法律第42号）第2条第2項に規定する行政文書をいう。以下同じ。）に記録されているものに限る。

　利用・提供が禁止される保有個人情報とは、情報公開法で規定する「行政文書」に記録されているものであることが必要とされている。
　そこで、さらに情報公開法を見てみると、行政文書については、次のように定義されている。

情報公開法第2条（定義）

2　この法律において「行政文書」とは、行政機関の職員が職務上作成し、又は取得した文書、図画及び電磁的記録（電子的方式、磁気的方式その他人の知覚によっては認識することができない方式で作られた記録をいう。以下同じ。）であって、当該行政機関の職員が組織的に用いるものとして、当該行政機関が保有しているものをいう。ただし、次に掲げるものを除く。
　一　官報、白書、新聞、雑誌、書籍その他不特定多数の者に販売することを目的として発行されるもの
　二　政令で定める公文書館その他の機関において、政令で定めるところにより、歴史的若しくは文化的な資料又は学術研究用の資料として特別の管理がされているもの

　つまり、保有個人情報とは、行政機関の職員が職務上作成し、又は取得した個人情報であって、当該行政機関が保有している情報公開法で右のように規定する行政文書をいうものということになる。そこで事例について見てみよう。

(1)　登記情報は保有個人情報か

　本事例の「登記情報」は保有個人情報に当たるか。
　家屋調査の職員が保有する登記情報とは、固定資産税の課税上の必要から地方税法によって登記所が市町村長に通知すべきものとされている土地または建物の表示に関する登記情報のことである（地方税法382条1項）。実務上「登記済通知書」または「ずみつう」などと呼ばれている。
　登記済通知書には、土地または建物の概要のほか、所有者の氏名・住所

107

第Ⅱ部　事例解説

が記録されている。したがって「氏名、生年月日その他の記述等により特定の個人を識別することができるもの」に当たり、個人情報である。さらに、当該登記情報は、職員が職務上、取得した個人情報であって、当該職員が組織的に利用するものとして、当該行政機関が保有しているものである疑いを免れない。

　つまり、登記済通知書は、個人情報であり、文理上、情報公開法2条3項の「行政文書」に当たることになるが、それでは行政機関個人情報保護法2条3項の「保有個人情報」となるか。実は、登記情報については情報公開法とは別に、不動産登記法で情報公開法の適用除外が定められている。

不動産登記法第153条（行政機関の保有する情報の公開に関する法律の適用除外）

　登記簿等及び筆界特定書等については、行政機関の保有する情報の公開に関する法律（平成11年法律第42号）の規定は、適用しない。

　適用除外までに随分回りくどい規定をしたものだが、行政機関個人情報保護法が情報公開法の「行政文書」を引用したのにはわけがある。この点については、本法制定の経緯に詳しい宇賀教授の著書を見てみよう。「行政機関情報公開法の要綱案を作成した行政改革委員会の答申である「情報公開法制の確立に関する意見」（1996年12月16日）においては、個人情報の本人開示について、「基本的には個人情報の保護に関する制度の中で解決すべき問題である」とし、「関係省庁において、個人の権利利益の保護の観点から、本人開示の問題について早急に専門的な検討を進め、その解決を図る必要がある」と要望していた。本法の開示請求の対象文書となる保有個人情報が行政機関情報公開法（注：本稿でいう「情報公開法」）の対象となる行政文書と一致することにより、本人開示の問題についての行政改革委員会が残した宿題が一応解決されることになろう」（宇賀克也著『個人情報保護法の逐条解説』有斐閣、235頁）からうかがい知ることができる。要は両法の整合性を確保して、しばしば実務で問題となっていた非開示情報である個人情報と本人開示の対象となる個人情報とが解釈上食い違うことのないよう配慮したものと解される。不動産登記法で適用除外としたのは、登記簿が不動産取引の安全のために一般公開されている趣旨から、情報公開法2条2項の各号に規定することなく一括して適用除外としたものであろう。

(2) 給与支払報告書は保有個人情報か

これに対して、給与支払報告書は、行政（税務）機関が取得した個人情報であり、かつ行政（税務）機関が組織的に（住民税を賦課するために）利用するものとして保有している文書である。したがって、給与支払報告書が保有個人情報であることに変わりはない。

3　利用・提供禁止のルールの例外

それでは、以上のようなルールに抵触しない利用・提供する行為とはどのようなものをいうのか。

本事例のように保有個人情報の内容を本人以外の第三者に「協力を求める趣旨」で話すことは行政機関個人情報保護法に抵触するものだろうか。

情報が外部に提供される場合について、行政機関個人情報保護法第8条は「行政機関の長は、法令に基づく場合を除き、利用目的以外の目的のために保有個人情報を自ら利用し、又は提供してはならない。」と規定する。

ここでは保有個人情報の利用・提供禁止のルールが規定されている。そこでその禁止から除外される場合として①「法令に基づく場合」②「利用目的」のために利用・提供される場合が掲げられている。例外となる場合についてよく見ておこう。

① 「法令に基づく場合」について

利用提供の禁止から除外される「法令に基づく場合」とはどのようなものが想定されているか。

総務省行政管理局監修の『行政機関等個人情報保護法の解説』（ぎょうせい）では、該当する法令の例として、国会法104条、会計検査院法24条から28条まで、国家公務員法100条4項、民事訴訟法186条、223条1項及び226条、刑事訴訟法197条2項及び507条などを掲げている。いずれも行政機関から行政機関等に対する照会や回答などが想定される規定である。

その意味で、照会と回答を「利用」と「提供」にそれぞれに対置して解釈できるのではないか。

たとえば、刑事訴訟法197条2項を見てみよう。

第Ⅱ部　事例解説

刑事訴訟法第197条（捜査に必要な取調べ）

> 2　捜査については、公務所又は公私の団体に照会して必要な事項の報告を求めることができる。

　この規定に基づき、司法警察職員又は検察官は実務的には「捜査事項関係照会書」を発信し、又は提示して回答を求めており、同照会書中には被捜査者に関する「住所・氏名等」が記載されている。これが捜査機関の個人情報の「利用」行為と考えることができる。またこれに対する行政機関からの回答は「提供」と考えることができる。したがって、捜査機関からの照会も、これに対する回答も「個人情報」の利用・提供禁止の規定に抵触することなく、本条で許容される場合の例として挙げられている。

　また、照会先は「公務所又は公私の団体」とあり、行政機関に限定されていない。ひろく情報を保有する者が想定されている。同項の構成から行政機関から行政機関に対する照会の場合に限定する理由はない。

　ところで、前掲の『行政機関等個人情報保護法の解説』で例示された規定は立法、司法、行政がその本来機能を発揮するために補助的な調査の規定が掲げられており、典型的で定型的な規定を例として掲げたものである。同書では同法8条1項を解説する中で、「なお、本項は、他の法令に基づく場合は、利用目的以外の利用・提供をし得るとするものであり、本項により利用・提供が義務付けられるものではない。実際に利用・提供することの適否については、それぞれの法令の趣旨に沿って適切に判断される必要がある。」と述べている（同書38頁）。ここには、税の調査の根拠となる規定は例示されていないが、地方税法においてはこれに相当するものとして同法20条の11がある。

地方税法第20条の11（官公署等への協力要請）

> 　徴税吏員は、この法律に特別の定めがあるものを除くほか、地方税に関する調査について必要があるときは、官公署又は政府関係機関に、当該調査に関し参考となるべき簿書及び資料の閲覧又は提供その他の協力を求めることができる。

　同条は、文理上は「官公署又は政府関係機関」について照会を定めているものであり、昭和59年の税制改正で定められたものである。改正の経緯として既に行われている調査について協力義務に関する規定を整備したも

のと説明されている。したがって、同条があって初めてこのような照会を
なしうるものと解してはならない。同条が規定する者以外のものに対する
関係においても、ひろく「地方税に関する調査について必要があるとき
は」調査をなし得るものであり、いわゆる行政指導による聞き取りの際に
照会、回答を得る場合も、このような経緯から本条に準じて行われるもの
と解することが適当である。

　このほか、国税・地方税の調査の根拠とされるものに質問検査権があ
る。

　国税通則法74条の2、地方税法298条、353条などに掲げられている。

　地方税法298条について見てみよう。

地方税法第298条第1項（市町村民税に係る徴税吏員の質問検査権）

　市町村の徴税吏員は、市町村民税の賦課徴収に関する調査のために必要があ
る場合においては、次に掲げる者に質問し、又は第1号から第3号までの者の
事業に関する帳簿書類（その作成又は保存に代えて電磁的記録（電子的方式、
磁気的方式その他人の知覚によっては認識することができない方式で作られる
記録であって、電子計算機による情報処理の用に供されるものをいう。）の作成
又は保存がされている場合における当該電磁的記録を含む。次条第1項第1号
及び第2号において同じ。）その他の物件を検査することができる。
　一　納税義務者又は納税義務があると認められる者をいう。
　二　前号に規定する者に金銭又は物品を給付する義務があると認められる者
　三　給与支払報告書を提出する義務がある者及び特別徴収義務者
　四　前3号に掲げる者以外の者で当該市町村民税の賦課徴収に関し直接関係
　　があると認められる者
（第2項以下省略）

　国税・地方税の調査の際に、その調査の目的に必要な範囲で第三者に
「被調査者の保有個人情報」を提示する行為はこのような規定についても
「法令に基づく場合」として、許容されていると考えるのが相当である。
②　「利用目的」のために利用・提供される場合について

　ここで考えなければいけないのは、そもそも税務調査のために入手した
情報を利用・提供する行為は「目的外利用」に当たるかということであ
る。

　給与支払報告書というのは、もともと賦課徴収の目的のために特別徴収
義務者から提供を受けているものである（地方税法317条の6及び317条の

第Ⅱ部　事例解説

7）。提供を受けたが、受給者の特定ができず、そのままでは賦課徴収に支障がある。そこでその内容を情報として提供しつつ、賦課の目的を達成するために納税義務者を特定するための調査は給与支払報告書を取得保有する目的の範囲内の行為と考えるのが自然ではなかろうか。

　給与支払報告書に記載された情報の中身について調査することは、税務の本来業務、まさに税務の目的にかなった行為である。したがって、目的外利用ということはないと考えるのである。

　本問の「納税者の協力を得るためにどこまで手持ち情報を開示することができるか」という課題は、この条から読み取ることができる。すなわち、税務職員が税務調査の際に、個人情報を提示するのは法令に根拠のある「利用行為」に該当すると考えられる。このような「利用」行為は、調査の目的に従い相当なものである限り、個人情報利用・提供禁止のルールに違反するものではない。ここでちょっと注意が必要なのは、プライバシーである。個人情報とは微妙に範囲が異なるプライバシーへの配慮は、調査の際には片時も忘れてはならない。法に触れるかどうかのレベルの問題と納税者の信頼を維持するかどうかのレベルの問題は異なるのである。

　そこで、本問の場合は、どのように考えるべきか。確かに「個人情報保護法違反だ」との抗議は当たらないが、それでよいか。

　実務的には、同姓同名といっても特定個人が識別されないよう会社名を伏せるなり、生年月日を伏せるなりの慎重さはあった方がよい。

　企業においては、個人情報事務取扱のシビアな研修等が行われていることを考え合わせて、税務調査については、税金の賦課徴収のためという事由で、特別な取扱いとされることを理解してもらうことは、なかなか難しいことだと思う。慎重に対処する必要がある。

【結　論】

　事例1は、そもそも「登記情報」は、保有個人情報に該当しないことから、行政機関個人情報保護法違反とはならない。だが、本事例のように、個人の家庭の中がどのような人間関係になっているのかを知ることは難しい。家族だから大丈夫だろうと手持ち情報をうっかりしゃべって、あとで恨みを買うことのないよう、納税義務者本人に関する情報は「親」といっても注意しながら話をするか、いっそ出直すかしたほうがよい。そうかといって、あまり神経質になりすぎると今度は活発な会話ができなくなって、人間的なコミュニケーションの妨げになったりする。個人情報に関し

ては納税者が敏感になっているだけにより一層慎重な対応が必要である。

事例2は、給与支払報告書に関する調査であり、保有個人情報の利用又は提供に該当するが、行政機関個人情報保護法違反にはならないと考える。同姓同名の給与支払報告書の中身を示して相手方にその帰属を確認する行為は、任意調査の域を出るものではなく、それは行政調査に当たるものと考えてよいであろう。そうすると、いわゆる一般的な行政調査（行政指導）が「法令の定める場合」に当たるのかという問題があり、議論のあるところである。

仮に、一般的な行政調査が法令に根拠のあるものでないとしても、本文に述べたように当該行為は目的外利用に該当するものではない。むしろ、利用行為が地方税法22条の規定に触れることにならないかどうかを注意することの方が大事である。

なお、調査が法の定める質問検査権の行使である場合は、「法令の定める場合」に該当することは当然のことである。

本問のとおり、個人情報の保護は大事な課題ではあるが、それにとらわれるのではなく、公平な賦課徴収のために、納税者の信頼を守るという税務職員の原点は忘れてほしくないものである。

第Ⅱ部　事例解説

5　下水道使用料滞納者に対する納税状況の照会

【事　例】

　A市の下水道課から下水道使用料の滞納者Bが市税も滞納しているかどうか、同市税務課へ照会があった。同じ市長が課したとしても地方税法22条の守秘義務から照会に応じられないと税務課は回答したが、使用料については地方税の滞納処分の例により国税徴収法の滞納処分の方法によって行うことができるのだから、同法141条の質問検査権によりBの納税状況について照会に応じる義務があるのではないかと指摘された。税務課はこの照会に回答する義務があるか。

【解　説】

　地方団体の税務所管課に対しては日々様々な税務に関する照会や証明書の請求がされてくる。これらの照会等のうち納税者本人は別として一番多いのは何といっても官公署からの照会である。

　官公署からの照会は、行政上必要があって行われているものがほとんどであり、それ相当の正当な目的のために照会してくるものであろう。したがって、これに回答する義務があるかどうか悩むことが多い。また、回答を拒否すればその行政が滞ってしまうのではないか、何か悪いことでもしたような後ろめたさを感じることもある。

　設問のように下水道使用料の滞納者の市税の納税状況の照会も数多い官公署からの照会の一事例であるが、同一の地方団体の長の指揮の下にある他の課からの照会であり、しかも、照会内容が滞納処分に関するものであるため、どのように取扱うべきか苦慮する事例である。

　この事例の検討については、まず法22条の規定から税務資料を開示できるかどうか、そして下水道使用料の滞納処分と質問検査権の行使についての法的性格を検討することにより、結論を導くこととしたい。

114

1 地方税に従事する職員に守秘義務が設けられている趣旨は

　いわゆる守秘義務というものが法律でどのように規定されているか、ここでもう一度基本的なことがらについて学者の意見を紹介しながら触れてみよう。

　地方公務員は、地方公務員法34条1項において「職員は、職務上知り得た秘密を漏らしてはならない。」とされ、その違反に対しては同法60条2号により、1年以下の懲役又は50万円以下の罰金に処することとされている。税務職員はこれに加え、法22条により「地方税に関する調査に関する事務に従事する職員又は従事していた者は、その事務に関して知り得た秘密をもらし、又は窃用した場合においては、2年以下の懲役又は100万円以下の罰金に処する。」とされ、罰則が加重されている。

　この場合における「その事務に関して知り得た秘密」とは、地方税に関する調査に関する事務に関連して得られた納税者その他の私人（以下「納税者等」という。）の秘密を意味していると解されており、法22条の規定は、納税者等の秘密を地方公務員法よりも罰則を加重することにより手厚く保護しているものである。

　税務職員の守秘義務に関して、金子宏東京大学名誉教授は、おおむね次のように述べておられる（前掲書『租税法（第18版）』739頁）。

① 税務職員に守秘義務が課されているのは、いうまでもなく、納税者等の秘密が外部にもれて、その利益が害されるのを防止するためである。

② 納税者等の秘密は、税務調査の過程で、その意に反して、たまたま税務職員に知られることが少なくない。しかし、税務調査の権限は租税の確定・徴収を確実に行うためにのみ認められた権限であるから、それによって得られた納税者等の秘密は、外部にもれないように厳格に守られなければならない。

③ 納税者等の秘密が租税職員から容易にもれるようでは、納税者等の租税行政に対する協力は期待できない。

④ 納税者等の秘密は、申告書や調査書の随所に散在している可能性があるから、税務職員の守秘義務との関連で、これらの書類は、その職員の属する租税行政組織から原則として門外不出である。したがって、租税行政庁は、他の行政機関や国家機関から、これらの書類の提出・開示・

第Ⅱ部　事例解説

閲覧等の要求があっても、これに応じてはならない。これを「租税情報開示禁止原則」と呼んでいる。

2　税務資料開示可否の判断基準とは

税務資料の開示の可否の判断にあたっては、「その事務に関して知り得た秘密」を第三者に知らせる行為が適法であると解しうるためには、そのような行為を適法なものとして許容したと認めるに足りる法律の規定があることを要すると解されている（昭和38年3月15日内閣法制局一発第6号前掲10頁参照）。

この内閣法制局の見解について注意しなければならないのは、税務資料の開示を「適法なものとして許容したと認めるに足りる法律の規定があること」とは単に税務資料の開示を許容するような法律の規定が存在することを意味するものとはならないということである。

すなわち、単に法文上、照会又は報告を求めることができるという規定があることのみでは、その規定は一般的な協力義務を規定したに過ぎない場合もあり、守秘義務の課されている事項について他の行政目的のための使用を許可したものと直ちに解することはできないということである。

したがって、このような規定があることに加えて、その法律の趣旨、個々の条文の規定、照会等の目的及び内容などについて具体的に検討した結果、次に掲げる例のような場合には、照会に応じることを「適法なものとして許容したと認めるに足る法律の規定がある」と解することができるものである。

① 照会事項について納税者が照会者に対して報告又は申告義務を負うなど、照会者と納税者との間においては当該照会事項が秘密とされていない場合（公営住宅法第34条により公営住宅の事業主体の長が入居制限の必要上知らなければならない入居者の所得状況に関する照会等。昭和45年1月29日大阪高裁判決昭44（行コ）2号）

② 照会に応じないことについて罰則等が課され、これによって守秘義務を解除したと認められる場合（刑事訴訟法144条により公務員の職務上の秘密に関する証言拒否権が原則として認められない場合等）

3　下水道使用料の滞納処分と質問検査権の行使

下水道使用料の法的な位置づけは、当然のことながら、地方自治法に定

められており（地方自治法附則6条3号の規定による同法231条の3第3項）、仮にこれを滞納した場合には地方税の滞納処分の例により処分を行うことができるとされている。

　地方税の滞納処分の例とは法331条等の規定により国税徴収法に規定する滞納処分の方法をいうものとされている（同法47条から147条まで）。

　これにより、下水道課の職員は、下水道使用料の滞納処分のため、滞納者の財産を調査する必要があるときは、国税徴収法141条の規定に基づいて滞納者、滞納者の財産を占有する第三者、滞納者に対し債権若しくは債務があり、又は滞納者から財産を取得したと認めるに足りる相当の理由がある者及び滞納者が株主又は出資者である法人に対して質問又は検査を行うことができることとされている。

　滞納者に対し地方税の租税債権があるとされる地方団体の税務主管課に対し国税徴収法141条の規定に基づく質問検査例は本件ばかりではなく、通常の業務の中でも結構多い。

　ところで、この国税徴収法141条の質問検査権の法的性格については、一般に強制力を持たない任意調査と解されており、相手方が質問に答えない場合又は検査を拒否した等の場合には、直接これを行うことはできないものとされている。とはいっても、正当な理由がなく、質問に対して答弁せず、又は偽りの陳述をした者及び検査を拒否したり、妨害した場合等については、罰則を適用することとして、間接的な強制力があるとされている。（同法188条）。

　国税徴収法は滞納者の財産の調査について、「任意調査」としての「質問及び検査」（同法141条）と、「強制調査」として実施される「捜索」（同法142条）を定めているが、このうち「捜索」については国税徴収法の前身である旧国税徴収法（明治30年法律第21号）の制定時から規定されているのに対して、「質問及び検査」の規定は、昭和25年の旧徴収法の一部改正に至るまで特に明文規定がなかった。

　このことについては、「もともと徴収職員（徴税吏員）は、本来特別の規定を待つまでもなく一般的な任意調査をすることができるものと解され、さらに明確にいえば租税徴収の的確な実現を図るために要請される任意調査の権能は、本来法律の規定をまつまでもなく行政目的の遂行上当然に許されているものと解されるところであるが、それにしても、徴収職員（徴税吏員）が常に当初から強制調査である「捜索」の方法を求めてこれを強

第Ⅱ部　事例解説

行する等のときにおいては、滞納者又はその他の関係のある第三者との間にいたずらに摩擦の生ずるおそれがある場合もありうる。これらのところから、先に掲げた質問、検査に関する条項を創設し、このような強制調査（捜索）に先行して円滑に財産調査の目的を達成させるための手段として、特に任意調査としての質問、検査の方法が定められるに至った次第である。」とされている（城下達彦著『滞納処分と財産調査』（ぎょうせい）10～11頁）。

　以上が、国税徴収法141条の質問検査権の創設経緯とされている。

　そこで、今一度本件照会の事実関係に戻って考えてみよう。

　下水道料金の滞納があり、このため下水道課の職員が滞納者Ｂの財産を調査し、差押え等の滞納処分を行うこと自体は当然に公益性が認められる行為である。ただ、本件の照会内容から判断すると、その照会は、財産調査の手始めとして資産状況や市税の納税状況等を広く調査し始めた初期の段階であると考えられ、この段階で滞納者Ｂの市税の納税状況を知らなければ滞納処分が全くできないという差し迫った状況にあるのではないと考えられる。

　これらの状況を考慮した場合、次の二つの考え方ができると思われる。

(1)　国税徴収法141条は、滞納処分をする上で必要な情報収集を可能にするために調査権限を付与しているのであり、下水道使用料の滞納処分について地方税の例によることとされている以上、税務職員と同様の調査権限が認められるのでなければ適正な手続きが困難になり、同条に規定する質問検査権が形骸化してしまい、意味のないものとなってしまう。

　　したがって、下水道課の職員も税務職員と同様に納税状況を知り得る権限を有するものであり、照会に応じることは適当である。

(2)　納税者等の秘密は、税務調査の上で知ることができたものであり、外部にもれないように厳格に守られなければならないものである。また、納税者等の秘密が税務職員から容易にもれるようでは、納税者等の租税行政に対する協力は期待できないものと考えられる。

　ここで、地方税と租税以外の公金債権に係る質問検査権について整理してみよう。

　地方税法では、この質問検査権は、税目ごとに「国税徴収法に規定する滞納処分の例による」という規定（法331条6項等）が設けられており、同法の質問・検査の規定を地方税に当てはめて適用することにより、地方税

の滞納処分のための質問・検査として行使できるものとしている。

先に述べたとおり、質問検査権は任意の調査とされ、強制調査を認めるものではないが、質問に対する不答弁、検査の拒否等に対して、地方税法では罰則を設けている。この罰則による間接的な強制力により、実質的には質問・検査の相手方には、質問に答え検査を受忍する義務（調査受忍義務）があるとされている。

質問・検査の相手方に調査受忍義務があるということは、質問・検査を行う徴収職員には答弁や検査によって得られた事項に関する守秘義務があるということである。つまり、罰則により質問・検査の強制力が担保され、同時に守秘義務が設けられる。当該徴収職員とその相手方との間にこのような関係があることから、両者の間には調査事項に関する秘匿の必要性がなく、すなわち秘密でない関係が認められる。

このように地方税法の質問・検査に罰則の適用があり間接的な強制力が担保されていることは税法上の守秘義務解除の理由となるが、税法以外の個別法においては、「国税又は地方税滞納処分の例による」とされていても、必ずしも同様の関係にはならない。当該個別法に具体的な罰則規定がなく、間接的な強制力もない場合が多いからである。

本件の下水道使用料の公金債権に係る質問・検査について、不答弁、検査の拒否等に対する罰則規定が設けられていない場合は、質問・検査の相手方には、質問に答え検査を受忍する義務（調査受忍義務）は認められないこととなる。

【結　論】

結論としては、本件照会に応じることはできない。

地方税の滞納については、国税徴収法141条の質問検査権による質問等に正当な理由がなく、答えない等の場合については、地方税法で罰則を適用することとされている（法333条1項等）。

これに対して、本件の下水道使用料の公金債権を定めた地方自治法は、「地方税滞納処分の例による」徴収手続きを定めていても、同法において、職員の質問に対する不答弁や検査拒否に対する罰則規定は設けられていない。

したがって、同法141条による質問・検査に対して滞納者が調査受忍義務を負うと共に、応答義務があるのは、当該質問・検査に従わない場合の罰則規定が設けられている場合であり、罰則の定めのない本件の下水道使

第Ⅱ部　事例解説

用料の公金債権について、調査受忍義務を認めることは適当でなく、照会に回答することは適当でないと考えられる。

　本件のように、一般に租税法上の秘密事項について照会を求める相手方が租税というものの本質を理解しないまま、自己の行政上の都合のため、税務官署が収集した資料を安易に利用しようとする風潮があることは残念なことである。また、同じ首長の下で行政目的を実現するため、行政内部で使うのだから構わないのではないかという古くからの慣習もよく見受けられるが、このような要求に対しては、以上述べてきたように、税務資料の秘密性や「租税情報開示禁止原則」について十分理解を求め、厳正に対応していくことが、税務職員に課せられた義務であるといえるのではないかと思う。

⑥ 証明窓口での本人確認の方法

【事 例】

1 　A市の税務課の窓口にBと名乗る者からBの市民税の課税証明書の交付請求があった。Bと名乗る者は単身者でアパート住まい。身元を確認できる運転免許証も健康保険証も持参していないという。本人は、B名義のいわゆる三文判を示してB本人である旨主張している。印章を持参しているからB本人に間違いないとして証明書の交付をして差し支えないのだろうか。

2 　税務証明の申請の際にマイナンバーを記載させる地方団体とこれを求めない地方団体がある。それぞれの団体の事情を踏まえ、証明窓口でのマイナンバーの取扱いにどのような課題があるか。税務証明窓口での証明発行にも、番号法の「本人確認」は行われるのか。

【解 説】

　よく市町村の税務窓口で頭を悩ますのがこの本人確認の問題である。といっても、「本人」はいつでも納税者本人を意味する訳ではなく、代理人であることもある。

　ここでは、個人に問題を限定して考えてみたい。

　要は、窓口で「自分はBである」と名乗って、Bの課税証明書の発行を求めてきた者が、真実Bであるかどうかをどのようにすれば確認することができるかということである。確認できなければ証明書の発行はできない。

　税務情報は、アクセスしようとする人間が「誰」かによってアクセスできたり、あるいは拒まれたりするものだからである。それは、本人であれば原則無条件で、第三者であれば本人からの自己情報開示のメッセージ、つまり、委任状を持参する者であることによってアクセスが許されるが、問題はそれから先にある。

　窓口に実在する人物がB本人であるかどうかをどのようにして知るこ

第Ⅱ部　事例解説

とができるか。これを確認するにはどのような手段があるかということである。

　これは、納税者本人ばかりでなく、前述のとおり代理人についてもまったく同じことが言える。代理人による証明請求において大事なことは、先に述べた情報開示のメッセージ（委任状）と代理人本人の確認である。いくら委任状が真正なものであっても、代理人と称する者が委任を受けた者と同一人とは限らない。場合によっては、メッセージも代理人も両方とも「にせもの」ということだってある。

　ところで、わずかな手数料で発行している課税証明書のために随分難しい議論をしていると感じる向きがあるかもしれない。

　実は市町村で発行する課税証明書は、とんでもないことだが、実体社会の中では闇で売り買いされる例があり、それを商いとしているブローカーが存在するということが明らかとなっている。

1　拡大する課税証明書の役割

　少し古い話であるが、そのころ数多く新聞に取り上げられて事件となっていたもののうち、昭和63年10月22日「朝日新聞」夕刊を見てみよう。

　「勝手に『保証人』登録　課税証明書持ち出し　区役所窓口ずさん交付　約5万円で出回る」とある。

　その顛末を知ってもらうために、少し長くなるが引用してみる。

　「中国人就学生が日本に滞在する際の条件となっている「身元保証人」をめぐって、何者かが他人の課税証明書や住民票を勝手に使い、日本語学校などに登録する事件が、東京都内で多発している。有印私文書偽造、同行使の疑いで警察に告発したこと、区役所に届けるなど明らかになっただけで、この2か月に8区・21件にのぼる。交付された課税証明書は、5万円前後で出回っていると言われ、中には滞在費を肩代わりするニセ身元引受書までつくられた例もある。警視庁捜査二課と関係各署が捜査しているほか、法務省東京入国管理局も実態調査する方針だが、勝手に交付された人たちは、区役所窓口のずさんさを批判している。」

　事件の概要は、以上のとおりである。

　さらに、課税証明書の交付の実情について、同新聞は、次のように報道している。

　「一方、区役所側は、課税証明書などの交付に際し、年齢や性別をみる

ぐらいで、運転免許証や健康保険証などの提示はほとんど求めないのが実情という。」

いまから、20年近く前の事件であり、当然なことながら、指摘された区役所も相当窓口改善を進めたことと思われるが、背後に課税証明書の信用力と社会で果たしている役割がどんどん拡大しているという実情があり、こういった背景がある限り、事件は今後も手を変え、繰り返し発生することが予想される。新聞記事にならないだけで現実には発生しているかも知れない。これに対処する方策としては、本人確認のチェックを厳しくし、他人の名を騙って不正に課税証明書を入手しようとする者を窓口から排除するなど、窓口でしっかりとした対応をすればいいのである。

しかし、現実には簡単なことではない。

その理由の一つは、窓口サービスに対する住民からのニーズであろう。

窓口サービスに対する住民のニーズはどのようなものかというと、迅速・親切・丁寧・正確・安全ということだろう。親切・丁寧に応対し、正確な証明書を発行することは、窓口職員の研修と事務の機械化・高度情報処理によってある程度達成できる。

「迅速」にということと「安全」、つまり、誤って税務情報が不正な目的で交付されないようにするということは、現状では両立することはなかなか難しいように思われる。

事務の高度情報処理、すなわち窓口事務のコンピュータ化は、情報の入力から出力、場合によっては公印の押印までの作業を極めて迅速に処理してくれるが、入力前の受付事務の段階は手作業であって、迅速といっても自ずと限界がある。それに忘れてはならないのが、窓口での課税証明書の発行件数の量である。この量は、個人住民税の課税証明書が社会保障事務で活用されていることから年々増加の傾向にある。

このような中では、他人の名を騙って不正に課税証明書を入手しようとする者を窓口から排除し、あるいは寄せ付けないようにするというのは、実際にはなかなか難しいことである。

身分を証明する書類で最も一般的に用いられるのは、運転免許証の提示を求めることである。これは写真が付いているし、発行者は、都道府県の公安委員会であって、本人確認手段として安全である。パスポートの申請をして受けとるときなどにもこれが役に立っている。それでは写真が付いていないと駄目かというと、たとえば各種の健康保険証のように本人以外

第Ⅱ部　事例解説

の者が所持することは社会通念上も一般常識からいって考えられないものであるが、通常窓口で提示を受け、これを確認することによって相当な注意を払ったといえることもある。

　窓口での本人確認手段としてOKのサインを出すのにこれ以外の書類となると、現段階では、なかなか難しいところであるが、平成28年1月から希望者に交付している「個人番号カード」は、まだ浸透していないが、これにより確認できるようになれば大幅に改善されることになるだろう。

　確かに、将来的には国民全員が同カードを持つようになれば、窓口事務は容易になる。

　間違いなく本人と分かれば何も問題はない。100パーセント本人と確認できるのは、それこそ家族を連れてきて確認してもらえばよいかもしれないが、これを期待することは無理な話である。

2　社会的に相当な注意とは

　本人と思ったが違っていたといった場合は、発行者として、過失責任（損害賠償責任）を負うことがある。つまり、社会的に相当な注意を払わなかったことに対して社会的責任を負うことである。

　社会的に相当な注意というのも難しい言葉であるが、社会通念（あるいは健全な市民常識）から見て十中八九間違いないという程度までは確認作業をするよう要求されていると考えるのが妥当である。

　この観点から、確認書類を見てみると、どんな書類をみて本人と確認すれば社会的に相当な注意を払ったといえるのであろうか。

　いくつかの具体例を見てみよう。

　第1は、いわゆる身分証明書である。

　企業や学校等いろんなところで発行されているものであるが、規格、様式など様々で、証明申請書に書かれた者と窓口で実際申請している者とが同一人であるかどうかの確認書類としては、一般的に用いることは不適切である。

　例外としては、パスポート、ビザ（入国査証）がある。これらは公的な機関が法令に基づいて発行したものであり、本人確認のための身分証明書と認められる。官公署発行の身分証明書で写真付きのものも同様である。

　窓口での事例としては、この他学生証、株式会社等の従業員であることを証する社員証、スポーツクラブ等の私的交友団体の会員証があるが、こ

6 証明窓口での本人確認の方法

れらはもともとその団体内で使用するものであり、窓口での本人確認のための身分証明書とは認めがたい。いずれも発行者と本人との身分関係を証するものであり、第三者に本人であることを証明するものではないということである。

さらに、社員証が認め難いのは、世の中には様々な会社が数多くあり、中にはペーパーカンパニーというものもあるわけであって、これを窓口での本人確認書類と認めるのは、実務上でも難があるという一面もある。このことは、旅券事務所でパスポートの交付を受けるときでも、会社などの身分証明書では認めていないことを体験したことでも分かると思う。

スポーツクラブの会員証は、通常お金を払えば、それだけで入会することができ、入会すれば発行されるものである。入会に際し、通常住民票の提出を求められることはなく、クラブの中だけで通用するものと考えられるものである。

第2に、窓口でよく提示されるものとしては、キャッシュカード、預金通帳、クレジットカード、通勤・通学定期、診察券、印鑑証明交付用カード（登録番号と磁気テープが貼付されたもの）があるが、いずれも住所氏名が不備であるか、または本人確認チェックに信頼性が十分でないものである。

ここで注意が必要なのは、これらの書類は、窓口での本人確認書類として使えないというだけのことをいっているのであり、これらの書類がなくても窓口での質問等を通じて本人であることを確認できる場合があるということである。

例えば、住民税の課税証明の場合は、手元に課税台帳があって、本人の世帯構成や賦課資料を見ながら窓口の申請者に対して質問等を行うことによって、本人かどうかを確認できる場合が多い。ここには、本人であればすらすらと答えられる子供の生年月日や勤務先、あるいは医療費控除の申告や所得の種類や内容等があり、本人でこそ知り得ることがらがあるので、何等かの手掛かりになることもある。本人を前にして本人かどうかを疑うことは失礼なことであり、信頼を損なうことにもなるが、証明書交付の重要性等をよく説明して、理解してもらうように努めることも大事である。

また、たまに使われるのが、本人宛て郵便物である。

すでに窓口にいる申請者には有効でないが、電話での応対の際に、運転

第Ⅱ部　事例解説

免許証も健康保険証もない申請者に窓口に提示するよう求めるものとして、はがき等の郵便物がある。窓口に提示された場合は、郵便の消印（最近○か月までというようにルール化しておくとよい）があることの確認と記載された宛名と申請者の宛名が一致していることの確認くらいのことは最低限行っておいてほしいものである。

　このように、窓口での本人確認は必ずしも公的な書類によるものばかりではないが、厳密に行うとするとそれだけ一層手間のかかる作業であって、それぞれの団体において最もマニュアル化が必要な事務の一つということができるものである。

　そのような中で、本人確認については、「犯罪による収益の移転防止に関する法律（平成19年法律第22号）（いわゆる「犯罪収益移転防止法」）が施行されたことにより銀行をはじめ金融機関においては、その確認が義務付けられ、また、戸籍の窓口でも「本人確認」がルール化され、その必要性と社会的な意義は一層高まってきている。

　今後、実務の中で知恵を出し合って工夫をしながら対応していくことが求められているところである。

　なお、金融庁や法務省などでは、本人確認に関するパンフレット等を作成しているのでこれらを参考にして、実務で活用することをおすすめしたい。

　事例2については、まず税務証明事務が、本人確認が必要とされる「個人番号利用事務」に該当するかどうかを確認しなければならない。

　番号法16条は、個人番号利用事務等実施者が個人番号利用事務等を処理するため必要があって本人から個人番号の提供を求めるときは本人確認をしなければならないと定めているから、個人番号利用事務に該当するということになれば、番号法16条による厳格な本人確認が義務付けられることになるのである。

番号法

（提供の要求）
第14条　個人番号利用事務等実施者は、個人番号利用事務等を処理するために必要があるときは、本人又は他の個人番号利用事務等実施者に対し個人番号の提供を求めることができる。
（本人確認の措置）

6 証明窓口での本人確認の方法

第16条　個人番号利用事務等実施者は、第14条第1項の規定により本人から個人番号の提供を受けるときは、当該提供をする者から個人番号カード若しくは通知カード及び当該通知カードに記載された事項がその者に係るものであることを証するものとして主務省令で定める書類の提示を受けること又はこれらに代わるべきその者が本人であることを確認するための措置として政令で定める措置をとらなければならない。

　個人番号を使って行う事務は、番号法9条1項により、別表1の上欄に掲げる行政機関等は、下欄に掲げる事務の処理のために必要な限度で、個人番号を利用できると規定しているので、下欄に掲げる事務がどのようなものか見てみる必要がある。

　地方税に関する事務については別表1では、16項に「地方税法その他の地方税に関する法律及びこれらの法律に基づく条例による地方税の賦課徴収又は地方税に関する調査（犯則事件の調査を含む。）に関する事務であって主務省令で定めるもの」と規定されている。同項に規定される主務省令（平成26年内閣府・総務省令第5号）では、16条に「法別表第1の16の項の主務省令で定める事務は、地方税法（昭和25年法律第226号）その他の地方税に関する法律及びこれらの法律に基づく条例による地方税の課税標準の更正若しくは決定、税額の更正若しくは決定、納税の告知、督促、滞納処分その他の地方税の賦課徴収に関する事務又は地方税に関する調査（犯則事件の調査を含む。）に関する事務とする。」と規定されているので、税務証明の事務がここでいう「地方税法による地方税に関する調査に関する事務」に当たるかが、解釈のカギとなる。

　そこで、地方団体が行う税務証明事務の根拠について見てみる。これについては地方税法20条の10にある。同条の見出しは「納税証明書の交付」となっているが、この「納税証明書」というのは、狭義で納税の事実証明を行うものをいうものではなく、広く固定資産税台帳登録事項証明（評価証明）や所得証明を含んだ用語となっている。そのことは、条文を地方税法、地方税法施行令、地方税法施行規則と順に追っていくと、これらの証明が規定されていることがわかる。次に窓口での証明書発行事務が地方税に関する調査に関する事務といえるかという点についてはどうか。

　地方税に関する調査に関する事務は、これまでも机上調査を含む広い意味に解されており、証明書の発行は申請者に関する課税標準、税額、納税額を調査確認して発行するものであるから、ここでの地方税の調査に関す

第Ⅱ部　事例解説

る事務に該当することになるものと考えられる。つまり、税務証明の主要
な部分は、すでに地方税法上に根拠を持つれっきとした地方税に関する調
査に関する事務にあたるものである。

　したがって、税務証明事務は、本人確認が必要とされる「個人番号利用
事務」に該当することになる。

　ただし、別表１の根拠となる番号法９条は、いわゆる「できる規定」で
あって、個人番号利用事務として証明発行の事務を、個人番号の提供を受
けて行うかどうかは、地方団体の判断に属することになるものと考えられ
る。給与の支払報告書のように、総務省令で様式が定められ、当該様式の
改正によって個人番号欄が加わることになれば、個人番号の提供を受けて
行う事務ということになるが、証明発行事務は、地方税法上の事務とはい
いながら、様式を含めその取扱いは地方団体がそれぞれの判断で定めてい
るものであることから、場合によっては個人番号の提供を受けて行う事務
から除外する取扱いも可能となるものと考えられる。

　とはいえ、番号法ではなるべく多くの機会に個人番号を利用して、行政
の効率化を促進することが期待されている。申告書や報告書の受付事務に
ついては、省令で各様式中に「個人番号」欄が追加されることが予定され
ているが、証明申請書についてはもともとそれぞれの地方団体の要綱や事
務取扱要領等で様式が定められているに過ぎず、「個人番号」欄が追加さ
れるかどうかは各地方団体の判断に委ねられるところとなっている。税務
証明事務を個人番号を利用して行うかどうかが地方団体の判断とすれば、
地方団体はどのように判断することが適当か。いくつかの視点から総合的
に判断されることになるかと思う。１の視点は、国税の税務証明事務では
個人番号はどのように扱われるかということである。税務署で行う納税証
明書の発行も申請書に基づき行われるものであり、国税通則法124条に届
出書、申請書に居所を記載することが規定されている。この規定は、番号
法整備法（行政手続における特定の個人を識別するための番号の利用等に関する
法律の施行に伴う関係法律の整備等に関する法律（平成25年法律第28号）をいう。）
によって、当該氏名・住所又は居所に「個人番号」が追加され、国税の納
税証明書は個人番号を利用して行う事務とされている。

　つまり、国税においては納税証明書の発行は、個人番号を利用して行う
事務とされ、このための個人番号の提供に対しては厳格な本人確認が行わ
れることとされている。

6 証明窓口での本人確認の方法

国税通則法

（書類提出者の氏名、住所及び番号の記載等）
第124条　国税に関する法律に基づき税務署長その他の行政機関の長又はその職員に申告書、申請書、届出書、調書その他の書類（以下この条において「税務書類」という。）を提出する者は、当該税務書類にその氏名（法人については、名称。以下この項において同じ。）、住所又は居所及び番号（番号を有しない者にあつては、その氏名及び住所又は居所とし、税務書類のうち個人番号の記載を要しない書類（納税申告書及び調書を除く。）として財務省令で定める書類については、当該書類を提出する者の氏名及び住所又は居所とする。）を記載しなければならない。
（以下省略）

　これに対して、地方税における証明事務ではどうか。証明発行の考え方は国税、地方税で分けて考えるものではない。しかし、地方税に関する証明は件数、種類とも多く、個人番号の提供を求めて、1件1件処理していくことが果たして事務上耐えられるか。所得証明など実質的には税務署で把握し確定した所得額の証明まで地方がこなしている現状でどこまでできるか、不安なしとはしないところである。

　仮に地方税においても税務証明事務を個人番号利用事務とする場合には、独自事務として、番号法第9条第2項の条例を設けることが必要となってくるが、いずれにしても、各地方団体の有する賦課徴収権を基に、番号法の趣旨を勘案しながら総合的に判断して対応することが必要であると考える。

【結　論】

　事例1については、申請者は本人であることを確認できる書類を何も携行していない。しかも、単身者で家族構成等に対する質問も有効でないというちょっと厄介な事例としてあげてみた。市民税の課税台帳からいろいろと質問をすることなどにより手掛かりを探して本人であることの確認が得られれば、証明発行を行っても差し支えないというのが結論である。

　本事例の場合、その結論よりも、「B名義の三文判」では、なんの確認にもならないことに注意を喚起してほしい。むしろ、住所と氏名を目の前で署名してもらって、これまで提出された申告書等の住所氏名等と突き合わせることなどにより判断する方が現実的であり、確認ができるのではな

第Ⅱ部　事例解説

いかと思う。印鑑ひとつで安易に税務情報の外部開示が行われているようでは、課税証明書の不正交付はなくならないであろうし、納税者の信用を看板に背負って仕事をしている税務職員としては誠に面目の立たない話である。

　最後に付言させていただくが、欧米諸国で行われているように、IDカードを各人が携帯していれば、いつでも本人確認が可能であるが、日本では外国人に対して外国人登録証の携帯を義務づけているのみである。

　こうした現状を踏まえ、前述の繰り返しになるが一番手っ取り早いのは「個人番号カード」の活用であり、全市町村を通じて全面普及されることを期待していきたい。

　事例2については、税務証明事務を個人番号利用事務として、個人番号の提供を受けて行うかどうかは、地方団体の判断に属することになるものと考えられる。証明発行事務は、地方税法上の事務とはいいながら、様式を含めその取扱いは地方団体がそれぞれの判断で定めているものであることから、場合によっては個人番号の提供を受けて行う事務から除外する取扱いも可能となるものと考えられる。

130

7　上司・同僚と守秘義務

7　上司・同僚と守秘義務

【事　例】

1　A市税務課のBは、市民税の課税担当である。毎年市民税の申告書をCに郵送し、課税しているが、今年は「所在不明」で、申告書が返戻されてきた。住民票や電話帳を調査しても、所在が分からない。あるときCが市税を滞納していることを思い出したので、同じく税務課で滞納事務を担当しているDに住所地を把握しているようであれば教えてくれるよう求めた。Dは、滞納事務の一環としてCの住所地は知っている。同じ税務課とはいえ、課税と滞納整理という担当の違う者同士で情報を流してよいか。

2　A市では、国民健康保険料を市民の健康と福祉を担当する市民課で徴収している。最近A市国民健康保険料の滞納が多く、市会からも収納率向上にむけて全庁的な取組みが必要であるとの指摘を受けた。

　A市では、このため市税の滞納整理に積極的に取り組み収納率が上がっている税務課から滞納整理にあたって取得した税務情報や滞納整理手法等の提供を受けるため、市民課の国民健康保険料の担当係長に税務課の収納担当係長としての兼務辞令を発令することにより、国民健康保険料の収納率向上のプロジェクトを立ち上げることとした。一人の職員がそれぞれ異なる課の間で、情報交換をすることになるが、このことは守秘義務の点から問題はないだろうか。

【解　説】

　普段何気なく当たり前のように行っている仕事も改めてその根拠を問われると、はたと答えに窮してしまうことがある。税金の仕事は、例えば納税者の資産を調査し、課税額を決定し、本人に通知する。そして、納期限内に納まればそれでいいが、納まらなければ期限を切って催告し、納税者との折衝に備え課税根拠などを調べ十分に答えられるように準備をし、ま

131

第Ⅱ部　事例解説

た、所在が不明であれば課税の段階で収集された資料等を見て、ヒントを
摑み、所在調査をする。こんなことは税務の日常業務の中ではありふれた
光景である。

　税務職員がそれぞれ期待される役割を十分に発揮するには、相互に情報
を交換し資料を活用することは当然であって、例えば滞納整理の仕事は課
税の仕事とは別であるから、課税根拠など分からなくても税額等基本的な
ことだけ分かっていればよいなどというのは、およそ通用する話ではな
い。滞納整理の現場で、課税の適法性に関する厳しいやりとりがあること
など日常茶飯事である。

　だから、業務を効率的に進めるため、税務機関では、課の担当の中はも
ちろん、他の課であっても、さらに国、道府県、市町村の間においても資
料・情報の交換は積極的に進められ、協力関係ができている。

　ところが、このような協力関係にはちょっと理論的な整理が必要な厄介
な問題がある。それは、このような資料・情報の税務機関内部での相互利
用は、税務調査によって知り得た私人の秘密を外部にもらすことになるの
ではないか、つまり、税法上の守秘義務の問題がどのように絡んでくるか
なのである。

　それは、例えば課税のための調査の際に知り得た納税者私人の秘密は、
課税という目的のために納税者である私人がプライバシーを放棄したもの
であり、それが徴収のために利用されることは、私人にとって予期された
ものでなく、通常以上の犠牲を私人に強いることになる。言い換えれば、
課税段階で取得・収集された資料は「賦課のためという限定の下で管理さ
れているものであるから、滞納整理等徴収のために使用するのは、厳密に
は外部開示を禁じた守秘義務違反」だという考え方である。

1　三つの「説」

　税務機関内部での課税資料の相互活用に対する地方税法22条の適用を直
接扱った論文は今のところあまり見受けられないが、同条の適用される者
の範囲については、「同条の守秘義務を負う者は、直接「調査」に従事し
ている者に限られるか」との問を設け、それに対する考え方を次のように
整理したものもある（地方税法総則研究会編『逐条問答地方税法総則入門』ぎょ
うせい、529頁問3。引用各説の名称は筆者において仮に付したものもある）。

(1) 消極説（立法事実説）

本条の守秘義務は、直接に地方税に関する調査に関する事務に従事している者又はしていた者についてのみ課される。この上司に当たる者については公務員法上の守秘義務が適用される。本条の守秘義務は、私人に対し、地方税の賦課徴収に必要があるものとして、そのプライバシーを一方的に放棄させる立場にある者がその秘密をさらに他者に告知することを禁じて、私人の人権を保護しようという趣旨の規定である。

(2) 積極説（行政庁有機体説）

本条の守秘義務は、直接に地方税に関する調査に関する事務に従事している者又は従事していた者に限らず、その上司及び同僚にも課される義務である。本条の守秘義務は、行政庁として一体として有機的に活動している行政庁を構成している公務員全員に及ぶ。このように考えて初めて、直接地方税に関する調査に関する事務に従事してる者がその知り得た私人の秘密を、本条の守秘義務にもかかわらず、上司に報告することが根拠づけられる。

(3) 同一職務系統説

地方税に関する調査に関する事務に従事している者又は従事していた者の調査行為が上司の指揮監督の下に行われていれば、当該上司にも本条の守秘義務は及ぶ。また、職務系統上同系統にある同僚にも守秘義務は及ぶ。具体的には、例えば、事務決裁規定上質問検査権の行使にあたり、地方団体の長の決裁が必要とされていれば、当該質問検査権の行使は、地方団体の長の指揮監督の下で行われたものであり、地方団体の長も「調査事務」に従事したものとして本条の守秘義務が課されるが、質問検査権の行使が部下の専決事項とされていれば、地方団体の長は、本条の守秘義務を課されていないことになる。

以上のような考え方がある。消極説は、守秘義務違反という犯罪の主体を絞り込もうとするものではあるが、行政の実態からは、やはりかけはなれた印象は否めない。積極説は、守秘義務の主体としては範囲が無限定に過ぎるきらいがある。やはり、結論的には、同書も論じているように、守秘義務の主体の範囲の問題としては、同一職務系統説が正しいものと考えられる。

それでは、同一職務系統説を基本として職務系統上は傍系にあたる者の場合はどのように考えればよいか。傍系が税務機関内部の者の場合はどう

第Ⅱ部　事例解説

か。

　法22条は、税務調査によって知り得た私人の秘密を漏らすことを禁じたものであり、「調査に関する事務」の解釈上、直接調査に従事する場合ばかりでなく調査担当者を通じて調査を行う場合を含むものと解されるものである。したがって、このような関係が認められない職務系統上傍系にあたる者を義務の主体に含めて解釈することはできない。傍系の者が税務機関内部の者の場合であっても同様であって、同じ税務であっても指揮、調査、報告が同一職務系統上になく、調査によって知り得た事項を直ちに組織的に知る関係にない以上、ここでの義務の主体に含めて解釈することはできない。

　ここで議論をもう一歩すすめて、守秘義務の主体の範囲の問題ではなく、「秘密をもらす」という行為の問題として考えてみてはどうだろう。つまり、職務系統を異にする同僚税務職員に開示することは、法22条の守秘義務違反かという視点からの問題提起である。

　ここでは業務の必要上同じく税務に当たる同僚職員に調査資料を開示することが同条によって禁止される「秘密をもらす」ことになるか、あるいは適法なものとして許容される場合に該当するかということが問題となる。

2　守秘義務違反に当たるか

　事例1については、法22条の守秘義務違反は該当しない。

　その理由は、次に述べるとおりである。

　税務行政は、租税を調達する目的のために行われるものであり、法律の定める要件にしたがって納税義務のある者に租税賦課権が行使され、これによって適正に租税債権が確定されるものである。この確定した租税債権はさらに租税徴収権として、納付・納入を確保するため、法の定める督促、滞納処分等の諸々の手続きを経て、租税債権の確定・充実が図られるものである。そして、法によって定められた権限と手続きはやや難しい表現であるが、それぞれ手段と目的の関係で連結され、全体として税の公平という租税正義と財源調達という目的の実現を図るものである。

　このような税務行政の特質と行政としての役割から考えると、守秘義務違反となる目的外利用にあたるかどうかの判断にあたり、この税務行政内部の業務の分担（それも団体によって実に様々な形態があり得るわけであるが）

についてそれぞれの調査目的を考えるというのは適当とはいえないであろう。つまり、税務調査についても、賦課のための目的・徴収のための目的というのは、もちろんあるわけであるが、これらの目的がそれだけのために存在しているわけではなく、いずれも一連の租税手続きの中の一過程に過ぎず、それぞれが相互に補い合って全体として租税正義と財源調達という目的のために行われるものである。

　職務系統上傍系の税務職員であっても、これら税務調査によって得られた事実を知ることができる立場にあり、このような立場にある同僚税務職員に調査事項を開示することは、それが正当な業務として行われる限り、何ら法22条において定める守秘義務に違反するものではない。また、これらの同僚職員はもともと税法によって質問検査権等によりこれらの事実を調査する権限を与えられており、知り得る立場にある訳であり、調査によって知り得た事実は調査の対象となる納税義務者との関係では「秘密」とは考えられないともいえるものである。

　したがって、開示の相手方である同僚税務職員は、同条の守秘義務の主体ではなく、またこの者に対する開示は法22条が禁じる秘密を漏らすことになるものではない。この同僚は地方公務員法34条の守秘義務の主体となるが、これは別個の問題である。

　これに対して、事例2については、兼務辞令を発令することにより、形式的には市民課の国民健康保険料の担当係長が市税の滞納整理事務を兼務することとしているが、当該担当係長が実際に徴税吏員証を携帯して市税の滞納者に対する納税折衝等を行っているか、いないかは重要なポイントとなる。

　現に、滞納整理等の納税交渉すら全くやっていないような状況である場合には、税務担当職員が滞納者に関する税務情報を当該担当係長に提供することは、形式的な兼務辞令に過ぎず、守秘義務違反となるおそれがあると考えられる。

　国民健康保険料については、地方税の滞納処分の例により国税徴収法141条の規定が適用され、滞納者等に対し財産に関する必要な質問及び検査への応答義務が課されているため、当該情報は滞納者との関係においては秘密ではないと考えられ、税務担当職員が取得した滞納者の財産情報を利用することについては差し支えないとの見解もある。しかし、質問の対象とされる税務情報は国民健康保険料の事務上必ずしも当然知らなければ

第Ⅱ部　事例解説

ならない情報に限られるものではなく、任意の質問による保険料徴収に関する照会を、当該情報の利用について、同条の規定をもって単に秘密でないとすることは適当でないと考えられる（「事例5　下水道使用料滞納者に対する納税状況の照会114〜120頁参照」）。

　すなわち、このような場合には国民健康保険料の滞納者にとっては、税務調査の際に知られた自己の情報が、国民健康保険料の徴収事務という他の目的のために利用されているとの疑惑が持たれるものである。本件のような徴収目的だけのプロジェクトは、市税の滞納整理で得た滞納者に関する情報を国民健康保険料の滞納整理に活用することなどがその主たる目的となっていることが多いと考えられる。しかし、税務調査によって得られた納税者の秘密（情報）が税務職員からもれるようでは、納税者の税務行政に対する協力は得られないものであり、本件のようなプロジェクトの検討にあたっては納税者・滞納者の秘密を厳格に守り、納税者の疑惑を招くことのない慎重な対応が必要と考える。

【結　論】

　事例1であるが、税の賦課徴収は一連の作業であり、かつ、同じ行政目的の実現であり、BがDにCの住所地を教えるよう求めたことに対して、Dがこれを開示することは、法22条で秘密を漏らすことには該当しない。結論としては、守秘義務違反の問題はないということで解決できるものであるが、これを理論的にどのように理解すべきかを問うたものである。

　事例2は、兼務辞令を発令された国民健康保険料の担当係長が実際に市税の滞納者に対する納税折衝等を行っていないような状況にある場合には、滞納者に関する税務情報を当該担当係長に提供することは、守秘義務違反になると考えられる。

　しかし、現に、その職員が徴税吏員証を携帯して税の滞納整理にも携わっている場合には、この結論は事例1と同じようになることも十分考えられるのでその業務の実態をよく注視して、判断する必要がある。

8　嘱託員による税務証明書の発行

【事　例】

　A市は、増加する税務証明事務に対して、市民サービスの向上を図るため、税務証明専用窓口を開設することとし、この窓口事務の運営にあたっては一般職の資格のない嘱託員を雇用して行うこととなった。この嘱託員による税務証明事務の実施にあたって、税務職員の守秘義務との関係からどのような問題が考えられるか。

【解　説】

　近年になってこれまで官が独占してきた行政の守備範囲を見直し、住民のために効率的で質の高いサービスを提供しようとする取組みが各地で盛んに行われている。行政の市場化テスト、指定管理者制度、PFIの導入など、行政の新しい姿を模索して全国で行政改革が進行しているのである。このような状況にあって、安定した身分の保障されたもとで勤務する職員の直営方式による行政サービスの提供については、確かに公の行う業務として説得力のあるものとは言い切れないものもある。

　一方、個人情報保護の高まりを受け、行政サービスの提供に伴って収集される個人情報が安全かつ適正に管理されているかについては、これまで以上に高い水準が求められているということがある。

　そこで、行政サービスの外部委託なり、非正規職員による業務執行なりを是認するにしても、そこでの情報管理をどのように行うか、住民情報へアクセスする法的根拠をどのように考えるかは、新しい制度を導入する前提として検討されていなければならない。

　本件設問は、このような新しい流れの中から、住民サービス向上策として、嘱託員による税務証明専用窓口を開設する場合においてプライバシー保護の観点等から考慮しなければならない問題点を検討しようとするものである。

第Ⅱ部　事例解説

1　嘱託員の地方公務員法上の身分はどのように なっているか

　まず、税務証明発行事務に従事する嘱託員はどのような法的身分にあるか、見てみよう。

　地方公務員法は、地方公務員を「一般職」と「特別職」の二つに区分する（地方公務員法3条）。一般職は特別職以外の一切の職とされ、特別職は同法に列記される六つの職とされる。嘱託員については、特別職として掲げられるもののうちに「臨時又は非常勤の顧問、参与、調査員、嘱託員及びこれらの者に準ずる者の職」（同法同条同項3号）との規定から、一般職以外の特別職にあたる公務員とされる。

　次に、このような一般職以外の公務員に税務証明発行事務を行わせることにどのような問題があるか。

　地方公務員法における一般職と特別職の区分で重要なことは、同法が適用されるのは、原則として一般職の地方公務員であり、特別職は適用除外とされていることである（同法4条）。

　このため、嘱託員には、一般職に要求される兼職禁止等の規定は適用されない。だが、嘱託員が税務証明事務という一般の人には触れることのできない税務情報を扱う業務に従事することを考えれば、気がかりなのは地方公務員法34条の守秘義務が適用されるかどうかである。

　先に述べたとおり地方公務員法の規定からみると、嘱託員が特別職に該当する以上、同法34条の守秘義務は適用されないことになる。これは地方公務員法上やむをえないこととしても、嘱託員が業務に従事するに当たって雇用契約上の守秘義務を課すことは可能である。その場合でも、守秘義務違反は契約違反、すなわち民事上の債務不履行に過ぎず、せいぜい損害賠償責任が問われることになろうが、税務情報を管理する側からみれば、これでは円滑な業務の執行は困難である。そこで、もう少し、嘱託員の法的身分について検討を進めてみよう。

2　税務証明事務に従事する嘱託員は「徴税吏員」 とすべきか

　地方税法に徴税吏員について規定がある。

　「徴税吏員」とは、地方団体の長又は長からその委任を受けた職員をい

138

う（地方税法1条）。ここで「職員」というのは、地方公務員法上の一般職と特別職であるとは問わないものであるから、特別職である嘱託員も文理上は徴税吏員になることができる。

しかし、嘱託員が徴税吏員になることができることと嘱託員を徴税吏員に任命することとは別の問題である。それでは、徴税吏員とはどのような役割を担っているだろうか。

徴税吏員は地方税法にいろいろ規定されている。納税通知書を交付することや納税者等に対して質問検査したり、さらには納期限を過ぎた税金の督促をしたり、滞納者の資産を差し押さえたりとその役割は地方税法の随所に規定されている。特に、注意しなければならないことは、徴税吏員について納税者・市民の権利義務に直接影響を及ぼす権力行使を行う業務が規定されていることである。したがって、嘱託員を徴税吏員に任命するかどうかは嘱託員が従事する業務の内容と役割についてどのように設定するかにかかっている。嘱託員が非権力的業務に従事するに過ぎないような場合は、権力作用を担任する徴税吏員は一般職に属する公務員に任命し、嘱託員はその下で補助的に従事する職員と設定するのが適当ではないかと思われる。

単に、機械的な税務証明書の発行のみに限定して嘱託員を置くのであれば、権力作用を伴う調査事務は一切しないということになり、徴税吏員に任命する必要はない。一歩踏み込んで、税務証明書発行の機会に納税者に対して質問や調査をし、納税指導することまでも考えるのであれば、徴税吏員に任命してもおかしくないと考える。嘱託員に徴税吏員の資格を与えるか否かは嘱託員にどこまでの業務を託すかにかかっているといえよう。

ところで、平成18年の地方税法の改正前は、この規定は「職員」ではなく、「道府県吏員」又は「市町村吏員」とされていた。同年改正前の地方自治法では、地方公共団体の長の補助機関として「吏員」と「その他の職員」が定められ、嘱託員は「その他の職員」とされていたから、嘱託員は徴税吏員であることはできないこととされていたのである。

実定法上の用語として「吏員」が「職員」に変わり区別がなくなったので、前述のとおり嘱託員を徴税吏員とすることは可能となった。だが、徴税吏員の業務が市民の権利義務に影響を及ぼす権力業務として規定されていることからすると、嘱託員を直ちに徴税吏員と構成することは適切とはいえないであろう。

第Ⅱ部　事例解説

3　嘱託員が従事する税務証明事務について

　嘱託員が従事する事務の内容に立ち入ってみよう。本問の嘱託員が従事するのは税務証明事務である。

　税務証明事務の内容は、税務の本体にあたる申告書受付事務等に比べれば軽易な事務といえるような単純な面はあるかもしれない。それだけに間違えて交付すると、かかわっているものが勤務先、所得金額、寡婦、障害者などのセンシティブな情報を含んでいるだけに、あながち単純労務と決めつけるようなものではない。

　税務は申告または調査に始まり、税額を確定し、確定した税額を徴収して完結する。これを軸として、税額の前提となる課税標準の正確性を調査したり、調査経過等を台帳に記録したりという事務が派生する。証明事務というのは、この台帳すなわち公簿を基に、そこに記載された事項を対外的に公証する行為であり、このため窓口で証明書交付申請者の話を聞き、該当する台帳を検索し特定して、その内容を証明書として印字発行するのが証明事務である。

　事務の本体は、一般職という身分でなければできない業務ではないが、台帳に習熟しているなど税務そのものに対する一定程度の慣れは必要といえる。このため税務経験のある者が雇用されているケースも多いと思われるが、税務経験のない一般の職員であっても証明書発行事務だけでなく、税台帳の見方など税務の一般的な研修を実施するなどの準備はしておいた方がよいと思う。

　また、市民税の未申告者の台帳もあり、これについては課税状況の把握はされていないので税務証明書は発行できない。しかし、折角窓口に（本人とは限らないが）関係者が来庁した機会を逃すことはない。この機会に申告指導を行えるとよいが、これは広い意味での調査事務にあたり、単なる機械的な事務ではなくなる。どこまでのものを嘱託員に託すかが問題なのである。窓口を開設するときには十分な検討が必要である。

4　嘱託員は地方税法上の守秘義務を負うか

　嘱託員の法的身分のところで検討したように、地方公務員法34条１項の守秘義務を課すことはできない。それでは、地方税法22条は嘱託員に適用することができるか。

同法22条は、守秘義務を課される対象を「地方税に関する調査…に関する事務に従事している者又は従事していた者」と規定しており、一般職の職員だけでなく特別職の職員も含まれると解されるものであり、この点においては、徴税吏員だけでなく特別職である嘱託員も対象となると考えられるものである。

しかしながら、この対象となる事務とは「地方税に関する調査に関する事務」とされている。本件設例の嘱託員は、税務証明専用窓口に配置されて税務証明事務のみを行い、税務調査は行わないこととされているのだから、嘱託員は「調査に関する事務に従事している者」とならないのではないかという疑問が生じる。

「地方税に関する調査に関する事務」の範囲については、「調査」という言葉から質問検査権の行使に限定するとの考え方もあるが、この場合における「調査」は質問検査権の行使だけでなく、現地調査や納税者からの申告、報告等の受付等により納税者にそのプライバシーを放棄させる行為一般を含むものと解することが、税務調査によって知り得た秘密を特に保護しようとする同法22条の趣旨から妥当な解釈と考えられるものである。

また、調査に関する事務に「従事している者」の範囲についても、文理上実際に質問検査権を行使したり、納税者からの申告書等を受け付ける者に限られる理由はない。納税者のプライバシーの保護とその結果としての税務行政の円滑な運営を確保するという守秘義務の趣旨を考慮すると、納税者が守秘義務によりプライバシーの保護を期待している対象は、実際に調査や申告書等を受け付けた職員だけに限定していると解すべきではないからである。

税務証明事務を行う者は、その証明事項の範囲内で個人の所得や税額等の納税者のプライバシーを取扱うこととなること、また、地方税法20条の10に規定する納税証明事項は地方団体の長にその証明が義務づけられたものであること（同条に規定のない事項についても証明できる事項について証明することは差支えないとされている。）から、税務証明事務は地方税の賦課徴収事務の一環として行われているということができる。

したがって、「事例7　上司・同僚と守秘義務」（131頁）において、職務系統上同系統にある同僚にも守秘義務は及ぶとしたが、本件の税務証明事務に従事する嘱託員は、賦課徴収事務に従事している職員の調査に関する事項のうち窓口において証明請求された事項について職務系統上同系統に

第Ⅱ部　事例解説

ある同僚又は補助者として、守秘義務を課すべき対象になると考えられるものである。

【結　論】

　以上のことから、本件設例の嘱託員は地方公務員法の特別職であり、同法34条の守秘義務を負うものではなく、また、専ら税務証明事務を行うに過ぎないことから徴税吏員に任命することまでは必要ないが、地方税法22条による守秘義務は負うことになるものと解する。その結果、証明事務を行うにあたって知り得た秘密を漏らした場合には罰則の適用があることに注意を要する。

　なお、この事例は、嘱託員に税務証明事務を行わせることに関する問題点を例題としてみたが、嘱託員が税務証明ばかりでなく住民票の証明事務を併せて行う場合や繁忙期の税務事務の補助にアルバイトを雇用する場合、登記簿等の公簿と課税台帳の照合等の大量事務を民間委託する場合などにあたっても、その事務委託の方法や守秘義務の適用（法律が適用できない場合は契約や就業規則に守秘義務を定める）などの問題について十分考慮して、慎重に行うべきであると思う。

⑨　公正な裁判の実現とプライバシー

【事　例】

　ある日、原告側弁護士から所属のＡ弁護士会を通じて離婚訴訟事件について必要があるため、弁護士法23条の２に基づき被告の所得内容を開示するようＢ市役所税務課に依頼があった。弁護士法第23条の２には、公私の団体に対し照会する権利が定められている。この弁護士会からの請求にＢ市役所税務課は応じることができるか。

【解　説】

　久々に会った友人の弁護士からこんな話を聞かされた。

　「どうも役所はけしからん。なんでもかんでも秘密にしたがる。先日も所属弁護士会を通じて役所に照会を出したのだが、税法上の守秘義務だというので情報開示を拒まれた。

　自分としては、一般的な資産調査ではなく、照会の対象となる物件を特定し、それが訴訟の立証のために不可欠であることをきちんと説明したものだ。これに対して役所の側で開示ができない理由は、納税者のプライバシーであり、守秘義務であるからというのみでそれ以上説明しようとしない。」

　どうやら友人は、どこかの市の税務課に照会状を出したようである。ここでちょっと、友人が所属弁護士会を通じて役所に出した照会の根拠を明らかにしておくと、それは、実は次のような弁護士法の定めがあるからである。

　弁護士法第23条の２（報告の請求）

　1　弁護士は、受任している事件について、所属弁護士会に対し、公務所又は公私の団体に照会して必要な事項の報告を求めることができる。申出があった場合において、当該弁護士会は、その申請が適当でないと認めるときは、これを拒絶することができる。

143

第Ⅱ部　事例解説

2　弁護士会は、前項の規定による申出に基き、公務所又は公私の団体に照会して必要な事項の報告を求めることができる。

　それでは、弁護士としては、この「報告の請求」以外に他に証拠収集の手立てがないかというとそうでもない。弁護士会からでなく、裁判所を通じて訴訟法上の文書提出命令（民事訴訟法220条）を出してもらうという方法がある。これは訴訟当事者に対してばかりでなく、訴訟当事者以外の者に対しても行われるが、文書提出命令に対する文書提出義務は私法上の義務ではなく、公法上の義務であり、かつ、命令に対する違反は過料の対象とされる（同法225条）。したがって、この場合には、守秘義務が解除される場合がある。この文書提出命令は、現在、公務員が保管又は所持する文書には、原則適用が排除されている。すなわち、民事訴訟法220条は文書の所持者に対して、その文書の提出義務を定めているが、公務員又は公務員であった者がその職務に関し保管し、又は所持する文書については広範な例外を認めている（同条4号。なお、この例外規定は、同法附則27条により、検討事項とされ、将来は公務員の所持する文書についても、一定の要件の下で提出義務を負う方向で改正が進められるものと思われるが、改正内容によっては税務調査資料の提出もありうるものと考えられる。）。このような仕組みの下では、弁護士として立証に窮することがあるという話は理解できる。

　どうも弁護士としては、所属弁護士会を通じて資料を収集するほかには効果的な方法はないようである。弁護士側から見ると、役所の協力が得られず思うように立証ができない。これは、真実が明らかにされないという意味で裁判全体の損失であるということもできる。つまり、裁判の公正そのものが全うされない恐れがある。弁護士側からは、弁護士が公益的使命をもっていることに対して、役所の理解が乏しいことも不満の一つとなっているようだ。税務訴訟のように役所が被告となる場合であれば、防禦の必要から資料提出を拒むというのはわかるが、純然たる民事訴訟で私人対私人の争いの場合であるのに、何故かたくなに資料提供を拒むのか。どうも、役所の対応は理解しにくいということのようである。

　だがこの点は、役所にも言い分がある。行政の立場からすると純然たる民事訴訟で私人対私人の争いの場合であるからこそ、一方当事者側の弁護士からの請求に応じることは、公平を欠く取扱いになるというものだ。ここに行政と弁護士の、訴訟というものに対する見方にギャップがあること

144

が分かる。

1　弁護士の公益的使命とは

　ここで、弁護士の公益的使命について、ちょっと触れておこう。先ほどの弁護士法を見てみよう。

弁護士法第1条（弁護士の使命）

　1　弁護士は、基本的人権を擁護し、社会正義を実現することを使命とする。
　2　弁護士は、前項の使命に基き、誠実にその職務を行い、社会秩序の維持及び法律制度の改善に努力しなければならない。

　弁護士は、身分的には一般の国民の側にあって、一般の国民と何ら異ならない立場にあるが、このような使命をもつがために、弁護士の業務は著しく公共的な性格を帯びるものとなるものと解されている（福原忠男著『弁護士法』（第一法規）38頁以下）。これは、公務員が基本的人権を定める日本国憲法を尊重し、擁護する義務を負う（日本国憲法99条）ことと比較してよく似た趣旨の規定である。したがって、一般の国民ではあっても、いわば準公務員的な地位にあるといえようか。このことは、次の条文にも現れている。

弁護士法第23条（秘密保持の権利及び義務）

　弁護士又は弁護士であった者は、その職務上知り得た秘密を保持する権利を有し、義務を負う。但し、法律に別段の定めがある場合は、この限りでない。

刑法第134条（秘密漏示）

　医師、薬剤師、医薬品販売業者、助産婦、弁護士、弁護人、公証人又はこれらの職にあった者が、正当な理由がないのに、その業務上取り扱ったことについて知り得た人の秘密を漏らしたときは、6月以下の懲役又は10万円以下の罰金に処する。
（第2項省略）

　なるほど、このような立場にある弁護士としては、その使命を全うするにあたって壁となる守秘義務ほど迷惑なものはない。裁判に伴う照会については、次のような実態も指摘されている。役所は、弁護士法による照会に対しては守秘義務を盾にシャットアウトしているが、どうも同じ照会で

第Ⅱ部　事例解説

あっても裁判所からの照会（民事訴訟法186条）についてはちゃんと答えているという。プライバシーを理由に拒否するなら、同じ取扱いでなければならない。相手によって異なるというのであれば、それはおかしいという批判もありうることである。民事訴訟法186条の照会は、趣旨は弁護士法23条の2と同様のものであり、同条は次のように定められている。

民事訴訟法第186条（調査の嘱託）

裁判所は、必要な調査を官庁若しくは公署、外国の官庁若しくは公署又は学校、商工会議所、取引所その他の団体に嘱託することができる。

同じ情報でも裁判所からだとOKだが、弁護士からだとNOというのであれば、弁護士側からの役所に対する不信・不満はなるほど理由のないものではない。

また、この不信の中にはプライバシーのためという役所の弁明は、実は、役所が自分の都合で、面倒なことには巻きこまれたくないから、断っているにすぎないのではないかというものも加わる。これは多くの弁護士から聞かれる根強い不信感である。役所の側の証拠収集に対する非協力によって損なわれるのは、迅速な裁判であり、迅速な裁判は、もちろん弁護士と当事者だけの問題ではなく、わが国全体、役所も含めて国民全体の問題であるはずなのに、役所の都合で裁判が遅延するのは許し難いという批判を聞くこともある。

ところで、弁護士法23条の2の制定経過を見てみると、もともとはこの規定は弁護士の権利として制定しようと準備されていたものであるが、弁護士の権利としてこのようなことを認めるのは行き過ぎであるとして、いったん廃案となったものを、その後国会での検討過程で、現行のように弁護士会を通じて照会する方法で、追加（昭和26年法律第221号）された条文である。これは「弁護士の職責の重要性がますます認識されてきた証左とみられる」と評されている（前掲書122頁参照）。

そうなると今度は情報管理の安全性が問題になってくる。弁護士会と裁判所で役所の対応が異なることの原因をいろいろ考えてみると、一つは取得収集された資料の管理の安全性に対する信頼が裁判所との比較の中で異なるせいかとも思われる。弁護士の権利として取得収集された資料でなく、弁護士会が介在するとなれば、その情報がどのように管理されるかは今後検討されてよいだろう。だが、情報の安全性の問題はプライバシーの

問題の一つではあっても、照会に応じることが適法かどうかの問題とは別である。照会に対して回答できるかどうかの問題では、弁護士法23条の2に基づく照会に応じることが法律上許容されていると見ることができるかどうかが、まさに問われていると考えてもよい。

さきほど見たように弁護士が公共的使命を帯びていることは疑う余地のないものであるが、そのことからどこまで税法上の守秘義務を解除する合理的理由を見出すことができるかが問題である。検討のポイントは二つある。一つは、訴訟法上弁護士は相手方当事者の秘密を知る地位にあるということができるかということ。二つは、税法上の守秘義務による保護法益と弁護士の立証活動を通じて守られる法益との比較、つまりどちらが優先すると考えることが適切かということである。

一つ目は、こういう考え方がある。当事者双方は迅速な裁判に協力する訴訟法上の義務があり、早期に十分な証拠によって立証活動を尽くす必要がある。そのため相手方手持ち資料の開示を求める請求に対しては、一定の範囲においてこれを受忍する訴訟法上の義務があるというべきである。相手方がこの請求に応じない場合は、相手方の手持ち資料を管理する官公署に対してこれの開示を求める請求権を有するものと考えることができる。また、開示を求められた官公署である税務機関は、これに応じたとしても、もともと当該事項について知られることについて受忍義務を負っているものについて知らせたにすぎず、他人の秘密を漏らしたことにはならない、という考え方である。

迅速な裁判の実現ということから、対立当事者に訴訟法上の資料の開示請求に応じる義務まで認められれば、税務機関がこれに応じることに困難はないといってよいが、果たしてそこまでの義務を認めることができるかは難しいと思われる。

2　二つの「保護法益」の優先関係

二つ目は、税法上の守秘義務による保護法益と弁護士の立証活動による保護法益との優先関係である。これに関連して、有名な最高裁判例がある（最高裁第三小法廷、昭和56年4月14日、「判例時報」1001号）。

京都市中京区長が、弁護士法23条の2に基づいて「中央労働委員会、京都地方裁判所に提出するため」との照会に応じて私人の前科について漫然と報告したことは、過失による公権力の行使にあたるとして当該私人の損

第Ⅱ部　事例解説

害賠償（慰謝料）請求を認容したものである。

　この判決は、税法上の守秘義務を扱ったものではなく、かつ、訴訟活動に関する事案でもないが、プライバシーと公正な裁判の実現との関係について触れた大事な判例である。

　判旨は、前科等はみだりに漏洩してはならないとしてプライバシーに配慮しながら、前科等の有無が訴訟等の重要な争点となっていて、市区町村長に照会して回答を得るのでなければ他に立証方法がないような場合には、裁判所から前科の照会を受けた市区町村長は、これに応じて前科等につき回答することができるものと認めている。ここでは公正な裁判の実現がプライバシーに優先する法益として考えられている。また、「前科等」を「税法上の秘密事項」というように置き換えて読んでみると、関係がはっきりしてくる。だが、単純な法益均衡論ではなく立証のための代替手段がないかどうかが問われていることにも注意が必要だ。理論としてはそんなに分かりにくいものではない。だが、現実には開示を請求された事項が訴訟等の重要な争点となっているかどうか、市区町村長に照会して回答を得るのでなければ他に立証方法がないような場合であるかどうかを裁判の専門家でない市区町村長に責任を持って判定させることは相当な困難がある。判定を誤ればプライバシーを侵害し、かつ守秘義務違反となり、さらには本事案のように損害賠償責任を問われることも覚悟しなければならない。何よりも困るのは、裁判となり敗訴した場合、税金の窓口で、あるいは調査の出先で事あるごとに指弾されることだ。この辛さは、税務に携わるものでなければ、残念なことだがなかなか理解してもらえないようである。仕事がしづらくなる。率直にいえば、税金を徴収しにくくなるのだ。納税者からいったん失われた信頼は、回復するのは容易でない。

　次に、弁護士照会の裁判例で照会先に回答義務があるとされた最近の事例について紹介するが、この事例は、守秘義務がある事項について回答義務があるとされたものではない。

　この裁判は、民事訴訟の被告の転居先を調べるため、弁護士法に基づき郵便局に①転居届の有無、②転居届の届出年月日、③転居届記載の新住所（居所）等を照会したところ、郵便法上の守秘義務を理由に拒否されたのは違法であるとして提起され、当該事項については弁護士会に報告義務があるとされた事例である（名古屋高裁　平成29年6月30日判決）。

　この判決の要旨は、弁護士法23条の2第2項の照会については、照会先

148

9 公正な裁判の実現とプライバシー

に対し全ての照会事項について必ず報告する義務を負わせるものではなく、照会先において、報告をしないことについて正当な理由があるときは、その全部又は一部について報告を拒絶することが許されると解される。

転居届に係る情報は、憲法21条2項後段の「通信の秘密」にも郵便法8条1項の「信書の秘密」にも該当しないものであり、守秘義務を負うものではない。

報告を拒絶する正当な理由があるか否かについては、照会事項ごとに、これを報告することによって生ずる不利益と報告を拒絶することによって犠牲となる利益との比較衡量により決せられるべきである。

守秘義務についての明文の根拠があるからといって、直ちに守秘義務が報告義務に優越するとの結論が導かれるものではないところ、弁護士法第23条の2第2項の照会の制度趣旨に鑑みれば、報告義務が守秘義務に優越する場合もある。

本件照会事項は、郵便法8条1項の「信書の秘密」に基づく守秘義務の対象となるものではなく、これに対して本件照会に対する報告が拒絶されれば、強制執行手続によって認められた権利を実現する機会を奪われ、損なわれる利益は大きい。これらを比較衡量すれば、本件照会事項のうち、①転居届の提出の有無、②転居届の届出年月日、③転居届記載の新住所（居所）については、報告を拒絶する正当な理由がないが、④転居届に記載された電話番号については正当な理由があると判示したものである。

以上のことから、実務上の対応としては、当該弁護士からの照会理由によって公正な裁判実現に欠くことができず、かつ、照会に回答するのでなければ他に立証方法がないような場合であるとの確信が持てない限り、その照会に応じないとすることはやむを得ないものと考える。

【結　論】

事例は、離婚訴訟事件について必要があるため、被告の所得内容の開示が必要というのみで、被告の所得内容が訴訟等の重要な争点となっているかどうか、B市税務課に照会して回答を得るのでなければ他に立証方法がないような場合であるかどうかは全く不明であり、その点についてきちんと説明が必要な場合である。このような説明がきちんと行われ、それによって情報開示がより公益に資することの確信が得られないかぎり、所属弁護士会からの請求に応じることはできないと考えるべきであろう。

149

第Ⅱ部　事例解説

　なお、行政実例には弁護士会が照会をするのは、受任している事件に必要とされるからであり、依頼者の利益のために必要とされるものであるから、そのために他の私人の秘密を犠牲にすることは正当視され得ないものであり、市町村長が市町村民税の課税台帳の記載事項について弁護士会の照会に応じたときは、他に違法性阻却事由等特段の事由が存する場合を除き、秘密漏えい罪が成立するとするものがある（昭和38年3月15日内閣法制局一発第6号）。ここでの「特段の事由」には、前記判決での公正な裁判実現のため他に手段がない場合が該当するものと解される。

　市町村の税務窓口では、しばしば本事例のようなトラブルもあり、このような場合には時間がかかるのをいとわずプライバシー保護の必要性はもとより、税務行政の置かれた環境の厳しさについても率直で十分な説明を尽くすよう努める必要がある。

10　通称名での納税通知

【事　例】

　A市では特別徴収義務者から提出された給与支払報告書や納税義務者から提出された確定申告書などを住民税課税台帳と照合する中で次のような事例があった。

1　給与支払者から提出された給与支払報告書では「山本太郎」であるが、これはいわゆる通称名（日本人名）であり、外国人登録法上の名前は「WILLSON RICHARD」である。

2　給与支払報告書では「吉川花子」と表示されているが、これは婚姻前の姓で、本名は「北川花子」である。

3　確定申告書では「十津川修」と記載されているが、これはペンネームであり、本名は「花田次郎」である。いずれも本名と異なる名称で報告又は記載されているが、住所や生年月日などで同一人と確認されている。

　以上の場合本名以外でも課税は許されるか、本名以外での納税通知にはどのような問題があるのだろうか。

【解　説】

　年が明けるとすぐに忙しくなるのは毎年のこととはいいながら、住民税の担当者にとっては気忙しく、また身の引き締まる思いのするものである。1月31日を期限とする給与支払報告書や公的年金等支払報告書、それから3月15日を期限とする住民税申告書などこれらの書類が順を追って積み上げられていくのを眺めながら、6月までの繁忙期を乗り切るのは、いずこの市町村でも経験されていることであるが、なかなか根気のいる作業である。

　ところで、これらの書類は、1件1件、住民税課税台帳と照合し、賦課資料上の名義人の表示と課税台帳上の納税義務者の氏名が一致することを確認し、課税することとしているが、住民税課税台帳は大方、住民基本台

第Ⅱ部　事例解説

帳の定めるところの戸籍上の氏名が表示されており、その意味で納税通知書の名宛人は戸籍上の氏名が表示されることになる。これで一見問題なさそうにも思えるが、実情をよくみるとそう簡単にはいきにくい問題が潜んでいる。それは、納税義務者が何らかの事情で本名以外の氏名を会社等に届け出ている場合があるからである。このような場合に本人の届け出どおりの氏名で課税すべきか戸籍上の氏名で課税すべきか、どこの市町村でも賦課期には経験することである。これに対する考え方として、肯定・否定の2とおりを考えることができる。

(1)　肯定説

　課税処分は、特定人格に対して租税債権を発生させる処分であるが、租税債権の帰属する人格の特定は、本名でなければならない特別の理由はなく、旧姓や通称名ではあるが世間で通用している呼称、さらにペンネーム・芸名であってもむしろ本名よりも広く世間に知られ、本人特定に不足のないものであれば、これを許容すべきである。もともと自己をどのような呼称で表すかは、憲法の保障する人格権の一つである氏名権であって、基本的に個人の意思に委ねるべきものであり、行政において本人であることが確認でき、かつ、その呼称が事前に明らかな限りその呼称により通知等を行うべきものである。

(2)　否定説

　課税処分は、特定人格に対して租税債権を発生させる処分であり、これにより課税庁は公法上の債権を取得することになる。このような課税処分の法的性質に鑑みると、本名以外での課税処分は租税債権の帰属点をあいまいにし、滞納整理等その後の租税債権の行使手続きを不安定にするものであるから適当なものではなく、仮に認めるとしても、何等かの理由で本名は不明ではあるが通称名のみが明らかな場合に限定して認められるものである。

　いずれの考え方が妥当か、ちょっと判例や実例をみてみよう。行政実例を基にした事例には次のようなものがある（市町村税務研究会編『市町村税実務提要』ぎょうせい）。

「問　当市の住民で住民基本台帳法第7条の規定に基づき記載されている氏名と、所得税法第120条の規定に基づき確定申告書を提出した氏名（町名、番地及び生年月日は同じ。）とが異なるが同一人であることを確認し、納税通知書には確定申告書に記載されている氏名で処理（滞納することなく納

付済）して来たが疑義があると思われるのでご教示願いたい。

答　住民基本台帳上の氏名と確定申告書の氏名が異なる場合は、当然、同一人であるかどうかの確認調査が要請されるが、納税通知書に記載する氏名は、住民基本台帳上の氏名によるべきであると解する。」

行政実例は住民基本台帳上の氏名によるべきであるとする。だが、この行政実例は氏名が異なる場合は住民基本台帳上の氏名によるべきという一般論を示したものに過ぎず、必ずしも通称名とくに会社に本名を秘している場合に通称名での課税を否定したものではない。

1　判例を見てみると

判例はどうか。直接通称名を扱ったものではないが、次のようなものがある。

原告は戸籍上その氏名を「関根明三」と漢字で表示されるものであるが、本件納税通知書の納税者の氏名は「セキネハルゾウ」と記載されているから、これは原告に対する処分とは見られないとの主張に対して、

「戸籍上の氏名の表示は、当該個人に関する法律関係や社会生活関係のうえで当該個人を表象、特定するにつき基本となるものであるから、人は一般に、社会生活において、自己の氏名を戸籍に従い正確に表示されることを期待し、みだりに他人により自己の氏名の表示を改変して使用されないことについて利益を有するということができる」としながら、地方税法1条1項6号が「納税者の氏名」の記載につき古くから片仮名・ひらがなによって漢字に代えることを許容してきた国語の用字法を排斥しているとは解すべき根拠はないとし、さらに続けて次のように判示している。

「同法が地方税の賦課徴収につき納税通知書に納税者の氏名を記載すべきものとしているのは、処分の名宛人を氏名により特定させるためにほかならないのであるから、名宛人の氏名の呼称をかな書きにすることによりその名宛人が誰であるかが客観的に特定される程度に明らかにされるならば、それによって同法における納税者の氏名記載の目的は満たされるのであって、その記載が当該納税者の戸籍上の氏名の表示に一致するのでなければ、その目的が達せられないというものでもない。」（昭和49年1月28日東地民二判・昭和46年（行ウ）第228号）

もとよりこの判例は通称名での納税者の氏名記載を許容したものでもなく、単に地方税法が片仮名表示による納税者の氏名記載を許容することを

第Ⅱ部　事例解説

判示したに過ぎないものであるが、そこで触れられている考え方は本問においても参考となるものがある。

すなわち、地方税法が地方税の賦課徴収につき納税通知書に納税者の氏名を記載すべきものとしているのは、処分の名宛人を氏名により特定させるためであることを判示している点から見ると、納税者の氏名の記載が処分の名宛人の特定に必要であるとしても、それを戸籍上の氏名に限定すべき理由はなく、通称名等の何らかの呼称であっても名宛人の特定に十分なものであるかぎりこれを強いて否定すべき理由はないのではないかということになる。これは通称名での課税であっても名義人の特定という要件を満たしている限り直ちに不適法というものではないことを意味するものである。だが、同時にこの判例は、人は一般に、社会生活において、自己の氏名を戸籍に従い正確に表示されることを期待し、みだりに他人により自己の氏名の表示を改変して使用されないことについて利益を有するとも指摘している。それゆえ肯定説によるとしても、本名と通称名を横に並べて、当然に通称名によるべきであるということにはならないであろう。このため、考え方としては、一般的には本名による課税が適当であるが、個別具体の場合によっては通称名等の本名以外の呼称による課税が許される場合があり、条件を限定してその使用を肯定することが考えられる。

2　通称、旧姓、ペンネーム別に検証すると

そこで、呼称として用いられる場合として本問事例にもあるように、①通称名、②旧姓、③ペンネーム・芸名の三つの場合を検討してみよう。

①の通称名とは、外国人が日本名を名乗っているような場合のことだ。

外国人の場合、日本人の住民基本台帳に相当する役割をもつものに外国人登録原票があり、根拠法令として外国人登録法がある。

外国人登録法上、外国人の氏名の外国人登録原票への記載は、韓国・朝鮮人及び中国人は漢字、それ以外の者はローマ字を原則としている。それでは、外国人の通称名はどのような取扱いとされているかというと、通称名は外国人登録原票の登録事項ではないが、本人が通称名の記載を希望した場合は、外国人登録申請書にそれを記載させ、それが日常使用されているものであることを書簡その他の資料により確認した上、登録原票上の氏名に併記することができる取扱いとなっているようである（戸籍・外国人登録事務研究会編『Q&A　戸籍・外国人登録の窓口事務』ぎょうせい、1892〜

154

1893頁）。あくまでも本人の希望が前提となっており、また世間で通用するものが登録されているものという理解ができるものである。ここでの通称名は、わが国に在住する外国人が、日常生活上あるいは事業経営上などで本名とは別の名（氏若しくは名のいずれか、又は双方とも）を使用している者が少なくない。このような別の名を通称名と呼んでおり、この通称名は日本式の氏名を使用することが多いようであるが、必ずしもそればかりではないということである（前掲書）。

　したがって、外国人登録原票に記載された通称名は本名ではないが、本名に準じた扱いは可能ではある。それでは、通称名が併記されている場合は一律本名を通称名に置き換えてしまうのがいいかというと、これも問題がある。外国人の通称名は日本式の氏名で表記されているとは限らず氏だけの場合もあり、また、納税のために使用される名称を通称名で表記されることを外国人本人が常に望んでいるとは限らないからである。

　したがって、普通徴収における納税通知書の記載はあくまでも本人からの通称名での課税の申し出に基づいて行うことを原則とし、本人からの申し出がある以上、客観的に本人を特定し難いと考えられる特段の事情のないかぎり、この申し出には応じるべきものであろう。

　以上に対して特別徴収税額通知書においても同様のことがいえるであろうか。特別徴収において給与支払報告書に日本人名で報告が行われているということは、すでに本人からの申し出のある場合と推定して差し支えないのではなかろうか。言い過ぎかもしれないが、特別徴収制度の実態において納税者のプライバシーが必ずしも万全とも言い難い実情を踏まえれば、納税者氏名の表示方法は一層慎重な対応が必要であり、特別徴収義務者への届出が外国人の通称名により行われていると認められる場合、特別徴収税額通知書の記載は、その通称名によって行われることが適切と考えられるものである。

　②は、婚姻によって氏を改めた夫婦の一方が婚姻後も旧姓を名乗っているような場合のことである。

　いわゆる夫婦別姓の場合の問題で、実務的には社会的に旧姓で通用している妻が、課税の段階でわざわざ夫の姓で課税されることに対して異議ありという場合や、逆に離婚によって婚姻前の姓に復帰した女性から職場では離婚の事実を隠し、依然婚姻中の姓を名乗っているのに戸籍上の氏名でないとの理由のみで本名で課税されるのはおかしいと抗議されることがあ

第Ⅱ部　事例解説

ることである。これに対してはわが国の民法において、夫婦同姓の原則が採られていること、そこでは「夫又は妻の氏を称する」（民法750条）とされ、妻の氏を称することも自由とされていること、離婚に際して婚姻前の姓に復帰することも婚姻中の姓を称するも選択の自由が保障されていること（民法767条）から、戸籍上の氏名で課税することは不当なものではないとの反論がありそうである。だが、戸籍上どのような姓を選択するかということと個人が社会的活動する上でどのような姓を用いるかは必ずしも同じ問題ではない。その能力や業績が社会に評価されている人が婚姻によってその評価が繋がっているその姓を捨てることは少なからず損失と考えることができるし、また、離婚によってかつての配偶者の姓を名乗りたくないということと離婚の事実そのものを会社の中で公にはされたくないというのも決して矛盾するものではない。夫婦別姓の問題がしばしば女性の側からの問題として論じられるとおり、男女平等社会という観点からみるとまだまだ未成熟なわが国の現状を見る限り、旧姓使用の必要性は十分あり、課税において、戸籍上の氏名に固執することにより、結果的にプライバシーを暴くようなことは適切なものとはいえないであろう。こと課税の問題として考えるかぎり、基本的には、先の外国人における通称名の場合と同じ扱いが適当と考えられる。

　③は、作家等が執筆活動をする上で名乗っている本名以外の名称を用いる場合である。

　外国人の通称名や旧姓の場合と異なり、自在に使い分けられるペンネーム・芸名などは、そもそも納税者の特定性に疑問がある。だが、仮に広くそのペンネーム・芸名が世間に知られ特定性は一応維持できるとしても問題となる場合もある。直木賞で知られる直木三十五が、年齢に応じてしばしばペンネームを変えた話などは有名である。したがって、ペンネーム・芸名は課税の正確性、確実性、安定性などの観点から否定に解すべきであろう。

【結　論】

　以上から明らかなとおり、①、②はともに通称名・旧姓で課税し、③は住民基本台帳上の氏名により課税することが適切なものである。

　ところで、①はちょっと国際的にはデリケートな問題である。外国人本人が本名を名乗ることは就職差別を受ける等の経済的・社会的な不利益をもたらすことがある場合があり、会社に届け出た氏名が通称名であり、本

156

名と異なることが露見した場合には社内などで問題となる恐れもある。この場合に、なお課税の正確性をふりかざして本名で課税する必然性がどこまであるかということである。

課税が適法かどうかという次元で見る限り、本名であろうが通称名であろうが、大した差はないのであって、いずれも本人を特定し、他者と識別できるものであるかぎり、適法ということができる。②も同様であるが、ここでは夫婦別姓の是非を論じようとするものではない。旧姓を使用すること、または本名を知られないことに利益を有するかぎり、このような納税者の利益は課税する側にとっても尊重する必要があるということである。

①、②のいずれも、普通徴収の場合と特別徴収の場合とで少し取扱いを変えた。特別徴収制度の運用上しばしば問題となる納税者のプライバシーへの配慮は、片時も忘れてはならないものである。特別徴収制度の見直しなどは特別徴収義務者の徴収の便宜に目が行きがちなものであるが、特別徴収義務者ばかりでなく、納税者についてもその理解と協力なくしてはこの制度が成り立たないものであることを思い起こす必要があろう。

第Ⅱ部　事例解説

11　預金照会と銀行秘密

【事　例】

　A市の収納課は、滞納者Bの資産調査のため、銀行、信用金庫、農協など10機関に預金照会を行ったところ、このうちC銀行からBについての普通預金の預金残高と口座番号について回答を得たので、Bの預金口座に対する差押調書を作成し通知書を送付した。その後差押さえた預金債権は、実は、Bと同姓同名のDのものと判明。Dが預金をおろそうとして残高が少ないことに気付き、銀行を問い質した結果間違いを発見したものである。

　A市収納課で原因を調査したところ、Bの預金照会に対して、C銀行が手違いでBと隣町に住む同姓同名Dの預金口座を回答したためと分かった。Dは、「銀行が簡単に顧客の個人情報を市役所に教えるのはおかしい。顧客の承諾をとるべきではないか」と主張している。

　A市収納課の預金照会は適法か、また、照会にはどのような問題があるだろうか。

【解　説】

　本事例は、ほぼ実例に即したものであり、当時新聞にも「プライバシー保護意識欠如の典型的事例」と酷評されたものである。もとより、誤って他人の預金を差し押さえることはあってはならないことで、その意味で徴税側としては、幾重にもチェックをかけてその防止に努める必要がある。

　それゆえ、このような事例はどこの自治体においても他山の石として肝に銘ずべきことであるが、その当時ちょっとひっかかったのは、この預金照会に対する銀行側の回答を「税金逃れの取締のためなら電話の盗聴も許すに等しい」という識者の批判があったことである。そのうえで識者は「預金者の承諾を得てから当局の照会に応じるという方法を検討すべきだ」と主張する。果たして識者の主張をそのまま認めて良いのかという疑問がある。

158

11 預金照会と銀行秘密

事件直後のことであるし、また、プライバシーの意識が未だ十分に定着したものとはいえないわが国の現状を踏まえると、これでも未だ批判し足りないというものかもしれないが、そのことと預金照会をどのように理論付けるかは別の問題であろう。

預金照会に対する回答を電話盗聴と比較するのはいかにも極論であるが、預金者の承諾を得るというのはどこまでプライバシー保護からの要請か、識者はそれを「自分の情報は自分でコントロールするという現代人のプライバシー意識を尊重」して検討すべきだという。滞納者に100パーセント自己の財産状況について知られない自由を認めるのであればともかく、現行法ではそのような解釈は採りえないのではないか。

なお、税務調査と個人情報とのかかわりについては、総論で詳しく説明した22頁以下を参照されたい。ここでは必要最小限の記述に留めることとする。

1 預金照会の法的根拠

それでは、預金照会の法的根拠について見てみよう。滞納整理のための調査権として現行法には国税徴収法141条がある。なお、地方税に係る地方団体の徴収金の滞納処分については、地方税法は各税目中に、国税徴収法に規定する滞納処分の例によって行うこととされており（地方税法331条6項、373条7項等）、この事例において引用する国税徴収法も、地方税法がその例とする国税徴収法の意味で用いられているので予めお断りしておきたい。

国税徴収法第141条（質問及び検査）

> 1 徴収職員は、滞納処分のため滞納者の財産を調査する必要があるときは、その必要と認められる範囲内において、次に掲げる者に質問し、またはその者の財産に関する帳簿若しくは書類を検査することができる。
> 一 滞納者
> 二 滞納者の財産を占有する第三者及びこれを占有していると認めるに足りる相当の理由がある第三者
> 三 滞納者に対し債権若しくは債務があり、又は滞納者から財産を取得したと認めるに足りる相当の理由がある者
> 四 滞納者が株主又は出資者である法人

159

第Ⅱ部　事例解説

　この141条３号は、滞納者に対し債権・債務がある者に対して徴税職員が質問したり、その者の財産に関する帳簿若しくは書類を検査することができる権限を認めている。

　しかし、照会者としては、預金照会を受ける銀行がこの照会を受けた段階で債権をもっているかどうかはっきりしていない。単なる一般的な資産調査にすぎないような場合における銀行に対する預金照会は、この条文を根拠として行うことはできるものではない。このような照会は、義務や強制を伴うものではなく、地方団体の徴収金を納付し、又は納入する義務の適正な実現を図るために行われる行政指導に該当するものである（地方税法18条の４第２項）。

　したがって、罰則によって担保される権限ではないものの、徴税機関が行政機関としてその任務又は所管事務の範囲内において行うものであり、銀行はこれに協力すべき責務があるものと解されるものである（行政手続法２条６号）。

　このことは行政指導として行われるすべての行為を免責させるものではなく、国民の権利、とりわけプライバシーに対する不当な干渉に亘るようなことのないよう、十分な注意が必要である。

　一般に指摘されるのは、「普遍的に、個人別に預貯金等の調査を行うようなことはこれを避ける」ことが必要ということである（昭和26年10月16日直所１－116国税庁長官発各国税局長あて）。

　したがって、滞納者の滞納整理の目的に従って必要な範囲内での預金調査は適法なものといえる。

　次に、預金照会を受ける側の銀行が、徴税機関の照会に応じるのはどのような理由からか見てみよう。

　銀行が、徴税機関の照会に応じて回答することは、顧客の個人情報を漏らす行為であり、それはプライバシー侵害ではないか、あるいは、さらに、仮にプライバシー侵害にならないとしても、予め顧客たる預金者に連絡すべきではないかという問題提起がある。

　ところで、銀行が把握する預金者の口座番号、預金残高等の情報について銀行はどのような関係に立つのであろうか。

　一般には、このような情報は、銀行にとって取引上の秘密に該当し、秘密を守ることは取引先の利益となり、それはひいては銀行の営業上の利益にもなるものと考えられている。これを銀行秘密と呼び、銀行はこのよう

160

な銀行秘密を外部に漏らしてはならない義務を負い、この義務は銀行秘密義務と呼ばれている（加藤一郎・吉原省三共著『銀行取引』有斐閣選書、125〜127頁参照）。

そしてこの義務の根拠には、①銀行と取引先との間の明示・黙示の秘密保持の合意をしていると考えるもの（契約説）、②銀行秘密義務は銀行取り引きに伴う信義則上の義務と考えるもの（信義則説）、③銀行秘密義務は旧くからの金融界の商慣習と考えるもの（商慣習説）と、実は諸説があるようであるが、いずれにしても法令上の義務とはされていない。

また、この義務が解除される場合については、

①　取引先の承諾があるとき

②　法令に基づく尋問・質問・検査を受けたとき

③　訴訟など正当な理由のあるとき

が該当すると解されている（以上前掲書参照）。そこで、先ほどの問題に戻ると、単なる一般的な資産調査に過ぎない預金照会は国税徴収法141条に基づくものでなく、行政指導として行われるものであるとすると、銀行がこれに応じることは銀行秘密義務を解除することになるのであろうか。

2　「預金者と徴税機関」「銀行と徴税機関」の関係

この点については滞納者（預金者）と徴税機関、銀行と徴税機関のそれぞれの法律関係について見てみよう。

まず、滞納者と徴税機関。

滞納者はもとより納税義務を有しており、積極的に納税計画を立て、完納するよう努力義務を負っている。他方徴税機関は、あえて調査権限（国税徴収法141条）を持ち出すまでもなく、租税の公平のために、徴収を確保する義務を負っており、このため真に支払能力がないものかどうか、財産状況を知ることができる立場にある。このことを滞納者についてみると、滞納者は自分の財産状況を知られることについて受忍義務がある。このため国税徴収法141条は、質問・検査する権限を認め、これは任意の調査ではあるが、同法は義務違反に対しては罰則による制裁を定めているから、これは実質的には強制調査に近いものになっている。

第Ⅱ部　事例解説

国税徴収法第188条

次の各号のいずれかに該当する者は、1年以下の懲役又は50万円以下の罰金
に処する。
一　第141条の規定による徴収職員の質問に対して答弁せず、又は偽りの陳述
をした者
二　第141条の規定による検査を拒み、妨げ、若しくは忌避し、又は当該検査
に関し偽りの記載若しくは記録をした帳簿書類を提示した者

以上からすると、滞納者は、納税義務の履行のために、その限度で自己
の財産に係るプライバシーを放棄するものと考えてよいのではないかと思
う。
次に、照会者である徴税機関とこれを受ける銀行についてみると、確か
にこの照会行為は法令に基づく調査ではなく、行政指導であるから、これ
に応じるかどうかは銀行の任意であり、回答しないからといって処罰の対
象となるものではない。
反対にこれに応じた場合は、直ちに銀行秘密義務に違反することになる
ものとも解されない。なぜなら、先に述べたように滞納者の財産状況は徴
税機関側にとって秘密とはいえないものであり、銀行が徴税機関側からの
求めに応じてこれに回答したとしても、それはもともと知られることにつ
いて受忍義務を負う者に対する情報が開示されたに過ぎず、銀行の行為は

図Ⅱ－1　銀行照会のプロセスと個人情報の流れ

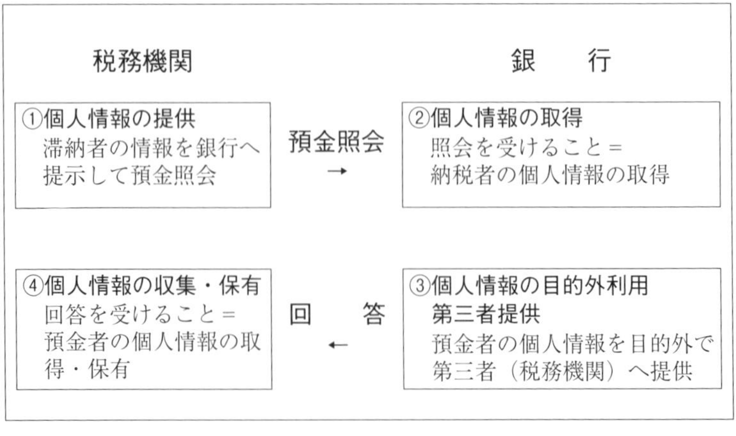

滞納者にとって新たな法益侵害を発生させたものと解することはできないからである。

税の公平の理念と国民の納税義務が憲法上の義務とされていることに鑑みると、通常は徴税機関側からの預金照会に対して回答することによる利益は顧客が預金内容を知られない利益、あるいは銀行の営業上の利益を上回るものと考えられる。

以上から徴税機関からの預金照会については、銀行秘密義務解除理由の③に該当するものと考えることができる。

なお、預貯金等の税務調査に対する協力については、金融機関、税務当局それぞれに対して通達が発せられ、金融機関側からの積極的な協力と税務機関における必要最小の範囲に限定するよう通知されている（昭和26年10月16日蔵銀第5364号各財務局長あて・直所１－116各国税局長あて等）。

3　銀行照会と個人情報保護法

個人情報保護法上、銀行は回答にあたって本人の承諾をとらなければならないか。

税務調査と個人情報保護法との関係については、総論で述べたとおり、銀行が本人の承諾なしに税務機関に回答したからといって、個人情報保護法違反となるものではない。個人情報保護法上「利用目的による制限」や「第三者提供の制限」についてそれぞれ例外があり、税務調査が適法なものである限り、銀行の回答は例外として許容されているものである（総論23頁以下参照）。そこでも述べたが、個人情報保護法は個人の権利利益のみを目的として最優先に保護されるという制度ではなく、個人情報の有用性と保護の両面の適正な衡量の上に立っているものである。現場実務からの情報では、個人情報保護法施行後、銀行からの協力が得にくくなっているという声を聞くが、個人情報保護法に抵触するものではないことを十分説明し、銀行の理解を求めることである。

【結　論】

以上は、預金照会の考え方と銀行側の対応にポイントを絞って論じたものである。

結論としては、Ａ市収納課の滞納者Ｂについて行った預金照会は適法なものであり、Ｃ銀行がＡ市収納課の照会に回答しようとしたことに対する批判は当たらないものであり、滞納者の承諾を求めることは不要と考

第Ⅱ部　事例解説

える。

　滞納整理の実務が滞納の困難案件において、滞納者と徴税側との知恵比べ、あるいは競争にも似た関係にある実情からいって、銀行から預金者に承諾を求めることはそもそも照会する目的を失わせるものであり、非現実的である。

　本問は、基本的には銀行側でどのような対応をとるかの問題であるが、プライバシーの尊重を強調するあまり、議論が極論に陥ることのないよう注意しておきたいと考えたものである。

　預金照会については、プライバシーや個人情報に関わるものであり、批判されやすいものであることを踏まえ、十分内容を吟味して行う必要がある。設例では、C銀行が手違いでDの預金口座等について回答しているが、このこととA市収納課がこれに基づいて誤った処分をしたことは、いずれも滞納整理の実施過程の上での問題であり、本稿での預金照会が適法かどうかの問題とは分けて考えられるものである。預金照会の際の照会項目、照会の段取りや臨場調査の有無、手続き等プライバシー・個人情報保護のためには他に留意すべき問題点はまだまだあることを指摘しておきたい。

12 税務調査と滞納者のプライバシー

【事　例】

　A市内でも有数の企業である株式会社Bの市税が滞納となった。同社を担当しているA市収納課のC職員は、上司から「速やかにB社の現況を把握し、今後の整理方針を立てるよう」指示を受け、さっそく臨場調査を実施することとした。

　翌日、C職員がB社を訪れると、誰も質問に答えてくれないばかりか、「今日は責任者が不在なので、またにしてくれ」と言われ、追い返されるように門のところまで押し出されてしまった。困ったC職員は、それでも辛抱強くB社の周辺を観察したところ、正門の脇にある郵便受けから郵便物がはみ出しているのを発見した。よく見ると、その中には先日C職員自身が発送したB社あての納税催告書の他に、税務署からの催告書や数社のノンバンクと思われる金融機関からの催告書がある。更にその下にも数通の郵便物があるようだったが、よく見えなかったので、C職員は、ついそれを取り出して見てしまった。それらは、B社の取引先と思われるD社とE社からのものであったが、封書であったため内容については不明である。

　C職員は、多少後ろめたい気持ちがあったものの、B社は市税を滞納しているのであるし、調査にも非協力的なのだから、このくらいは許されるものと思い、後日、それらの郵便物に記されたノンバンク数社、それとD社及びE社に対して、それぞれ必要な調査を行った。C職員の行為は、適法なものといえるだろうか。

【解　説】

　国税徴収法等による具体的な法律上の処分に必ずしもつながるものではないが、滞納者に関する資産等の調査を行うことを、徴収実務の世界では、「税務調査」と呼んでいる。

　滞納者本人に対する直接調査もあれば、取引先に対する反面調査もあ

165

第Ⅱ部　事例解説

る。比較的に広い概念であるが、ここではこの税務調査について考えてみよう。

　税務調査は既に実務の世界で日常的に行われているが、法律上の処分ではなく、いわば法律に根拠をもたない調査というものである。したがって、このような調査が法律上認められるものか、認められる場合どのような論拠が考えられるであろうか。そして、税務調査が認められるとしても、その行使はどのような点に注意が必要か。税務調査は法令で使われる用語ではなく実務上のものであるだけに、これまであまり論じられていないテーマである。だが、滞納整理のための調査手続きの公正とプライバシーのために考えることは多い。そこで、本論に入る前に滞納整理はどのようなものであるか、どのようにして行われるものかをちょっとみてみよう。

1　「滞納整理」とは

　税に限らずおよそ納期限を徒過した公の債権の実現を図る過程を、一般に「滞納整理」と呼んでいる。その定義は必ずしも明確ではなく、様々な考え方がある。ひとつは、公の債権の強制的な実現という目的に統合された、行政庁による作用の総称であるという。また、他には債権の実現について債務者の協力が得られないことを停止条件として、強制徴収の方法を留保しつつ、債務者の自主的な履行を促すことを基本とする行政の作用であるとするものもある。

　ここでは滞納整理は納税者の納付を目的とした行政庁の行為で、調査・折衝・処分を必要に応じて行うことにより、債権の確保及び債権の管理を行うこととしておこう。

　税に関する事務は、行政需要を賄うために資金調達を図るといった税の目的からみて、事務処理の効率性や公平性の要請が一段と強い。税務事務において早くからコンピューターによる管理・運用が実施されたのは、税のこういった目的に関係があるであろう。

　このような税に関する事務の中にあって、徴収事務は、課税事務よりも納税者の「ふところ」具合まで入り込んでいくという点で個別性が強く、定型的・反復的に事務処理することがふさわしくない分野といえる。

　滞納整理の目的は、納税者に納めてもらうことにあり、納期内に納めている納税者との均衡上からも、時間的にも手続的にも最短距離でその実現

を図ることが必要である。そのため個々の事案ごとに、それぞれの事案の状況・個性（実務ではこれを「事案の顔」ということもある。）に着目して、それらを適切な分類、例えば滞納税額別、業種別、現年度・滞納繰越分別というような分類により、優先順位をつけて、緊急性の高い事案から順次処理していくことになる。

　ところで、一般に民事でいわれていることは、債権回収で大事なのはそのタイミングと債権回収のための手段をどう採るかということである。時機を失することがあったり、手段の選択を誤ると、大きな損害を被ることがあり、ときには連鎖倒産の憂き目を見ることだってある。

　税の滞納整理についても同じようなことがいえる。会社倒産の場合を想定してみよう。企業は、通常、金融機関から融資を受けながら、商品の製造や販売あるいはサービスの提供などを通じて利潤を追求し、その中で得た利潤に応じた税及び保有する資産に応じた税を負担している。したがって、金融機関の融資がストップしたり、利潤を生み出すことができないなどの緊急事態に陥ると、多くの場合、資産の売却やいわゆる街金（まちきん）と呼ばれる高利貸しから資金の融通を受けるようになる。会社がこのような状態になると、資産の流出が始まるので、まずは予防的な措置として、滞納金額に見合うだけのその会社名義の資産を差し押えて、租税債権を保全する。この場合、その会社が破産法等に基づく法的な整理をするのであれば、租税債権は財団債権として他の一般債権よりもある程度優遇されている（破産法148条1項3号及び151条）が、仮にそのような場合でも、早期着手・早期処分という迅速な処理を念頭におく必要がある。租税債権については、国税・地方税いずれの場合も、「差押先着手による優先」（国税徴収法12条、地方税法14条の6）という原則があるからである。迅速な処理とはいっても滞納整理を進めていく中で、倒産など緊急の場合を除いて、いきなり臨場調査を実施するには無理がある。事務の効率が悪いばかりでなく、公簿等による予備調査もしないで滞納者の居宅や事務所・事業所に臨場しても、調査のポイントが絞りにくく、場合によっては滞納者に「この程度の追及か」と安易感を抱かせることになりかねないからだ。調査の成果を十全に上げるためには、臨場調査の前の周到な事前準備が必要ということである。

　このように行われる滞納整理であるが、そこで基礎的な作業となり、法律上の処分のための判断に大事な素材を提供することになるのが税務調査

第Ⅱ部　事例解説

であり、行政機関の行うこのような調査は一般に行政調査と呼ばれている。

2　行政調査とその根拠

行政調査は、被調査者の承諾による調査であり、それゆえ法律上の受忍義務を負うことのない任意調査であることから、講学上は、法的根拠を要求する説と、法的根拠は必ずしも必要ではないとする説とに分かれる。

実務家としては、「徴税吏員は、本来特別の規定をまつまでもなく、一般的な任意調査をすることができる。すなわち、徴収法（地方税法）の的確な実現を図るために要請される任意調査の権能は、いまも述べたとおり法律の規定をまつまでもなく、行政目的の遂行上当然に許容されているものと解され、したがって、徴税吏員は、納税者その他の関係者等の任意の承諾のもとに、法律の規定をまつまでもなく、必要な範囲内において質問、調査又は資料の収集等を行うことができるものと解される（しかし、それが法令による禁止又は制限を受けている場合はこの限りではない。）。」（前掲書『滞納処分と財産調査』7頁）という考え方が一般的であろう。

だが、なぜ法律の規定をまつまでもなく徴税吏員は一般的な任意調査ができるのか、もう少し説明のほしいところである。法的根拠は必ずしも必要ではないとする場合は、「任意調査は行政指導又は契約とみるほかなかろう。」という見解もある（村井正「行政調査」『ジュリスト』増刊「行政法の争点」所収、有斐閣、114～115頁）。実務上は、税務調査の性格は行政指導という立場に立って考えるものであろう。

かくして、現行法上は「一般的な調査であれ、個別的な調査であれ、任意調査のためには特に法律の根拠を要しないと考えられているようである。」（芝池義一『行政法総論講義』有斐閣、253頁）となる。

以上のとおり、税務機関は、任意に徴収目的を実現するために調査活動を行うことができるものであるが、それはいかなる場合にも自由というわけにはいかない。法律上の質問検査権が行使の要件や手続きについてルールがあるように、税務調査にも自ずとルールがあると考えるべきである。これは調査を受ける相手方にしてみれば、法律上の調査であるか、事実上の調査であるかよく判別しにくいという理由だけでなく、徴税機関が強力な権限をバックにしていることを考えると、たとえその権限を直接行使しない場合であっても、多くの場合、税法をよく知らない調査される者に対

して、無言の圧力を与えることもある。その結果として、人格やプライバシーに対する侵害となる場合が考えられるためである。

3　調査手続きの三つの留意点

　この点で、税務機関の調査手続について注意すべきこととして3点ほど指摘しておきたい。

　まず1点目は、調査の相手方の承諾は必要か。いかに調査に十分な理由がある場合にあっても、相手方の意思を抑圧して行われるような調査であってはならない。その意味で、まず調査の相手方について調査を受けることの承諾は最低必要なものであろう。それでは、滞納者本人以外の者に対する調査の場合には滞納者本人から承諾を得ることは必要かどうか。これについては不要とすることは「事例11　預金照会と銀行秘密」で明らかにしたところである。

　次に、2点目は調査目的（理由）を告げることは必要かどうか。

　これは、相手方が滞納者本人であるか、滞納者本人以外であるかによって少し異なる。滞納者本人に調査の目的・理由を告げることは、一般的には「調査が有効なための要件とはされていない」（村井前掲書参照）。しかし、滞納税額を納めてもらうことが目的で調査を行うのであるから、法的な要件ということにこだわらずにより常識的に行うことが妥当であろう。

　そして、滞納者本人以外の者の場合は、例えば、その者が官公署のように守秘義務を負うものに対しては問題は少ないと思われるが、取引先については具体的に理由を告げたために取引の停止等の影響も有りうることであり、むしろ具体的に理由を告げることが滞納者本人の社会的信用や名誉を傷つけるような場合ではないかなどについて、慎重な対応が必要と考えるべきであろう。

　3点目として、どこまでの範囲の調査が許されるのだろうか。

　滞納者本人であると、それ以外の者であるとを問わず、もとより個々の滞納整理の目的に限定した調査に限られる。その具体的な線引きは難しいが、事案に応じて必要と認められる最小限度の範囲において行うことができるという比例原則が適用されるであろう。

　なお、判例は、条件付きではあるが、調査の範囲等について「権限ある税務機関の合理的選択に委ねられている。」としている（最高裁昭和48年7月10日判決）。

169

第Ⅱ部　事例解説

　ところで、滞納者以外の者に対する調査は滞納者に対する調査の先後を問わず許されるというのが実務の扱いであるが、原則は本人に対する調査を先にすべきであろう。本人に対する調査によって十分目的を達し得るにも拘らず、これに代えて又は調査の必要性を超えて第三者に対する調査を許さないとするのが合理的であろう。その意味で徴税側にも十分な努力が求められるといってよいだろう。

　なお、予め滞納者本人に対する調査を行っても十分な成果を上げることができないと明らかに予測される場合は、例外として当該滞納者以外の者に対する調査を先行することが許されると考えるものである。

　以上、税務の行う調査やその範囲等について述べてきたが、滞納者のプライバシーと税務の執行機関が行う調査等の行為がどういう関係にあるかについてやや回り道をして解説してきたので、この辺で設問の結論を急ごう。

【結　論】

　滞納者の郵便物を見るという行為が、ここでいう「税務調査」にあたるであろうか。税務調査は任意の調査であり、しかも罰則によってその実効が担保されているわけでもないから、本文に述べたように相手方の承諾のもとに行われるべきものである。本事例中のＣ職員の行為のように、相手方の承諾抜きで行われた調査は、もはや税務調査とはいえず、任意調査としての限界をはるかに超え、プライバシーに対する侵害といわなければならない。

　最後に、納税者のプライバシーを侵害するような態様でなされた調査によって得られた資料に基づいて滞納処分が行われたとしても、そのことのみで直ちに違法・無効となるものとはされないが「税務調査の違法性ないしはプライバシー侵害の程度・態様に応じて個別的・具体的に判断していくほかない」（玉國文敏「税務調査とプライバシー」『ジュリスト』臨時増刊「情報公開・プライバシー」所収、有斐閣、183～184頁）という見解もあるので、今後のプライバシーに対する意識の変遷に応じて厳しい判断も予想されることを付言しておきたい。

13 税務訴訟における立証活動とプライバシー

13 税務訴訟における立証活動とプライバシー

【事　例】

1　A市は、Bとの間で市民税賦課決定処分の取消請求事件（以下「本件」という。）について訴訟係属中であるが、Bが同じくA市を相手方として控訴中の固定資産税賦課決定処分取消請求事件（以下「別件」という。）での主張を持ち出して弁論を行ったので、次の資料を本件に応訴のため提出することを考えている。
 (1)　別件の第1審判決書の写し……Bの固定資産の内訳、固定資産税額が引用されている
 (2)　別件の第1審でA市が提出した証拠書類……Bの固定資産に対する評価のための計算書類である家屋調査表の写し
2　本件市民税賦課決定処分の立証のため、
 (1)　Bの所得の内訳及び収入金額、特定の取引先Cとの取引額・取引目的を準備書面で明らかにすること
 (2)　BがD税務署に提出した所得税確定申告書の写しを証拠として提出することができるか
以上の場合、税法上の調査結果と守秘義務の上で問題はないか。

【解　説】

1　裁判における守秘義務

　およそ権利について紛争が生じた場合、最終的には訴訟によって解決が図られるのが法治国家のルールである。だが、訴訟は法律の専門知識がなければ分かりにくく、この紛争解決の方法は、わが国においてはあまり親しまれているとはいいにくい。知識ばかりではない。訴訟にはいわゆる訴訟テクニックと呼ばれるものが必要といわれている。裁判に勝つには真実がどのようなものかはもちろん大事なものであるが、それと同じくらいあ

171

第Ⅱ部　事例解説

るいは場合によってはそれ以上に、実際の裁判では裁判官の面前でどこま できちんと証拠をもって「真実」を再現して見せるかということが大事で ある。裁判においては、原告と被告の双方に「真実」があり、いずれの真 実が優先するかは訴訟手続きにしたがって裁判官が決めるものである。し たがって、裁判においてどこまで真実を再現するかは、当事者にとって大 問題である。

　ところで、税務機関においても訴訟の当事者となり、訴の相手方となる ことはしばしばある。この点で一般私人と異なることはない。一般私人と 異なるのは税務機関が税務調査によって知り得た事項について守秘義務を 負っていることである。この守秘義務は、税務調査によって得られた資料 が、元来門外不出のものであるという性格を前提にしているものであり、 これが「租税情報開示禁止原則」と呼ばれることは、本書においてしばし ば紹介しているところである。

　税務機関が訴訟当事者となる場合にもいろいろあり、例えば、契約に よって不動産の権利を取得した第三者が仮登記から本登記に変更しようと する場合に、同じ登記簿上に差押登記をしている税務機関に対してこの差 押登記を抹消するよう求める訴えのように、その実質が民事訴訟に他なら ないものもある。この事例で税務訴訟とは、税務機関が訴訟の当事者とな るものを呼ぶこととする。

　さて、本題に入るが、本事例において課題とするのは、税務訴訟におい て租税情報開示禁止原則のもとで、訴訟における事実の立証（真実の再現） のためにどこまで開示が許されるか、立証のための事実の範囲と限界につ いて考えてみようということである。

　そこで、この課題に関連するいくつかの問題を指摘してみよう。

2　訴訟資料の活用

　第一は、他の訴訟によって用いられた判決、準備書面、証拠書類の類の 訴訟記録は、自らの訴訟において用いることができるかということであ る。

　訴訟記録の主なものは訴状、答弁書、準備書面、証拠申出書、口頭弁論 調書、判決書、書証、証人尋問調書であり、訴訟記録は、裁判所書記官が 保管するものとされている（裁判所法60条2項）。このような訴訟記録は、 憲法の定める裁判公開の原則（憲法82条1項）から、原則として何人でも

これを閲覧できるものとされており、一般に公開されている。

この訴訟記録の公開は、訴訟記録が一の事件に関して裁判所及び当事者の共通の資料として利用されており、原告、被告の裁判上の攻撃、防禦にとって不可欠のものであること、裁判官や裁判に対する批判の資料を提供し、裁判の公正を保障し司法権の独立に対する国民の信頼を高めることにあるといわれている。閲覧については、一般人に対して閲覧請求権が認められているので、裁判所書記官は、判決書の作成、弁論の準備記録の作成・整理等の執務に支障になるような場合以外は、閲覧を拒むことが出来ない。謄写についても同様であるが、複写機その他の機械による場合は事件記録等の性状を考慮して、その保管又は裁判所の執務に支障のない限り、許可されることとなっている。裁判の公開が禁止された場合は、一般に閲覧は許されない（以上参考文献：樋口嘉男・伴義聖編『Q&A 地方公務員のための訴訟百科』ぎょうせい）。このほか具体的な閲覧・謄写の手続きについては最高裁から通達が出されている（昭和43年9月9日付最高裁総3第45号各裁判所長あて事務総長通達）。

以上のとおり、一般公開されている訴訟記録については、自らの訴訟においても用いることができるものである。

3　原告の税額等の立証用

第二は、原告である納税者自身の税額その他の納税者に関する税務調査によって知り得た秘密は立証に用いることができるかということである。

この点は、原告納税者から行政処分を行った税務機関を被告としてその行政処分の取消を求めるいわゆる抗告訴訟の場合は、比較的に考え方は容易である。抗告訴訟においては、行政処分の適否が争われ、訴訟物となるものであるから、処分の適法性については被告である行政庁に立証責任がある。このため、原告に対する税務調査の結果はもとより調査方法等、原告の立証活動に応じて、ほとんどの税務調査資料から処分の適法性、正当性について立証を尽くすのは、権利であるばかりでなく、訴訟上の義務である。したがって、このような場合は、税務機関が訴訟において当事者であるという地位から当然に、調査事項を開示することが許容される場合にあたり、税法上の守秘義務が解除されるものと考えることができる。

だが、抗告訴訟以外の場合は、必ずしも当然とはいいがたい。税務調査によって知り得た事実は、租税情報開示禁止原則によって外部提供を禁じ

第Ⅱ部　事例解説

られたものであり、外部提供の理由が第三者のために行うものであると、税務機関自らのために行うものであるとは問わない。単に自らが被告となり、訴訟上の防禦権の行使に必要があるということのみをもって、守秘義務解除のための合理的な理由とすることはできないであろう。税務機関が訴えの相手方としていかなる防禦権を行使しうるかは、それぞれ訴訟の種類や請求の趣旨、あるいは防禦の局面で検討される問題である。

　したがって、抗告訴訟以外の場合であっても、例えば誤った公売処分により蒙った損害の賠償を求める訴のように行政処分が争点とされ、原告である納税者自身の税額やその他税務調査によって知り得た納税者の秘密が裁判上主要な争点とされる場合においては、原告である納税者は、訴の提起によって真実を明らかにするという訴訟目的からプライバシーを放棄したものとみることができる場合もあるであろう。このような場合は明らかにされる事実が訴訟における立証に必要と考えられる範囲において立証に用いることは許されるものと考えることができる。

4　訴外関係人等の私的事項

　第三は、原告以外に、原告と取引等の何らかの関係を有する訴外の関係人等の第三者の情報であっても立証のために開示できるかということである。

　原告以外の者に関する私的事項は、原則として訴訟において開示することは許されないであろう。ただ、税務機関が所得等の認定のために納税者と取引関係にある第三者に対する反面調査を実施し、決定や更正にあたる処分を実施することは普通に見られることである。このような第三者の私的事項に亘る事実の立証が必要な場合、第三者の所在地、住所、名称、氏名をマスクして立証する方法もないではないが、それでは立証として不十分である。その結果敗訴のリスクをすべて被告である税務機関が負担するというのでは公平とはいえないだろう。ここでも、立証の対象となっている事項が訴訟において重要な争点となっており、真実を明らかにするために欠くことができないと考えられる場合においては、税務機関はこれらの事項を訴訟において開示することは許されると考えることができるであろう。このような場合は、税務機関が訴訟遂行上行う立証活動によって明らかにされる事実関係等とこれを通じて国家の司法作用に貢献するという利益が、守秘義務によって個人の私的事項が守られるという利益を上回るも

174

のと解することもできるからである。

【結　論】

　税務訴訟における守秘義務というのはあまり論じられることのないテーマである。むしろ訴訟実務の感覚からいくと、税務機関が訴訟上特有の地位を有することから、立証のために税務調査結果等の開示は当然許容されるとの前提で運用されているものが多いのではなかろうか。

　前述のとおり税務訴訟においては、原告の立証活動に応じて、ほとんどの税務調査資料を総動員してあらゆる角度から処分の適法性、正当性について立証を尽くさなければならないという現実がある。

　訴訟制度の仕組み等から見る限り、行政庁が守秘義務を理由に立証を躊躇することは、いわば戦わずして敗訴を受け入れるようなものであって、訴訟の実態にそぐわないものというほかない。

　そうはいっても、日頃守秘義務について厳密な運用を行い、世論の批判もあえて覚悟して税務調査結果の開示を拒否することがある税務機関の立場からすると、日常の行政実務から訴訟という次元へ切り替わった途端に、それまで門外不出であった資料が秘蔵の倉庫の中から門外に出ていく関係に対して何らかの整理が必要であろう。この事例での課題はこんなところから出発している。

　そこで、設問についてみると、事例の1は、(1)の判決書、(2)の証拠書類いずれも公の訴訟で明らかにされたものである以上、そもそも秘密性がなく税務上の守秘義務にふれるものではない。判決書と証拠書類ばかりでなく、準備書面において主張した事実等が含まれるが、裁判の公開が禁止された場合でないことが条件である。

　事例の2(1)については、原告である納税者以外の者に係る調査資料を公の裁判の場に提出することは、調査資料本来の収集目的を超えた利用行為となるのではないかという疑問がある。原告Bの所得の内訳と収入金額は市民税の課税処分の前提となる課税要件にあたる事実を構成するものであり、まさにB自身が訴求しようとするものであって本来訴訟における立証の中心となるものであろう。これに対して本事例のみから断定できないが、Cは単にBとの取引先というに過ぎない場合もある。C自身の税額も所得も直接訴えの対象とされているものではなく、Bとの取引によるBの所得や収入金額の立証のために係わっているものである。したがって、本件訴訟においてBの所得の存否・数量が争点とされ、CとBとの

第Ⅱ部　事例解説

取引関係から考えてBとCとの「取引額・取引目的」が訴訟のための立証に欠くことができないと考えられる場合には、その立証に必要な範囲での証拠提出等は許容されているものと考えることができるであろう。このような条件下で初めてCに対する権利侵害は成立しないということができる。

　2(2)については、市町村は地方税法325条により、所得税確定申告書に記載された事項を知る立場にあり、これを基に市町村民税を課税しているが、所得税確定申告書は他官庁で管理する資料であり、これを公の訴訟の場に提出することに問題はないかという疑問がある。所得税確定申告書は税務署長の管理する書類であり、提出前にマナーとして協力依頼すべきものであるが、所得税確定申告書（正確にいうと所得税確定申告書の写しであるが）も市民税の課税資料の一部であり、市長の管理する公簿でもある。したがって、訴訟の場に提出すべきか否かは裁判の公開ということを前提に考えると、当該市において主体的に判断すべきことであろう。

　このように訴訟から考えることは多い。改正民事訴訟法の審議の際に論議された事項のひとつに、公務員の職務上の秘密に関する文書の提出を求める場合の「省庁の承認」を必要とするか否かということがあった。

　この問題については、民事訴訟法223条1項に基づき裁判所から文書の提出を命じられた場合は、「公務員の職務上の秘密に関する文書でその提出により公共の利益を害し、又は公務の遂行に著しい支障を生ずるおそれがある」（同法220条4号ロ）場合を除き、文書の提出を拒むことができないとされ、同号ロに掲げる場合である旨の申立てがあったときは、裁判所はその申立てについて相当の理由があると認められない場合は、その提出を命ずることができるとされ（同法223条4項）、公務文書の提出義務の有無の最終判断は監督官庁ではなく裁判所が行うこととする改正が行われたところである。この「公務の執行に著しい支障を生ずるおそれがある」として文書の提出を拒んだ国税不服審判所長に対して、当該文書の記載内容に照らして具体的に著しい支障が生じる可能性が認められることが必要であり、今後の同種案件への事実上の影響が懸念されるという程度のものは該当しないとした判決がある（東京高裁平成16年5月6日）。

　いずれにしても税務訴訟というと、これまでも中心となってきたのは国税の訴訟であり、豊富な事例と多様な内容が蓄積されている。地方税は、これまでは事例も少なく、課税要件そのものが争われることも国税に比べ

ると多くはなかったと思われる。近年において、地方税においても課税要件そのものが主要な争点となるような本格的な税務訴訟が現れつつある。

　租税法律主義のもとで課税を行っている税務機関にはあっては、判決においてはもちろんのこと、訴訟手続きの中においても、納税者から批判を受け、これに十分応答することができないようなことがあってはならないことと考えるが、それだけに税務訴訟での立証活動については制度の見直しも併せて行われてほしいと考えているところである。

第Ⅱ部　事例解説

14　滞納整理と調査の相手方

【事　例】

　A市収納課のB職員は、かねてより懸案となっていた滞納者C（工務店の経営者、経理は妻Eが行っている。）について、既に臨場調査による本人への質問と、それなりの財産調査を行っていたが、これといった成果を得られずにいた。B職員は、上司であるD係長に今後の整理方針について指示を仰いだところ、D係長から「本人がダメなら、その家族や取引先といった周辺の関係者に当たってみるように」との指示があった。

　この場合、①滞納者本人ではなく、その家族や取引先に対して行う調査はどのような根拠が考えられるか。②滞納者の取引先として電気・ガス・水道等のいわゆる公共的な供給契約の相手方に対して調査を行うことができるか。またどんな問題があるか。

【解　説】

　滞納整理のための調査には、相手方の承諾（明示であると黙示であるとを問わない）のもとに行われる一般的な行政調査と徴税吏員がその合理的な判断のもとに必要と認めるときに行い、そして非協力に対しては、場合によっては罰則も適用される質問検査権による調査とがある（前者については、前掲「12　税務調査と滞納者のプライバシー」165頁参照）。

　まず、本論に入る前に、滞納整理で行う調査の留意点について整理しておこう。

　税金や税金以外の国民健康保険料等の公課その他のいわゆる公共料金は、納期を過ぎてもなお納付されていない場合に、広い意味で滞納といわれる。このような滞納のうちには単にうっかり納期を忘れたために滞納となっているが、納期が過ぎている旨の通知や法定の督促をすることなどによって、「調査権」を行使するまでもなく納付されるものもあるが、そうではなく、債権の確保のために法律による強制徴収処分を行うものがあ

178

14　滞納整理と調査の相手方

る。このような滞納案件は、通常、庁内調査（役所の内部資料によって可能な調査）と庁外調査（他の官公署や滞納者本人等に対する調査）があり、その際の調査の留意点を三つほど挙げてみよう。

1　調査のための留意点

第一に滞納原因を見極めることである。

滞納は結果であって、そこに至るまでには、例えばサラ金等により借金を重ねてその返済がままならなくなった場合とか、あるいは取引先が倒産したことによりその影響で連鎖倒産してしまった場合など、個々の案件には滞納となった固有の原因がある。庁内調査にしろ、また庁外調査にしても、例えば、登記所の調査の次は税務署の調査というように型通りに機械的にこなしていくだけでは、効果的に成果を上げることはできず、処理が遅れてしまう。そのため、まず滞納原因をきちんと把握することが大事である。

第二に滞納整理に必要な範囲内で行うことである。

国税徴収法（以下「徴収法」という。）は、徴収職員は、滞納処分のため滞納者の財産を調査する必要があるときは、その必要と認められる範囲内において質問・検査をすることができる（徴収法141条）といい、調査権に一定の限定を加えている。どのような場合が「その必要と認められる範囲内において」といえるかどうかであるが、判例は、徴収法に関してのものではないが、「質問検査の必要があり、かつ、これと相手方の私的利益との衡量において社会通念上相当な限度にとどまるかぎり」許容されるものとされ、質問検査の必要性という公益とプライバシー等の私益とを比較し判断するという基準を掲げているものと考えられる。この基準に当たるかどうかの判断は、第一次的には「権限ある税務職員の合理的な選択に委ねられている」ものとしている（最高裁第三小法廷昭和48年7月10日決定）。

第3に滞納者をはじめ調査の相手方のプライバシーに対して十分配慮することである。

プライバシーの概念には様々な側面が指摘されているが、税務調査との関連でいえば、「自己の私的領域に属することは、自ら決定することができ、他者とくに公権力によって干渉されない自由をもつこと」（伊藤正己『憲法』弘文堂234頁）と覚えておこう。滞納の原因である事実を調査によって明らかにすることは必要なことであるが、例えば、滞納者が複数のサラ

179

第Ⅱ部　事例解説

金から借金をしているといった事実調査からさらに深入りして、なぜ銀行ではなくサラ金から借りたのか、別の方法があったのではないか、などといったことは税金の徴収のうえではあまり考えることではなく、滞納整理に必要な範囲内にある調査とはいえないであろう。

2　差押えの対象財産の選定

滞納者に対して徴収猶予等を含めて自主納付を促す働き掛けをしても納税が果たせず、調査により一応滞納の原因は把握できているという段階まで来ると、次は差押えに向けた滞納者名義の財産調査に着手する段階である。

この場合、それまでの調査によって一定程度の滞納者名義の財産は把握していると思われるが、差押えの対象財産については、滞納者の再起に配慮し、効率的な手続をすすめるため、おおむね次の諸点に留意して対象財産の選択をする必要がある（徴収法基本通達47条関係17）。

(1)　第三者の権利を害することが少ない財産であること。

(2)　滞納者の生活の維持又は事業の継続に与える支障が少ない財産であること。

(3)　換価に便利な財産であること。

(4)　保管又は引揚げに便利であること。

こうした点から考えると、徴収実務上は、差押え対象財産として預貯金や有価証券などの債権を選択することが多いものと思われる。これらの債権を発見するための調査手法には様々な態様がある。ここでは調査手法の一として電気・ガス・水道等のいわゆる公共的な供給契約の相手方に対する調査について検討してみることとしよう。

3　公共的な供給契約の相手方に対する調査

これらの供給契約は、法律上「継続的供給契約」と呼ばれているが、このような契約関係にある当事者間には、比較的長期にわたって取引関係が継続するため、売買など通常の契約関係よりも、より信頼関係が重視されるという特色があるといわれる。

一般にこれら供給契約の相手方である電力会社やガス会社等は、料金徴収の利便等から「口座振替え払い」による料金の納入を推奨・推進していることが多い。徴税側としては、これらの電力会社やガス会社等に照会を

180

行うものであるが、実はこの照会は預金口座の照会であって、照会の目的は、専ら滞納者の取引金融機関を把握することにある。この照会の根拠は、徴収法141条であり、同条3号は「滞納者に対し債権若しくは債務があ」る者に対する調査を規定し、許容しているからである。

だが、同条が滞納者に対し債権又は債務の関係にある者を調査の対象としたのは、それらの者に対する滞納者の債権の発見により直ちに差押えに直結する場合や、滞納者が提供している担保物の発見、さらには名義を変えて流出している滞納者の財産を発見するために必要であると考えたためである。

預金口座の照会は、差押え可能な財産の占有者に対する調査というのではなく、単に料金徴収の利便等のために「口座振替え払い」契約の当事者となっているに過ぎない者に対して行う調査であるから、このような調査は、契約当事者間の信頼関係に便乗し、当事者の予期を越えた情報の取得ではないかという疑問がある。つまり、このような調査は滞納処分のために必要な範囲を超え、かつ滞納者のプライバシーを侵害するのではないかという疑問である。

(1) 調査手続きは適法か

まず、手続きは適法なものといえるかどうかである。

徴収法141条は調査の対象者を差押え可能な財産の占有者に限っておらず、第3号は調査の対象者を滞納者と債権又は債務の関係にある者と定めており、供給契約の相手方である電力会社やガス会社等は滞納者に対して債権又は債務がある者として3号に該当するものと考えることができる。したがって、調査の対象者の選定は適法なものといえる。次に調査事項であるが、もう少し調査の動機や目的に即して見ると、滞納者名義の口座情報の照会は、照会の目的が専ら滞納者の取引金融機関を把握することであり、滞納者の債権発見等のための質問検査権に基づく調査はふさわしくないのではないかという疑問が生じてくる。

加えて、そうした照会によらなければ滞納処分のために必要な財産調査ができないのかどうか、そうではなく、ほかに方法があるときはこのような方法をまず検討すべきではないかという疑問もある。だが、徴収法の文言からは問題はなく、また、当該口座情報の照会をきっかけとして「滞納処分のために必要な財産」の発見につながることもしばしばある以上、このような調査方法がとられたことから直ちに不適法とまではいえないであ

第Ⅱ部　事例解説

ろう。

(2)　滞納処分のための調査はどの範囲まで許容されるか

　滞納処分のために必要な調査の範囲については、先ほども指摘したとおり、判例上、質問検査の必要があり、かつ、これと相手方の私的利益との比較において社会通念上相当な限度にとどまるかぎり、権限ある税務職員の合理的な選択に委ねられているとされている。

　要するに、質問検査として適法な手続きに従った調査も、プライバシー等の私的利益の保護のために限界があり、これを分解すると、質問検査のための調査としては①質問検査の必要性があること、②プライバシー等の私的利益があること、③質問検査の必要性は、私的利益が犠牲にされることが許容されるほどに高いものであること──が求められているといえよう。

　そこで、滞納整理のための調査においては、滞納の事実がある以上、質問検査の必要性は肯定できる。

　次に、ここでの預金口座の照会における私的利益とはどのようなものか。口座振替契約の当事者が料金を口座振替払いにしているのは、専ら契約当事者の料金徴収上の利便に過ぎず、預金口座が電気・ガス・水道等の供給契約者を通じて徴税側へ知らされることは全く予期されていないといっていいだろう。したがって、通常、口座振替された契約の利用者は、口座振替の契約及びこのための預金口座の内容を契約当事者以外の者に知られないとする信頼があり、この信頼は私的事項に属するものとして保護に値する利益がある。この私的利益は口座振替契約の内容の一部を構成する取引金融機関に関する情報を知られないという利益であり、私人の経済生活に関する情報である。このような情報はプライバシーといっていいものである。

　③の質問検査の必要性が私的利益を超えるかどうかの判断は、個々具体の場合に行うものである。

　学説では、「公権力が、個人の道徳的自律の存在に直接かかわらない外的事項に関する個別的情報（仮にこれを「プライバシー外延情報」と呼ぶ。）を、正当な政府目的のために、正当な方法を通じて、取得・保有・利用しても、直ちにはプライバシーの権利の侵害とはいえない」（佐藤幸治『憲法』（新版）青林書院、410頁）とされる。

　税金の目的は、行政需要を賄うための資金調達にあり、ここでの「正当

182

な政府目的」に該当すると見ることができる。問題は、正当な方法（「必要とされる範囲内であること」も含めて）といえるかどうかということである。なお、このことに関しては、課税関係の論文ではあるが、次のような見解もある。

「質問検査権が任意調査でありながら、罰則による間接強制が背後に控えていることに注目するならば、ここでいう『必要』とは、さまざまな調査方法（純粋の任意調査も含めて）の中でも、罰則の裏付けのある質問検査の方法でなければ、調査目的が完遂しないという程度に高い度合いの、かつ、限定された『必要』性が要求されているといわねばならない。」（鶴見祐策「課税処分のための質問検査権」北野弘久編『日本税法体系』第3巻所収、学陽書房）。

いずれにしても、電気・ガス・水道等のいわゆる公共的な供給契約の相手方に対する滞納者の口座情報の照会については、通常の場合は相手方の承諾を前提とした行政調査として行うことになると考えるが、徴収法第141条に基づく照会としては、単に調査の必要性から無条件に許容されていると考えることはできない。他に滞納者の財産を発見する手段がない場合であるとか、倒産事案のような緊急性のある場合などに限って行うべきものと考えるべきであろう。

【結　論】

一般的な行政調査の場合は、直接的であろうと間接的にであろうと、調査の相手方について特に法的な制約があるわけではない。このような調査にあっても、調査が合理的な理由と必要に基づいて行われていることや私人のプライバシーに対する十分な配慮が行われていることといった徴収実務上一般的な要件は必要であろう。

事例における滞納者Cは、工務店の経営者である。家族が滞納者Cとの間に具体的な債権債務関係にあること等徴収法141条に定める者に該当する場合は、同条に基づいて調査を行うことができるが、そうでない場合は、単に家族というのみでは、第二次納税義務にあたる場合は別として、この者に対しては一般的な行政調査に止めるべきものと考えられる。

本件事例の場合、妻Eは経理を担当しているので、滞納者Cに対して雇用関係に基づく債権又は債務がある者ということができる。取引先に関しても同様である。そして、これらの者に対する調査をこれらの者の承諾を前提とした行政調査によって行うか、徴収法141条に基づいて行う調査

第Ⅱ部　事例解説

かは、本件事例が調査の相手方であるこれらの者の任意の協力が得られる
場合であるか等によって異なるものであり、これについては、Ａ市収納
課の徴収職員の判断と選択にゆだねられていると考えるものである。

　電気・ガス・水道等の公共的な供給契約の相手方に対する調査は、実の
ところ、契約者である滞納者の預金口座の調査を目的にしているものであ
るが、収入確保の目的で安易に照会が許容されると考えることは適当では
ないであろう。他に滞納者の財産を発見する手段がない場合であるとか、
倒産事案のような緊急性のある場合のように、やむを得ない場合に限り、
許容されると考えるべきであろう。そして、照会に当たっては、相手方で
ある電気・ガス・水道等の公共的な供給契約を行う者に対して、その必要
性について十分な理解を得ることが大事であり、そのような努力が不可欠
であることを最後につけ加えておきたい。

184

15 捜査機関からの照会と私人の秘密

15 捜査機関からの照会と私人の秘密

【事 例】

1 Ａ市税務課にＢ地方検察庁検事から納税者の本籍、住所、氏名・生年月日を示して、次のような照会状による照会があった。

「裁判執行上必要があるので、次の事項を調査の上、回答されたく照会する。なお、この照会は、徴収金の強制執行申立依頼のため必要とするもの（民事執行規則23条）であるので申し添える。

(1) 前年度の所得 種類、税額、納付状況、勤務先

(2) 固定資産の有無

固定資産がある場合の記載事項

土地 ①所在、②地番、③地目、④地積、⑤価格

家屋 ①所在、②家屋番号、③種目、④床面積、⑤価格」

とある。この照会に応じることはできるか。

2 同じくＣ警察署警視から次のような捜査関係事項照会書による照会があった。

「捜査のため必要があるので、次の事項につき至急回答されたく、刑事訴訟法197条２項によって照会する。

Ａ市○○○の土地の平成21年度評価証明書を、平成21年６月○日付け証明番号第○○号をもって作成し、申請人に交付しているが、当該申請書の写しを送付されたい。」

とある。この照会に応じることはできるか。

【解 説】

マスコミで大きく取り上げられるような刑事事件は、国民の関心も高く、そこには社会的正義のようなものがちらついており、その正義のためにはいかなる情報も、何人でも許されるというような世の中の風潮があることは残念なことである。そんなことを頭におきながら、事例を見てみよう。

185

第Ⅱ部　事例解説

1　裁判の執行とは

　裁判の執行とは、裁判の確定した後にその実現を図ることである。法は、裁判の執行は、検察官がこれを指揮するものと定めている（刑事訴訟法第472条）。実はこの裁判の執行というのは、税務の窓口にとって比較的なじみのある用語である。というのは、税務の窓口にはこの照会がよくあるためである。裁判の執行には、自由刑、財産刑などいろいろあるが、税務の窓口でなじみのある裁判の執行は、このうち財産刑や過料など特定のものである。裁判の執行がどのようなものかちょっと法律書を開けてみると、刑事訴訟法490条1項は、「罰金、科料、没収、追徴、過料、没取、訴訟費用、費用賠償又は仮納付の裁判は、検察官の命令によってこれを執行する。この命令は執行力のある債務名義と同一の効力を有する」と定めている。民事訴訟法では、過料について同様の定めを置いている（民事訴訟法第189条）。

　債務名義とは、「強制執行により実現されるべき執行債権（給付債権）の存在とその内容を明らかにし、それを基本として強制執行をすることを法律が容認した文書」（浦野雄幸著『条解民事執行法』（社）商事法務研究会、102頁）といわれる。要するに公にお墨付きの債権であって、これに基づいて強制執行することが可能な文書と理解しておこう。「執行力のある債務名義と同一の効力を有する」は、国が裁判の確定によってこのような債権を取得し、これによって罰金、科料、……（俗に「罰科金」（ばっかきん）と呼ばれたりする）の徴収を行うことが可能な状態になっていることを表す。それでは検察官はどのようにしてこの債権の実現を図るか。

　先に掲げた刑事訴訟法490条2項は、「前項の裁判の執行は、民事執行法（昭和54年法律第4号）その他強制執行の手続きに関する法令の規定に従ってする。」と定める。このように検察官は、罰科金の執行は、民事執行法等の法令の規定に従って行うこととされている。つまり罰科金は任意に支払われればよいが、そうでないと強制執行によって財産が換価されることがある。このため検察官においても、各機関に照会状を出したり、換価できる財産をみつけるため、いろいろな財産調査が必要となる。検察官が調査にあたって公務所又は公私の団体に照会するための根拠条文として刑事訴訟法507条がある。しかし、同条は、任意調査の規定であることに注意が必要である。任意調査の規定である以上、刑事法上の守秘義務を負わさ

れている税務職員の場合、これに応じることは守秘義務違反となる。一般論としては、任意規定に基づく調査では、納税者のプライバシー保護を担保するための規定である守秘義務を解除するために十分な条件を備えているとはいえないのである。

2 裁判の執行と財産調査

財産調査の結果財産が特定されると、次に強制執行等が行われ、特定財産が金銭に換価されて滞納となっている債権に充当されることになる。この特定財産に対して、裁判所を通じて強制的に換価等を求めることを民事執行と呼んでいる（正確な定義は民事執行法１条に定める、仮差押え及び仮処分の執行、担保権の実行としての競売その他の法に定める換価のための競売を総称するものとされている）。

また、民事執行法は、民事執行に当たり官公署に対する援助を要請できるとしている。

民事執行法第18条（官庁に対する援助請求等）

1　民事執行のため必要がある場合には、執行裁判所は、官庁又は公署に対し、援助を求めることができる。
2　前項に規定する場合には、執行裁判所又は執行官は、民事執行の目的である財産に対して課される租税その他の公課について、所管の官庁又は公署に対し、必要な証明書の請求をすることができる。
3　前項の規定は、民事執行の申立てをしようとする者がその申立てのため同項の証明書を必要とする場合について準用する。

この規定については、ちょっと税務の関係で経緯がある。立法関係者の解説を見てみよう。「公租公課証明であるが、旧法（民事訴訟法旧643条２項）においては、債権者が公課主管官庁に対し、強制執行に必要な公課証明書の交付の請求ができることを規定していたが、この規定が限定的規定のため、税金の守秘義務等の関係から、旧法時代には執行実務上困難な問題を生じていたことにかんがみ本条２項においては、官庁に対する援助請求として、執行裁判所、執行官は、民事執行の目的財産（不動産等）の租税、公課についての証明書の交付を請求する事ができることを明らかにしたのである。」（浦野・前掲書89頁　関心のある方は、旧法を本書第Ⅲ部「7　関係法令」に掲げておいたので参照していただきたい。）

第Ⅱ部　事例解説

このことは、最高裁判所規則において申立手続きの関係書類として明らかにされている。

民事執行規則第23条（申立書の添付書類）

> 不動産に対する強制競売の申立書には、執行力のある債務名義の正本のほか、次に掲げる書類を添付しなければならない。
> 一～四　略
> 五　不動産に対して課される租税その他の公課の額を証する文書

以上から、民事執行の申立には、民事執行の目的である財産に対して課される租税公課について担当する官公署から証明書（通常「公課証明書」と呼ばれている。）を取り寄せることができることとされている。このことは、特定財産に対して民事執行の申立をしようとする者に対しては、その特定財産に関する租税公課は秘密でないことを意味するものである。

だが、反面からみると執行対象財産が特定されない段階では、一般的な資産調査に対しては税法上の守秘義務は解除されていないことを意味することでもある。したがって、土地、家屋、償却資産についてその資産が具体的に特定されている限り、課税額の証明は差し支えないものとなる。

もっとも、複数の固定資産を有する者に対しては、特定資産に対する公課証明はそのままでは証明できないので、課税額の中で当該特定資産が占める税額相当部分を証明することになろう。

さて、検察官の命令によって執行される罰科金の執行は、刑事訴訟法490条2項では民事執行法などの法令の規定にしたがって行うとされているから、検察官による民事執行の申立についても当然に民事執行法18条等の適用はある。

その結果、検察官から民事執行の申立のためその対象となる資産を特定して行う公課証明書の交付請求は、法律によって適法なものとして開示が許容されるものであるが、民事執行のために行う資産の有無に関する調査は地方税法22条による租税情報開示禁止原則がこのような目的による情報開示を認めていないことから許容されていないものである。

民事執行のための照会は、検察庁からのものではあるが、犯罪捜査のためではない。

3 捜査に関する照会

　以上に対して、捜査機関が行う官公署等に対する照会については刑事訴訟法は調査権限を定める。

刑事訴訟法第197条（捜査に必要な取調べ）

> 2　捜査については、公務所又は公私の団体に照会して必要な事項の報告を求めることができる。

　同じような規定は裁判所についてもある（刑事訴訟法279条）。

　いずれも共通するのは強制力のない任意調査であるということである。強制力がないからといって軽視していいということではない。だが、税務機関に対する照会に対しては、税法上の守秘義務という制約がある。地方税法22条は、一般公務員法による守秘義務（地方公務員法34条）に比べ、その違反に対してより厳しいペナルティを課している（地方公務員法34条違反については同法60条に規定がある）。この場合、照会に対する回答拒否に対してペナルティが課せられる場合（例えば刑事訴訟法144条による証言義務違反に対するペナルティは刑事訴訟法160条、161条）は守秘義務と回答義務という、二つの義務が衝突することになる。これは前者を一般法、後者を特別法とみれば、問題は解決されてくる。一般法である税法上の守秘義務は回答義務を定める特別法によって、その義務を解除される。このように税法上の守秘義務であっても私人の秘密事項は何があっても一切持ち出さないというものではないが、刑訴法197条2項はペナルティとはいえないから、一般的に義務の衝突を理由に回答を許容するのは難しい。だが、一切例外なしとはいいきれないところがある。例外に当たる場合の基準を見ると、次のようなものが考えられる。

① 照会事項が事件を解明する上で重要な事項と認められるものであること（高度の公益性）

② 直ちに証拠を保全しなければ証拠隠滅など、公訴が難しくなる恐れが強いこと（緊急性）

③ 税務機関に照会する以外にその事実を確認する他に有効な手段がないこと（非代替性）

　これらの基準を当てはめていくと、捜査が初期の内偵段階で、これから容疑者の絞り込みなどを行おうとするような場合等には、一般的にいって

第Ⅱ部　事例解説

開示を許容するのは適当ではないと考えるべきであろう。

4　証明申請書と守秘義務

　納税者から、窓口に提出された証明申請書は、以上の税務調査による私人の秘密とは異なる。誰が、どのような理由で、どのような種類の証明書を、いつ申請し、申請名義人と実際に申請を行った者とが同一人であるかどうかといった事実は、「職務上知り得た秘密」（地方公務員法34条1項）にあたるものである。

　結論から言うと、このような事項に対する捜査機関からの照会に対しては、これに応じることは、法によって許容されるものと考えることができる場合がある。

　その理由は次のとおりである。

①　公務員法上の守秘義務について、判例は国家公務員法第100条第1項についてであるが「同条項にいう「秘密」であるためには、国家機関が単にある事項につき形式的に秘扱の指定をしただけでは足りず、右「秘密」とは、非公知の事項であって、実質的にもそれを秘密として保護するに値すると認められるものをいうと解すべきである。」（最高裁決定昭和52年12月19日刑集31巻7号1053頁）としている。税務における証明申請書が実質的に保護に値するものではないと考えることは適当ではない。だが、証明申請書に申請人の住所・氏名の自署、押印及び申請理由（目的）を記載させることとしているのは、窓口に対する無目的な交付申請等を認めないことによって窓口での混乱を排除するといった窓口事務の秩序を確保することにあると考えられるものである。したがって、申請人が誰であり、どのような申請目的を有するかといった事実は、一般的に公開すべきものではないとしても、この証明申請書によって交付を受けた証明書が犯罪の手段として利用され、これに対する警察等による捜査や裁判の立証上欠くことのできない物証となる等の特段の事情のある場合は、開示が許容されるものと考えることができる。

②　不動産の登記を行う場合は、固定資産税の評価証明書が手続関係書類として必要とされているが、この評価証明書は、ときとして、権限のない者による不動産の登記名義の変更等に使用されることがあり、評価証明書の入手経路等はこのような違法な登記名義の変更等の立証に必要となることが考えられる。権限のない者による不動産の登記名義の変更等

190

は犯罪に該当し、公正証書等原本不実記載罪（刑法157条）、私文書偽造罪、同行使罪（刑法159条、161条）が適用されていることが多い。

③　納税義務者本人が自らの評価証明書を入手するのであれば、なんら問題はないが、本人以外の第三者が正当な権限なく、本人又は代理人になりすまし評価証明書を入手しようとする行為は不正な行為であり、これは見方を変えれば窓口行政に対する違法行為でもある。市町村の証明窓口においてこのような違法行為が行われたと疑われる理由がある場合に、これに対して警察に連絡する等適当な措置を講じることは市町村の公的機関としての義務であるということができる。

したがって、照会者である警察当局から十分な嫌疑となる罪名を明かし、十分な説明を受け、これによって証明窓口において違法行為が行われたと疑われる場合に、警察からの証明申請書の写しの交付要求に対して、これに応じることは適法なものと考えることができる。

【結　論】

この事例を取り上げた主な動機は、裁判の執行のための照会と捜査のための照会とが、市町村によっては未だ十分には理解されていないふしがあることである。

警察・検察というと、調査の根拠をあまり調べないで回答することがあるかと思うと、反対に守秘義務に対する過剰な意識のためか、一切お断りすることがあったりすることで、問題が十分に整理されていないのではないかと考えられるので、この機会に整理してみよう。

事例の1は、解説で既に明らかにしたように、回答はできないものである。しかし、これでも疑問が残る。自由刑の執行がまず免れないものであるのに対し、財産刑の執行はこれに比してあまり芳しくないともいわれている。このことは、逃げ得など国民の遵法意識への影響を考えると誠に残念なことである。罰科金の徴収の中では、交通事犯が多いともいわれているが、罰科金の執行を受ける者から課税台帳に対する資産調査の同意書をとる例もあるようである。本人の同意書付の資産調査書であれば税法上の守秘義務を問題にする必要はない。法の擁護者としての検察の努力の現れとして高く評価したい。

事例の2は、税法上の守秘義務とは考え方がちょっと違う。税金に関する証明書が権利義務に関する公的な証明として広く利用されている実状からいって、これを不正に入手しようとする事件は今後とも起こりうること

第Ⅱ部　事例解説

である。

　窓口での身分確認は重要なことではあるが、納税者の権利を守るといった観点からも、このような事件に対しては一般公務員法の守秘義務を超えた公益の実現が求められていると考えることができるので、この面から判断すべきことである。また、いったん発生した税務証明書の虚偽申請、不正入手に対してきちんとした対応をとることも納税者の信頼確保ということから必要とされていると考える。

16　郵便による税務証明の請求と　電話による照会

【事　例】

1　A市税務課に、郵便（封書）によってA市B町を住所地とする納税者Cの市民税の所得証明の交付申請があった。

　封書の差出人はCであり、その中には切手が貼られた返信用封筒、融資のために所得証明書が必要である旨のメモと証明手数料が郵便小為替で入っていたが、返信用封筒の送達先住所はA市B町ではなくA市D町のEの住所地であり、「E方C」というものであった。

　このまま、差出人Cからの請求としてこれに応じることとしてよいものだろうか。

2　納税者Fから、F所有の家屋の家屋番号と評価額について電話による問合わせがあったが、電話に出た税務課の職員は家屋番号については即答したが、評価額については電話では本人確認ができないことを理由に回答を断った。この取扱いはどうか。

【解　説】

　地方団体の税務所管課に対しては日々さまざまな税務に関する照会や証明書の請求がされてくる。これらの証明請求等の取扱いのうち、「証明窓口での本人確認の方法」については、事例6（121頁）において検討したところである。

　郵送によって税務証明を請求することは、役所の窓口で行う税務証明の請求に比べれば少ないと思われるが、今回はその取扱いに当たり注意すべき点及び電話照会の取扱いについて検討してみようとするものである。

1　郵送による証明請求における本人確認

　郵送によって税務証明等の請求がされる場合については、納税者本人からの請求よりも官公署からの照会・証明請求の方が多いと思われる。

193

第Ⅱ部　事例解説

　この官公署からの照会・証明請求については、その性格上、照会または証明請求の目的及び申請者である官公署の部署や所在が明確であること、また、当該官公署からの照会または証明請求に関する根拠法令や申請者等についての確認さえ十分に行えば、申請者（守秘義務の対象とされる事項については、法令により証明請求することを適法と認められる官公署に限られる。）の確認は、納税者本人からの証明請求における本人確認の場合より比較的容易にできるといえよう。

　これに対して、納税者本人からの郵送による税務証明等の申請は、単に請求理由を記したメモ等だけで申請がされ、本人からの申請であることを証するものも特にないことから、納税者が来庁した場合に行っている窓口での本人確認ができないまま、ほとんどこれに応じているのが実態ではなかろうか。

　したがって、本件のように証明書の送達先の住所が本人の住所地でなく、「方書き」の住所地である場合など、その証明請求が真に本人からのものであるのか疑義が生じるものについては、これに応じることが適当であるか迷うといった場合も考えられるところである。

　ここで、郵送による証明請求における本人確認を検討する前に、役所の窓口での本人確認の手段について再度整理してみよう。

　役所の窓口での本人確認の手段にはいくつかの方法がある。

　一つは、運転免許証など公的機関が発行した身分を証するものや本人または家族しか所持していないと思われる健康保険証、納税通知書、その領収証等の書類の提示により確認する方法である。もう一つは、このような書類を所持していない場合において、窓口職員の手元にある課税台帳や税務事務用のコンピューターの端末機によりその内容を確認しながら、本人の生年月日、世帯構成、所得・資産の種類等通常本人しか知らない事項について質問することにより確認する方法である。

　それでは、郵送による証明請求について、役所の窓口における本人確認の方法はどのようなものがあり得るのであろうか。

　本件のような郵送による証明請求を行う場合については、通常納税者が本人確認の資料（運転免許証の写し等）となるものを同封して請求してくるといったことはまずないといってよく、窓口において行っているような本人確認の方法は採り得ないこととなる。

　この結果、納税者が役所の窓口にわざわざ出向いた場合には、本人確認

194

が厳格に行われるにもかかわらず、役所に行く手間の省ける郵送の請求の方が容易に証明書を手にいれることができるという矛盾した状況が生じているのではないか。では、このように窓口で通常行っている本人確認の方法が使用できないにもかかわらず、郵送による証明請求に応じているのはどのような考え方によるのであろうか。

2　書類の送達と郵送による証明請求

　証明請求における本人確認の基本的考え方は、税務に関する納税者のプライバシー保護を図るため、本人の名をかたって不正に証明請求をする者を排除しようとするものである。したがって、郵送による証明請求については、役所の窓口におけるような本人確認の方法が採れないとしても、他の方法によりこれと同程度の確認、すなわち社会的に相当な注意を払って本人確認が行われていればよいものと考えられる。

　ところで、主題とは少し離れるが、地方税法20条の5は、納税通知書等の書類の送達方法について、郵送による送達と送達する者に直接交付する交付送達を規定している。このうち郵送による送達については、郵便物は通常到達すべきであった時に送達があったものと推定するとして（同条第4項）、郵便による送達について一定の法律上の効果を与えているが、税務に関する証明書は、このような書類に該当せず、郵送により請求者に証明書を送付したことが、「送達の推定」を与えられるものではない。だが、郵送による書類の送達は、税務関係書類の送達の方法としては一般化しており、このことは、訴訟上の書類の送達についても、民事訴訟法において、郵送による書類の送達を原則の一つとしているように（同法99条1項）、広く社会的に信用のある送達の手段として利用されているところである。

　郵便法に定める手続きを経て郵便物を交付したときは、当該交付は正当な交付とみなすとされ（郵便法37条）、また、詐欺、恐喝又は脅迫の目的をもって、真実に反する住所、居所、所在地、氏名、名称又は通信文を記載した郵便物を差し出し、又は他人にこれを差し出させた者は、罰金又は科料に処するとする（同法82条）など、郵便の信頼性の維持のための法的保護が図られている。

　以上の書類の送達に関する郵便の位置付け、郵便の信頼性に係る法的保護等の点を考慮すると、郵便による証明請求については、郵送によってその請求人に当該証明書を送付することは、その送付先の住所・所在地や氏

第Ⅱ部　事例解説

名・名称（名宛人）に不審な点が認められない限り、当該証明書が名宛人、すなわち本人に送付されることはほぼ間違いないものと推定されることから、特に本人確認を行わなくとも差支えないものと考えられるものである。

本人確認ができないにもかかわらず、郵送による証明請求に応じている現行の取扱いはこのような考え方に基づくものなのではなかろうか。

3　電話による照会

次に、郵送による証明申請と同様、本人確認が容易でない点で類似する例として、電話による照会について検討してみる。

電話により税務に関する照会があった場合については、照会者が通話口でたとえ本人と名乗ったとしても、プライバシーの保護の点や照会者の確認が難しいことから、一般に回答できないとしている場合、あるいは誰でも知り得る事項である不動産登記簿の登記事項（登記面積・家屋番号等）や軽微な事項を除き、税額やその算定の基礎となるような事項（所得、課税標準額、固定資産税の評価額等）は回答できないとしている場合もあると思われる。

これらの電話照会のうち、官公署からの場合については、照会事項が法令等の規定により回答できるものであっても、折り返し電話回答する旨または追って文書で回答するといった方法により慎重に対応する取扱いがとられていると思われる。このように本人確認が容易でない電話による照会については、一般に慎重な取扱いが行われているにもかかわらず、その照会が納税者本人からの場合については、プライバシーの保護の点から電話では回答できない、または折返し電話で回答するといっても、「なぜ本人が自分のことを聞いているのにすぐ回答できないのか」といった非難を受け、なかなか理解してもらえない場合も少なくないのではなかろうか。

電話での照会についても、先の郵便による証明請求の考え方と同様、役所の窓口におけるような本人確認の方法が採れないとしても、他の方法によりこれと同程度の確認、すなわち社会的に相当な注意を払って本人確認が行われていればよいものと考えられる。

したがって、課税内容の照会であれば、その課税に関する納税通知書の課税番号や納税者コードを納税通知書の該当欄をみて言ってもらったり、納税の催告関係の照会であれば、その催告書の通知番号や税目・税額等に

ついて質問するなど、本人でしか回答できない内容について質問することにより本人確認を行い、対応することが必要である。

そして、これらの確認方法により、窓口における本人確認の取扱いと同程度の確認が行える場合には、軽微な事項だけでなく、税額またはその算定の基礎となるような事項についても回答して差支えないであろう。

これは、単に電話では本人確認が難しいとの理由のみで回答を拒否することは、納税者・住民の視点に立ったサービスの要請に反する結果を招く恐れがあるからである。

【結　論】

結論は、１については請求に応じることは適当ではない。また、２については、単に電話による照会であることを理由に断ることなく、本人確認を十分行い、確認ができた場合には回答して差支えないというものである。

１の郵送による証明請求においては、返信用封筒の送達先の住所地はB町ではなくD町であり、名宛人は「E方C」というものである。郵送によって証明書を送付することは、その送達先の名宛人である本人に当該証明書が送付されると推定していることによるものであるが、方書きにより請求人以外の住所地に送付することは、この推定を欠く結果となる。

もっとも、このような変則的な送達先としたことが、EはCの友人であったり、配偶者の実家であったりする場合もあり、あるいはCは単身赴任中一時的にEの住居に間借りしているなどの事情が事実として判明すれば問題とはならない場合もあろう。

したがって、本件のような疑義が生じた場合は、面倒でも電話等によりなぜ送付先の住所地が本人のものと異なるのかといった点などについて、本人に問い合わせるなど、本人確認のための慎重な対応を行い、不正に課税証明書を入手しようとする者をチェックする必要があると考えられる。

郵便による証明請求を許容するかどうかは、基本的には当該市町村の判断であるが、住民サービス等の観点から現実にはこれを受入れざるを得ない状況にある。このような郵送により証明請求を行う方法については、弁護士や司法書士など司法・行政事務のプロを除き、一般市民には案外知られていないのではなかろうか。役所に対する申告や申請は窓口に行かなければならないと、はなから思っている市民が大多数と思われる。

サラリーマン等の医療費控除や住宅取得等特別控除のための所得税の還

第Ⅱ部　事例解説

付申告については、実際には郵送でも差支えないとされているにもかかわらず、窓口に長蛇の列を作っているというのもその一例であろう。

　住民サービスの向上を図るため、窓口事務の拡充策が種々検討されている。このような状況から今後郵送による証明請求が増加することも考えられるものであり、郵送により証明請求等ができること、その場合の証明手数料の支払い方法（郵便小為替等）、証明請求事項の明確化など請求に当たっての注意点等について、行政サイドにおいても広報等により十分PRを行っていくことが必要である。今回の「方書き」の名宛人への証明書の送付の例は、実際にあった例であり、住民税の課税証明書が身元保証人の確認手段として利用される中で、これを不正に請求しようとした事件があることを考慮した場合、その取扱いについて注意を喚起するとともに、普段何気なく応じていることも、その対応の前提を欠く場合には原則論に戻って考える必要があることを再認識した事例であることを付言しておきたい。

17　会計検査院の検査と課税台帳の閲覧

【事　例】

　A市の保護課から同市の税務課に「会計検査院からの実地調査が行われることになったが、実地調査においては生活保護の収入認定等の検査に際し受給者の市民税課税台帳の閲覧が必要になる。その際に、検査官から市民税課税台帳の閲覧を求められた場合、これに対して協力してほしい」との依頼があった。

　A市税務課としてどのような対応が適当か。

【解　説】

　会計検査院の検査は国の決算を中心に行われる。だが、この検査は地方団体にとっても無関係というわけではない。国からの補助金があるからである。

　国からの補助金を得て行う地方団体の事務が、たとえば一定の奨励金の支給であったりする場合に、この支給の基準にしばしば市民税の額や非課税、所得金額等が用いられることがある。これらは地方税の調査によって得られる資料であるが、これらの資料を元に事務が行われていると、ここで基準どおりの仕事が行われたかどうかという検査の必要性と税法上の守秘義務とのコンフリクトが発生することになる。

　つまり、会計検査の論理からいくと、国の財政を検査するために地方団体が行っている補助対象事業の内容の検査が必要となり、その事業が地方税での調査資料を元に行われているとすると、この調査資料そのものの確認を行わなければ検査は意味がないことになる。

　他方、租税情報開示禁止原則を納税者に対する信頼確保の観点から厳密に運用しようとする税務当局の立場からすると、会計検査院の調査なり閲覧なりに税法上の守秘義務を解除するものと考えることができる何らかの根拠なり理屈がなければならない。そうでなければいくら国の必要からと

199

第Ⅱ部　事例解説

いっても、それだけで簡単に応じるというわけにはいかない。

　税法上の調査資料に当たることが必要などんな公的団体も、それぞれ事務上調査資料の内容を知る必要性があり、それぞれの立場に立てば十分公益的な使命を持っているといえるだろう。

　だが、本書で繰り返し検討を行ってきたように、それぞれの公的な立場からの必要性があるというだけでは税法上の守秘義務が解除されると考えることはできない。

　逆に公的団体が必要とする理由に公益的・公共的な必要のないものなど皆無といって良い。それゆえ、この問題は公益性・公共性で片が付くほど簡単ではない。

　そこで、本事例は、このような公的団体の中で、毎年必ずと言っていいほど4月から7月くらいまでの間に行われる会計検査院による地方団体の実地検査にスポットをあてて、このような検査は、税法上の守秘義務を解除するだけの根拠なり正当性をもっているのかということを検討してみようというものである。

　まず、本題に入る前に会計検査院の権限と仕事の流れについてみてみよう。

1　会計検査院とその仕事

　会計検査院というのは、どのような機関か。

　会計検査院は、内閣に対して独立の地位を有する憲法上の機関である（日本国憲法90条、会計検査院法1条、4条1項参照）。したがって、政府機関ではあるが、地位の独立性が憲法・法律の上から保障された機関である。

　その仕事の中心は、国の収入支出の決算検査である。この他にも外郭団体等の会計を始め、国が補助金その他の財政的援助を与えた都道府県、市町村、各種組合、学校法人等の会計などを必要に応じて検査することができるとされている。会計検査院法は二つの検査事項を定めている。

　一つは必要的検査事項であり、国の毎月の収入支出を始め6項目の検査事項が、二つは任意的検査事項であり、国の所有する有価証券をはじめとする7項目が定められている。地方団体に対する補助金の検査は任意的検査事項に該る（同法22条・23条）。ちなみに、会計検査院は平成29年10月から30年9月までに国が補助金その他の財政援助を直接又は間接に与えた都道府県、市町村、学校法人等のうち4,637団体等の会計を検査したとされ

200

る（「会計検査のあらまし—平成29年度決算—」会計検査院）。

　検査の方法としては、検査対象機関に会計経理の実績を記載した計算書及び証拠書類を提出させる「書面検査」と検査対象機関の本部や支部あるいは事業の現場に職員を派遣して実地に行う「実地検査」がある。

　ここで、関係者の書いたものを見てみよう。

「この実地検査では、現地にある関係帳簿や各種書類を調査したり、担当者等から説明を聴取したり、現場や現物を確認したりして、在庁して行う書面検査だけではできない検査を行います。財産の管理状況、工事の出来形、実施された事業の効果の適否といったことなどは実地検査によらなければ十分な検討ができないことが多いので、実地検査は、会計検査の極めて重要な方法であります。

　この実地調査は、通常、5〜6人編成で、1箇所1週間、長くても、2箇所10日〜2週間の日程で、全国の検査箇所について行っております。また、数年前からは、政府開発援助の海外援助の海外援助先についても、年数回、現地に赴いて調査を行っております。これにより、前記約3万9000の検査箇所の約9％（重要な箇所は40％）を、1年間に述べ4万4000人日程度を費やして検査しております。」（岸川侑「会計検査の流れ」『けんさいん』発行会計検査院事務総長官房総務課渉外広報室　1991年No.4　70頁）。

　さて、このような会計検査院には、検査の実効性を担保するため、検査対象機関に対してどのような調査手段が与えられているであろうか。ちょっと会計検査院法をみてみよう。

会計検査院法第26条（帳簿等の提出及び質問等）

　会計検査院は、検査上の必要により検査を受けるものに帳簿、書類若しくは報告の提出を求め、又は関係者に質問し若しくは出頭を求めることができる。（以下略）

　これは、税務職員に与えられた税務調査権（質問検査権）によく似た規定である。

　また、次のような規定もある。

会計検査院法第28条（資料の提出及び鑑定等の依頼）

　会計検査院は、検査上の必要により、官庁、公共団体その他の者に対し、資料の提出、鑑定等を依頼することができる。

第Ⅱ部　事例解説

これは、官公署に対する協力依頼であり、同様の規定は地方税法にもある（地方税法20条の11）。いずれも、単なる任意調査・協力要請にとどまるものであるなら、税務当局が相手方となる場合には、税務当局はなおこれに対する諾否の自由があり、税務当局は、会計検査院法に基づく調査協力要請によって拘束されるものではなく、これだけでは守秘義務が解除されたとは考えにくい。

2　会計検査院のステータスと守秘義務の解除

これに対して会計検査院の憲法上の使命や特別な地位に鑑み地方税法等の法律で課された守秘義務は問題にすることなく、解除されていると考える解釈もある。

だが、会計検査院が憲法上の機関であることによって、直ちに守秘義務が解除されることにはならない。なぜなら、税務当局の守秘義務は法律によって具体的に課された義務であり、この義務の解除は、やはり具体的な法律の定めから説明できるものでなくてはならないからである。そうでなければ、あとは個別具体的な公益の比較を通じて守秘義務の解除に当たる場合であるかどうかを判断するほかない。

会計検査院が憲法上の機関であり、検査の対象に対する十分な調査を保障することが国家的な利益に繋がるものであるとしても、納税者の知られない利益もまた憲法の保障する人権に属するものであるから、憲法論から知られない利益を犠牲にすることを是認する理論を立てることは、解釈上無理があるというべきであろう。

とすると、会計検査院の検査に対しては、法律解釈の上からは税法上の守秘義務解除をストレートに認めることができないのではないか。あるいは、個別にその理由を検討する必要性があるのではないだろうか。

3　会計検査院の検査は認められるか

この課題解決のヒントは、原則に立ち返って考えてみることである。先ほど会計検査院が調査と協力依頼の根拠とする条文として会計検査院法26条と28条を掲げた。

問題は、これらの規定が税務職員の守秘義務を解除する根拠となる規定といえるかどうかということである。このうち28条についてみると、この条項を守秘義務解除の根拠とすることは難しい。なぜなら、検査のための

資料の提出を求める会計検査院法28条は、その規定の文言からも、また、同条違反に対する罰則等の制裁措置が設けられていないことからも、任意調査を定めたに過ぎず、これは地方税法22条の守秘義務を解除したものと認められる法令上の根拠にあたると考えることができないためである。

それでは、26条はどうか。会計検査院法は、26条の調査については応答義務を定めているものと考えられる。それは次のような条文があるためである。

会計検査院法第31条（懲戒処分の要求）

　会計検査院は、検査の結果国の会計事務を処理する職員が故意又は重大な過失により著しく国に損害を与えたと認めるときは、本属長官その他監督の責任に当る者に対し懲戒の処分を要求することができる。

2　前項の規定は、国の会計事務を処理する職員が計算書及び証拠書類の提出を怠る等計算証明の規程を守らない場合又は第26条の規定による要求を受けこれに応じない場合に、これを準用する。

これは、会計事務職員の責任として懲戒処分の要求に関する定めであり、直接応答拒否を行った税務職員等の相手方に対するペナルティを定めたものでもなく、また刑事責任を問う定めでもない。だが、会計検査が行政機関内部での会計検査の執行であり、その関係者が専ら会計事務職員とされる以上、ペナルティとしてはこれで十分であり、これにより検査対象機関は応答義務が課されているものと考えることができる。

そして、31条と合わせて読むことによって、26条は単なる任意調査の域を超えて半ば強制的に検査の職務を遂行できる根拠を与えた規定と考えることもできるのではあるまいか。26条が半ば強制調査ともいいうるに等しい規定であることと、会計検査院が政府の財政の執行を監視し、検査することを任務とする憲法上必置の合議機関であることとを合わせて考えると、この26条の調査権と税法上の守秘義務に関する関係は、前者によって後者の義務が解除されていると考えることができる規定ではないだろうか。なお、会計検査院から調査のために租税資料の開示を求められた場合に、直ちに税務当局は守秘義務が解除されていると考えることは適当ではないが、調査が26条により行われるものであり、検査事項、検査方法等の実施の細目において特別に会計検査院法26条の趣旨を逸脱するものでない限り、これに応じることは差し支えないものと考える余地がある。

203

第Ⅱ部　事例解説

4　会計検査と保護の決定

次に、以上の課題について事例に即してもう少し考えてみよう。

まず、税務当局の対応を考える前提として保護課の職員は税務情報に対してどのような関係にあるものかみてみよう。保護課の職員は福祉事務所長の事務を行うものであり、福祉事務所長はその事務の一として生活保護法による保護の決定を行うものである。生活保護法24条・29条等は、福祉事務所長が保護の決定又は実施のために必要があるときは、要保護者又はその扶養義務者の資産及び収入につき要保護者等から報告を求めることができるとされている。

このため、要保護者又はその扶養義務者と福祉事務所長との間で、これらの者の資産及び収入は秘密ではないということができる（なお生活保護法施行規則2条は申請者の資産の状況等を報告事項として定める。）。

それでは、福祉事務所長から税務当局に対して税務情報の開示を求めた場合に、これに応じることができるかであるが、税務当局がこれに対して応じるとしても、もともと秘密でないものに対して応じるだけのことであって、税法上の守秘義務に反するものではないと考えることができよう。

ところで、以上の関係は、会計検査院についても同じことが言えるであろうか。

会計検査院と福祉事務所長との間において、福祉事務所長が行った事務は税務情報に係わる収入状況を含めて秘密とはいえず、むしろ福祉事務所長は、会計検査院の検査に対して積極的に事務内容を明らかにしなければならない関係にある。したがって、このような関係にある会計検査院からの照会（閲覧請求）に対してこれに応じたとしても、税法上の守秘義務に反するものではない、ということになるであろうか。論理的にこのような関係図ができるか、疑問がある。

それは、会計検査院が知ることができるのは、正確には納税者情報ではなく、福祉事務所長の会計事務の執行状況についてだからである。

仮に以上の関係図が認められるとしても、会計事務の執行状況の検査のために税法上の守秘義務というガードをくぐりぬけて市民税課税台帳にアクセスすることができるというには、厳密には検査の必要性と納税者情報の開示との間に十分合理的な説明ができるような関係がなくてはならない

204

であろう。

　だが、会計検査院には国家機関としての特別な位置づけや権限、関係機関に対する処置要求（会計検査院法36条）、さらには法令の改廃等に対する意見表示（同法37条）等広範な任務が定められている。このことを踏まえ考えると、一般的には会計検査院の検査が会計検査院法26条の趣旨を逸脱するものでない限り、これに応じることは差し支えないものと考えるべきものであろう。

【結　論】

　Ａ市役所内部において、会計検査院の検査があるから、当然市民税課税台帳の閲覧に応じるというのではなく、基本的には保護課において事前に準備する検査のために要保護者についての必要な事項を記載した説明資料で対応することが必要である。実務的にはできるかぎり当該資料で対応することとし、必要やむをえない場合に限り、検査に対する協力の一環として市民税課税台帳の閲覧に応じても差支えないものと考える。

　なぜ、このように慎重な対応が必要かというと、市民税課税台帳はもとより要保護者以外の納税者の情報が記載されており、検査には直接必要ないかもしれないが、目に触れる状態にあることを十分に頭の中に入れておくことが大事であるからである。

　したがって、検査にあたっては、保護課と税務課との間でどういう内容又は事項を検査するのか、より具体的なことを事前に十分打ち合わせしておく必要がある。

第Ⅱ部　事例解説

18　特別徴収義務者の守秘義務

【事　例】

　会社の経理担当者から給与所得者に係る所得税の計算に必要だからあなたの扶養家族はどうなっているか、またこのうち所得を得ている者がいるかどうかの問い合わせがあった。このようなことを報告すると、個人情報が洩れてしまうのではないか。経理担当者には社員の個人情報を守る法的な義務があるかどうか。また、どのように対応すればよいかという照会が市民から A 市税務課にあった。

　これに対してどのように回答すればよいか。

【解　説】

　会社が従業員に対して給与を支払うことはごく当然のことであるが、単に毎月給与を支払うだけではなく、給与の支払いとともに、所得税の源泉徴収という行為が当然入ってくるものである。

　それでは、所得税の源泉徴収義務とはどうなっているか、まず所得税法の条文を見てみよう。

所得税法第183条第 1 項

　居住者に対し国内において第28条第 1 項（給与所得）に規定する給与等（以下この章において「給与等」という。）も支払いをする者は、その支払いの際、その給与等について所得税を徴収し、その徴収の日の属する月の翌日10日までに、これを国に納付しなければならない。

　このように給与の支払いをする者は給与の支払いをする時には所得税を徴収しなければならないこととされている。

　そこで、経理担当者は従業員の家族の状況はどうなっているか、配偶者はもとより扶養家族がどうなっているかという実態を見極めてから、所得税の源泉徴収事務を行うことになる。特に、年末調整を行う場合には、1 年間の給与の支払金額を基に諸控除をして税額を計算し、源泉徴収票を各

従業員に手渡さなければならないこととされている。

したがって、従業員の家族の状況、このうち特に所得を得ている者が家族の中にいる場合には税法上の扶養控除、配偶者控除ができるかどうかを調査する必要がある。そのために従業員からその実態を報告してもらうことになる。

このような状況において、従業員は自分の家族の状況を会社に報告すると、個人情報が会社に漏れてしまうので報告したくないが、そもそも会社の経理担当者は従業員の個人情報を守る義務があるかどうかという問題、特に会社の関係者からもよく聞かれる話題である。

この点について、経理担当者は個人情報を守る義務があるかどうかであるが、法律はどうなっているか見てみよう。

公務員の場合には、国家公務員法及び地方公務員法の規定により守秘義務が課されており、行政上の秘密事項は当然のこととして守ることとされており、特に、税務の業務を行う税務職員については税法においてそれぞれ守秘義務が課されている。

そこで、本件質問のように公務員でない場合にはどうなっているかであるが、国税通則法の規定を見ると、次のように規定されている。

国税通則法第127条

> 国税に関する調査（不服申立てに係る事件の審理のための調査及び第131条第1項（質問、検査又は領置等）に規定する犯則事件の調査を含む。）若しくは租税条約等の実施に伴う所得税法、法人税法及び地方税法の特例等に関する法律の規定に基づいて行う情報の提供のための調査に関する事務又は国税の徴収若しくは同法の規定に基づいて行う相手国等の租税の徴収に関する事務に従事している者又は従事していた者が、これらの事務に関して知ることのできた秘密を漏らし、又は盗用したときは、これを2年以下の懲役又は100万円以下の罰金に処する。

国税の徴収に関する事務に従事している者について見ると、質問の経理担当者が行う所得税の徴収ということはまさに国税の徴収という行為であるのでこの罰則の適用を受けるものであると解する。

また、住民税は給与所得者の場合には、所得税と同じように給与の支払いの際、住民税を特別徴収することになるが、これについてはどうなっているかという疑問が湧いてくるので地方税法の規定を見ると、次のとおり

第Ⅱ部　事例解説

である。

地方税法第22条

（秘密漏えいに関する罪）
第22条　地方税に関する調査（不服申立てに係る事件の審理のための調査及び地方税の犯則事件の調査を含む。）若しくは租税条約等の実施に伴う所得税法、法人税法及び地方税法の特例等に関する法律（昭和44年法律第46号）の規定に基づいて行う情報の提供のための調査に関する事務又は地方税の徴収に関する事務に従事している者又は従事していた者は、これらの事務に関して知り得た秘密を漏らし、又は窃用した場合においては、2年以下の懲役又は100万円以下の罰金に処する。

　この規定のとおり地方税である住民税の特別徴収についても所得税の源泉徴収と同様に罰則の規定が適用されることになる。

　このように税法においては、国税又は地方税の徴収に関する事務について、守秘義務が課されているので照会にある社員の配偶者や扶養家族に関する個人情報について経理担当者は守秘義務が課されていると解するものである。

【結　論】

　したがって、社員は家族の状況を経理課に報告しても経理課の担当者は守秘義務が課されており、他に漏れることはないので社員は自らの状況を正しく報告することが必要である。これによって、所得税や住民税の課税が適正に行われることになるものである。

　以上のとおり所得税・住民税の徴収に関する事務に従事する者は、法律の規定により守秘義務が課されていることを照会者に対して、説明することにより理解が得られるものである。

19 マイナンバーの提供における 電話での本人確認

【事 例】

　マイナンバーの提供において、電話での本人確認はどのような場合に行われるのでしょうか。郵送された申請書類にマイナンバーの記載がなく、添付書類もついていない。そこで、電話で本人から個人番号を聞き取り、相手の同意を得て書類に記入し、事務処理を済ませた。どのような問題があるか。

【解 説】

　地方税実務において、納税者等との応答を行う上で一番厄介なのが電話を使って行われる応答である。電話では顔は見えない、声だけでは年齢もわからない。性別も声だけではあてにはならない。電話で本人かどうかを確認するのはまことに容易ではない。税務で扱っているのが納税者等の知られたくない個人情報である以上、うっかりでも他人に漏らすことがあってはならない。なりすましの危険度が一番高いのが電話である。そうはいっても電話での応答は一切受けません、というわけにはいかない。税務というのが納税者に税負担をお願いする立場にある以上、シビアな説明責務を負っている立場にあるということがある。また、税務も住民行政の一つである以上、住民の皆様に対して親切で丁寧な応答が要請されているということもある。きちんと本人確認さえできれば、電話による応答は簡易で迅速に応答ができる有効なツールであり、できればもっと活用したいところである。番号法が入ってきて本人確認がルール化され、厳格な本人確認が求められ、電話による本人確認はこれまで以上に慎重に扱わなければならなくなった。

　番号法では、施行規則の中で、2か所にわたって「電話により本人（代理人）から個人番号の提供を受ける」場合について定めを置いている（番号法施行規則3条4項、9条3項）。

第Ⅱ部　事例解説

　ここで、注意が必要なことは、今回の番号法施行規則で定められている電話による個人番号の提供があった場合の本人確認というのは、現在でも直面している電話による応答の際の本人確認一般について定められたものではなく、限定された一定の条件下で行われる本人確認について定めが置かれているということである。

　番号法施行規則の該当する条文を分解してみると、電話で個人番号の提供があった場合の本人確認は、次のような条件下で行わなければならないものと考えられる。

①　個人番号利用事務等を行うために、電話で本人（代理人を含む）から個人番号の提供を受ける必要があること

　個人番号利用事務等というのは、個人番号利用事務と個人番号関係事務を併せた用語です。地方税務において地方税法等に基づき地方税の賦課徴収又は地方税に関する調査に関する事務を行うのは個人番号利用事務に該当する（番号法9条別表1、16項）。

　本人との電話による応答の中で個人番号の提供を受ける必要が生じることもあれば、個人番号利用事務実施者として税務担当から電話で本人に確認をとる必要が生じることもある。いずれの場合であっても税務担当が電話で個人番号利用事務を行う必要がある場合でなくてはならない。それ以外の個人番号利用事務とは言えない一般的な電話による相談に応じるような場合は電話による本人確認が必要な場合とはされていない。

②　過去に本人確認を行ってあらかじめ作成された特定個人情報ファイルが存在すること

　特定個人情報ファイルとは、個人番号をその内容に含む個人情報ファイルや個人情報データベース等をいい、索引や目次がついて検索性のある特定個人情報の体系的集合物とされているものをいう（注1）。たとえば電算上で管理され、個人番号に紐づけられた課税台帳やデータベース化された賦課資料はこれに該当するものと考えられる。ここでは賦課資料を収集する際に本人確認が行われ、既に特定個人情報ファイルに記録されたものが存在していることが条件である。電話での本人確認は、このように整備されたファイルを基に行うことになるためである。

　（注1）特定個人情報ファイルについて、詳しくは水町雅子『Q&A 番号法』（有斐閣）062～063頁を参照。

③　個人番号利用事務等実施者がその事務を処理するために、特定個人情

210

報ファイルに記録されている個人番号その他の事項を確認する必要があること

　事務処理上の確認が必要となる場合というのは、納税者等から個人番号を告げて課税状況等の確認を求められこれに応える必要がある場合やあるいは納税者等から提出された賦課資料等の内容について確認をする必要があり、個人番号利用事務実施者側から電話をする場合などが考えられる。後者については、国税庁告示では注意が必要な場合があるので、後述する。

　電話による本人確認は、以上の三つの条件下で行うものとされ、その際の本人確認は次の要件により行うものとされている。この要件は、これまで本人確認に際して必要な要件として示してきた「番号確認プラス身元確認」という公式に当てはめてみれば分かりやすいと考えられる。

1　電話による個人番号の提供があった場合の本人確認の要件（本人）

　電話による本人確認においても、電話の相手方の個人番号の確認や身元確認が本来必要されるべきものであるが、電話の場合は厳密には対面での確認のように確認することができない。

　このため既に確認済の特定個人情報ファイルを基にした確認が必要となってくる。

電話により本人から個人番号の提供を受けること	＋	本人しか知り得ない事項の申告を受けること

ア　電話により本人から個人番号の提供を受けること（番号確認）

　電話の相手から提供された個人番号を手元にある特定個人情報ファイルと照合し、個人番号及び個人識別情報と一致することを確認する。しかし、なりすまし防止のための本人確認ということから考えると、これだけでは十分でないことは、対面での本人確認と同様である。

　次に身元確認を行うべきところであるが、電話では形質情報をもとに本人であることを確認することはできない。そこで、運転免許証等の身元確認書類に代わるものとして次の申告（告知）を受けることが必要となってくる。

イ　本人しか知り得ない事項の申告を受けること（身元確認に代わるもの）

第Ⅱ部　事例解説

　これは現行の場合でも、電話での応答が行われる場合には、機微にわたる個人情報を基とした応答に入る前には実施されていることだと思われるが、電話の相手方に本人しか知り得ない事項の申告を受けることが必要とされている。

　おそらく、施行規則を立案する段階で、このような確認が実務で行われていることが取り上げられたものではない。日常的に多数かかってくる電話による申請や依頼について、地方団体によって多少の差異はあるとは思うが、一般的には次のように行われているのではないかと考えられる。

●電話による問い合わせ（例）

問い合わせ	応　　答　　例
本人からの税額の問合せ	電話口に納税通知書等を持っている場合には、納税通知書に地方団体によって印字されている固有番号等を読み上げてもらい、納税通知書等を持っていない場合は、本人の生年月日等の基本４情報のほか家族構成や通常本人しか知り得ない勤務先や過去の申告状況などを尋ね、手元の端末や税台帳等で確認する。
家族等の代理人	電話口に納税通知書等を持っている場合には、納税通知書に印字されている番号等を言ってもらい、納税通知書等を持っていない場合は、本人との関係や本人からの依頼を受けて電話をかけてきたものであるかどうかを尋ね、本人の個人識別事項を尋ね、本人または代理人でなければ知り得ない情報について聴取し、端末等で確認する。問い合わせをしている者が、本人と同一住民票である場合は、その者の基本４情報等を確認する。

　実際には、「本人でなければ知り得ない情報」というのはケースバイケースで、一律に基準化しにくいところもある。

　また、個人番号利用事務等の内容によって、具体的には「本人しか知り得ない事項」が異なってくると考えられるので、施行規則は「その他の個人番号利用事務実施者が適当と認める事項」との留保条項を設けることによって、分野別に個人番号利用事務実施者による例示に委ねることとしている。

　国税庁告示では、このような留保条項に相当するものとして次のように告示７が設けられている。

212

19　マイナンバーの提供における電話での本人確認

告示7（電話により個人番号の提供を受ける場合に身元（実在）確認するために
　　　申告を受ける事項）

個人番号利用事務実施者が適当と認める書類等	具　体　例
個人番号利用事務等実施者により各人別に付された番号、本人との取引や給付等を行う場合において使用している金融機関の口座番号（本人名義に限る。）、証券番号、直近の取引年月日等の取引固有の情報等のうちの複数の事項	社員番号
	職員番号
	契約番号
	保険始期日（保険終期日）
	保険契約者名
	被保険者名
	保険金受取人名
	顧客番号、顧客ID
	証券番号
	口座番号
	取引口座に係る指定した時点の銘柄や残高
	直近の取引年月日

　　　　　なお、ここでちょっと注意が必要なのは、国税庁告示では、この表の次に次のような注意書きが追加されていることである。
　「※電話による確認は、個人番号利用事務等実施者が、過去に本人確認を行って特定個人情報ファイルをあらかじめ作成している場合に限られています。また、単に電話により本人確認を行うことを認めているものではなく、例えば、郵送やオンラインにより個人番号の提供を受けた際に、本人確認書類が添付されていない等により本人確認ができないとの理由で、個人番号の提供を行った者に対して電話により本人確認を行うことは認められません。」
　電話を利用して、安易な本人確認が行われないようにとの配慮で追加された注意書きと考えられるが、読みようによっては添付書類が欠けていた場合に、電話により本人確認書類を確認することは一切行うことができないかのようにも読めなくはないところである。本人確認書類の不足分を補うために安易に電話を利用してはならないことは、この注意書きのとおりと考えられるが、本稿で指摘したように既に特定個人情報ファイルが存在

第Ⅱ部　事例解説

し、特定個人情報ファイルに記録されている個人番号その他の事項を確認する必要があって行われる場合であれば、確認を要する当該事項に個人番号や身元確認書類が含まれていたとしても、直ちに趣旨に反するものではないと考えられる。この注意書きが置かれた趣旨は、郵便やオンラインで送付されてきた書類に本人確認書類が添付されていない場合に、本人確認書類を求めることに代えて、電話で本人しか知り得ない事項の申告を受けることによって、本人確認書類の添付を省略することはできないということと理解される。郵便等で送られてきた書類に本人確認書類が抜けていれば、郵便やオンラインで改めて提出を依頼すべきものである。このことは、この注意書きの元となったパブリックコメントと照らし併せて読むことにより、首肯されるものと考えられる（注2）。今後、番号制度が安定するまでには相当期間を要するものと考えられるが、それまでの間、賦課資料等に個人番号の記載漏れや記載誤り、さらには郵送書類の中に本人確認書類の封入を失念したものなどさまざまな問題が日常的に発生することが予想されるところである。このため電話による本人確認そのものを否定することのないよう、事務をいたずらに煩雑化させることのないよう注意深く対応していくことが必要と考える。

（注2）平成27年1月30日国税庁「パブコメの結果の概要」（別紙）項目No.5

　　御意見：電話による個人番号の提供は、日本年金機構に電話した人が自分の個人番号を告知して年金関係情報の確認や相談を行うケースなど、他の方法によることが困難なケースで極めて限定して適用されるべきものである。国税に関する事務において民間事業者等の個人番号関係事務実施者は対面、郵送により書面を介する方法や電子的な方法により個人番号を取得するものと考えられることから、単に電話により個人番号の提供を求める場面は想定されないのではないか。そうであれば、個人番号利用事務実施者が適当と認める書類を定めることにより、郵送による書面で個人番号の提供を行った者が本人確認書類の添付を忘失したケースなどで本人確認書類の送付を依頼しなければならないところを本来認められない電話による本人確認を誘発するものであり、本告示で個人番号利用事務実施者が適当と認める書類を規定するべきではない。仮に電話による個人番号の取得が想定されるケースがあるのであれば、具体的に示した上で限定的に認めるべきものと考える。

214

19 マイナンバーの提供における電話での本人確認

ご意見に対する考え方：ご指摘のとおり、第3条第4項の適用があるのは、個人番号利用事務等実施者が、過去に本人確認を行って特定個人情報ファイルをあらかじめ作成している場合に限られていますので、単に電話により本人確認を行うことを認めているものではありません。例えば、郵送、オンラインにより個人番号の提供を受けた際に、本人確認書類が添付されていない等により本人確認ができないため、個人番号の提供を行った者に対して電話により本人確認を行うことは認められません。ここでは、所得税法に基づく金銭等の受領者から支払者に対し告知を行う場合で、例えば所得税法施行令第337条第3項など、既に所得税法に基づく当該告知事項の確認を行った上で支払者がその支払を受ける者の氏名、住所及び個人番号等を記載した帳簿を備えているため、告知の際に提示が必要な書類の提示を要しないとされている場合のように、本人であることを確認した上で当該特定個人情報ファイルに記録されている事項により確認することができるとしたものです。

番号法施行規則第3条第4項

（住民票の写し等の提示を受けることが困難であると認められる場合等の本人確認の措置）

第3条　　　（第1項各号から第3項まで省略）

4　個人番号利用事務等実施者は、本人確認の上特定個人情報ファイルを作成している場合であって、個人番号利用事務又は個人番号関係事務（第9条第3項において「個人番号利用事務等」という。）を処理するに当たって当該特定個人情報ファイルに記録されている個人番号その他の事項を確認するため電話により本人から個人番号の提供を受けるときは、令第12条第1項第2号に掲げる書類の提示を受けることに代えて、本人しか知り得ない事項その他の個人番号利用事務実施者が適当と認める事項の申告を受けることにより、当該提供を行う者が当該特定個人情報ファイルに記録されている者と同一の者であることを確認しなければならない。

【結　論】

　番号法施行規則で定められている電話による個人番号の提供があった場合の本人確認とは、電話による応答の際の本人確認一般について定められ

第Ⅱ部　事例解説

たものではなく、限定された一定の条件下で行われる本人確認について定められているものである。

本件は、「個人番号利用事務等実施者がその事務を処理するために、特定個人情報ファイルに記録されている個人番号その他の事項を確認する必要があること」に該当し、納税者等から提出された賦課資料等の内容について確認をする必要があり、個人番号利用事務実施者側から電話をするというケースと考えられる。

したがって、この場合の本人確認は、国税庁告示の注意書きにあるように、過去に本人確認を行って特定個人情報ファイルをあらかじめ作成している場合に限られるものであり、設問の事務処理が特定個人情報ファイルに基づき実施されていれば問題はないが、当該特定個人情報ファイルが作成されていない中で行った場合は違法な取扱いとなるものである。

設問にあるように郵送された申請書類にマイナンバーの記載がなく、添付書類もついていないということであれば、電話で改めて必要書類を郵送するように求めれば足りることである。電話でマイナンバーを聞き出す詐欺の類が横行し、地方団体においても「役所が電話でマイナンバー（個人番号）を聞き出すことはありません」などの広報を行っているなどのことを踏まえた対応が求められているということができるであろう。

一般に電話による納税者との応答は慎重な取扱いが要請されているが、番号法においてはより一層厳格な取扱いとされていることに留意しなければならない。

216

20 生活保護法24条による庁内連携

【事 例】

　A市役所税務課に庁内の生活保護担当から生活保護法24条に規定する扶養義務者の所得状況について文書照会があった。照会状には扶養義務者の個人番号が記載されているが、扶養義務者本人の調査同意書は添付されてない。A市では番号法に基づく個人番号の利用及び特定個人情報の提供に関する条例が制定されており、市長は、生活保護法による保護の決定及び実施に関する事務について、自ら保有するものを利用することができる旨が定められている。

　また、扶養義務者の個人番号が記載された文書照会が庁外の生活保護担当からのものであった場合はどうか。このような場合、A市役所税務課はどのように対応すべきであろうか。

【解 説】

1 問題の所在

　平成29年11月から番号法による情報提供ネットワークシステムを使った情報連携が始まり、地方団体においても文書照会の減少等により事務の簡素化・迅速化が期待されている。

　事例は、庁内の生活保護担当から個人番号を使って生活保護法に基づく扶養義務者に係る所得状況について税務課に照会を行う場合であり、同一機関内でのやり取りということである。

　番号法では、地方公共団体における特定個人情報のやり取りについて、組織間で行われる場合、同一組織の同一機関内で行われる場合、同一組織ではあるが異なる機関間で行われる場合をそれぞれ情報連携、庁内連携、他機関連携とそれぞれ区分して規定している。

　組織間でのやり取りは番号法19条7号及び別表2による情報提供ネットワークシステムを使った特定個人情報の授受を代表例とする。庁内連携は

第Ⅱ部　事例解説

条例による特定個人情報の授受である。

　情報提供ネットワークシステムを使った特定個人情報の授受はその主体と授受の根拠となる事務と対象となる情報がそれぞれ法定されている。庁内連携は同一機関内における複数事務の間で行われる特定個人情報の授受であり、複数事務は必ずしも番号法が定める事務に限らず地方団体における独自の判断により行われる事務についても条例化されることにより授受ができるものとされている。

　それでは個人番号を使った庁内連携とはどのような概念であるか、その法的根拠はどのようなものか。庁内連携の場合は、情報提供ネットワークシステムを使った照会はできないが、両者は基本的にどのような違いがあるか。

　この他、番号法上は情報連携にあたって本人の同意についてどのような取扱いとされるか。さらに、生活保護法による扶養義務者に係る所得状況の照会は地方税法22条の守秘義務に抵触するかどうかが問題の所在である。

2　利用か提供か

　本題に入る前に、基礎的なことを整理してみよう。

　番号法のメインとされるテーマは特定個人情報のやり取りであるが、特定個人情報のやり取りの際に使われる「利用」と「提供」という用語には注意が必要である。

　番号法は、個人番号の利用は9条に、特定個人情報の提供は19条にと区分してそれぞれに根拠となる規定を置いている。

　まず、番号法9条の規定であるが、ここでは個人番号の利用範囲が示されている。

　個人番号の利用範囲は、番号法9条1項別表1にあるように機関単位に利用できる事務の範囲が示されている。地方公共団体の機関、とくに首長の場合は、国の行政機関と異なり、複数の事務から構成されており、それぞれの事務に対応する部署がある。利用という概念が機関単位とされていることから、地方公共団体の場合は、複数の事務が同じ機関で異なる部署ということが生じる。部署間で特定個人情報の交換が行われると、特定個人情報の「提供」という概念ではなく、同じ機関の中での部署間の特定個人情報の交換は「利用」ということになる。利用であれば、特定個人情報

218

を受け取った部署でこの特定個人情報を自由に使えるかというとそういうことではない。個人情報保護の原則である目的外利用の禁止という制約があるからである。個人情報保護の原則では、目的外か目的内かは個人情報を取得する前に決まっている。このままだと受け取る部署は利用することができない。この問題を解決するためには事前に条例に利用目的を特定して規定し、目的内利用としておくことである。これが番号法9条2項に規定された条例化のことである。

　次に、番号法19条は、原則として特定個人情報の提供を禁止し、同条各号に列記される場合以外には特定個人情報の提供はできないとされている（同条柱書）。また、同条各号に列記された場合を除いて、提供の求めや収集をすることもできないものとされた（番号法15条、20条）。各号列記に該当する場合でなければ情報連携は認められないというのが番号法19条の構成である。

　地方公共団体の中でも首長部局と教育委員会というように異なる機関間で情報の移転が行われる場合は「他機関連携」と呼ばれる。これは番号法19条10号に規定されている。

　以上のとおり、利用と提供というのは特定個人情報の授受が同一の機関内で行われるか、別の機関との間で行われるかによって当該授受に充てられる概念が異なり、そこでの規制の内容が異なることとされている。実質的に特定個人情報のやり取りであり、番号法19条各号に列記されていない場合であっても、庁内連携の場合は条例化を条件に特定個人情報の授受ができる。この場合、同一機関内での個人情報の授受であるから、提供という用語は用いられずに「利用」という概念が用いられるのである。

3　庁内連携　条例化の意義と役割

　番号法は、「利用」については番号法別表1のように個別に利用範囲を制限し、提供は別表2のように機関間における提供の求めの主体と根拠となる事務、提供の主体と対象となる特定個人情報が細かく法定されている。

　それでは個人情報の利用・提供が行われるすべての行為が法律によって規定されているかというとそういうわけではない。地方事務については法律に個々に規定しきれないという実情がある。また、法律に規定された利用と提供に限定すると、これまで地方事務として運用されてきた事務が番

第Ⅱ部　事例解説

号法の出現によって行うことができなくなるという事態も想定されることになる。地方公共団体では、別表1の事務（法定事務）を超える事務（横出し事務）や法定事務に、例えば国の給付額に上乗せして支給している事務（上乗せ事務）のように地方団体において独自に事務を行っている場合がある。これは独自利用事務とよばれている。また、別表1に規定された複数の事務を異なる部署間でやり取りをしているような場合は庁内連携に該当する。これらの場合は、当該事務を条例に書き込むことによって、これまで運用してきた実務の実態に沿った個人番号・特定個人情報のやり取りをすることが可能となる。これが番号法9条2項に与えられた役割である。庁内連携の場合は、個人番号の授受は「利用」という概念でくくられている。機関を単位に考えるからこういうことになるが、提供という概念との対比では分かりにくい区分である。このため特定個人情報が部署間で移動することを「提供」と区別して「移転」と呼ばれることもある。

　同項に「これらに類する事務であって条例で定める事務」というのは独自利用事務の場合だけでなく、庁内連携を含めて理解されている。識者は「別表第1に規定されているものであっても別表第1の複数の項において利用する場合（複数事務での特定個人情報（庁内連携）についても、利用目的を法9条2項に基づき条例で定める必要がある。）」（水町雅子著『逐条解説マイナンバー法』160頁参照）としている。

　ここで注意することは、庁内連携を行おうとする場合は、条例に規定しなければならないということである。条例化しないで行われる庁内連携（個人番号の利用事務）は番号法に違反することになる。

（注）独自利用事務について詳しくは35頁（2(1)　個人番号を利用できる事務）以下を参照されたい。

4　別表1・庁内連携と情報提供ネットワークシステム

　本事例では、生活保護法24条に規定する扶養義務者の所得状況が照会の対象とされている。

　生活保護法24条1項は、保護の開始の申請に要保護者の資産状況ばかりでなく「扶養義務者の扶養の状況及び他の法律に定める扶助の状況」についても記載を要求している。

　生活保護法24条の規定から、扶養義務者の資産・収入状況を把握するこ

220

とは保護の開始にあたって必要な情報とされていることが分かる。

　それでは扶養義務者について、番号法は要保護者と同じように利用・提供できるものとされているであろうか。

　このような調査事務の利用について番号法ではどのように規定されているか見てみよう。

　番号法別表１の15では、生活保護法による保護の決定や実施等の事務について利用事務とする規定があり、同項の主務省令は「２　生活保護法第24条第１項の保護の開始若しくは同条第９項の保護の変更の申請の受理、その申請に係る事実についての審査又はその申請に対する応答に関する事務」（主務省令15条）と規定している。保護の開始決定にあたって扶養義務者の資産・収入の状況を調査する事務は番号法による利用事務とされている（「行政手続における特定の個人を識別するための番号の利用等に関する法律別表第一の主務省令で定める事務を定める命令」（平成二十六年九月十日内閣府・総務省令第五号）第15条以下「別表１の主務省令15条」という）。

番号法別表１の15の項

15　都道府県知事等	生活保護法による保護の決定及び実施、就労自立給付金の支給、保護に要する費用の返還又は徴収金の徴収に関する事務であって主務省令で定めるもの

別表１の主務省令第15条

第15条　法別表第１の15の項の主務省令で定める事務は、次のとおりとする。
　一　生活保護法（昭和25年法律第144号）第19条第１項の保護の実施に関する事務
　二　生活保護法第24条第１項の保護の開始若しくは同条第９項の保護の変更の申請の受理、その申請に係る事実についての審査又はその申請に対する応答に関する事務
　三　生活保護法第25条第１項の職権による保護の開始又は同条第２項の職権による保護の変更に関する事務
　四　生活保護法第26条の保護の停止又は廃止に関する事務
　五　生活保護法第29条第１項の資料の提供等の求めに関する事務
　六　生活保護法第55条の４第１項の就労自立給付金の支給の申請の受理、その申請に係る事実についての審査又はその申請に対する応答に関する事務
　七　生活保護法第55条の５第１項の進学準備給付金の支給の申請の受理、そ

第Ⅱ部　事例解説

の申請に係る事実についての審査又はその申請に対する応答に関する事務
　八　生活保護法第63条の保護に要する費用の返還に関する事務
　九　生活保護法第77条第1項又は第78条第1項から第3項までの徴収金の徴収（同法第78条の2第1項又は第2項の徴収金の徴収を含む。）に関する事務

　以上のことを踏まえて本事例について見てみよう。

　情報の提供を求める庁内の生活保護担当については、番号法の主務省令は扶養義務者に対する所得調査事務について利用事務の定めを設けていること、さらにA市の条例により庁内連携が規定されていることから、地方税の所得情報の利用について番号法上の制約は受けなくてよい関係にあると考えられる。

　それでは庁外の生活保護担当から扶養義務者の所得情報に関する調査事務のために地方税の所得情報の提供を求められた場合はどうか、これは本事例の二つ目の課題である。

　別表2に規定する機関相互の情報連携は、番号法上情報提供ネットワークシステムを使用することとされている。ここでは情報提供ネットワークシステムを使わない情報連携（文書照会）がそもそも許されるかが疑問であるが、否定に解しておきたい。番号法19条柱書と同条7号の文理解釈から、特定個人情報の情報連携は19条各号列記から読み取れる場合に限定されていると考えられるからである。すると機関相互の情報連携を19条各号列記に規定する方法を用いないで行われる文書照会に対してどのように対応すべきか。

　そもそも、生活保護法24条の生活保護の開始等については情報提供ネットワークシステムではどのような対応をとっているのかである。

　生活保護法に関する事務について別表2の26の項では「都道府県知事等」（1欄）が「市町村長」（3欄）に対し、「生活保護法による保護の決定及び実施又は徴収金の徴収に関する事務であって主務省令で定める」事務（2欄）のために必要な「地方税関係情報」（4欄）の提供を求めた場合とされている。

　そして、2欄に掲げる「主務省令」で定める事務は、「行政手続における特定の個人を識別するための番号の利用等に関する法律別表第2の主務省令で定める事務及び情報を定める命令（平成26年12月12日内閣府・総務省令第7号）」（以下「別表2の主務省令」という。）19条に規定されている。

222

そこで2欄に掲げる主務省令に定める事務と提供の対象となる4欄に掲げる特定個人情報を対比してみよう。

別表2の主務省令第19条

号	2欄の事務	4欄の特定個人情報
1	生活保護法第19条第1項の保護の実施に関する事務	要保護者等に係る道府県民税又は市町村民税に関する情報
2	生活保護法第24条第1項の保護の開始又は同条第9項の保護の変更の申請に係る事実についての審査に関する事務	同上
3	生活保護法第25条第1項の職権による保護の開始又は同条第2項の職権による保護の変更に関する事務	同上
4	生活保護法第26条の保護の停止又は廃止に関する事務	同上
5	生活保護法第63条の保護に要する費用の返還に関する事務	同上
6	生活保護法第77条第1項又は第78条第1項から第3項までの徴収金の徴収（同法第78条の2第1項又は第2項の徴収金の徴収を含む。）に関する事務	同上

　主務省令19条2号の「保護の開始又は同条第9項の保護の変更の申請に係る事実についての審査に関する事務」のために必要な4欄の特定個人情報は「要保護者等に係る道府県民税又は市町村民税に関する情報」とされている。

　ここで「要保護者等」とは「生活保護法第6条第2項の要保護者若しくは同条第1項の被保護者であった者」をいう（主務省令第19条1項1号）。

　したがって、要保護者等に該当しない扶養義務者の道府県民税又は市町村民税に関する情報はここでは情報連携による特定個人情報の提供の対象とはされていない。福祉事務所からの扶養義務者分の所得状況についての情報提供の求めでは、情報提供ネットワークシステムを使うことができない仕組みとされているのである。番号法19条7号は、機関間での情報連携を行う場合を別表2に限定的に規定しているのであるから、別表2で規定されてない情報連携について情報提供NWSを使わないで文書照会による場合にこれが許されるとする解釈は採り得ないであろう。

第Ⅱ部　事例解説

　番号法では、扶養義務者の所得情報のように別表1と別表2で取扱いが異なる場合には、庁内連携は許されても庁外連携は許されない場合があるのである。このことは注意を要する。

　被保護者及び要保護者に関する用語の定義等生活保護法の関係条文については後掲「資料編7　関係法令」315頁を参照されたい。

5　本人の同意と番号法の情報連携（別表2）のルール

　そこでもう少し「別表2」の内容に立ち入ってみてみよう。本事例では扶養義務者本人の調査同意書は添付されていないが、本人の同意は番号法上どのようなルールとされているのであろうか。

　番号法上は、一般法である個人情報保護法や行政機関個人情報保護法等と異なり、本人の同意による特定個人情報の提供を原則として認めていない（番号法19条本文柱書、30条）。同意の有無にかかわらず、特定個人情報の提供は19条各号に列記された場合のみということになる。ただし、本人同意がネットによる情報照会・提供事務に入る前提条件とされる場合がある。どのような事務が同意を前提としているか。

　このことを明らかにするものとして、「行政手続における特定の個人を識別するための番号の利用等に関する法律第19条第7号の規定により地方税関係情報を照会する場合に本人の同意が必要となる事務を定める告示」（平成29年5月29日内閣府・総務省告示第1号）がある。この告示によって、同意があることを前提として特定の者に係る情報が提供されることがある場合が告示されているのである。

　この告示において同意を必要とする事務が列挙され、当該事務ごとに同意を要する情報が列挙されているが、いずれも、要保護者に係る情報は除かれており、そのため同意を要する情報は生活保護法6条1項の被保護者であった者に係る情報のみとなる。

　このように番号法は同意を要する情報と同意を不要とする情報を厳密に仕分けしている。その上で同意を要する情報については「この場合において、情報照会者（法19条7号に規定する「情報照会者」をいう。）が、情報提供者（同号に規定する「情報提供者」をいう。）に対し、当該情報の提供を求めるに当たっては、当該情報提供者が当該情報を提供することにつき、当該情報照会者が、当該情報提供者に代わって当該情報に係る本人の同意を

得るものとする」として、情報照会者に本人の同意を取得することを義務付けている。

　つまり、ネットワークを利用する事務の内には、同意を要することなく情報提供ネットワークシステムを使って提供することができる事務と同意がなければネットワークにアクセスすること自体が許されない事務がある。

　以上の番号法の情報連携のルールをまとめてみよう。

特定個人情報取得の手法	要保護者等		扶養義務者
	要保護者	被保護者であった者	
情報提供ネットワークシステム	○	△ 同意書が必要	×
庁内連携（条例化）	○	○	○
庁内連携（非条例化）	×	×	×

6　生活保護法による保護の決定等に係る調査と地方税法22条の守秘義務

　最後に、税法上の守秘義務について触れておこう。

　論点は、生活保護法による所得状況の開示は、守秘義務について定める地方税法22条の触れることはないかということである。

　生活保護法による地方税関係情報の調査については、平成25年に同法の一部改正が行われている。同法の一部改正では福祉事務所の調査権限が拡大され、関係先情報（いわゆる29条調査）が行われた場合、官公署が保有する情報は回答義務の対象とされることとなった（生活保護法29条②）。

　以上から判明することは、生活保護法29条及び同法別表１は第１類型の直接規定型であり、これにより税法上の守秘義務は解除されるということである。

【結　論】

　本件は、地方税法上の守秘義務は解除されるが、番号法上は条例化が措置された庁内連携では特定個人情報の提供が許容される一方、同様の案件について組織外からの特定個人情報の提供の求めがあった場合には、これ

第Ⅱ部　事例解説

に応ずることができないという事例である。

　運用の工夫として、組織外からの扶養義務者に係る住民税情報の求め（照会）に対しては、照会文書の個人番号は墨消しして、回答にあたっては個人番号を除いて情報提供（回答）するという方法が採られている地方団体もある。運用上の工夫であろうが、根本は番号法別表1と別表2の役割の問題である。

　この際、次の点を補足しておきたい。

　番号法が導入されて特定個人情報の取扱いには、これまでの個人情報と異なり、あいまいな取扱いは少なくなる半面、利用と活用という面では地方団体の側から積極的にアクションを起こさなければこれまでの運用が法的に維持されなくなるということもある。庁内連携は、そのような運用の一つと言えるのかもしれない。

　本事例は、番号法別表2において提供情報を要保護者等に限定していることと異なり、庁内で生活保護開始決定のための扶養義務者に係る地方税関係情報の調査が可能となる条例化ができていることを前提としているが、このような条例化は必ずしも一般的とは言えないであろう。仮に、条例化していないとどうなるか。番号法導入前の感覚で生活保護のために地方税関係情報の庁内利用が可能ということで生活保護担当部署で地方税関係情報を入手しても、それをそのまま事務に使うことは賦課のために保有されている個人情報を生活保護という別の目的のために使うことになり、目的外利用となる。これは個人情報保護の原則である目的外利用禁止の原則に違反することになるのである。

　個人情報保護法では本人の同意書が必要であるということになるが、番号法では特定個人情報が対象とされており、特定個人情報は同意の有無にかかわらず利用と提供が規制され、その利用と提供が法定されている。

　組織外の機関との情報連携では、番号法19条7号の情報提供ネットワークシステムがあり、この仕組みによる特定個人情報の提供の求めと情報提供では番号法別表2に事務の内容等が個別に規定されているが、その保護のための扶養義務者に係る調査事務は情報連携の対象とはされていないのである。

　扶養義務者の特定個人情報の利用と活用では、庁内連携は条例化を前提として可能とされる一方、情報提供ネットワークシステムの使用はできないという仕組みとされている。

226

本問の生活保護法の29条による資産及び収入状況の照会は地方税法22条の守秘義務を解除する規定となっている。

以上から、扶養義務者の特定個人情報の提供は、税法上の守秘義務には触れないが、地方団体内部の条例化の存否如何により庁内連携ができない場合や組織外からの情報提供の求めに対しては個人番号抜きでの対応となる等、複雑な対応が生じてくることになる。

組織内（庁内）からか、組織外からか、あるいは条例化されているか否かといった条件の違いにより、特定個人情報の取扱いは違ってくることを理解しておくことである。

第Ⅱ部 事例解説

21 固定資産課税台帳の閲覧と マイナンバー

【事 例】

賦課期日前に死亡した登記名義人の固定資産について、地方税法343条2項により遺産分割前の共同相続人4名（A～D）を現に所有する者と認定し、そのうちの一人Aあてに「A外3名」として納税通知書を送ったところ、他の共同相続人Bから固定資産課税台帳（土地、家屋）の閲覧申請がされた。

Bに対して他の共有者の個人情報を開示することは法22条に違反しないものか、課税台帳には個人番号も含まれているが、閲覧させることは番号法に違反しないか。

【解 説】

1 固定資産課税台帳を閲覧することができる者

まず、現に所有する者又は固定資産の共同相続人は、被相続人の固定資産税台帳（以下「課税台帳」という。）の閲覧をすることができる者であるかどうか確認してみよう。

地方税法（以下「法」という。）は、課税台帳の閲覧制度を設けているが、課税台帳を閲覧できる者については法382条の2に規定されており、市町村長は、納税義務者その他の政令で定める者の求めに応じ、これらの者の閲覧に供しなければならないものとされている。（請求があれば閲覧は義務となるので、閲覧できる者は閲覧権者ということができる。）

地方税法第382条の2

（固定資産課税台帳の閲覧）

第382条の2 市町村長は、納税義務者その他の政令で定める者の求めに応じ、固定資産課税台帳のうちこれらの者に係る固定資産として政令で定めるもの

228

に関する事項（総務省令で定める事項を除く。以下この項において同じ。）が
記載（当該固定資産課税台帳の備付けが第380条第2項の規定により電磁的記
録の備付けをもつて行われている場合には、記録。次項、次条及び第394条に
おいて同じ。）をされている部分又はその写し（当該固定資産課税台帳の備付
けが第380条第2項の規定により電磁的記録の備付けをもつて行われている場
合には、当該固定資産課税台帳に記録をされている事項を記載した書類。次
項及び第387条第3項において同じ。）をこれらの者の閲覧に供しなければな
らない。
（第2項省略）

　したがって、閲覧請求をできるものは「納税義務者その他の政令で定め
る者」となり、具体的にどのような者が閲覧請求できるか、さらに「政令
で定める者」についてみてみよう。

地方税法施行令第52条の14

（法第382条の2第1項の者等）
第52条の14　法第382条の2第1項に規定する政令で定める者は、次の表の上欄
　に掲げる者とし、同項に規定するこれらの者に係る固定資産として政令で定
　めるものは、同表の上欄に掲げる者について、それぞれ同表の下欄に掲げる
　固定資産とする。

一　固定資産税の納税義務者	当該納税義務に係る固定資産
二　土地について賃借権その他の使用又は収益を目的とする権利（対価が支払われるものに限る。）を有する者	当該権利の目的である土地
三　家屋について賃借権その他の使用又は収益を目的とする権利（対価が支払われるものに限る。）を有する者	当該権利の目的である家屋及びその敷地である土地
四　固定資産の処分をする権利を有する者として総務省令で定める者	当該権利の目的である固定資産

　すると、課税台帳の閲覧をできる者は、上欄に掲げる者、すなわち1号

229

第Ⅱ部　事例解説

から4号に掲げる者であり、4号はさらに詳細を総務省令に委ねており、同省令に当たる地方税法施行規則第12条の4には1号から9号までの者が定められている。

○参考　表1（地方税法施行令第52条の14による閲覧できる者の一覧）

一　固定資産税の納税義務者	
二　土地について賃借権その他の使用又は収益を目的とする権利（対価が支払われるものに限る。）を有する者	
三　家屋について賃借権その他の使用又は収益を目的とする権利（対価が支払われるものに限る。）を有する者	
四　固定資産の処分をする権利を有する者として総務省令で定める者	
①から⑨までは地方税法施行規則第12条の4に掲げる者	①　所有者
	②　破産法（平成16年法律第75号）第74条の規定により破産管財人に選任された者及び同法第91条第2項の規定により保全管理人に選任された者
	③　会社更生法（平成14年法律第154号）第30条第2項の規定により保全管理人に選任された者及び同法第42条第1項の規定により管財人に選任された者
	④　預金保険法（昭和46年法律第34号）第77条第2項の規定により金融整理管財人に選任された者及び同法第126条の5第1項の規定による特定管理を命ずる処分があつた場合における預金保険機構
	⑤　農水産業協同組合貯金保険法（昭和48年法律第53号）第85条第2項の規定により管理人に選任された者
	⑥　保険業法（平成7年法律第105号）第242条第2項の規定により保険管理人に選任された者
	⑦　金融機能の再生のための緊急措置に関する

	法律（平成10年法律第132号）第11条第2項の規定により金融整理管財人に選任された者
	⑧　民事再生法（平成11年法律第225号）第64条第2項の規定により管財人に選任された者及び同法第79条第2項の規定により保全管理人に選任された者
	⑨　外国倒産処理手続の承認援助に関する法律（平成12年法律第129号）第32条第2項の規定により承認管財人に選任された者及び同法第51条第2項の規定により保全管理人に選任された者

　閲覧権者が数多く列挙されているが、この中で「現に所有する者」はこれらに掲げられた閲覧権者にあたるか見てみよう。

　設例では、AからDまでの者を「現に所有する者」と認定し、そのうちの一人Aあてに「A外3名」として納税通知書を送ったとされているので、遺産分割前の共同相続人Aと外3名が固定資産税の納税義務者である賦課期日現在の所有者とされていることがわかる。これらの者は相続により本件固定資産を共有する共有者の関係にある（民法898条）。

　賦課期日現在、現に所有するものと認定される以上、ここで「納税義務者」となるべきものはAばかりでなく、Bを含む外3名全員となり、法382条の2第1項の規定によりBは本件課税台帳を閲覧することができる者、すなわち閲覧権者ということになる。

2　共有者氏名表の閲覧

　次に、これらの閲覧権者がどのような課税台帳を閲覧できるかについて見てみよう。

　ここでの問題は、課税台帳のうちに共有者に関する事項が規定された「共有者氏名表」が課税台帳の閲覧の対象とされているかどうかである。

　地方税法施行規則様式24（土地課税台帳）及び様式25（家屋課税台帳）は共有者氏名表を台帳の添付書類としている。

　つまり、これらの書類はいずれも地方税法上の「固定資産課税台帳」であり、閲覧の対象となるものである。現に所有する者が課税台帳を閲覧す

第Ⅱ部　事例解説

る権利者である限り、このような者に共有者氏名表を閲覧させることは法
22条に抵触するものではない。

　閲覧権者が閲覧することができる事項について、法382条の2第1項は
政令で定める事項と規定しつつ、総務省令で定める事項を除くものとして
いる。
　つまり、課税台帳で閲覧することができる者について政省令により制限
を加えているのである。
　政令では、閲覧権者が閲覧できる対象となる固定資産についてそれぞれ
閲覧権者の種類に応じて定めている（法施行令52条の14）。
　Bは、納税義務者であるから法施行令52条の14の表の上欄1号にあた
り、閲覧できる対象となる固定資産はこの下欄1号の「当該納税義務に係
る固定資産」となる。
　納税義務者は原則として課税台帳のすべてを見ることができる立場にい
るものと考えられる。
　注意が必要なのは、この点について法328条の2第1項は「これらの者
に係る固定資産として政令で定めるものに関する事項（総務省令で定める事
項を除く。以下この項において同じ。）」とする規定を置いていることである。
　このかっこ書きの部分は、平成28年3月31日の地方税法の改正によって
法328条の2第1項に加えられたものである。
　それではここで規定された総務省令を見てみよう。

地方税法施行規則第12条の3の3

（法第382条の2第1項の閲覧事項）
第12条の3の3　法第382条の2第1項に規定する総務省令で定める事項は、政
　令第52条の14の表第2号から第4号までの上欄に掲げる者については、同表
　第1号の上欄に掲げる者の個人番号とする。

　新たに追加された法施行規則12条の3の3では、課税台帳を閲覧できる
ものとして掲げた1号から4号までの者のうち、納税義務者を除いた2号
から4号までの者については、「同表第1号の上欄に掲げる者の個人番号」
を閲覧の対象から除く、つまり納税義務者の個人番号を見ることはできな
いものとされている。
　それでは、納税義務者は自由に課税台帳を見ることができるのか。これ

21 固定資産課税台帳の閲覧とマイナンバー

までの地方税法に関する法令解釈からすると、納税義務者の閲覧について
はそのように読むこともできることとなるが、ここは番号法が適用される
デリケートなところである。納税義務者に限っては番号法のルールが除外
されるものかどうか、地方税法の規定する納税義務者の閲覧という課題に
番号法を絡めてみていくこととする。

(1) 共同相続人による特定個人情報の閲覧

閲覧の対象である課税台帳（共有者氏名表を含む。以下同じ。）には個人番
号が記録されている。

課税台帳の閲覧は地方税法に定める事務であり、当該台帳には個人番号
が記録されていることから、地方税法に定める課税台帳を閲覧に供する行
為は個人番号の提供行為にあたる。当該固定資産が単独所有の場合は閲覧
者は単独所有者であるから、閲覧によって個人番号を見ることになって
も、（他人の個人番号を収集するものではなく）問題はないが、共有の場合は、
閲覧によって他の共有者の個人番号が提供されることになる。番号法上、
このような提供行為はどのように取り扱われるのか。

この問題に入る前に、課税台帳を利用することは番号法上どのような規
制があるのか、番号法では提供行為と利用行為を厳格に区別している。課
税台帳を閲覧に供する行為、これを閲覧する行為は番号法上どのように規
制されるのかを見ていく。

① 地方税法の閲覧事務のために課税台帳を用いること

法382条の2によって適法に課税台帳を閲覧することができる納税義務
者が他の共有者に係る特定個人情報の提供を受けることができるかどう
か。提供を受けることができるとするとどのような解釈、根拠によるもの
かがここで問題となる。

納税義務者である共同相続人が課税台帳の閲覧をすることは、これを通
じて他の共有者の個人番号を見ることになる。課税台帳の閲覧そのものは
地方税法の認めるところであるが、他人の個人番号は番号法の許容する場
合以外には認められていない。

地方税法により課税台帳を活用し、各種の事務を行うことは、番号法9
条及び別表1の第6項の「賦課徴収に関する事務」に該当し、個人番号利
用事務とされている。そして、この利用行為は、番号法によって「必要な
限度で」行うこととされている。一般には必要な限度で行う利用事務と
は、個人番号の記載された届出書を収受したり、庁内端末を操作して個人

第Ⅱ部　事例解説

番号をキーにして課税台帳情報を検索したりといった庁内事務をいうものである。

番号法9条及び別表1（抜粋）

（利用範囲）

第9条　別表第1の上欄に掲げる行政機関、地方公共団体、独立行政法人等その他の行政事務を処理する者（法令の規定により同表の下欄に掲げる事務の全部又は一部を行うこととされている者がある場合にあっては、その者を含む。第3項において同じ。）は、同表の下欄に掲げる事務の処理に関して保有する特定個人情報ファイルにおいて個人情報を効率的に検索し、及び管理するために必要な限度で個人番号を利用することができる。当該事務の全部又は一部の委託を受けた者も、同様とする。

（2項以下省略）

番号法別表第1

利用主体	事　　　務
16　都道府県知事または市町村長	地方税法その他の地方税に関する法律及びこれらの法律に基づく条例による地方税の賦課徴収又は地方税に関する調査（犯則事件の調査を含む。）に関する事務であって主務省令で定めるもの

○行政手続における特定の個人を識別するための番号の利用等に関する法律別表第1の主務省令で定める事務を定める命令（平成26年9月10日内閣府総務省令第5号）

第16条　法別表第1の16の項の主務省令で定める事務は、地方税法（昭和25年法律第226号）その他の地方税に関する法律及びこれらの法律に基づく条例による地方税の課税標準の更正若しくは決定、税額の更正若しくは決定、納税の告知、督促、滞納処分その他の地方税の賦課徴収に関する事務又は地方税に関する調査（犯則事件の調査を含む。）に関する事務とする。

　課税台帳の閲覧を通じて、特定個人情報を第三者へ提供することは、必要な限度の利用行為と言えるか。これがここでの課題である。

　番号法は、このような「提供行為」を「利用行為」と区別して用いることとされている。提供行為とは、特定個人情報を利用事務の実施者から外部に移転させる行為をいうものである。当該事務の実施者内部で検索・閲覧する限り、それらの行為は利用行為とされるものであるが、当該事務の

234

実施者以外の第三者に当該情報を移転させる行為は提供行為として利用行為とは区別され、提供行為は番号法19条の規定するところとされている。

課税台帳の閲覧は、地方税法の認めるものであるが、個人番号の記載された課税台帳を本人以外の他人に提供する行為は提供行為にあたると考えるほかはない。

そこで、次に番号法19条の検討に入ることとする。

② 課税台帳を関係者の閲覧に供すること

番号法19条は、特定個人情報の提供に関し、同条各号に定める場合を除いて提供してはならないとし、原則禁止を規定している（同条柱書）。

番号法第19条第1号

（特定個人情報の提供の制限）

第19条 何人も、次の各号のいずれかに該当する場合を除き、特定個人情報の提供をしてはならない。

一 個人番号利用事務実施者が個人番号利用事務を処理するために必要な限度で本人若しくはその代理人又は個人番号関係事務実施者に対し特定個人情報を提供するとき（個人番号利用事務実施者が、生活保護法（昭和25年法律第144号）第29条第1項、厚生年金保険法第100条の2第5項その他の政令で定める法律の規定により本人の資産又は収入の状況についての報告を求めるためにその者の個人番号を提供する場合にあっては、銀行その他の政令で定める者に対し提供するときに限る。）。

（2号以下省略）

この番号法の規定から、課税台帳を閲覧に供することは「特定個人情報の提供」に当たり、個人番号の記録された固定資産台帳を閲覧請求することは、番号法では「個人番号の提供の求め」に当たる。そして提供を受けるのは「特定個人情報の収集」に当たることになる（番号法15条、19条、20条）。

いずれも番号法19条各号に定める場合以外は提供することはできないこととされているのである。

番号法19条1号は、個人番号利用事務実施者が個人番号利用事務を処理するために必要な限度で本人若しくはその代理人又は個人番号関係事務実施者に対し特定個人情報を提供することができるものとしている。

共同相続人である納税義務者への課税台帳の閲覧は同条同号から読み切

第Ⅱ部　事例解説

れないのか。

　個人番号利用事務実施者（税務当局）が特定個人情報を提供する相手は「本人若しくはその代理人又は個人番号関係事務実施者」とされるものである。

　共同相続人は、他の共同相続人からの個別の委任を受けることなくその代理人となることはない。また、個人番号利用事務のために個人番号を利用する者でもないことから個人番号関係事務実施者になるものでもない。共有者は租税債務を負うほかには課税庁に対して個人番号の提供義務を負うものではない。個人番号関係事務実施者に該当するものではないのはもちろんということになる（番号法2条13項）。

　地方税法上、共有者は連帯納税義務を負い、1の租税債務を多数の納税義務者で全額負担する債務関係にある。その意味で、固定資産税台帳情報に対する関係についてはすべて「本人」といいうる余地がある。ただし、番号法は、本人について厳密に定義し、「個人番号によって識別される特定の個人をいう。」（番号法1条）としていることから、地方税法上はともかく、番号法上はすべて本人というわけにはいかないものである。

　番号法19条の文言をさらに検討してみよう。

　番号法19条第1項は事務処理のための提供行為は「必要な限度で」行うと規定している。

　閲覧対象の課税台帳（共有者氏名表を含む）の様式には「本人」のみならず、共有者である他人の個人番号も一体として載っているが、これらを閲覧させることは必要な限度に当るか、あるいは番号法の禁じるものであるか。

　これを肯定すれば、閲覧を通じて本人である現に所有する者は、他人である共有者の個人番号まで知ることができることになるが、これは果たして番号法で規定する「必要な限度」と言えるのか。

　本人である現に所有する者が、他人である共有者が誰であるかは知る必要がある事項である。しかし、共有者の個人番号まで「知る必要がある」ということができるものか。

　地方税法が共有者氏名表を通じた共有者情報を知ることを許容しているのは当該情報が資産情報の一部であるからである。当該共有者の個人情報まで含むものではない。知る必要があるかと問われれば、否と答えるほかないものである。

236

これを否定しても、実務的には必ずしも進退不能に陥るということはない。閲覧の際に共有者の個人番号についてマスキング処理をすればよいからである。

【結　論】

　以上の検討の結果から考えると、法382条の2により、台帳閲覧ができる共同相続人であっても、番号法による特定個人情報の提供規制により、他人の個人番号を見ることはできないというのが自然な解釈と考えられるものである。

第Ⅱ部　事例解説

22　証明等窓口の安全管理措置

【事　例】

1　A市の証明窓口では３台の端末を使って証明書の発行を行っている。この端末は市民向け証明書発行専用とされ、証明書発行検索画面では漢字氏名、カナ氏名、生年月日、住所、宛名番号、個人番号が入力項目となっている。証明書発行のために検索機能が限られるなどアクセス制限が施されている。端末にログインするための認証カードは従事職員一人ひとりに配布されているが、従事職員の交替の際にはお客を待たせないよう、直前の従事者の画面を更新しないで発行作業を行っている。どのような問題があるか。

2　B市では毎年２月、３月を住民税申告書の集中受付時期として、市役所の会議室を申告会場として、担当職員の半数が交替で受付事務に当たっている。受付終了時は会議室を閉鎖し、担当者１名が受付件数を数えて記録し、プラスチック製の籠（蓋なし）に入れて、30メートル離れた執務室に持ち帰るルールである。この日は受付件数が多く籠に入りきらないので、一部の申告書は小脇に抱えて執務室に持ち帰ったところ、受付けた申告書の一部が見当たらない。住民税申告書には個人番号が記入されている。どのような問題があるか。

【解　説】

　本問は、個人番号の安全管理措置がきちんと講じられているかを問う事例である。

　番号法では、個人番号の安全管理措置について次のように規定している。

番号法第12条

(個人番号利用事務実施者等の責務)

第12条　個人番号利用事務実施者及び個人番号関係事務実施者（以下「個人番

22　証明等窓口の安全管理措置

> 号利用事務等実施者」という。）は、個人番号の漏えい、滅失又は毀損の防止
> その他の個人番号の適切な管理のために必要な措置を講じなければならない。

　個人番号利用事務実施者とは個人番号利用事務を処理する者及び個人番号利用事務の全部又は一部の委託を受けた者をいい、個人番号関係事務実施者とは個人番号関係事務を処理する者及び個人番号関係事務の全部又は一部の委託を受けた者をいう（番号法2条13項・14項）。

　いずれも、番号法上個人番号を利用して事務を行うことができる者である。これらの者には「個人番号の漏えい、滅失又は毀損の防止」と例示された個人番号の適切な管理のために必要な措置を講じる義務が課せられている。ここで「個人番号の適切な管理のために必要な措置」とは安全管理措置のことである。安全管理措置は、行政機関等個人情報保護法や個人情報保護法にも義務として規定されている。

行政機関個人情報保護法第6条

> （安全確保の措置）
> 第6条　行政機関の長は、保有個人情報の漏えい、滅失又は毀損の防止その他の保有個人情報の適切な管理のために必要な措置を講じなければならない。
> 2　以下略

個人情報保護法第20条

> （安全管理措置）
> 第20条　個人情報取扱事業者は、その取り扱う個人データの漏えい、滅失又はき損の防止その他の個人データの安全管理のために必要かつ適切な措置を講じなければならない。

　それぞれ保護の対象を「個人番号」、「保有個人情報」、「個人データ」と異なるが、個人情報保護法が求める安全管理措置と、行政機関個人情報保護法及び番号法が求める安全管理措置では、その基本的な要素（漏えい、滅失又はき損の防止その他の安全管理のために必要かつ適切な措置）は共通しており、ガイドラインが求める個々の安全管理措置についても、その基本的な要素は共通している。

　番号法は、個人番号の「漏えい、滅失又は毀損の防止」と安全管理措置の内容については例示するにとどまり、具体的な内容は規定していない

第Ⅱ部　事例解説

が、個人情報保護委員会が制定する「特定個人情報の適正な取扱いに関するガイドライン」（平成28年12月18日）では、別添として「（別添）特定個人情報に関する安全管理措置（行政機関等・地方公共団体等編）」（以下「ガイドライン」という。）を設け、安全管理措置の検討手順に始まり、具体的な「講ずべき安全管理措置の内容」までが体系的に詳細に解説されている（ガイドライン51頁以下）。

　ガイドラインにおける安全管理措置は、次の４つの管理措置からなる。
① 　組織的安全管理措置
② 　人的安全管理措置
③ 　物理的安全管理措置
④ 　技術的安全管理措置
　これらの四つの安全管理措置の内容としてガイドラインは要旨次のような項目を掲げる。

①　組織的安全管理措置	特定個人情報等の適正な取扱いのために、組織的安全管理措置を講じるものとして、組織体制の整備、取扱規程等に基づく運用、取扱状況を確認する手段の整備、情報漏えい等事案に対応する体制等の整備、取扱状況の把握及び安全管理措置の見直しの項目を掲げる。
②　人的安全管理措置	特定個人情報等の適正な取扱いのために、人的安全管理措置を講じるものとして、事務取扱担当者の監督、事務取扱担当者等の教育、法令・内部規程違反等に対する厳正な対処の項目を掲げる。
③　物理的安全管理措置	特定個人情報等の適正な取扱いのために、物理的安全管理措置を講じるものとして特定個人情報等を取り扱う区域の管理、機器及び電子媒体等の盗難等の防止、電子媒体等の取扱いにおける漏えい等の防止、個人番号の削除、機器及び電子媒体等の廃棄を掲げる。
④　技術的安全管理措置	特定個人情報等の適正な取扱いのために、技術的安全管理措置を講じるものとして、アクセス制御、アクセス者の識別と認証、不正アクセス等による被害の防止等、情報漏えい等の防止を掲げる。

　1は技術的安全管理措置、とりわけ「アクセス制御、アクセス者の識別と認証」の問題である。職員に渡された認証カードを始業時最初の職員が

240

使ってログインして以降、その後に職員の交代があっても終業時まで更新しないで業務を継続する実態あり、稀に報道されることもあるが、多くは顕在化することはない。証明を待つ多数の来所者を前にしての窓口の混雑を背景としている。だが、これでは誰がどのような必要があって当該項目の検索を行ったか、そしてその結果事務処理を行ったのは誰か、厳密には把握できないことになってしまう。個人識別機能の強力な個人番号が導入され、これまで以上に実務の運用にあたって個人番号とこれに紐ついた個人情報の安全管理の必要性が高まってきていることから、事例のような場合は早急に改めなければならないものである。

　ガイドラインの概要では、次のように解説されている（ガイドライン61〜62頁参照）。

「a　アクセス制御

　　情報システムを使用して個人番号利用事務等を行う場合、事務取扱担当者及び当該事務で取り扱う特定個人情報ファイルの範囲を限定するために、適切なアクセス制御を行う。

《手法の例示》

＊　アクセス制御を行う方法としては、次に掲げるものが挙げられる。

・特定個人情報ファイルを取り扱うことのできる情報システム端末等を限定する。

・各情報システムにおいて、アクセスすることのできる特定個人情報ファイルを限定する。

・ユーザーIDに付与するアクセス権により、特定個人情報ファイルを取り扱う情報システムを使用できる者を事務取扱担当者に限定する。

・特定個人情報ファイルへのアクセス権を付与すべき者を最小化する。

・アクセス権を有する者に付与する権限を最小化する。

・情報システムの管理者権限を有するユーザーであっても、情報システムの管理上特定個人情報ファイルの内容を知らなくてもよいのであれば、特定個人情報ファイルへ直接アクセスできないようにアクセス制御をする。

・特定個人情報ファイルを取り扱う情報システムに導入したアクセス制御機能の脆弱性等を検証する。

第Ⅱ部　事例解説

　b　アクセス者の識別と認証
　　特定個人情報等を取り扱う情報システムは、事務取扱担当者が正当なアクセス権を有する者であることを、識別した結果に基づき認証する。」

　事例においては、「従事職員の交替の際にはお客を待たせないよう、直前の従事者の画面を更新しないで発行作業を行っている。」としているが、これではアクセス制御が効かないことになる。Ａ市の証明窓口の対応は不適切な取扱いといわなければならない。
　２は物理的安全管理措置の問題である。
　個人住民税の繁忙期には、どこの市町村でも申告書の受付事務には神経を使っていることと思う。申告書の受付は、執務室内での対応と専用会場での対応と、大まかには二つに分かれる。事例は、専用会場となっている。ここでは、個人番号の記入された住民税申告書の扱いが２点気になるところである。一つには保管用具であり、もう一つは終業時の受付けた申告書の記録と執務室までの移動を一人の担当者だけで行っていることである。事例では保管用具は「プラスチック製の籠（蓋なし）」とあるから、洗濯籠のようなものを代用していたものかと推察されるが、大事な個人番号のついた申告書である。取扱いが安易で事故を誘発する危険のあるものであったといわざるをえない。また、申告書の枚数のカウントにしても、一人ではダブルチェックが効かない。事例のような離れた場所の移動を伴うような場合はとくに搬送までに受付申告書の枚数カウントはダブルチェックができるよう、人員の配置が必要であろう。
　ガイドラインでは、特定個人情報ファイルを取り扱う情報システム（サーバ等）を管理する区域を「管理区域」と呼び、特定個人情報等を取り扱う事務を実施する区域を「取扱区域」と呼んで区別しているが、取扱区域における書類の盗難又は紛失を防止するため、次のように物理的管理措置を講ずることが解説されている（ガイドライン58〜60頁参照）。
「b　機器及び電子媒体等の盗難等の防止
　　管理区域及び取扱区域における特定個人情報等を取り扱う機器、電子媒体及び書類等の盗難又は紛失等を防止するために、物理的な安全管理措置を講ずる。また、電子媒体及び書類等の庁舎内の移動等において、紛失・盗難等に留意する。

242

《手法の例示》
＊　特定個人情報等を取り扱う機器、電子媒体又は書類等を、施錠できる
　キャビネット、書庫又は必要に応じて耐火金庫等へ保管することが考え
　られる。
＊　特定個人情報ファイルを取り扱う情報システムが機器のみで運用され
　ている場合は、セキュリティワイヤー等により固定すること等が考えら
　れる。

　c　電子媒体等の取扱いにおける漏えい等の防止
　　　許可された電子媒体又は機器等以外のものについて使用の制限等の
　　必要な措置を講ずる。また、記録機能を有する機器の情報システム端
　　末等への接続の制限等の必要な措置を講ずる。
　　　取扱規程等の手続に基づき、特定個人情報等が記録された電子媒体
　　又は書類等を持ち運ぶ必要が生じた場合には、容易に個人番号が判明
　　しないよう安全な方策を講ずる。
　　　「持ち運ぶ」とは、特定個人情報等を管理区域又は取扱区域から外
　　へ移動させること又は当該区域の外から当該区域へ移動させることを
　　いい、庁舎内での移動等であっても、特定個人情報等の紛失・盗難等
　　に留意する必要がある。」

　事例では、「プラスチック製の籠（蓋なし）に入れて、30メートル離れた
執務室に持ち帰るルール」とあるがガイドラインの基準からは外れるもの
と言わざるを得ない。落下や散逸の恐れのないきちんとした保管ケースを
準備すべきものであろう。さらに保管の際は施錠が望ましい。
　事例は、広くとらえれば、組織的安全管理措置（組織体制の整備等）の問
題でもあり、人的安全管理措置（研修）の問題でもある。
　個人番号の漏えい等については、番号法の一部改正（平成27年法律65号）
により次の条文が追加されている。

（特定個人情報の漏えい等に関する報告）
第29条の4　個人番号利用事務等実施者は、個人情報保護委員会規則で定める
　ところにより、特定個人情報ファイルに記録された特定個人情報の漏えいそ

第Ⅱ部　事例解説

> の他の特定個人情報の安全の確保に係る重大な事態が生じたときは、委員会
> に報告するものとする。

　さらに個人情報保護委員会から次の告示が出されており、事件が発生し
てからではなく、事前によく周知、対応訓練をし、事後処理についてもき
ちんとした対応ができるようしておいてほしいものである。
○個人情報保護委員会
・「特定個人情報の漏えいその他の特定個人情報の安全の確保に係る重大
　な事態の報告に関する規則」（平成27年特定個人情報保護委員会規則5号）
・「独立行政法人等及び地方公共団体等における特定個人情報の漏えい事
　案等が発生した場合の対応について」（平成27年特定個人情報保護委員会告
　示第1号）
・「行政機関における特定個人情報の漏えい事案等が発生した場合の対応
　について」（平成27年9月28日特個第581号特定個人情報保護委員会事務局長通
　知）
　なお、これまで個人番号の入った書類や個人番号の記録が入ったパソコ
ンの紛失が報道されている。職場においては、これまで以上に個人番号が
実務に入ってきたことに伴い意識を入れ替える取組みが必要ではないか。
本事例を参考に事務体制の見直し、特定個人情報の取扱いの適正化につい
て実際的な対策を講ずることが大事である。

【結　論】

　個人情報保護委員会のガイドラインでは、特定個人情報の取扱いについ
てより体系的で具体的かつ詳細な解説が施されているところである。
　本事例について、ガイドラインの記述と対照しながら検討していくと、
事例1は技術的安全管理措置の問題としてとらえることができる。事例2
は物理的安全管理措置の問題である。いずれも不適切な対応であって、改
善の必要がある。
　また、広くとらえれば、組織的安全管理措置（方針の周知徹底）の問題
であり、人的安全管理措置（研修）の問題でもある。個人番号の入った書
類の紛失が報道されていることに鑑みれば、個人番号や特定個人情報の漏
えい対策を普段から周知し、確認しておくことである。個人情報保護委員
会への報告、総務省への報告など、事件が発生してからではなく、事前に

よく周知、確認をしておくことである。

個人番号が実務に入ってきたことを踏まえ、いっそう意識を入れ替える取組みが必要である。

第Ⅲ部　資料編

第Ⅲ部　資料編

1　照会・証明請求等に応じることを許容していると認められる法律（例）

法律	請求者	目的	請求事項	回答又は証明理由
公営住宅法第34条	市町村長都道府県知事	入居制限又割増賃料決定のため	所得状況	同法第23条第2号の規定による入居資格の認定又第28条第2項の規定による割増賃料の算定に際し所得の把握を要し、同法第34条の規定により入居者は当該事項について報告義務がある。
児童手当法第28条	市町村長	児童手当の支給資格の認定のため	所得、扶養親族数、所得控除額	同法第5条の規定による支給制限の認定に際し所得、扶養親族数等の把握を要し、同法施行規則第1条の規定により申請者は当該事項について報告義務がある。
児童扶養手当法第30条	市町村長都道府県知事	児童扶養手当の支給資格の認定のため	所得、扶養親族数、所得控除額	同法第9条から第11条までの規定による支給制限の認定に際し所得、扶養親族数等の把握を要し、同法施行規則第1条の規定により申請者は当該事項について報告義務がある。
特別児童扶養手当等の支給に関する法律第37条	市町村長都道府県知事	特別児童扶養手当・福祉手当の支給資格の認定のため	所得、扶養親族数、所得控除額	同法第6条から第8条まで又は第20条及び第21条の規定による支給制限の認定に際し所得、扶養親族数等の把握を要し、同法施行規則第1条の規定により申請者は当該事項について報告義務がある。
老人福祉法第36条	市町村長	老人ホーム入所費用の認定のため	所得、市町村民税額等	同法第11条第1項の規定による老人ホームへの入所に要する費用を第28条第1項の規定により徴収する際に所得、市町村民税額等の把握を要する。
恩給法第58条の4第3項	都道府県知事	受給資格の認定のため	所得状況	同条第1項の規定により支給制限の認定に際し所得の把握を要する。
刑事訴訟法第279条	裁判所判事	裁判資料のため	資産、所得状況等	刑事訴訟法第197条と同様に任意処分とされているが、同法第144条の証人尋問において証言拒否権が認められていないことを考慮し、照会に応じる。

248

1　照会・証明請求等に応じることを許容していると認められる法律

生活保護法第29条	福祉事務所	生活保護の決定のため	資産、所得状況等	同法第24条又は第25条の規定による保護の開始の決定等に際し生活状況の把握を要し、同法施行規則第2条の規定により申請者は当該事項について報告義務がある。
職業安定法第11条第1項第2号	公共職業安定所長	中高年齢失業者等求職手帳交付又は職業転換給付のため	所得、扶養親族数	高年齢者等の雇用の安定等に関する法律第22条の規定による求職手帳の交付資格の認定又は雇用対策法施行規則第1条の4第1項第7号に規定する寡婦等に対する職業転換給付金の支給の認定に際し所得、扶養親族数等の把握を要し、高年齢者等の雇用の安定等に関する法律施行規則第7条又は雇用対策法第36条の規定により申請者は当該事項について報告義務がある。
民事執行法第18条第2項、第57条第4項、第58条第3項	裁判所判事、執行官、評価人	民事執行のため	執行資産等の課税額、固定資産税に関して保有する図面	民事執行規則第23条第5号の規定により執行資産に対し課される租税その他の公課の額の証明書の添付が義務づけられており、同法第18条、第57条及び第58条の規定により当該証明書、図面等の交付を請求することができる。
民事訴訟法第223条	裁判所判事	裁判資料のため	資産、所得状況等	民事訴訟法第223条第1項の規定により文書の提出を命じられた場合は、同法第220条第4号ロにより公共の利益を害し又は公務の遂行に著しい支障を生ずるおそれがある場合を除き、文書の提出を拒むことができない。
国民健康保険法第113条の2	市町村長	保険料の算定のため	所得、市民税額等	同法第76条の規定による保険料の算定に際し所得等の把握を要し、被保険者は、同法第113条の規定により、当該事項について報告義務がある。
国民年金法第108条	厚生労働大臣	年金給付及び保険料の算定のため	所得	同法第72条及び第73条の規定による支給制限の確認に際し所得の把握を要し、受給権者は、同法第107条の規定により、当該事項について報告義務がある。また、同法第90条から第90条の3までの規定による国民年金保険料の免除に際し所

第Ⅲ部　資料編

				得の把握を要し、被保険者は同法第106条の規定により、当該事項について報告義務がある。
介護保険法第203条	市町村長	保険給付及び保険料の算定のため	所得、市民税額等	同法第129条の規定による保険料率の算定に際し所得等の把握を要し、被保険者は、同法第202条の規定により、当該事項について報告義務がある。
高齢者の医療の確保に関する法律第138条第1項	後期高齢者医療広域連合、市町村長	一部負担金の額算定のため	所得、所得控除額	同法第69条第1項の規定による一部負担金の減額又は支払免除等の適用に際し所得等の把握を要し、被保険者は、同法施行規則第33条第2項の規定により、当該事項について報告義務がある。
税理士法第23条	日本税理士会連合会	税理士登録決定のため	地方税に関する滞納処分及び過料等の有無	同法第24条の税理士登録拒否事由を審査するための照会であり、同法第23条の規定により、市町村は、税理士登録の拒否事由に該当する場合、日本税理士会連合会に通知するものとされている。
道路交通法第51条の5第2項	道府県公安委員会	放置違反金納付命令のため	原動機付自転車等の所有者等氏名、住所等	同法第51条の5第1項の規定により放置車両の所有者等は、公安委員会に必要な報告又は資料の提出義務がある。

2　照会・証明請求等に応じることを許容していないと認められる法律(例)

法律	請求者	目的	請求事項	回答又は証明理由
刑事訴訟法第197条	検察庁、警察署等の捜査機関の長	犯罪捜査のため	資産、所得状況等	当該規定は一般に任意規定とされ、強制力を伴うものではないことから回答できない。
民事訴訟法第186条	裁判所判事	裁判資料のため	資産、所得状況等	民事訴訟は私人間の争いであり、回答内容が当事者の一方の利害のためになる場合も多いことを考慮し、回答しないこととする。
民事訴訟法第189	検察庁検事	過料等の徴収（裁	資産、課税、滞納	民事執行の申立者と同様であり、その他の特別な権限があるものとは認められな

条、刑事訴訟法第490、507条		判執行)のため	状況等	い。 ただし、資産を特定して照会がされた場合には民事執行の申立者と同様に当該資産の状況を回答することとなる。
国の債権の管理等に関する法律第15条	各省庁の長	債権管理のため	資産、課税、滞納状況等	一般の債権者と同様に訴訟又は民事執行の手続により債権回収を図るものであり、秘密開示を許容する規定は特にない。
労働保険の保険料の徴収等に関する法律第27条	市町村長	労災保険、雇用保険の保険料徴収事務のため	資産、課税、滞納状況	保険料の滞納処分について、国税徴収法の例により行う旨の規定により質問検査権（同法第141条）があるが、当該規定は任意調査の規定とされており、調査拒否等による罰則規定もないことから回答できない。
健康保険法第180条第4項、厚生年金保険法第89条	社会保険事務所長	健康保険、厚生年金保険の保険料徴収事務のため	資産、課税、滞納状況	右記と同趣旨
弁護士法第23条の2	弁護士会	受任事件に関する業務のため	資産、所得、課税、滞納状況等	当該照会に応じることは、弁護士の依頼者の利益のために照会事項に係る私人（納税者）の利益を犠牲にすることが多く、応じることはできない。

3　証明請求者とその確認方法

証明請求者	確認方法
1　本人 　(1)　個人及びその家族	運転免許証、パスポートなど官公署発行の身分証明書、年金手帳、健康保険証、個人番号カード、国税・地方税・社会保険料の領収証等により確認する。
(2)　法人	証明申請書に当該法人の代表者印又は事業所等の代表者印が押印されていることにより確認する。
(3)　合併により納税義務を承継する法人	法人開設届け、商業登記簿等により確認する。

第Ⅲ部　資料編

区　　　　　分	書　類　の　種　類
(4)　相続人	戸籍簿謄本、遺言書により確認する。
(5)　賦課期日後に売買・競売等により固定資産を買い受けた者	登記権利証、登記簿謄本、売買契約書、売却決定通知書により確認する。
2　本人の代理人	委任状、委任通知書、代理人選任届、同意書等本人から委任を受けたことを証する書類の提出を求めるとともに、請求者が委任状等に記載された代理人であることを1(1)の方法により確認する。
3　納税管理人	納税管理人申告書により確認する。
4　相続財産法人の管理人	家庭裁判所の管理人選任書により確認する。
5　破産管財人、和議管財人、更生管財人、清算人などの法定代理人	資格証明書、商業登記簿謄本等又は課税資料により確認する。
6　訴訟関係者（訴訟提起者、仮差押え、仮処分の命令調停、借地非訟事件申立)	訴状又は申立書及び添付書類等により確認する。弁護士又は司法書士が所定の申請書により請求する場合は、これらの書類は不要。
7　民事執行の申立者	申立書の提示により確認する。
8　税理士及び宅地建物取引業者	税務代理の権限を有することを証する書類又は不動産売買等の媒介契約書の提示により確認する。
9　借地人、借家人	不動産賃貸借契約書、地代・家賃支払帳、登記済証、不動産登記簿謄本（登記事項証明書）等の提示により確認する。なお、これらの書類を持参していない場合においては、課税台帳（補充課税台帳を除く）等により土地又は家屋の賃借権等の権利が推定でき、請求人であることを1の方法により確認できるときに限り、証明請求に応じる。

4　証明窓口での本人確認関係書類

区　　　　　分	書　類　の　種　類
免許証	運転免許証
保険証	国民健康保険被保険者証 国民年金手帳 健康保険被保険者証 船員保険被保険者証 日雇労働者健康保険被保険者手帳

4　証明窓口での本人確認関係書類

	国家公務員共済組合の組合員証 地方公務員共済組合の組合員証
福祉手帳	母子健康手帳（母子手帳） 児童扶助手当証書 身体障害者手帳
法人の設立登記	法人の登記事項証明書の謄本
領収証書	国税の領収証書 地方税の領収証書 社会保険料の領収証書
諸証明	国税・地方税の納税証明書 国税・地方税の課税証明書
身分証明書	パスポート、ビザ（入国査証）、個人番号カードのように、法令に基づいて発行される身分証明書
その他	公的機関から発行された書類で、以上の書類に準じるもの。

第Ⅲ部　資料編

5　行政通達等・実例

(1) 原動機付自転車に係る所有者情報の取扱いについて

平成17年3月29日総税企第70号
総務省自治税務局企画課長から各道府
県税務主管部長、東京都総務・主税局
長あて

　軽自動車税の課税に関して市町村が保
有している原動機付自転車に係る所有者
情報について捜査機関から刑事訴訟法第
197条第2項に基づく照会を受けた場合
の取扱いについて、刑事訴訟法第197条
第2項の解釈が明らかにされたこと等を
踏まえ、今般、地方税法第22条の守秘義
務との関係等について、法務省及び警察
庁と協議のうえ、下記のようにとりまと
めたので、通知します。

　貴都道府県内市町村に対して、この旨
を周知されるようお願いいたします。

記

　原動機付自転車の所有者関係情報（氏
名、住所、標識番号、車台番号等）につ
いて、刑事訴訟法第197条第2項の規定に
基づいて捜査機関から情報提供を求めら
れた場合においては、同項に基づく報告
義務に従って情報提供に応じることが相
当であり、当該情報提供については、地
方税法第22条の守秘義務違反の罪に問わ
れることはないと解されるものであるこ
と。

　なお、このような解釈を整理した背
景・理由等は、次のとおりであること。
1　地方税法第22条（及び地方公務員法第
　34条）によって守秘義務が課せられる
　税務関係情報について、他の行政機関
　から、法令の規定に基づいて、情報の

提供が求められた場合の取扱いについ
ては、個別具体の状況に応じ、事案の
重要性や緊急性、代替的手段の有無、
全体としての法秩序の維持の必要性等
を総合的に勘案し、保護法益間の比較
考量を慎重に行ったうえで、情報提供
が必要と認められる場合について、必
要な範囲内で情報の提供に応じること
が適当であると解されているところで
ある。
2　守秘義務に関するこうした一般的な
法解釈は今後とも維持していくべきも
のと考えられるが、原動機付自転車に
係る軽自動車税に関する課税情報につ
き、捜査機関から情報提供を求められ
た場合の対応については、多くの市町
村が課税情報のうち捜査に必要となる
所有者関係情報（氏名、住所、標識（ナ
ンバープレート）番号、車体番号等）の提
供に応じている一方で、守秘義務を理
由として情報の提供を制限している市
町村もあり、団体によって対応が区々
となっている。
　　一方、平成15年12月18日の犯罪対策
閣僚会議において、「犯罪に強い社会
の実現のための行動計画」の中で、政
府として、各市町村が管理している原
動機付自転車に関する情報を犯罪捜査
等に有効に活用できるような仕組み等
について検討を進めることが決定され
るなど、治安対策を推進する観点か
ら、この問題について検討を進める必
要性が高まってきている。
3　こうした中で、第160回臨時国会で
提出された質問主意書に対する答弁
（平成16年8月10日）において、「刑事訴
訟法第197条第2項の規定に基づく照
会については、相手方に報告すべき義

254

務を課すもの」である旨の解釈が閣議決定され、刑事訴訟法第197条第2項の規定に基づく照会は、単なる協力依頼ではなく、報告義務を伴うものであることが明確化されたところである。

4　刑事訴訟法第197条第2項の捜査関係事項照会として、原動機付自転車に関する一定の所有者関係情報（氏名、住所、標識番号、車台番号等）の照会がなされた場合については、従前から、

①　捜査機関が捜査に必要な情報として照会するものであり、公共性が高い目的のための照会であること

②　情報を受け取った捜査機関にも守秘義務があること

③　自動車登録ファイルに登録されている自動車（普通自動車・小型自動車など）の所有者等の情報は、誰もが請求可能な情報となっており、それとの均衡を考えれば、原動機付自転車に係る所有者等の情報を提供することは、問題が少ないと考えられること

④　原動機付自転車の所有者関係情報は、市町村の課税当局にしかデータが存在せず、犯罪捜査上の必要が生じた場合に、他の代替手段が想定し難いこと

などを踏まえて、多くの市町村が情報の提供に応じているところであるが、今般、これらに加えて、上記3のように、刑事訴訟法第197条第2項が報告義務を伴うものであることが明確化されたことを踏まえ、

ア）原動機付自転車の所有者関係情報（氏名、住所、標識番号、車台番号等）について、

イ）刑事訴訟法第197条第2項の規

定に基づいて捜査機関から情報提供を求められた

場合においては、同項に基づく報告義務に従って情報提供に応じることが相当であり、当該情報提供については、地方税法第22条の守秘義務違反の罪に問われることはないと解されるので、この解釈に従って、適切な対応をお願いしたい。

【参　考】

地方税法（昭和25年7月31日法律第226号）

第22条　地方税に関する調査に関する事務に従事している者又は従事していた者は、その事務に関して知り得た秘密を漏らし、又は窃用した場合においては、2年以下の懲役又は30万円以下の罰金に処する。

（編者注　上記条文は「平成23年6月30日法律第83号」により、罰金刑が100万円に引き上げられる等の改正が行われた。）

刑事訴訟法（昭和23年7月10日法律第131号）

第197条　捜査については、その目的を達するため必要な取調をすることができる。但し、強制の処分は、この法律に特別の定のある場合でなければ、これをすることができない。

2　捜査については、公務所又は公私の団体に照会して必要な事項の報告を求めることができる。

ETC（ノンストップ自動料金収受システム）の利用にかかる個人情報に関する質問に対する答弁書（平成16年8月10日　閣議決定）（抄）

お尋ねの刑事訴訟法第197条第2項の規定に基づく照会については、相手方に報告すべき義務を課すものと解されており、（以下略）

第Ⅲ部　資料編

犯罪に強い社会の実現のための行動計画
—「世界一安全な国、日本」の復活を目
指して—（平成15年12月18日犯罪対策閣僚会
議決定）（抄）
　第1　平穏な暮らしを脅かす身近な犯
　　　　罪の抑止
　　2　犯罪防止に有効な製品、制度等
　　　　の普及促進
　　　（5）　盗難車両に関する情報共有の
　　　　　　推進・効率化
　　　　　（前略）現在、各市町村が管
　　　　　理している原動機付自転車に関
　　　　　する情報を犯罪捜査等に有効に
　　　　　活用できるような仕組み等につ
　　　　　いて検討を進める。
　別　紙
　　原動機付自転車に係る所有者情報の取
　　扱いに関する参考情報について

平成17年3月29日事務連絡
総務省自治税務局企画課企画係長から
各都道府県税務担当課・市町村担当課
あて

　平成17年3月29日付け総税企第70号で
通知した「原動機付自転車に係る所有者
情報の取扱いについて」の運用に関し、
参考となる事項を別添のとおりとりまと
めましたので、事務執行の参考としてく
ださい。
　また、管下市町村に対しても、この旨
周知していただくようお願いいたしま
す。

　刑事訴訟法第197条第2項に基づく
捜査機関からの照会については、全て
の税務関係情報について、情報提供に
応じなければならなくなるのか。

　先般、刑事訴訟法第197条第2項が報

告義務を伴うものであることが明確化さ
れたが、これにより、全ての税務関係情
報について、守秘義務が解除され、捜査
機関に対して無条件に情報提供に応じる
必要が生じることとなる訳ではないと考
えられる。
　今回の通知は、あくまで、原動機付自
転車の所有者関係情報について、刑事訴
訟法第197条第2項に基づく照会が行わ
れた場合の対応についてのものであり、
原動機付自転車の所有者関係情報以外の
税務関係情報（所得や資産保有状況など、
他の税目に関して保有している情報や、原動
機付自転車に係る軽自動車税に関する情報の
中でも、滞納の有無や滞納処分の経緯など）
については、刑事訴訟法が報告義務を伴
うものであることを踏まえつつ、個々の
事案の状況（捜査対象犯罪の内容など）に
応じて、保護法益の比較考量等を通じ
て、情報提供の適否を適切に判断してい
ただくことになると考える。

　原動機付自転車の所有者関係情報に
ついて刑事訴訟法第197条第2項の照
会があった場合には、捜査対象となっ
ている犯罪の内容等の説明を求めたう
えで、個別に適否を判断しなくて良い
のか。

　刑事訴訟法第197条第2項の規定に基
づく捜査関係事項照会であることが明確
であれば、原動機付自転車の所有者関係
情報については、その捜査対象となって
いる犯罪の内容等について特に説明を受
けることなく情報を提供しても、問題な
いと考えられる。

　刑事訴訟法第197条第2項に基づく

256

5 行政通達等・実例

照会に対する原動機付自転車の所有者
関係情報の提供が守秘義務に抵触しな
いとしても、個人情報保護条例との関
係について、慎重な検討が必要ではな
いか。

個人情報保護条例については、各地方
自治体ごとに内容の違いもあるため、一
概には言えないが、平成17年4月から施
行される国の行政機関についての個人情
報保護法（「行政機関の保有する個人情報の
保護に関する法律」）についてみると、同
法第8条では、行政機関が保有する個人
情報は、利用目的以外の目的のために情
報を提供することを禁じつつ、「法令に
基づく場合」は当該禁止対象から除外す
ることとされており、刑事訴訟法第197
条第2項の照会は、この「法令に基づく
場合」に当たると解されている。このた
め、国の個人情報保護法の場合には、刑
事訴訟法第197条第2項の照会について
は、情報提供を禁止されないこととなる
ので、参考にしていただきたい。

地方税法に関する解説図書などにお
いて、刑事訴訟法第197条第2項に基
づく照会に対して税務関係情報を提供
することは、守秘義務に抵触する旨の
解説が行われているものもあるが、そ
れらは不正確だということか。

刑事訴訟法第197条第2項に基づく捜
査事項照会に対しては、どのような税務
関係情報であっても無条件に情報提供が
可能であるという訳ではないが、今回の
通知でも明らかにしたとおり、少なくと
も原動機付自転車の所有者関係情報に
限ってみれば、同項の照会があれば、そ

れに応じて情報を提供することが相当で
あり、地方税法第22条の守秘義務違反の
罪に問われることはないと解されるとこ
ろである。

したがって、既存の解説図書などの中
に、原動機付自転車の所有者関係情報で
あっても、税務関係者情報である限り、
刑事訴訟法第197条第2項に基づく照会
に対しては、情報を提供することが一切
許されないという趣旨で解説されている
ものがあるようであれば、今回の通知を
踏まえて、そのような解説については、
改訂等の機会をとらえて順次、修正して
いただくことが望ましいと認識してい
る。

(2) 原動機付自転車等に係る使用者関係情報の取扱いについて

平成18年7月20日総税企第161号
総務省自治税務局企画課長から各道府
県税務主管部長、東京都総務・主税局
長あて

軽自動車税の課税に関して市町村が保
有している原動機付自転車に係る所有者
情報の取扱いについては、平成17年3月
29日付け総税企第70号において既に通知
したところですが、改正後の道路交通法
第51条の5第2項の規定に基づく公安委
員会からの照会等については、下記のよ
うに取りまとめたので、これを参考に取
り扱われますよう通知します。

貴都道府県内市町村に対して、この旨
を周知されるようお願いいたします。

記

道路運送車両法上の原動機付自転車及
び小型特殊自動車（以下「原動機付自転車
等」という。）の使用者関係情報について
は、道路交通法第51条の5第1項の規定

257

第Ⅲ部　資料編

に基づき、同法第51条の4第1項の規定により標章を取り付けられた車両の使用者、所有者その他の関係者（以下「使用者等」という。）に対し、当該車両の使用に関し必要な報告又は資料の提出義務が課せられていることから、当該車両の使用者関係情報は、使用者等と公安委員会に対する関係においては秘密ではないと考えられる。

同法第51条の5第2項の規定に基づく公安委員会からの照会又は協力依頼に対しては、違法駐車対策の強化という立法趣旨や情報を受け取った公安委員会にも守秘義務が課されていること、原動機付自転車等の使用者関係情報は市町村の課税当局にしかデータが存在せず、他の代替手段が想定しがたいことなどを総合的に勘案し、対応されたい。

なお、警察庁交通局交通指導課長から別添のとおり、協力依頼があったので、申し添える。

別　紙

原動機付自転車等に係る使用者関係情報の取扱いについて

平成18年7月19日警察庁丁交指発第84号
警察庁交通局交通指導課長から総務省自治税務局企画課長あて

平成16年の道路交通法の一部改正により、良好な駐車秩序の確立を目的として、運転者に対する責任追及を行うことができない場合に、車両の使用者に対して放置違反金の納付を命ずることとする制度（放置違反金制度）が新設されたところでありますが、本制度において、道路運送車両法上の原動機付自転車及び小型特殊自動車（以下「原動機付自転車等」という。）に放置車両確認標章を取り付け、

これらの車両の使用者に対する責任追及を行うためには、確認された標識番号を手がかりとして当該車両の使用者の氏名、住所等の情報（以下「使用者関係情報」という。）が得られることが前提となっております。

したがって、道路交通法第51条の5第2項の規定に基づき、原動機付自転車等の使用者関係情報について都道府県公安委員会から照会、協力の求めを受けた市町村において、

○　各都道府県公安委員会が放置違反金納付命令を発出するために必要な情報として照会するものであり、公共性が高い目的のための照会であること

○　原動機付自転車等の使用者関係情報は、市町村の課税当局にしかデータが存在せず、他の代替手段が想定し難いため、関係市町村からこれらの情報の提供を受けることが不可欠であること

などを踏まえ、適切な対応がとられることとなるよう、よろしく取り計らいお願いいたします。

【参照条文】

道路交通法（昭和35年6月25日法律第105号）（抄）

（放置違反金）

第51条の4　警察署長は、警察官等に、違法駐車と認められる場合における車両（軽車両にあつては、牽引されるための構造及び装置を有し、かつ、車両総重量（道路運送車両法第40条第3号の車両総重量をいう。）が750キログラムを超えるもの（以下「重被牽引車」という。）に限る。以下この条において同じ。）であつて、その運転者がこれ

5 行政通達等・実例

を離れて直ちに運転することができない状態にあるもの（以下「放置車両」という。）の確認をさせ、内閣府令で定めるところにより、当該確認をした旨及び当該車両に係る違法駐車行為をした者について第4項ただし書に規定する場合に該当しないときは同項本文の規定により当該車両の使用者が放置違反金の納付を命ぜられることがある旨を告知する標章を当該車両の見やすい箇所に取り付けさせることができる。

3　警察署長は、第1項の規定により車両に標章を取り付けさせたときは、当該車両の駐車に関する状況を公安委員会に報告しなければならない。

4　前項の規定による報告を受けた公安委員会は、当該報告に係る車両を放置車両と認めるときは、当該車両の使用者に対し、放置違反金の納付を命ずることができる。ただし、第1項の規定により当該車両に標章が取り付けられた日の翌日から起算して30日以内に、当該車両に係る違法駐車行為をした者が当該違法駐車行為について第128条第1項の規定による反則金の納付をした場合又は当該違法駐車行為に係る事件について公訴を提起され、若しくは家庭裁判所の審判に付された場合は、この限りでない。

（報告徴収等）

第51条の5　公安委員会は、前条の規定の施行のため必要があると認めるときは、同条第1項の規定により標章を取り付けられた車両の使用者、所有者その他の関係者に対し、当該車両の使用に関し必要な報告又は資料の提出を求めることができる。

2　公安委員会は、前条の規定の施行のため必要があると認めるときは、官庁、公共団体その他の者に照会し、又は協力を求めることができる。

第119条の3　次の各号のいずれかに該当する者（第1号から第4号までに掲げる者にあつては、前条第1項の規定に該当する者を除く。）は、10万円以下の罰金に処する。

五　第51条の5（報告徴収等）第1項の規定による報告をせず、若しくは資料の提出をせず、又は虚偽の報告をし、若しくは虚偽の資料を提出した者

(3) 地方税法第22条と公営住宅法第23条の2の関係等について

〔昭38・3・22建設省住発第62号　自治丙市発第8号
建設省住宅局長、自治省税務局長から知事あて〕

標記については、かねて自治省から内閣法制局あて照会中のところ、今般別紙のとおり回答があつたので通知する。

なお、地方税の課税台帳の閲覧は、可能な限り入居者およびその雇主等の関係人から所要の報告を求めるよう努めた後にするものとし、徴税事務の繁忙な時期を避けて税務事務に支障のないよう配慮されたい。また、地方税の課税台帳の閲覧によつて知り得た事項は、秘密に属するものが多いと思料されるので、これについては地方公務員法の規定により厳重に保持しなければならないものであるから、十分に注意するようご指導願いた

259

第Ⅲ部　資料編

い。

　おつて、この旨管下市町村にご連絡の
うえ、これが取扱いに遺憾なきを期せら
れたい。

別　紙

　地方税法第22条と公営住宅法第23条の
　２の関係等について

（昭38・３・15内閣法制局１発第６号
内閣法制局第一部長から自治省税務局
長あて）

　昭和37年10月28日付け自治丙市発第22
号をもつて照会があつた標記の件に関
し、次のとおり当局の意見を回答する。

１　問　題

(1)　公営住宅の事業主体の長が、公営住
　宅法第23条の２（現在は第34条）の規定
　により、市町村長に対して、市町村民
　税の課税台帳を閲覧させることを求め
　た場合において、当該市町村長がその
　求めに応じて閲覧させたときは、地方
　税法第22条に規定する犯罪が成立する
　ものと解すべきであるか。

(2)　弁護士会が、弁護士法第23条の２の
　規定により、市町村長に対して、地方
　税法第22条にいう「その事務に関して
　知り得た秘密」に該当する事項につい
　て報告を求めた場合において、当該市
　町村長がその求めに応じて報告したと
　きは、地方税法第22条に規定する犯罪
　が成立するものと解すべきであるか。

２　意見及び理由

(1)　私人は、直接地方税法の規定により
　又は地方税法に基づく公権力の行使に
　より、その意に反して、一定の秘密を
　地方税に関する調査に関する事務に従
　事している者に知られることを受忍す
　る義務を負うが、それは、いうまでも
　なく地方税の賦課徴収のために必要で

あるからである。地方税に関する調査
に関する事務に従事している者自身が
私人の秘密を知ることは、地方税の賦
課徴収に必要であり、やむを得ないと
ころであるから、地方税法の予想する
ところと解すべきは当然であるが、地
方税に関する調査に関する事務に従事
している者がその事務に関して知り得
た私人の秘密をその意に反して第三者
に知らせることは、地方税の賦課徴収
に必要な限度をこえるものであつて、
それは、地方税法の予想しない人権に
対する新たな侵害であると解すべきで
ある。地方税法第22条は、「地方税に
関する調査に関する事務に従事してい
る者又は従事していた者は、その事務
に関して知り得た秘密をもらし、又は
窃用した場合においては、２年以下の
懲役又は３万円以下の罰金に処する。」
と規定しているが、その趣旨が、この
ような地方税法の予想しない人権に対
する新たな侵害が現実に発生するのを
防止するためのものであることは、い
うまでもないから、地方税に関する調
査に関する事務に従事している者が
「その事務に関して知り得た秘密」を
第三者に知らせる行為が適法であり、
同条に規定する犯罪とならないものと
解しうるためには、そのような行為を
適法なものとして許容したと認めるに
足りる法律の規定があることを要する
と解すべきは、当然である。

　市町村民税の課税台帳の記載内容が
地方税法第22条にいう「その事務に関
して知り得た秘密」に該当するかどう
かは、当該部分についての具体的判断
の問題であるが、収入の状況及びその
源泉等については該当する場合も十分

260

5　行政通達等・実例

にありうるものと考えられる。右の秘密に該当する場合においては、右に述べたところからして、お尋ねの問題の要点は、市町村長が公営住宅の事業主体の長にこれを閲覧させることを公営住宅法第23条の2の規定が許容する趣旨を有するかどうかに係ることになるわけであるが、結論からさきにいえば、同条は、そのような趣旨を有するものと解すべきである。

その理由は、次のとおりである。

公営住宅法第23条の2が「事業主体の長は、第12条第2項の規定による家賃の減免、第13条の2の規定による家賃若しくは敷金の徴収の猶予又は第21条の2の規定によるあつせん、割増賃料の徴収等の措置に関し必要があると認めるときは、公営住宅の入居者の収入の状況について、当該入居者………に報告を求め………ることができる。」と規定しているが、このような規定が設けられたのは、事業主体の長が、公営住宅の入居者の収入を的確に把握しなければ、右に規定する措置を適正に行なうことができないからにほかならないことはいうまでもないところである。同条は、その文言上は、事業主体の長の権限を規定しているにとどまるが、その実質においては、入居者に対して、事業主体の長の権限に対応する義務、換言すれば、事業主体の長の求めに応じて報告をなすべき義務を課したものであると解するのが相当である。同条の趣旨をこのように見てくれば、結局のところ、同条に規定する措置に関し必要と認められる限りにおいては、入居者の収入の状況は、事業主体の長に対する関係においては秘密で

あつてはならず、むしろ事業主体の長に知得させなければならないものであることは、明らかであろう。同条は、他方、「事業主体の長は、第12条第2項の規定による家賃の減免、第13条の2の規定による家賃若しくは敷金の徴収の猶予又は第21条の2の規定によるあつせん、割増賃料の徴収等の措置に関し必要があると認めるときは、公営住宅の入居者の収入の状況について………官公署に必要な書類を閲覧させ、若しくはその内容を記録させることを求めることができる。」と規定している。この規定は、前述の入居者に係る規定と同様、その文言上は事業主体の長の権限を規定しているにとどまるが、その実質においては、官公署に対して、別途特段の公益上の理由がない限り、事業主体の長の行なう公営住宅の入居者の収入の状況の調査に協力すべき義務を課したものと解すべきであろう。これは、当該入居者又はその関係人が所要の報告をせず、若しくは報告をしないことが予見される場合、及びその報告の内容の真実性を確認する必要がある場合のあることに備えての規定であることはいうまでもないから、この規定に基づく求めがあつた場合においては、当該官公署は、前述のように、これを拒否すべき特段の理由があれば格別、そうでない限り、その求めに応じて閲覧又は記録をさせるべきことは、これまた当然のことであつて、このことによつて、事業主体の長が当該入居者の収入の状況を知得したとしても、事業主体の長は、本来知得すべき事項を知得しただけのことであつて、なんら不合理はないのである。

第Ⅲ部　資料編

したがつて、公営住宅法第23条の2は、市町村民税の課税台帳の記載内容であつて地方税法第22条にいう「その事務に関して知り得た秘密」に該当するものを市町村長が公営住宅の事業主体の長に閲覧させることを許容する趣旨を有するものといわなければならない。

以上の理由によつて、お尋ねの場合においては、市町村民税の課税台帳の当該部分が地方税法第22条にいう「その事務に関して知り得た秘密」に該当する場合においても、同条に規定する犯罪は成立しないものと解する。

(2)　「地方税に関する調査に関する事務に従事している者」が「その事務に関して知り得た秘密」を第三者に知らせる行為を適法なものとして許容したと認めるに足りる法律の規定がある場合においては、前述のとおり、当該行為は適法であり、地方税法第22条に規定する犯罪とならないものと解すべきであるから、お尋ねの問題の要点は、弁護士法第23条の2が、弁護士会が市町村長に対して地方税法第22条にいう「その事務に関して知り得た秘密」に該当する事項の報告を求めた場合において、市町村長がその求めに応じて、当該事項を報告することを適法なものとして許容していると認めるに足る規定であるかどうかに係るわけである。

ところで、弁護士法第23条の2は、第1項において「弁護士は、受任している事件について、所属弁護士会に対し、公務所又は公私の団体に照会して必要な事項の報告を求めることを申し出ることができる。申出があつた場合において、当該弁護士会は、その申出

が適当でないと認めるときは、これを拒絶することができる。」と規定し、第2項において、「弁護士会は、前項の規定による申出に基き、公務所又は公私の団体に照会して必要な事項の報告を求めることができる。」と規定しており、市町村長が弁護士法第23条の2にいう「公務所」に該当することはもちろんであるから、ただ文言だけに着目する限り、同条が右の行為を適法なものとして許容しているかのようにも思われるが、実質をよく見ると、そう考えるのは、速断に失するといわざるを得ない。

弁護士法第23条の2第2項の規定により、弁護士会が公務所に対し必要な事項の報告を求めることができるとされているのは、同条の明文から直ちにうかがいうるように、その事項が弁護士の「受任している事件」について必要とされるからにほかならないが、弁護士は、弁護士法第3条第1項の規定により明らかなとおり、当事者その他関係人の依頼又は官公署の委嘱によつて事件を受任するのであるから、右にいう「必要な事項」は、結局のところ、事件の依頼者又は委嘱者の利益のために必要とされるものといわなければならないのであり、したがつて、お示しの場合において、市町村長が地方税法第22条にいう「その事務に関して知り得た秘密」に該当する事項を弁護士会に報告するものとすれば、事件の依頼者又は委嘱者の利益のために、当該私人の秘密を犠牲にすることとなるわけである。もとより、事件の委嘱者は、官公署であり、また、事件の依頼者が公共の利益をはかることを目的と

する法人であることもあり、事件の依頼者又は委嘱者の利益がすべてそのために当該私人の秘密を犠牲にすることが絶対に正当視されえないものであるともいいえないであろう。しかしながら、弁護士の受任している事件の依頼者には、いかなる者もなりうることを考えるとき、弁護士の受任している事件の依頼者の利益のうちには、そのために、地方税法第22条にいう「秘密」を犠牲にすることは、とうてい正当視され得ないものがきわめて数多く存在することは、何人も否定しえないであろう。してみれば、弁護士法第23条の2の規定が、地方税法第22条にいう「その事務に関して知り得た秘密」に該当する事項について、弁護士会の求めに応じて報告することを許容しているものと認めることは、困難であり、したがって、お示しの場合においては、他に違法性阻却事由がある等、特段の事由が認められるときは格別、そうでないときには、地方税法第22条に規定する犯罪が成立するものと解するのを相当とする。

〔照会文〕

昭和37年10月28日

〔自治丙市発第22号〕

自治省税務局長

内閣法制局第一部長　殿

地方税法第22条と公営住宅法第23条の2の関係等について

次のことについて、疑義があるので、貴職の御見解をお伺いする。

1　公営住宅法第23条の2の規定によって市町村民税の課税台帳の閲覧を求められ、これに応じた場合にも地方税法第22条の規定の適用があるか。

2　弁護士法第13条の2の規定によって、弁護士会から市町村民税の課税台帳の記載内容等の報告を求められ、これに応じた場合も1と同様であるか。

3　1及び2について、市町村長は、税務行政上好ましくないと判断した場合には、これを拒否することができるか。

(4)　市民税の納税義務者名について

(『市町村税実務提要』自治省市町村税課編)

問　当市の住民で住民基本台帳法第7条の規定に基づき記載されている氏名と、所得税法第120条の規定に基づき確定申告書を提出した氏名（町名、番地及び生年月日は同じ。）とが異なるが同一人であることを確認し、納税通知書には確定申告書に記載されている氏名で処理（滞納することなく納付済）して来たが疑義があると思われるのでご教示願いたい。

答　住民基本台帳上の氏名と確定申告書の氏名が異なる場合は、当然、同一人であるかどうかの確認調査が要請されるが、納税通知書に記載する氏名は、住民基本台帳上の氏名によるべきであると解する。

(5)　預貯金等の税務調査に対する協力について

（昭和26年10月16日　蔵銀第5364号　各財務局長あて）

預貯金等の税務調査に関する国税庁の従前の取扱方針（昭和25年4月3日付直所3―32号通達）については、昭和25年4月4日付蔵銀第52号により通知したところであるが、これの運用については税務

第Ⅲ部　資料編

官署側においても右国税庁長官の通達の趣旨が徹底していない等のため預金者に対し刺激を与えた面もあるやに見受けられるとともに金融機関側においてややもすれば税務官署の必要な調査に対し不当に協力を回避した向があつたと思われるところ、最近における貯蓄増強の重要性にかんがみ、今般国税庁長官から国税局長に対し別紙の如き通達が発せられ、爾今預貯金等に対する税務調査は真に已むを得ない必要最小の範囲に限定されることとなつたから、金融機関側においても、適正な税務行政の執行が愈々その重要度を加えつつある現状を考慮し、今後税務官署の調査に対しては、積極的に協力するよう配慮を願いたく、この旨傘下金融機関に至急御移ちよういただきたくこの段命によつて通知する。

別　紙

金融機関の預貯金等の調査について

（昭和26年10月16日　直所1―116
国税庁長官から各国税局長あて）

金融機関の預貯金等に対して所得税法第63条（現在は第234条）、法人税法第46条（現在は第153条）その他国税に関する法令に規定する質問、検査権に基いて行う調査については、昭和25年4月3日付直所3―22通達「預貯金等の調査について」をもつてその取扱方針を指示したのであるが、右通達の趣旨の徹底を欠き預金者を不必要に刺激した向もあるように思われるところ、同通達中の「直接金融機関について調査を行なわなければその者について適正な課税又は滞納処分等ができ難いと認められる場合」とは、国税査察官等が裁判官の令状により行う調査の場合を除く外、次に掲げるような場合であることに留意し、今後の調査に当り遺憾

なきを期せられたい。

なお預貯金の増強がいよいよ重要であることにかんがみ、普遍的に、個人別の預貯金等の調査を行うようなことは、これを避けると共に、通達の運用につき慎重を期するため、今後預貯金等の調査を行う場合においては、税務署長（国税庁又は国税局の職員の行う調査については、国税庁長官若しくは国税局長又は税務署長）の証印のある書面を調査先の金融機関に呈示するものとする。

1　犯則事件の調査上必要がある場合

2　租税滞納の場合において処分上必要のある場合

3　相続税、富裕税等の課税に関して、調査時の預金残高を確認する等のため必要がある場合

4　租税の物納若しくは延納又は徴収猶予の申請があつた場合において、その許容を決定するために必要がある場合

5　所得税又は法人税の課税標準の調査に当り、所得金額の計算につき必要な帳簿書類がないか、若しくは不備な場合又は帳簿書類がある場合においてもその真実性を疑うに足りる相当の事由がある場合において、その者の業績、事業規模等から見て通常銀行取引があると認められ又は銀行取引のあることを推定するに足りる相当の事由があり、且つ、その銀行取引を調査しなければ取引の事情が明らかとならない場合

6　所得税法等の規定により金融機関が徴収すべき所得税又は提出すべき支払調査等につき監査上特に必要がある場合

5　行政通達等・実例

(6)　地方税に関する事務に従事する職員の守秘義務について

> 昭和49・11・19自治府第159号
> 各都道府県知事あて自治省税務局長通達

　標記については、地方公務員法及び地方税法に定められているところであるが、今後は下記のとおり取り扱うことが適当であると考えられるので、その運用にあたつて慎重を期し、遺憾のないようにされたい。

　なお、管下市町村に対しても、この旨示達のうえ、その趣旨の徹底が図られるよう十分に指導されたい。

記

1　地方公務員法第34条第1項の「秘密」とは、一般に知られておらず、他人に知られないことについて客観的に相当の利益を有する事実で職務上知り得たものをいうものであり、地方税法第22条の「秘密」とは、これらのもののうち、地方税に関する調査に関する事務に関して知り得たものをいうものであること。

　　したがつて、一般に、収入額又は所得額、税額等は、地方公務員法第34条第1項及び地方税法第22条の「秘密」のいずれにも該当し、滞納者名及び滞納税額の一覧等は、地方税に関する調査に関する事務に関して知り得たものでないので、地方税法第22条の「秘密」には該当しないが、地方公務員法第34条第1項の「秘密」に該当するものであること。

2　したがつて、滞納者名及び滞納税額の一覧であつても、納税者等の利益を保護し、行政の円滑な運営を確保するため、一般に公表すべきでないことは勿論であるが、議会の審議の場においてその開示を求められた場合においても、原則として開示すべきではないものであり、議会から地方自治法第100条等の規定に基づきその開示を求められた場合においては、議会の審議における必要性と納税者等の利益の保護、行政の円滑な運営確保の必要性等とを総合的に勘案した結果その要請に応ずべきものと判断したときを除き、開示すべきではないものであること。

　なお、開示する場合であつても、議会に対し秘密会で審議することを要請する等適切な配慮をすること。

(7)　事件記録等の閲覧および謄写に関する事務の取扱いについて

> 昭和43年9月9日付最高裁総3第45号
> 高等裁判所長官、地方裁判所長および家庭裁判所長あて事務総長通達

　事件に関する記録その他の書類および証拠物の閲覧および謄写に関する事務の取扱いを統一し、適正迅速な処理を図るため、別紙のとおり「事件記録等の閲覧および謄写に関する事務の取扱要領」を定めましたから、昭和44年1月1日からこれによって取り扱って下さい。

　なお、簡易裁判所に対しては、所管の地方裁判所から伝達して下さい。

　おって、閲覧・謄写票用紙は、当庁で印刷して各裁判所へ送付します。

別　紙
事件記録等の閲覧および謄写に関する事務の取扱要領

　第1　総　則　（略）
　第2　閲覧・謄写票の備付け（略）
　第3　部において保管中の事件記録
　　　　等の閲覧、謄写に関する事務

265

第Ⅲ部　資料編

手続

部（下級裁判所事務処理規則第10条の2第2項の規定により部とみなされるものを含む。以下同じ。）において保管中の事件記録等の閲覧および謄写に関する事務は、次に定めるところによる。

一　受付事務　（略）

二　閲覧、謄写の許否

1　許否の手続

係書記官は、記録係から閲覧・謄写票および提出書類の送付を受けたときは、閲覧・謄写票の係書記官印欄に認印のうえ、裁判所、裁判長または裁判官の許可を要する場合には、事件記録等とともに閲覧・謄写票および提出書類を裁判長または裁判官に差し出し、閲覧・謄写票の許否欄および認印欄に許否の記入および認印を受け、その他の場合には、係書記官が右の各欄に許否の記入および認印をする。係書記官が申請を拒絶した場合には、その理由を閲覧・謄写票の備考欄に記入する。

閲覧または謄写に関する日時、場所、時間その他の特別の指定は閲覧・謄写票の特別指定欄に記入する。

2　機械による謄写

複写機その他の機械による謄写の申請については、事件記録等の性状を考慮して、その保管または裁判所の執務に支障のないときにかぎり、各裁判所の定めるところにより、許可することができる。

3　閲覧、謄写の事務　（以下　略）

(8)　秘密漏えいに関する罪について

（昭40自治大税務別科質疑回答）

問　納税貯蓄組合長に納税通知書および納付書を納期内納税を完全に実施しよ

うとするために、一括交付および課税明細書（各組合員毎の課税額を記載したもの）を手渡した場合、地方税法第22条の秘密漏えいに関する罪に該当するか。

答　納税貯蓄組合長を嘱託員に任命している場合および組合員が受領権限を組合長に委任している場合は秘密漏えい罪は成立しない。

なお、通常納税通知書は袋貼りになつており開披しなければ内容を知ることができないから単に配付を依頼しただけで秘密漏えい罪が成立する場合はほとんどない。

(9)　納期内完納者に対する報奨金について

昭26・10・11地財委税第1749号
千葉県総務部長あて
地方財政委員会事務局税務部長回答

問　地方税の完納についての奨励金の制度は、地方税法第321条第2項により納期前納付の場合にのみ限定され、納税者が納期前に納付することは当然の行為として何等報奨の必要はないものと考えられ且つ地方税法の規定からしてもこれら納期内の報奨金交付のことは、適当でないと考えるが最近一部の市において、完納報奨金と称して税額の10％位の額を歳出の報奨金として予算を編成して税徴収の際窓口において交付しているのであるが、市町村税の徴収成績が日増に低下し、滞納繰越金の増加の傾向にある今日、このような報奨金制度を採用する市町村が増加することは必至とみなければならない。県の立場として前に指示を与え、改正方については勧告したのにもかかわら

ず、かえつて増加の傾向にあるのは遺憾の次第であるが、これは明かに税率の引下に等しく、標準税率によらないものとして地方債詮議の対象外とするかどうか疑義があるので至急何分の御指示煩わしたい。

答1　報奨金の制度は、市町村民税及び固定資産税について納期前の納付の場合においてのみ適用のあるものであつて、納期内の完納者に対して報奨金を交付することは認められていない。

　　しかしながら、納期内の完納者に対して報奨的に金品を交付しても、それが極めて少額のものであり、且つ、税額の多寡等に応じない一率的な額であつて、税金の割戻とは認められないようなものであれば、この程度は市町村税務行政の運用上差支えないものと考える。

2　照会の事例は明らかに税金の割戻しと考えられる。従つて、たとえ条例上税率を標準税率以上に定めていても、当然には、地方財政法第5条第5号にいう「標準税率以上である。」とはいえない。

⑽　個人情報の保護に関する法律についてのガイドライン（平成28年11月30日個人情報保護委員会告示第6号）（抄）

3－1－5　利用目的による制限の例外（法第16条第3項関係）

　次に掲げる場合については、法第16条第1項及び第2項において、特定された利用目的の達成に必要な範囲を超えて個人情報を取り扱うに当たり本人の同意を得ることが求められる場合であっても、当該同意は不要である。

⑴　法令に基づく場合（法第16条第3項第1号関係）

　法令に基づく場合は、法第16条第1項又は第2項の適用を受けず、あらかじめ本人の同意を得ることなく、特定された利用目的の達成に必要な範囲を超えて個人情報を取り扱うことができる。

　　事例1）警察の捜査関係事項照会に対応する場合（刑事訴訟法（昭和23年法律第131号）第197条第2項）

　　事例2）裁判官の発する令状に基づく捜査に対応する場合（刑事訴訟法第218条）

　　事例3）税務署の所得税等に関する調査に対応する場合（国税通則法（昭和37年法律第66号）第74条の2他）

（事例4、5）略

⑵、⑶　略

⑷　国の機関若しくは地方公共団体又はその委託を受けた者が法令の定める事務を遂行することに対して、事業者が協力する必要がある場合であって、本人の同意を得ることにより当該事務の遂行に支障を及ぼすおそれがあるとき（法第16条第3項第4号関係）

　国の機関等（地方公共団体又はその委託を受けた者を含む。）が法令の定める事務を実施する上で、民間企業等の協力を得る必要があり、かつ、本人の同意を得ることが当該事務の遂行に支障を及ぼすおそれがあると認められる場合は、当該民間企業等は、法第16条第1項又は第2項の適用を受けず、あらかじめ本人の同意を得ることなく、特定された利用目的の達成に必要な範囲を超えて個人情報を取り扱うことができる。

第Ⅲ部　資　料　編

事例1）事業者が税務署又は税関の職
員等の任意の求めに応じて個
人情報を提出する場合
事例2）事業者が警察の任意の求めに
応じて個人情報を提出する場
合
事例3）一般統計調査や地方公共団体
が行う統計調査に回答する場
合

3－2－5　利用目的の通知等をしな
くてよい場合（法第18条第4項関係）
次に掲げる場合については、法第18条
第1項から第3項までにおいて利用目的
の本人への通知、公表又は明示（以下こ
の項において「利用目的の通知等」という。）
が求められる場合であっても、当該利用
目的の通知等は不要である。
(1)、(2)　略
(3)　国の機関又は地方公共団体が法令の
定める事務を遂行することに対して協
力する必要がある場合であって、利用
目的を本人に通知し、又は公表するこ
とにより当該事務の遂行に支障を及ぼ
すおそれがあるとき（法第18条第4項第
3号関係）
国の機関等（地方公共団体又はその委託
を受けた者を含む。）が法令の定める事務
を実施する上で、民間企業等の協力を得
る必要があり、かつ、本人に対する利用
目的の通知等により当該事務の遂行に支
障を及ぼすおそれがあると認められる場
合は、当該民間企業等は、法第18条第1
項から第3項までの適用を受けず、当該
利用目的の通知等は不要である。
事例）警察が、公開手配を行わない
で、被疑者に関する個人情報
を、被疑者の立ち回りが予想さ

れる個人情報取扱事業者に限っ
て提供した場合において、警察
から当該個人情報を受け取った
当該個人情報取扱事業者が、利
用目的を本人に通知し、又は公
表することにより、捜査活動に
支障を及ぼすおそれがある場合

(11)　**特定個人情報の適正な取扱いに
関するガイドライン**（行政機関等・
地方公共団体等編）平成26年12月18
日（平成30年9月28日最終改正）個
人情報保護委員会（抄）
（別添）特定個人情報に関する安全管理
措置　略
（**行政機関等・地方公共団体等編**）　抜粋

1　安全管理措置の検討手順
行政機関等及び地方公共団体等は、個
人番号及び特定個人情報（以下「特定個人
情報等」という。）の取扱いを検討するに
当たって、個人番号を取り扱う事務の範
囲及び特定個人情報等の範囲を明確にし
た上で、特定個人情報等を取り扱う職員
（以下「事務取扱担当者」という。）を明確に
しておく必要がある。
これらを踏まえ、特定個人情報等の適
正な取扱いの確保について組織として取
り組むために、特定個人情報等の安全管
理に関する基本方針（以下「基本方針」と
いう。）を策定することが重要である。
行政機関等は、個人情報の保護に関す
る管理規程等及び取扱規程等の見直し等
を行い、特定個人情報等を取り扱う体制
の整備及び情報システムの改修等を行う
必要がある。地方公共団体等は、個人情
報の保護に関する取扱規程等の見直し等
を行い、特定個人情報等を取り扱う体制

の整備及び情報システムの改修等を行う必要がある。

行政機関等及び地方公共団体等は、特定個人情報等の取扱いに関する安全管理措置について、次のような手順で検討を行う必要がある。検討に際し、特定個人情報保護評価を実施した事務については、A～Cを省略し、D～Eを実施することも考えられる。

A　個人番号を取り扱う事務の範囲の明確化

行政機関等及び地方公共団体等は、個人番号利用事務等の範囲を明確にしておかなければならない。→ガイドライン第4―1―(1)①A参照

B　特定個人情報等の範囲の明確化

行政機関等及び地方公共団体等は、Aで明確化した事務において取り扱う特定個人情報等の範囲を明確にしておかなければならない（注）。

（注）特定個人情報等の範囲を明確にするとは、事務において使用される個人番号及び個人番号と関連付けて管理される個人情報（氏名、生年月日等）の範囲を明確にすることをいう。

C　事務取扱担当者の明確化

行政機関等及び地方公共団体等は、Aで明確化した事務に従事する事務取扱担当者を明確にしておかなければならない。

D　基本方針の策定

特定個人情報等の適正な取扱いの確保について組織として取り組むために、基本方針を策定することが重要である。→②A参照

E　取扱規程等の見直し等

行政機関等は、個人情報の保護に関する管理規程等の見直し等を行わなければ

ならない。また、行政機関等及び地方公共団体等は、A～Cで明確化した事務における特定個人情報等の適正な取扱いを確保するために、個人情報の保護に関する取扱規程等の見直し等を行わなければならない。→②B参照

② 講ずべき安全管理措置の内容

本セクション②においては、特定個人情報等の保護のために必要な安全管理措置について本文で示し、その具体的な手法の例示を記述している。なお、手法の例示は、これに限定する趣旨で記載したものではなく、また、個別ケースによって別途考慮すべき要素があり得るので注意を要する。

行政機関等は、安全管理措置を講ずるに当たり、番号法、行政機関個人情報保護法等関係法令、本ガイドライン、指針等（注）及び政府機関の情報セキュリティ対策のための統一基準等に準拠した各府省庁等における情報セキュリティポリシー等を遵守することを前提とする。

地方公共団体等は、安全管理措置を講ずるに当たり、番号法、個人情報保護条例、本ガイドライン、指針等及び地方公共団体における情報セキュリティポリシーに関するガイドライン等を参考に地方公共団体等において策定した情報セキュリティポリシー等を遵守することを前提とする。

行政機関等及び地方公共団体等は、特定個人情報保護評価を実施した事務については、その内容を遵守するものとする。また、個人番号利用事務の実施に当たり、接続する情報提供ネットワークシ

第Ⅲ部　資料編

ステム等の接続規程等が示す安全管理措置等を遵守することを前提とする。

(注)「指針等」とは、「行政機関の保有する個人情報の適切な管理のための措置に関する指針について（平成16年9月14日総管情第84号総務省行政管理局長通知）」、「独立行政法人等の保有する個人情報の適切な管理のための措置に関する指針について（平成16年9月14日総管情第85号総務省行政管理局長通知）」及び「地方公共団体における個人情報保護対策について（平成15年6月16日総行情第91号総務省政策統括官通知）」等をいう。

A　基本方針の策定

特定個人情報等の適正な取扱いの確保について組織として取り組むために、基本方針を策定することが重要である。

B　取扱規程等の見直し等

①A～Cで明確化した事務において事務の流れを整理し、特定個人情報等の具体的な取扱いを定めるために、取扱規程等の見直し等を行わなければならない。

特に、特定個人情報等の複製及び送信、特定個人情報等が保存されている電子媒体等の外部への送付及び持ち出し等については、責任者の指示に従い行うことを定めること等が重要である。

《手法の例示》

＊　取扱規程等は、次に掲げる管理段階ごとに、取扱方法、責任者・事務取扱担当者及びその任務等について定めることが考えられる。具体的に定める事項については、C～Fに記述する安全管理措置を織り込むことが重要である。

① 取得段階
② 利用段階
③ 保存段階
④ 提供段階
⑤ 削除・廃棄段階

＊　個人番号利用事務の場合、例えば、次のような事務フローに即して、手続を明確にしておくことが重要である。

① 住民等からの申請書を受領する方法（本人確認、個人番号の確認等）
② 住民等からの申請書をシステムに入力・保存する方法
③ 個人番号を含む証明書等の作成・印刷方法
④ 個人番号を含む証明書等を住民等に交付する方法
⑤ 申請書及び本人確認書類等の保存方法
⑥ 保存期間を経過した書類等の廃棄方法

C　組織的安全管理措置

行政機関等及び地方公共団体等は、特定個人情報等の適正な取扱いのために、次に掲げる組織的安全管理措置を講じなければならない。

a　組織体制の整備

安全管理措置を講ずるための組織体制を整備する。

行政機関等は、組織体制の整備として、次に掲げる事項を含める。地方公共団体等は、次に掲げる事項を参考に、適切に組織体制を整備する。

・　総括責任者（行政機関等に各1名）の設置及び責任の明確化
・　保護責任者（個人番号利用事務等を実施する課室等に各1名）の設置及び責任の明確化

5 行政通達等・実例

- ・ 監査責任者の設置及び責任の明確化
- ・ 事務取扱担当者及びその役割の明確化
- ・ 事務取扱担当者が取り扱う特定個人情報等の範囲の明確化
- ・ 事務取扱担当者が取扱規程等に違反している事実又は兆候を把握した場合の責任者への報告連絡体制の整備
- ・ 個人番号の漏えい、滅失又は毀損等（以下「情報漏えい等」という。）事案の発生又は兆候を把握した場合の職員から責任者等への報告連絡体制の整備
- ・ 特定個人情報等を複数の部署で取り扱う場合の各部署の任務分担及び責任の明確化

b 取扱規程等に基づく運用

　取扱規程等に基づく運用を行うとともに、その状況を確認するため、特定個人情報等の利用状況等を記録し、その記録を一定の期間保存し、定期に及び必要に応じ随時に分析等するための体制を整備する。記録については、改ざん、窃取又は不正な削除の防止のために必要な措置を講ずるとともに、分析等を行う。

《手法の例示》

＊　記録する項目としては、次に掲げるものが挙げられる。
- ・ 特定個人情報ファイルの利用・出力状況の記録
- ・ 書類・媒体等の持ち運びの記録 →「持ち運び」については、②E c参照
- ・ 特定個人情報ファイルの削除・廃棄記録

- ・ 削除・廃棄を委託した場合、これを証明する記録等
- ・ 特定個人情報ファイルを情報システムで取り扱う場合、事務取扱担当者の情報システムの利用状況（ログイン実績、アクセスログ等）の記録

＊　情報システムの利用状況等の記録に関する分析等としては、ログイン実績、アクセスログ等を定期に及び必要に応じ随時に分析することが考えられる。また、ログと関連する書面の記録を照合し、確認することが考えられる。→②F c参照

c 取扱状況を確認する手段の整備

　特定個人情報ファイルの取扱状況を確認するための手段を整備する。

　行政機関等は、次に掲げる項目を含めて記録する。地方公共団体等は、次に掲げる項目を参考に、適切な手段を整備する。

　なお、取扱状況を確認するための記録等には、特定個人情報等は記載しない。

- ・ 特定個人情報ファイルの名称
- ・ 行政機関等の名称及び特定個人情報ファイルが利用に供される事務をつかさどる組織の名称
- ・ 特定個人情報ファイルの利用目的
- ・ 特定個人情報ファイルに記録される項目及び本人として特定個人情報ファイルに記録される個人の範囲
- ・ 特定個人情報ファイルに記録される特定個人情報等の収集方法

d 情報漏えい等事案に対応する体制

271

第Ⅲ部 資料編

等の整備

情報漏えい等の事案の発生又は兆候を把握した場合に、適切かつ迅速に対応するための体制及び手順等を整備する。

情報漏えい等の事案が発生した場合、二次被害の防止、類似事案の発生防止等の観点から、事案に応じて、事実関係及び再発防止策を早急に公表することが重要である。

《手法の例示》

＊ 情報漏えい等の事案の発生時に、次のような対応を行うことを念頭に、体制及び手順等を整備することが考えられる。

・ 情報漏えい等の事案が発覚した際の報告・連絡等

・ 事実関係の調査及び原因の究明

・ 影響を受ける可能性のある本人への連絡

・ 委員会及び事業所管大臣への報告

・ 再発防止策の検討及び決定

・ 事実関係及び再発防止策等の公表

＊ 不正アクセス、ウイルス感染の事案に加え、標的型攻撃等の被害を受けた場合の対応について、関係者において定期的に確認又は訓練等を実施することが考えられる。

e 取扱状況の把握及び安全管理措置の見直し

監査責任者（地方公共団体等においては相当する者）は、特定個人情報等の管理の状況について、定期に及び必要に応じ随時に監査（外部監査及び他部署等による点検を含む。）を行い、

その結果を総括責任者（地方公共団体等においては相当する者。以下同じ。）に報告する。

総括責任者は、監査の結果等を踏まえ、必要があると認めるときは、取扱規程等の見直し等の措置を講ずる。

D 人的安全管理措置

行政機関等及び地方公共団体等は、特定個人情報等の適正な取扱いのために、次に掲げる人的安全管理措置を講じなければならない。

a 事務取扱担当者の監督

総括責任者及び保護責任者（地方公共団体等においては相当する者。以下同じ。）は、特定個人情報等が取扱規程等に基づき適正に取り扱われるよう、事務取扱担当者に対して必要かつ適切な監督を行う。

b 事務取扱担当者等の教育

総括責任者及び保護責任者は、事務取扱担当者に、特定個人情報等の適正な取扱いについて理解を深め、特定個人情報等の保護に関する意識の高揚を図るための啓発その他必要な教育研修を行う。

また、特定個人情報等を取り扱う情報システムの管理に関する事務に従事する職員に対し、特定個人情報等の適切な管理のために、情報システムの管理、運用及びセキュリティ対策に関して必要な教育研修を行う。

総括責任者は、保護責任者に対し、課室等における特定個人情報等の適切な管理のために必要な教育研修を行う。

前記教育研修については、教育研修への参加の機会を付与するととも

に、研修未受講者に対して再受講の機会を付与する等の必要な措置を講ずる。

　なお、サイバーセキュリティの研修については、番号法に基づき特定個人情報ファイルを取り扱う事務に従事する者に対して、次に掲げるところにより、特定個人情報の適正な取扱いを確保するために必要なサイバーセキュリティ（「サイバーセキュリティ基本法」（平成26年法律第104号）第2条に規定するサイバーセキュリティをいう。）の確保に関する事項その他の事項に関する研修を行う（番号法第29条の2、番号法施行令第30条の2）。

・　研修の計画をあらかじめ策定し、これに沿ったものとすること。
・　研修の内容は、特定個人情報の適正な取扱いを確保するために必要なサイバーセキュリティの確保に関する事項として、情報システムに対する不正な活動その他のサイバーセキュリティに対する脅威及び当該脅威による被害の発生又は拡大を防止するため必要な措置に関するものを含むものとすること。
・　特定個人情報ファイルを取り扱う事務に従事する者の全てに対して、おおむね1年ごとに研修を受けさせるものとすること。

c　法令・内部規程違反等に対する厳正な対処
　法令又は内部規程等に違反した職員に対し、法令又は内部規程等に基づき厳正に対処する。

E　物理的安全管理措置

　行政機関等及び地方公共団体等は、特定個人情報等の適正な取扱いのために、次に掲げる<u>物理的安全管理措置を講じなければならない</u>。

a　特定個人情報等を取り扱う区域の管理
　特定個人情報ファイルを取り扱う情報システム（サーバ等）を管理する区域（以下「管理区域」という。）を明確にし、物理的な安全管理措置を講ずる。管理区域において、入退室管理及び管理区域へ持ち込む機器等の制限等の措置を講ずる。
　また、特定個人情報等を取り扱う事務を実施する区域（以下「取扱区域」という。）について、事務取扱担当者等以外の者が特定個人情報等を容易に閲覧等できないよう留意する必要がある。

　行政機関等は、管理区域のうち、基幹的なサーバ等の機器を設置する室等（以下「情報システム室等」という。）を区分して管理する場合には、情報システム室等について、次の①及び②に掲げる措置を講ずる。地方公共団体等は、次の①及び②に掲げる項目を参考に、適切な措置を講ずる。

①　入退室管理
・　情報システム室等に入室する権限を有する者を定めるとともに、用件の確認、入退室の記録、部外者についての識別化、部外者が入室する場合の職員の立会い等の措置を講ずる。また、情報システム室等に特定個人情報等を記録する

媒体を保管するための施設を設け
ている場合においても、必要があ
ると認めるときは、同様の措置を
講ずる。
・　必要があると認めるときは、情
報システム室等の出入口の特定化
による入退室の管理の容易化、所
在表示の制限等の措置を講ずる。
・　必要があると認めるときは、入
室に係る認証機能を設定し、及び
パスワード等の管理に関する定め
の整備（その定期又は随時の見直し
を含む。）、パスワード等の読取防
止等を行うために必要な措置を講
ずる。
② 情報システム室等の管理
・　外部からの不正な侵入に備え、
施錠装置、警報装置、監視設備の
設置等の措置を講ずる。
b　機器及び電子媒体等の盗難等の防
止
管理区域及び取扱区域における特
定個人情報等を取り扱う機器、電子
媒体及び書類等の盗難又は紛失等を
防止するために、物理的な安全管理
措置を講ずる。また、電子媒体及び
書類等の庁舎内の移動等において、
紛失・盗難等に留意する。
《手法の例示》
＊　特定個人情報等を取り扱う機器、
電子媒体又は書類等を、施錠できる
キャビネット、書庫又は必要に応じ
て耐火金庫等へ保管することが考え
られる。
＊　特定個人情報ファイルを取り扱う
情報システムが機器のみで運用され
ている場合は、セキュリティワイ
ヤー等により固定すること等が考え

られる。
c　電子媒体等の取扱いにおける漏え
い等の防止
許可された電子媒体又は機器等以
外のものについて使用の制限等の必
要な措置を講ずる。また、記録機能
を有する機器の情報システム端末等
への接続の制限等の必要な措置を講
ずる。
取扱規程等の手続に基づき、特定
個人情報等が記録された電子媒体又
は書類等を持ち運ぶ必要が生じた場
合には、容易に個人番号が判明しな
いよう安全な方策を講ずる。
「持ち運ぶ」とは、特定個人情報
等を管理区域又は取扱区域から外へ
移動させること又は当該区域の外か
ら当該区域へ移動させることをい
い、庁舎内での移動等であっても、
特定個人情報等の紛失・盗難等に留
意する必要がある。
《手法の例示》
＊　特定個人情報等が記録された電子
媒体を安全に持ち運ぶ方法として
は、持ち出しデータの暗号化、パス
ワードによる保護、施錠できる搬送
容器の使用、追跡可能な移送手段の
利用等が考えられる。ただし、行政
機関等に法定調書等をデータで提出
するに当たっては、行政機関等が指
定する提出方法に従う。
＊　特定個人情報等が記載された書類
等を安全に持ち運ぶ方法としては、
封緘、目隠しシールの貼付を行うこ
と等が考えられる。
d　個人番号の削除、機器及び電子媒
体等の廃棄
特定個人情報等が記録された電子

5 行政通達等・実例

媒体及び書類等について、文書管理に関する規程等によって定められている保存期間を経過した場合には、個人番号をできるだけ速やかに復元不可能な手段で削除又は廃棄する。
→ガイドライン第4−3−(4)B参照

　個人番号若しくは特定個人情報ファイルを削除した場合、又は電子媒体等を廃棄した場合には、削除又は廃棄した記録を保存する。また、これらの作業を委託する場合には、委託先が確実に削除又は廃棄したことについて、証明書等により確認する。

《手法の例示》
＊　特定個人情報等が記載された書類等を廃棄する場合、焼却又は溶解、復元不可能な程度に細断可能なシュレッダーの利用、個人番号部分を復元不可能な程度にマスキングすること等の復元不可能な手段を採用することが考えられる。
＊　特定個人情報等が記録された機器及び電子媒体等を廃棄する場合、専用のデータ削除ソフトウェアの利用又は物理的な破壊等により、復元不可能な手段を採用することが考えられる。
＊　特定個人情報等を取り扱う情報システム又は機器等において、特定個人情報ファイル中の個人番号又は一部の特定個人情報等を削除する場合、容易に復元できない手段を採用することが考えられる。
＊　個人番号が記載された書類等については、保存期間経過後における廃棄を前提とした手続を定めることが

考えられる。

F　技術的安全管理措置
　行政機関等及び地方公共団体等は、特定個人情報等の適正な取扱いのために、次に掲げる技術的安全管理措置を講じなければならない。
　a　アクセス制御
　　情報システムを使用して個人番号利用事務等を行う場合、事務取扱担当者及び当該事務で取り扱う特定個人情報ファイルの範囲を限定するために、適切なアクセス制御を行う。
《手法の例示》
＊　アクセス制御を行う方法としては、次に掲げるものが挙げられる。
　・　特定個人情報ファイルを取り扱うことのできる情報システム端末等を限定する。
　・　各情報システムにおいて、アクセスすることのできる特定個人情報ファイルを限定する。
　・　ユーザーIDに付与するアクセス権により、特定個人情報ファイルを取り扱う情報システムを使用できる者を事務取扱担当者に限定する。
　・　特定個人情報ファイルへのアクセス権を付与すべき者を最小化する。
　・　アクセス権を有する者に付与する権限を最小化する。
　・　情報システムの管理者権限を有するユーザーであっても、情報システムの管理上特定個人情報ファイルの内容を知らなくてもよいのであれば、特定個人情報ファイルへ直接アクセスできないようにアクセス制御をする。

275

第Ⅲ部　資料編

・　特定個人情報ファイルを取り扱う情報システムに導入したアクセス制御機能の脆弱性等を検証する。

b　アクセス者の識別と認証

特定個人情報等を取り扱う情報システムは、事務取扱担当者が正当なアクセス権を有する者であることを、識別した結果に基づき認証する。

《手法の例示》

＊　事務取扱担当者の識別方法としては、ユーザーID、パスワード、磁気・IC カード、生体情報等が考えられる。

c　不正アクセス等による被害の防止等

情報システムを外部等からの不正アクセス又は不正ソフトウェアから保護する仕組み等を導入し、適切に運用する。また、個人番号利用事務の実施に当たり接続する情報提供ネットワークシステム等の接続規程等が示す安全管理措置を遵守する。

個人番号利用事務において使用する情報システムについて、インターネットから独立する等の高いセキュリティ対策を踏まえたシステム構築や運用体制整備を行う。

《手法の例示》

＊　特定個人情報等を取り扱う情報システムと外部ネットワーク（又はその他の情報システム）との接続箇所に、ファイアウォール等を設置し、不正アクセスを遮断することが考えられる。

＊　情報システム及び機器にセキュリティ対策ソフトウェア等（ウイルス対策ソフトウェア等）を導入し、不正ソフトウェアの有無を確認することが考えられる。

＊　機器やソフトウェア等に標準装備されている自動更新機能等の活用により、ソフトウェア等を最新状態とすることが考えられる。

＊　定期に及び必要に応じ随時にログ等の分析を行い、不正アクセス等を検知することが考えられる。→②Ｃ ｂ参照

＊　不正アクセス等の被害に遭った場合であっても、被害を最小化する仕組み（ネットワークの遮断等）を導入し、適切に運用することが考えられる。

＊　情報システムの不正な構成変更（許可されていない電子媒体、機器の接続等、ソフトウェアのインストール等）を防止するために必要な措置を講ずることが考えられる。

d　情報漏えい等の防止

特定個人情報等をインターネット等により外部に送信する場合、通信経路における情報漏えい等を防止するための措置を講ずる。

特定個人情報ファイルを機器又は電子媒体等に保存する必要がある場合、原則として、暗号化又はパスワードにより秘匿する。

《手法の例示》

＊　通信経路における情報漏えい等の防止策としては、通信経路の暗号化等が考えられる。

＊　暗号化又はパスワードによる秘匿に当たっては、不正に入手した者が容易に復元できないように、暗号鍵及びパスワードの運用管理、パス

5 行政通達等・実例

ワードに用いる文字の種類や桁数等の要素を考慮する。

⑿ 訴訟物の価額の算定のための資料として添付すべき固定資産の価格に関する証明書の交付について
（昭55・7・2　自治省税務局固定資産税課長内かん）

訴訟物の価額の算定のための資料として添付すべき固定資産の価格に関する証明書の交付については、昭和33年9月10日付自丙市発第67号、東京都主税局長・総務局長、各道府県総務部長あて自治庁税務局長通達によつて管下市町村をご指導いただいていることと存じます。

ところで、当該証明書が訴訟物の価額算定のための資料として使用されるか否かの判定に際しての具体的取扱いに関しては、全国的にみて必ずしも統一的に行われていない状況にあります。このような状況にかんがみ、その取扱いの円滑化等を図るべく日本弁護士連合会及び関係11道県との協議の結果、昭和50年10月29日に当該道県に対し自治省税務局固定資産税課長内かんが出され、当該道県管下の市町村においては統一的取扱いが行われてきているところです。

今回、新たに日本弁護士連合会から29の都道府県についてもその統一的取扱いについて要望があり、この点について検討した結果、従来の11道県を含めてこれら39都道府県管下市町村については、郵送の場合の取扱いを明確化したうえ従来と同様の取扱いを行うのが適当であるとの結論にいたりました。従つて今後は、弁護士から係争事件の訴訟代理人として訴訟物の価額算定のための資料として添付すべき固定資産評価証明書の交付申請

があつた場合において別紙⑴の固定資産評価証明申請書の様式により適正にその申請が行われるものについては、この申請書をもとに証明書の交付を行う旨貴管下の関係市町村によろしくご指導願います。

なお、別紙⑴の用紙は、日本弁護士連合会において備えられることになつています。また、この件について別紙⑵の通知が日本弁護士連合会から関係弁護士会あてに行われることを申し添えます。

277

第Ⅲ部　資料編

別紙(1)

固定資産評価証明申請書

　下記の目的に使用するので、下記の物件について証明願います。なお、評価証明書を下記の目的以外には使用いたしません。

　　　　　　　　　市（町・村）長　　殿

　　　　　　　　　　　　　　　　　　　　　　　　　平成　　年　　月　　日
　　　　　　　　　　　　　　　　　　申請者　住　　　　所
　　　　　　　　　　　　　　　　　　　　　　氏名（名称）　　　　　　㊞

使用目的							
	区　分	物件の所在地	家屋番号	地　　目 （種　類）	地　　積 （床面積）	証明年度	所有者氏名 （名称）
物件の表示	土　地 家　屋					年度	
	土　地 家　屋					年度	
	土　地 家　屋					年度	
	土　地 家　屋					年度	
	償　却 資　産	種　類				年度	
証明番号		証明件数	通		件	台帳照合	

　　　　　　　　　　　　　　　　　　　　　　　　　　（裏面をご覧下さい。）

（裏面）
　訴訟物の価額算定のため、弁護士が代理人として固定資産評価証明書の交付を申請する場合には、上記様式によることとし、次の要件を充足している限り、すみやかに証明書を交付することとする。
1　弁護士の職印を押印して申請すること。
2　弁護士の事務員等が使者として交付を申請する場合には、別に「事務員等何某が使者として交付申請する」旨を記載した文書等を携備させて申請すること。
3　窓口において、口頭で訴訟依頼人の氏名を陳述する等、係争事件の訴訟代理人であることを明らかにすること。なお、郵送による申請の場合には、「使用目的」欄に訴訟依頼人の住所及び氏名を記載すること。

別紙(2)　略

5 行政通達等・実例

⑬ 宅地建物取引業者の固定資産課税台帳の閲覧及び評価証明書の交付について

自治固第16号

平成 3 年 3 月19日

各道府県総務部長東京都総務・主税局長あて

自治省税務局固定資産税課長通達

　平成 3 年 3 月18日付け 2 （社）全宅連発第161号（別紙 1 ）により、（社）全国宅地建物取引業協会連合会会長中村俊章より照会のあつた標記の件について、平成 3 年 3 月18日付け自治固第15号（別紙 2 ）により回答したので、貴管下市町村に対しこの旨通知するとともに、円滑な対応が図られるよう御指導願いたい。

別紙 1

2 （社）全宅連発第161号

平成 3 年 3 月18日

　　自治省税務局固定資産税課

　　　　課長　成瀬宣孝殿

（社）全国宅地建物取引業協会連合会

会長　中村俊章

宅地建物取引業者の固定資産課税台帳の閲覧及び評価証明書の交付について（照会）

拝啓　時下ますますご清栄のこととお慶び申し上げます。

　さて、宅地建物取引業者は宅地・建物等の取引をするにあたって、宅地建物取引業法第35条に基づく、重要事項の説明が義務づけられております。説明にあたっては、適正かつ安全な取引を行うため、必要最低限の物件調査が前提とされており、不動産登記簿と固定資産課税台帳との比較による所有者の確認、未登記不動産の確認、納税者の確認等が必要であり、また、重要事項以外でも、登録免許税の算出基準として評価額を把握することは、取引当事者にとって望まれるところであります。このように固定資産課税台帳の閲覧・評価証明書の取得は、宅地建物取引業者にとって業務上、必要なものであります。

　つきましては、宅地建物取引業者が宅地建物の売買、交換の媒介又は代理を依頼者から依頼されたとき締結する媒介契約書に、当事者の合意により下記事項を特約事項として記載した場合には、当該媒介契約書を市町村の窓口に提示すれば、固定資産課税台帳の閲覧又は評価証明書の交付を受けることができるかどうか、別紙標準媒介契約約款に基づく契約書（一般、専任、専属専任）を添えて照会いたします。

記

　甲は乙に、本契約書別表の目的物件に関する重要事項説明等に必要な固定資産課税台帳の閲覧及び評価証明書の取得を委任します。

第Ⅲ部　資　料　編

別紙２

自治固第15号

平成３年３月18日

（社）全国宅地建物取引業協会連合会

　会長　中村俊章殿

自治省税務局固定資産税課長

成瀬宣孝

宅地建物取引業者の固定資産課税台帳の閲覧及び評価証明書の交付について（回答）

　平成３年３月18日付け２（社）全宅連発第161号により照会のあった標記の件については、下記のとおり回答する。

記

　宅地建物取引業者が宅地建物の売買、交換の媒介又は代理について依頼者と締結した媒介契約書に、照会の特約事項が記載されている場合には、当該媒介契約書を市町村の窓口に提示することによって、固定資産課税台帳の閲覧及び評価証明書の交付を受けることができるものと解する。

280

6 判 例

(1) 民法761条は、夫婦が相互に日常の家事に関する法律行為につき他方を代理する権限を有することをも規定しているものと解すべきである。

（昭和44年12月18日最高裁第1小法廷判決昭43(オ)971）

　民法761条は、「夫婦の一方が日常の家事に関して第三者と法律行為をしたときは、他の一方は、これによつて生じた債務について、連帯してその責に任ずる。」として、その明文上は、単に夫婦の日常の家事に関する法律行為の効果、とくにその責任のみについて規定しているにすぎないけれども、同条は、その実質においては、さらに、右のような効果の生じる前提として、夫婦は相互に日常の家事に関する法律行為につき他方を代理する権限を有することをも規定しているものと解するのが相当である。

　そして、民法761条にいう日常の家事に関する法律行為とは、個々の夫婦がそれぞれの共同生活を営むうえにおいて通常必要な法律行為を指すものであるから、その具体的な範囲は、個々の夫婦の社会的の地位、職業、資産、収入等によつて異なり、また、その夫婦の共同生活の存する地域社会の慣習によつても異なるというべきであるが、他方、問題になる具体的な法律行為が当該夫婦の日常の家事に関する法律行為の範囲内に属するか否かを決するにあたつては、同条が夫婦の一方と取引関係に立つ第三者の保護を目的とする規定であることに鑑み、単にその法律行為をした夫婦の共同生活の内部的な事情やその行為の個別的な目的のみを重視して判断すべきではなく、さらに客観的に、その法律行為の種類、性質等をも充分に考慮して判断すべきである。

(2) 夫婦が長期間別居し、生計を異にし、夫婦の共同生活は破綻に帰していた場合には、夫婦の日常の家事に属する行為はありえない。

（昭和49年10月29日大阪高裁判決昭44(ネ)第1312号）

　控訴人は、夫婦の日常家事の行為の権限を基本代理権とする表見代理の成立を主張する。しかし、前項認定の事実によれば、被控訴人AとBとは、長期間別居し、生計を異にしていたものであって、当時、夫婦の共同生活は破綻に帰していたものと推認されるのであるから、夫婦の日常の家事に属する行為はありえないものと解すべきである。のみならず、日常家事に関する代理権を基本代理権として、民法110条の類推適用による表見代理が成立するためには、当該越権行為の相手方において、右行為が夫婦の日常家事に関する法律行為に属すると信ずるにつき、正当の理由があることを必要とするものと解すべきところ（最高裁昭和43年(オ)第971号同44年12月18日第1小法廷判決・民集23巻12号2476頁参照）、たとえ生計の資を得る目的に出たものであっても、本件売買契約のように多数の土地を処分することをもって、日常の家事に属するものと通常考えられるものではないし、しかも、前記のように、控訴人において B夫婦が別居している事実を知っていたものと認められる以上、控訴人が被控訴人Aのした本件売買契約の締結

第Ⅲ部　資料編

をもって日常の家事の範囲に属する行為と信じたとしても、このように信ずるにつき正当の理由があるものということはできない。したがって、控訴人のこの点の主張は理由がない。

(3)　別居中の配偶者に課税証明書を発行した行為、判断は、やや慎重さを欠く面があったことは否定できず、今後、その取扱を一層慎重にしなければならないというべきであるが、本件証明書の発行手続にかんがみれば、これが直ちに不法行為法上又は国家賠償法上も違法であるとまで評価されるものではない。
(平成19年5月9日横浜地裁判決、平成18年(ワ)第3379号)

本件課税課担当者は、原則として、被証明者以外の者が課税証明書の発行を申請してきた場合には、被証明者からの委任の有無を確認し、委任がない者に対して課税証明書の発行をしないようにする義務があったというべきである。

もっとも、夫婦の場合、お互いに協力し扶助する義務（民法752条）のもと生計を共にし、生活関係上一体にあるのが普通であるから、被証明者は、通常、課税証明書の発行申請に来た配偶者に対し、これを委任し、又は、承認していると推認される。本来、このような場合であっても、本件課税課担当者は、発行申請に来た配偶者に対し、委任状等の提出を求め、配偶者が被証明者の委任を受けていることを確認するのが筋であるが、そのような扱いを徹底すれば、利用者に種々の不便をかけ、また、窓口事務の渋滞をもたらす可能性が高いから、通常、生計

を一にしている配偶者の場合には、特段の事情がない限り、被証明者から委任を受けて発行申請をしているものとして扱い、委任状の提出等を求めない取扱をすることが許されるというべきであり、本件通達もその意味で是認することができる。

本件課税課担当者は、本件発行手続において、甲が原告の課税証明書とともに甲自身の課税証明書の発行申請をしたことから、両名の課税証明書を比較対照することにより、原告と甲が配偶者であるものの、両者の住所が異なることを認識したが、本件証明書の「扶養控除等」の欄に99万円との記載があり、「扶養控除等の内訳」欄において、配偶者一般の控除がされていて、原告が甲を扶養していると推認できたことから、なお、原告と甲が生計を一にしていると判断し、原告の委任状なくして本件証明書を発行したものと認められる。本件課税課担当者の本件発行手続にける行為、判断は、やや慎重さを欠く面があったことは否定できず、今後、その取扱を一層慎重にしなければならないというべきであるが、本件証明書の発行手続にかんがみれば、これが直ちに不法行為法上又は国家賠償法上も違法であるとまで評価されるものではない。

(4)　公営住宅法第21条の2に基づく割増賃料徴収のため、事業主体の長に地方税の課税台帳を閲覧させた行為が地方税法第22条にいう「事務に関して知り得た秘密をもらし、又は窃用した場合」に当たらない。
(昭和45年1月29日大阪高裁判決昭44

（行コ）2号）

次に控訴人らは、割増賃料の決定手続には地方税法第22条違反がある旨主張するので検討することとする。

地方税法第22条の規定の趣旨は、地方税に関する調査の事務に従事している者がその事務に関して知りえた私人の秘密を私人の意思に反して第三者に知らせることは、地方税の賦課徴収に必要な調査事務の範囲を超えるとともに、私人に課せられた調査受忍義務の限度を不当に拡張することになるから、公益上の理由のような特段の事由のない限り、私人の権利に対する違法侵害としてこれを防止することにあると解すべきであるところ、公営住宅法第23条の2によれば、公営住宅の事業主体の長は、割増賃料の徴収等の措置に関し必要があるときは公営住宅入居者の収入の状況について、官公署に必要な書類の閲覧を求めることができるものとされている。この規定は、事業主体の長の権限を明示したにとどまらず、官公署に対し事業主体の長の行なう入居者の収入の状況の調査に協力すべき義務を課したものであり、事業主体の長が公営住宅入居者の収入を確定するに必要な限度で地方税の課税台帳を閲覧することは、割増賃料制度の適正な運用のため本来知得すべき事項を確実に知得する方法であり、入居者が割増賃料を徴収される以外に右閲覧によつて特別の不利益をうけることがないような場合は、その閲覧行為は公営住宅法第23条の2にもとづく適法な行為であり、地方税法第22条にいわゆる「事務に関して知り得た秘密をもらし、又は窃用した場合」に該当しないものと解すべきである。

これを本件についてみるに、被控訴人らがそれぞれ控訴人ら主張の課税台帳を閲覧したことは、各当事者間に争いがないが、そのほかに被控訴人らが割増賃料の決定手続に地方税法第22条違反の行為をしたことについては、控訴人らの立証はもちろん本件の全証拠によるもこれを認めるに足る証拠はない。したがつて、控訴人らの右主張も失当であつて採用することができない。

(5) 区長が弁護士法第23条の2に基づく照会に応じて前科及び犯罪経歴を報告したことが過失による公権力の違法な行使に当たる。

（昭和56年4月14日最高裁第3小法廷判決昭52(オ)第323号）

前科及び犯罪経歴（以下「前科等」という。）は人の名誉、信用に直接にかかわる事項であり、前科等のある者もこれをみだりに公開されないという法律上の保護に値する利益を有するのであつて、市区町村長が、本来選挙資格の調査のために作成保管する犯罪人名簿に記載されている前科等をみだりに漏えいしてはならないことはいうまでもないところである。前科等の有無が訴訟等の重要な争点となつていて、市区町村長に照会して回答を得るのでなければ他に立証方法がないような場合には、裁判所から前科等の照会を受けた市区町村長は、これに応じて前科等につき回答をすることができるのであり、同様な場合に弁護士法23条の2に基づく照会に応じて報告することも許されないわけのものではないが、その取扱いには格別の慎重さが要求されるものといわなければならない。本件において、原審の適法に確定したところによれば、京都弁護士会が訴外A弁護士の申

第Ⅲ部　資料編

出により京都市伏見区役所に照会し、同市中京区長に回付された被上告人の前科等の照会文書には、照会を必要とする事由としては、右照会文書に添付されていたＡ弁護士の照会申出書に「中央労働委員会、京都地方裁判所に提出するため」とあつたにすぎないというのであり、このような場合に、市区町村長が漫然と弁護士会の照会に応じ、犯罪の種類、軽重を問わず、前科等のすべてを報告することは、公権力の違法な行使にあたると解するのが相当である。

(6)　戸籍上の氏名が漢字のみによって表示されている納税者の氏名の称呼をかな文字で表わして納税者の氏名として納税通知書等に記載することも、当該納税者の特定に欠けるものでない限り、処分の効力には何らの影響も及ぼさない。
（昭和49年１月28日東京地裁判決昭46（行ウ）第228号）

　原告の主張は、要するに、原告は戸籍上その氏名を「関根明三」と漢字で表示されている者であるところ、本件納税通知書等の納税者の氏名は「セキネハルゾウ」又は「セキネメイゾウ」と片かなで記載されているから、これらは原告に対する処分とはみられない、というのである。

　確かに、戸籍上の氏名の表示は、当該個人に関する法律関係や社会生活関係のうえで当該個人を表象、特定するにつき基本となるものであるから、人は一般に、社会生活関係において、自己の氏名を戸籍に従い正確に表示されることを期待し、みだりに他人により自己の氏名の表示を改変して使用されないことについ

て利益を有するということができる。しかし、同時に、国語は、古くから片かなや平がなによって漢字の音訓を表わし、これによって漢字に代えることを許容し、慣用してきたのであって、氏名の表示についてもその例外ではない。地方税法１条１項６号が「納税者の氏名」の記載について右の国語の用字法を排斥しているものと解すべき根拠はないのみならず、同法が地方税の賦課徴収につき納税通知書に納税者の氏名を記載すべきものとしているのは、処分の名宛人を氏名により特定させるためにほかならないのであるから、名宛人の氏名の称呼をかな書きすることによりその名宛人が誰であるかが客観的に特定される程度に明らかにされるならば、それによって同法における納税者の氏名記載の目的は満たされるのであって、その記載が当該納税者の戸籍上の氏名の表示に一致するのでなければ、その目的が達せられないというものでもない。

　したがって、ある納税者につき、その戸籍上の氏名が漢字のみによって表示されている場合であっても、その氏名の称呼をかな文字で表わし、これを納税者の氏名として納税通知書等に記載することも、当該納税者の特定に欠けるものでない限り、処分の効力には何らの影響も及ぼさないものといわなければならない。

(7)　所得税法234条による質問検査の範囲、程度、時期、場所等実定法上特段の規定のない実施の細目は、権限ある税務職員の合理的な選択にゆだねられているものである。
（昭和48年７月10日最高裁第３小法廷

決定昭45(あ)第2339号）

所得税法234条1項の規定の意義についての当裁判所の見解は、次のとおりである。

所得税の終局的な賦課徴収にいたる過程においては、原判示の更正、決定の場合のみではなく、ほかにも予定納税額減額申請（所得税法113条1項）または青色申告承認申請（同法145条）の承認、却下の場合、純損失の繰戻による還付（同法142条2項）の場合、延納申請の許否（同法133条2項）の場合、繰上保全差押（国税通則法38条3項）の場合等、税務署その他の税務官署による一定の処分のなされるべきことが法令上規定され、そのための事実認定と判断が要求される事項があり、これらの事項については、その認定判断に必要な範囲内で職権による調査が行なわれることは法の当然に許容するところと解すべきものであるところ、所得税法234条1項の規定は、国税庁、国税局または税務署の調査権限を有する職員において、当該調査の目的、調査すべき事項、申請、申告の体裁内容、帳簿等の記入保存状況、相手方の事業の形態等諸般の具体的事情にかんがみ、客観的な必要性があると判断される場合には、前記職権調査の一方法として、同条1項各号規定の者に対し質問し、またはその事業に関する帳簿、書類その他当該調査事項に関連性を有する物件の検査を行なう権限を認めた趣旨であつて、この場合の質問検査の範囲、程度、時期、場所等実定法上特段の定めのない実施の細目については、右にいう質問検査の必要があり、かつ、これと相手方の私的利益との衡量において社会通念上相当な程度にとどまるかぎり、権限ある税務職員の合理的な

選択に委ねられているものと解すべくまた、暦年終了前または確定申告期間経過前といえども質問検査が法律上許されないものではなく、実施の日時場所の事前通知、調査の理由および必要性の個別的、具体的な告知のごときも、質問検査を行なううえの法律上一律の要件とされているものではない。

(8) 国家公務員法100条1項にいう「秘密」とは、非公知の事項であって実質的にもそれを秘密として保護するに値すると認められるものをいい、国家機関が形式的に秘扱の指定をしただけでは足りない。

（昭和52年12月19日最高裁第2小法廷決定昭48(あ)第2716号）

国家公務員法100条1項の文言及び趣旨を考慮すると、同条項にいう「秘密」であるためには、国家機関が単にある事項につき形式的に秘扱の指定をしただけでは足りず、右「秘密」とは、非公知の事項であつて、実質的にもそれを秘密として保護するに価すると認められるものをいうと解すべきところ、原判決の認定事実によれば、本件「営業庶業等所得標準率表」及び「所得業種目別効率表」は、いずれも本件当時いまだ一般に了知されてはおらず、これを公表すると、青色申告を中心とする申告納税制度の健全な発展を阻害し、脱税を誘発するおそれがあるなど税務行政上弊害が生ずるので一般から秘匿されるべきものであるというのであつて、これらが同条項にいわゆる「秘密」にあたるとした原判決の判断は正当である。

第Ⅲ部　資料編

(9)　民事訴訟法220条4号ロの「公務の遂行に著しい支障を生ずるおそれがあるもの」については、当該文書の記載内容に照らして具体的に著しい支障が生じる可能性が認められることが必要であり、今後の同種事件への事実上の影響が懸念されるという程度のものは該当しない。
（平成16年5月6日平成16年東京高裁判決（行ス）第26号）

抗告人は、本件文書は「公務員の職務上の秘密に関する文書」に当たるとした上で、審判官に対する答述の内容を記載した書面が裁判所に提出されれば、プライバシーや企業秘密等の公開されたくない情報について、今後の職権調査、審理に著しい支障を生じるおそれがあり、本件文書は同条4号ロの「その提出により公務の遂行に著しい支障を生ずるおそれがあるもの」に当たると主張する。

しかし、この「公務の遂行に著しい支障が生ずるおそれがあるもの」についても、当該文書の記載内容に照らして具体的に著しい支障が生じる可能性が認められることが必要であるというべきところ、抗告人が主張する事由は、国税不服審判所の職権調査、審理が非公開で参考人等の任意の協力により行われるものであることから、その内容が公表されると今後の同種事件の調査、審理に著しい支障が生じるおそれがあるというものであって、これは結局のところ今後の同種事件への事実上の影響が懸念されるというものに過ぎず、本件文書の性格を理由とする一般的、抽象的な支障の可能性を述べるにとどまるものであり、本件文書が提出されることによって、直ちに同種

事件について著しい支障が生じることの根拠としては不十分であるというべきである。この点は、本件文書の提出について丙川や本件文書の引用文書の提供者の承諾がなく、丙川が不動産鑑定士であることを考慮しても変わりはない。このように著しい支障が生じるか否かは、個別具体的な事案に則して判断されるものであって、上記のことから一律に同種事件への影響が当然に生じるとは認められない。

(10)　郵便法上の守秘義務を負う被控訴人が弁護士法23条の2第2項に基づく照会の報告を拒絶する正当な理由があるか否かは、照会事項ごとに、報告することによって生ずる不利益と報告を拒絶することによって犠牲となる利益を比較衡量することにより決せられるべきである。照会事項のうち、①郵便物についての転居届の提出の有無、②転居届の届出年月日及び③転居届記載の新住所（居所）については、報告を拒絶する正当な理由がないが、④転居届に記載された電話番号については正当な理由がある。
（平成29年6月30日名古屋高裁判決平成28年(ネ)第912号）

弁護士法23条の2第2項の照会については、照会先に対し全ての照会事項について必ず報告する義務を負わせるものではなく、照会先において、報告をしないことについて正当な理由があるときは、その全部又は一部について報告を拒絶することが許されると解される。

転居届に係る情報は、憲法21条2項後

286

段の「通信の秘密」にも郵便法8条1項の「信書の秘密」にも該当しないと解するのが相当であるから、被控訴人は、本件照会事項について、「通信の秘密」や「信書の秘密」に基づく守秘義務を負うものではない。

報告を拒絶する正当な理由があるか否かについては、照会事項ごとに、これを報告することによって生ずる不利益と報告を拒絶することによって犠牲となる利益との比較衡量により決せられるべきである。

守秘義務についての明文の根拠があるからといって、直ちに守秘義務が報告義務に優るとの結論が導かれるものではないところ、23条照会（弁護士23条の2第2項：編注）の制度趣旨に鑑みれば、報告義務が守秘義務に優越する場合もある。

（ア）本件照会事項は、個々の郵便物の内容についての情報ではなく、住居所や電話番号に関する情報であって、憲法21条2項後段の「通信の秘密」や郵便法8条1項の「信書の秘密」に基づく守秘義務の対象となるものではない。また、住居所や電話番号は、人が社会生活を営む上で一定の範囲の他者には開示されることが予定されている情報であり、個人の内面に関わるような秘匿性の高い情報とはいえない。

（イ）本件照会に対する報告が拒絶されれば、Aの訴訟承継人は、司法手続によって救済が認められた権利を実現する機会を奪われることになり、これにより損なわれる利益は大きい。そして、本件照会事項①ないし③は、転居届の有無及び届出年月日並びに転居届記載の新住居所であり、強制執行手続（動産執行）をするに当たり、これを知る必要性が高いといえる。

（ア）と（イ）を比較衡量すれば、本件においては、本件照会事項①ないし③については、23条照会に対する報告義務が郵便法8条2項の守秘義務に優越し、同④については、同項の守秘義務が23条照会に対する報告義務に優越すると解するのが相当である。したがって、被控訴人には、本件照会事項①ないし③について、控訴人に報告すべき義務があるというべきである。

第Ⅲ部 資料編

7 関係法令

○恩 給 法

第58条ノ4 普通恩給ハ恩給年額170万
円以上ニシテ之ヲ受クル者ノ前年ニ於
ケル恩給外所得ノ年額700万円ヲ超
ユルトキハ左ノ区分ニ依リ恩給年額ノ
一部ヲ停止ス但シ恩給ノ支給年額170
万円ヲ下ラシムルコトナク其ノ停止年
額ハ恩給年額ノ5割ヲ超ユルコトナシ
一～三 略

2 前項ノ恩給外ノ所得ノ計算ニ付テハ
所得税法（昭和40年法律第33号）ノ課税
総所得金額ノ計算ニ関スル規定ヲ準用
ス

3 第1項ノ恩給外ノ所得ハ毎年税務署
長ノ調査ニ依リ裁定庁之ヲ決定ス

4、5 略

○会計検査院法

（地位）

第1条 会計検査院は、内閣に対し独立
の地位を有する。

（組織）

第2条 会計検査院は、3人の検査官を
以て構成する検査官会議と事務総局を
以てこれを組織する。

（院長）

第3条 会計検査院の長は、検査官のう
ちから互選した者について、内閣にお
いてこれを命ずる。

（任命・俸給）

第4条 検査官は、両議院の同意を経
て、内閣がこれを任命する。

2～7 略

（必要的検査事項）

第22条 会計検査院の検査を必要とする
ものは、左の通りである。

一 国の毎月の収入支出

二 国の所有する現金及び物品並びに
国有財産の受払

三 国の債権の得喪又は国債その他の
債務の増減

四 日本銀行が国のために取り扱う現
金、貴金属及び有価証券の受払

五 国が資本金の2分の1以上を出資
している法人の会計

六 法律により特に会計検査院の検査
に付するものと定められた会計

（任意的検査事項）

第23条 会計検査院は、必要と認めると
き又は内閣の請求があるときは、左に
掲げる会計経理の検査をすることがで
きる。

一 国の所有又は保管する有価証券又
は国の保管する現金及び物品

二 国以外のものが国のために取扱う
現金、物品又は有価証券の受払

三 国が直接又は間接に補助金、奨励
金、助成金等を交付し又は貸付金、
損失補償等の財政援助を与えている
ものの会計

四 国が資本金の一部を出資している
ものの会計

五 国が資本金を出資したものが更に
出資しているものの会計

六 国が借入金の元金又は利子の支払
を保証しているものの会計

七 国の工事の請負人及び国に対する
物品の納入者のその契約に関する会
計

2 会計検査院が前項の規定により検査
をするときは、これを関係者に通知す
るものとする。

7 関係法令

（強制検査）

第26条　会計検査院は、検査上の必要により検査を受けるものに帳簿、書類若しくは報告の提出を求め、又は関係者に質問し若しくは出頭を求めることができる。

（資料提出・鑑定等の依頼）

第28条　会計検査院は、検査上の必要により、官庁、公共団体その他の者に対し、資料の提出、鑑定等を依頼することができる。

（懲戒処分の要求）

第31条　会計検査院は、検査の結果国の会計事務を処理する職員が故意又は重大な過失により著しく国に損害を与えたと認めるときは、本属長官その他監督の責任に当る者に対し懲戒の処分を要求することができる。

2　略

（改善の意見表示又は要求）

第36条　会計検査院は、検査の結果、法令、制度又は行政に関し改善を必要とする事項があると認めるときは、主務官庁その他の責任者に意見を表示し又は改善の処置を要求することができる。

（法令の制定改廃及び職務遂行上の疑義に対する意見の表示）

第37条　会計検査院は、左の場合には予めその通知を受け、これに対し意見を表示することができる。

一　国の会計経理に関する法令を制定し又は改廃するとき

二　国の現金、物品及び有価証券の出納並びに簿記に関する規程を制定し又は改廃するとき

2　国の会計事務を処理する職員がその職務の執行に関し疑義のある事項につき会計検査の意見を求めたときは、会計検査院は、これに対し意見を表示しなければならない。

○介護保険法

（保険料）

第129条　市町村は、介護保険事業に要する費用（財政安定化基金拠出金の納付に要する費用を含む。）に充てるため、保険料を徴収しなければならない。

2　前項の保険料は、第1号被保険者に対し、政令で定める基準に従い条例で定めるところにより算定された保険料率により算定された保険料額によって課する。

3　前項の保険料率は、市町村介護保険事業計画に定める介護給付等対象サービスの見込量等に基づいて算定した保険給付に要する費用の予想額、財政安定化基金拠出金の納付に要する費用の予想額、第147条第1項第2号の規定による都道府県からの借入金の償還に要する費用の予定額並びに地域支援事業及び保健福祉事業に要する費用の予定額、第1号被保険者の所得の分布状況及びその見通し並びに国庫負担等の額等に照らし、おおむね3年を通じ財政の均衡を保つことができるものでなければならない。

4　略

（被保険者等に関する調査）

第202条　市町村は、被保険者の資格、保険給付及び保険料に関して必要があると認めるときは、被保険者、第1号被保険者の配偶者若しくは第1号被保険者の属する世帯の世帯主その他その世帯に属する者又はこれらであった者に対し、文書その他の物件の提出若し

第Ⅲ部　資料編

くは提示を命じ、又は当該職員に質問
させることができる。

2　略

（資料の提供等）

第203条　市町村は、保険給付及び保
険料に関して必要があると認めると
きは、被保険者、第1号被保険者の
配偶者若しくは第1号被保険者の属
する世帯の世帯主その他その世帯に
属する者の資産若しくは収入の状況
又は被保険者に対する老齢等年金給
付の支給状況につき、官公署若しく
は年金保険者に対し必要な文書の閲
覧若しくは資料の提供を求め、又は
銀行、信託会社その他の機関若しく
は被保険者の雇用主その他の関係人
略に報告を求めることができる。

2　略

第214条　市町村は、条例で、第1号被
保険者が第12条第1項本文の規定によ
る届出をしないとき（同条第2項の規定
により当該第1号被保険者の属する世帯の
世帯主から届出がなされたときを除く。）
又は虚偽の届出をしたときは、10万円
以下の過料を科する規定を設けること
ができる。

2　略

3　市町村は、条例で、被保険者、第1
号被保険者の配偶者若しくは第1号被
保険者の属する世帯の世帯主その他そ
の世帯に属する者又はこれらであった
者が正当な理由なしに、第202条第1
項の規定により文書その他の物件の提
出若しくは提示を命ぜられてこれに従
わず、又は同項の規定による当該職員
の質問に対して答弁せず、若しくは虚
偽の答弁をしたときは、10万円以下の
過料を科する規定を設けることができ

る。

4、5　略

○行政機関の保有する個人情報の保護に関する法律

（定義）

第2条　この法律において「行政機関」
とは、次に掲げる機関をいう。

一　法律の規定に基づき内閣に置かれ
る機関（内閣府を除く。）及び内閣の
所轄の下に置かれる機関

二　内閣府、宮内庁並びに内閣府設置
法（平成11年法律第89号）第49条第1
項及び第2項に規定する機関（これ
らの機関のうち第4号の政令で定める機
関が置かれる機関にあっては、当該政令
で定める機関を除く。）

三　国家行政組織法（昭和23年法律第
120号）第3条第2項に規定する機
関（第5号の政令で定める機関が置かれ
る機関にあっては、当該政令で定める機
関を除く。）

四　内閣府設置法第39条及び第55条並
びに宮内庁法（昭和22年法律第70号）
第16条第2項の機関並びに内閣府設
置法第40条及び第56条（宮内庁法第
18条第1項において準用する場合を含
む。）の特別の機関で、政令で定め
るもの

五　国家行政組織法第8条の2の施設
等機関及び同法第8条の3の特別の
機関で、政令で定めるもの

六　会計検査院

2　この法律において「個人情報」と
は、生存する個人に関する情報であっ
て、次の各号のいずれかに該当するも
のをいう。

一　当該情報に含まれる氏名、生年月

7 関係法令

日その他の記述等（文書、図画若しくは電磁的記録（電磁的方式（電子的方式、磁気的方式その他人の知覚によっては認識することができない方式をいう。次項第2号において同じ。）で作られる記録をいう。以下同じ。）に記載され、若しくは記録され、又は音声、動作その他の方法を用いて表された一切の事項（個人識別符号を除く。）をいう。以下同じ。）により特定の個人を識別することができるもの（他の情報と照合することができ、それにより特定の個人を識別することができることとなるものを含む。）

二　個人識別符号が含まれるもの

三、四　略

五　この法律において「保有個人情報」とは、行政機関の職員が職務上作成し、又は取得した個人情報であって、当該行政機関の職員が組織的に利用するものとして、当該行政機関が保有しているものをいう。ただし、行政文書（行政機関の保有する情報の公開に関する法律（平成11年法律第42号）第2条第2項に規定する行政文書をいう。以下同じ。）に記録されているものに限る。

六～十一　略

（利用及び提供の制限）

第8条　行政機関の長は、法令に基づく場合を除き、利用目的以外の目的のために保有個人情報を自ら利用し、又は提供してはならない。

2　前項の規定にかかわらず、行政機関の長は、次の各号のいずれかに該当すると認めるときは、利用目的以外の目的のために保有個人情報を自ら利用し、又は提供することができる。ただし、保有個人情報を利用目的以外の目的のために自ら利用し、又は提供することによって、本人又は第三者の権利利益を不当に侵害するおそれがあると認められるときは、この限りでない。

一　本人の同意があるとき、又は本人に提供するとき。

二　行政機関が法令の定める所掌事務の遂行に必要な限度で保有個人情報を内部で利用する場合であって、当該保有個人情報を利用することについて相当な理由のあるとき。

三　他の行政機関、独立行政法人等、地方公共団体又は地方独立行政法人に保有個人情報を提供する場合において、保有個人情報の提供を受ける者が、法令の定める事務又は業務の遂行に必要な限度で提供に係る個人情報を利用し、かつ、当該個人情報を利用することについて相当な理由のあるとき。

四　前3号に掲げる場合のほか、専ら統計の作成又は学術研究の目的のために保有個人情報を提供するとき、本人以外の者に提供することが明らかに本人の利益になるとき、その他保有個人情報を提供することについて特別の理由のあるとき。

3　前項の規定は、保有個人情報の利用又は提供を制限する他の法令の規定の適用を妨げるものではない。

4　行政機関の長は、個人の権利利益を保護するため特に必要があると認めるときは、保有個人情報の利用目的以外の目的のための行政機関の内部における利用を特定の部局又は機関に限るものとする。

（保有個人情報の開示義務）

291

第Ⅲ部　資　料　編

第14条　行政機関の長は、開示請求が
あったときは、開示請求に係る保有個
人情報に次の各号に掲げる情報（以下
「不開示情報」という。）のいずれかが含
まれている場合を除き、開示請求者に
対し、当該保有個人情報を開示しなけ
ればならない。

一　開示請求者（第12条第２項の規定に
より未成年者又は成年被後見人の法定代
理人が本人に代わって開示請求をする場
合にあっては、当該本人をいう。次号及
び第３号、次条第２項並びに第23条第１
項において同じ。）の生命、健康、生
活又は財産を害するおそれがある情
報

二　開示請求者以外の個人に関する情
報（事業を営む個人の当該事業に関する
情報を除く。）であって、当該情報に
含まれる氏名、生年月日その他の記
述等により開示請求者以外の特定の
個人を識別することができるもの
（他の情報と照合することにより、開示
請求者以外の特定の個人を識別すること
ができることとなるものを含む。）又は
開示請求者以外の特定の個人を識別
することはできないが、開示するこ
とにより、なお開示請求者以外の個
人の権利利益を害するおそれがある
もの。ただし、次に掲げる情報を除
く。

イ　法令の規定により又は慣行とし
て開示請求者が知ることができ、
又は知ることが予定されている情
報

ロ　人の生命、健康、生活又は財産
を保護するため、開示することが
必要であると認められる情報

ハ　当該個人が公務員等（国家公務

員法（昭和22年法律第120号）第２条
第１項に規定する国家公務員（独
立行政法人通則法（平成11年法律第
103号）第２条第２項に規定する
特定独立行政法人及び日本郵政公
社の役員及び職員を除く。）、独立
行政法人等の役員及び職員、地方
公務員法（昭和25年法律第261号）
第２条に規定する地方公務員並び
に地方独立行政法人の役員及び職
員をいう。）である場合において、
当該情報がその職務の遂行に係る
情報であるときは、当該情報のう
ち、当該公務員等の職及び当該職
務遂行の内容に係る部分

三　法人その他の団体（国、独立行政法
人等、地方公共団体及び地方独立行政法
人を除く。以下この号において「法人等」
という。）に関する情報又は開示請求
者以外の事業を営む個人の当該事業
に関する情報であって、次に掲げる
もの。ただし、人の生命、健康、生
活又は財産を保護するため、開示す
ることが必要であると認められる情
報を除く。

イ　開示することにより、当該法人
等又は当該個人の権利、競争上の
地位その他正当な利益を害するお
それがあるもの

ロ　行政機関の要請を受けて、開示
しないとの条件で任意に提供され
たものであって、法人等又は個人
における通例として開示しないこ
ととされているものその他の当該
条件を付することが当該情報の性
質、当時の状況等に照らして合理
的であると認められるもの

四　開示することにより、国の安全が

害されるおそれ、他国若しくは国際
機関との信頼関係が損なわれるおそ
れ又は他国若しくは国際機関との交
渉上不利益を被るおそれがあると行
政機関の長が認めることにつき相当
の理由がある情報

五　開示することにより、犯罪の予
防、鎮圧又は捜査、公訴の維持、刑
の執行その他の公共の安全と秩序の
維持に支障を及ぼすおそれがあると
行政機関の長が認めることにつき相
当の理由がある情報

六　国の機関、独立行政法人等、地方
公共団体及び地方独立行政法人の内
部又は相互間における審議、検討又
は協議に関する情報であって、開示
することにより、率直な意見の交換
若しくは意思決定の中立性が不当に
損なわれるおそれ、不当に国民の間
に混乱を生じさせるおそれ又は特定
の者に不当に利益を与え若しくは不
利益を及ぼすおそれがあるもの

七　国の機関、独立行政法人等、地方
公共団体又は地方独立行政法人が行
う事務又は事業に関する情報であっ
て、開示することにより、次に掲げ
るおそれその他当該事務又は事業の
性質上、当該事務又は事業の適正な
遂行に支障を及ぼすおそれがあるも
の

イ　監査、検査、取締り、試験又は
租税の賦課若しくは徴収に係る事
務に関し、正確な事実の把握を困
難にするおそれ又は違法若しくは
不当な行為を容易にし、若しくは
その発見を困難にするおそれ

ロ　契約、交渉又は争訟に係る事務
に関し、国、独立行政法人等、地

方公共団体又は地方独立行政法人
の財産上の利益又は当事者として
の地位を不当に害するおそれ

ハ　調査研究に係る事務に関し、そ
の公正かつ能率的な遂行を不当に
阻害するおそれ

ニ　人事管理に係る事務に関し、公
正かつ円滑な人事の確保に支障を
及ぼすおそれ

ホ　国若しくは地方公共団体が経営
する企業、独立行政法人等又は地
方独立行政法人に係る事業に関
し、その企業経営上の正当な利益
を害するおそれ

○行政機関の保有する情報の公開に関す
る法律

（定義）

第2条　この法律において「行政機関」
とは、次に掲げる機関をいう。

一　法律の規定に基づき内閣に置かれ
る機関（内閣府を除く。）及び内閣の
所轄の下に置かれる機関

二　内閣府、宮内庁並びに内閣府設置
法（平成11年法律第89号）第49条第1
項及び第2項に規定する機関（これ
らの機関のうち第4号の政令で定める機
関が置かれる機関にあっては、当該政令
で定める機関を除く。）

三　国家行政組織法（昭和23年法律第
120号）第3条第2項に規定する機
関（第5号の政令で定める機関が置かれ
る機関にあっては、当該政令で定める機
関を除く。）

四　内閣府設置法第39条及び第55条並
びに宮内庁法（昭和22年法律第70号）
第16条第2項の機関並びに内閣府設
置法第40条及び第56条（宮内庁法第

第Ⅲ部　資料編

18条第1項において準用する場合を含む。）の特別の機関で、政令で定めるもの

五　国家行政組織法第8条の2の施設等機関及び同法第8条の3の特別の機関で、政令で定めるもの

六　会計検査院

2　この法律において「行政文書」とは、行政機関の職員が職務上作成し、又は取得した文書、図画及び電磁的記録（電子的方式、磁気的方式その他人の知覚によっては認識することができない方式で作られた記録をいう。以下同じ。）であって、当該行政機関の職員が組織的に用いるものとして、当該行政機関が保有しているものをいう。ただし、次に掲げるものを除く。

一　官報、白書、新聞、雑誌、書籍その他不特定多数の者に販売することを目的として発行されるもの

二　公文書等の管理に関する法律（平成21年法律第66号）第2条第7項に規定する特定歴史公文書等

三　政令で定める研究所その他の施設において、政令で定めるところにより、歴史的若しくは文化的な資料又は学術研究用の資料として特別の管理がされているもの（前号に掲げるものを除く。）

（行政文書の開示義務）

第5条　行政機関の長は、開示請求があったときは、開示請求に係る行政文書に次の各号に掲げる情報（以下「不開示情報」という。）のいずれかが記録されている場合を除き、開示請求者に対し、当該行政文書を開示しなければならない。

一　個人に関する情報（事業を営む個人の当該事業に関する情報を除く。）であって、当該情報に含まれる氏名、生年月日その他の記述等により特定の個人を識別することができるもの（他の情報と照合することにより、特定の個人を識別することができることとなるものを含む。）又は特定の個人を識別することはできないが、公にすることにより、なお個人の権利利益を害するおそれがあるもの。ただし、次に掲げる情報を除く。

イ　法令の規定により又は慣行として公にされ、又は公にすることが予定されている情報

ロ　人の生命、健康、生活又は財産を保護するため、公にすることが必要であると認められる情報

ハ　当該個人が公務員等（国家公務員法（昭和22年法律第120号）第2条第1項に規定する国家公務員（独立行政法人通則法（平成11年法律第103号）第2条第2項に規定する特定独立行政法人及び日本郵政公社の役員及び職員を除く。）、独立行政法人等（独立行政法人等の保有する情報の公開に関する法律（平成13年法律第140号。以下「独立行政法人等情報公開法」という。）第2条第1項に規定する独立行政法人等をいう。以下同じ。）の役員及び職員、地方公務員法（昭和25年法律第261号）第2条に規定する地方公務員並びに地方独立行政法人（地方独立行政法人法（平成15年法律第118号）第2条第1項に規定する地方独立行政法人をいう。以下同じ。）の役員及び職員をいう。）である場合において、当該情報がそ

7　関係法令

の職務の遂行に係る情報であるときは、当該情報のうち、当該公務員等の職及び当該職務遂行の内容に係る部分

一の二　行政機関の保有する個人情報の保護に関する法律（平成15年法律第58号）第２条第９項に規定する行政機関非識別加工情報（同条第10項に規定する行政機関非識別加工情報ファイルを構成するものに限る。以下この号において「行政機関非識別加工情報」という。）若しくは行政機関非識別加工情報の作成に用いた同条第５項に規定する保有個人情報（他の情報と照合することができ、それにより特定の個人を識別することができることとなるもの（他の情報と容易に照合することができ、それにより特定の個人を識別することができることとなるものを除く。）を除く。）から削除した同条第２項第１号に規定する記述等若しくは同条第３項に規定する個人識別符号又は独立行政法人等の保有する個人情報の保護に関する法律（平成15年法律第59号）第２条第９項に規定する独立行政法人等非識別加工情報（同条第10項に規定する独立行政法人等非識別加工情報ファイルを構成するものに限る。以下この号において「独立行政法人等非識別加工情報」という。）若しくは独立行政法人等非識別加工情報の作成に用いた同条第５項に規定する保有個人情報（他の情報と照合することができ、それにより特定の個人を識別することができることとなるもの（他の情報と容易に照合することができ、それにより特定の個人を識別することができることとなるものを除く。）を除く。）から削除した同

条第２項第１号に規定する記述等若しくは同条第３項に規定する個人識別符号

二　法人その他の団体（国、独立行政法人等、地方公共団体及び地方独立行政法人を除く。以下「法人等」という。）に関する情報又は事業を営む個人の当該事業に関する情報であって、次に掲げるもの。ただし、人の生命、健康、生活又は財産を保護するため、公にすることが必要であると認められる情報を除く。

　イ　公にすることにより、当該法人等又は当該個人の権利、競争上の地位その他正当な利益を害するおそれがあるもの

　ロ　行政機関の要請を受けて、公にしないとの条件で任意に提供されたものであって、法人等又は個人における通例として公にしないこととされているものその他の当該条件を付することが当該情報の性質、当時の状況等に照らして合理的であると認められるもの

三　公にすることにより、国の安全が害されるおそれ、他国若しくは国際機関との信頼関係が損なわれるおそれ又は他国若しくは国際機関との交渉上不利益を被るおそれがあると行政機関の長が認めることにつき相当の理由がある情報

四　公にすることにより、犯罪の予防、鎮圧又は捜査、公訴の維持、刑の執行その他の公共の安全と秩序の維持に支障を及ぼすおそれがあると行政機関の長が認めることにつき相当の理由がある情報

五　国の機関、独立行政法人等、地方

295

第Ⅲ部　資料編

公共団体及び地方独立行政法人の内
部又は相互間における審議、検討又
は協議に関する情報であって、公に
することにより、率直な意見の交換
若しくは意思決定の中立性が不当に
損なわれるおそれ、不当に国民の間
に混乱を生じさせるおそれ又は特定
の者に不当に利益を与え若しくは不
利益を及ぼすおそれがあるもの
六　国の機関、独立行政法人等、地方
公共団体又は地方独立行政法人が行
う事務又は事業に関する情報であっ
て、公にすることにより、次に掲げ
るおそれその他当該事務又は事業の
性質上、当該事務又は事業の適正な
遂行に支障を及ぼすおそれがあるも
の
イ　監査、検査、取締り、試験又は
租税の賦課若しくは徴収に係る事
務に関し、正確な事実の把握を困
難にするおそれ又は違法若しくは
不当な行為を容易にし、若しくは
その発見を困難にするおそれ
ロ　契約、交渉又は争訟に係る事務
に関し、国、独立行政法人等、地
方公共団体又は地方独立行政法人
の財産上の利益又は当事者として
の地位を不当に害するおそれ
ハ　調査研究に係る事務に関し、そ
の公正かつ能率的な遂行を不当に
阻害するおそれ
ニ　人事管理に係る事務に関し、公
正かつ円滑な人事の確保に支障を
及ぼすおそれ
ホ　国若しくは地方公共団体が経営
する企業、独立行政法人等又は地
方独立行政法人に係る事業に関
し、その企業経営上の正当な利益

を害するおそれ

○行政手続法

（定義）

第2条　この法律において、次の各号に
掲げる用語の意義は、当該各号に定め
るところによる。
一～五　略
六　行政指導　行政機関がその任務又
は所掌事務の範囲内において一定の
行政目的を実現するため特定の者に
一定の作為又は不作為を求める指
導、勧告、助言その他の行為であっ
て処分に該当しないものをいう。
七、八　略

○国の債権の管理等に関する法律

（強制履行の請求等）

第15条　歳入徴収官等は、その所掌に属
する債権（国税徴収又は国税滞納処分の
例によつて徴収する債権その他政令で定め
る債権を除く。）で履行期限を経過した
ものについて、その全部又は一部が第
13条第2項の規定による督促があつた
後、相当の期間を経過してもなお履行
されない場合には、次に掲げる措置を
とらなければならない。ただし、第21
条第1項の措置をとる場合又は第24条
第1項の規定により履行期限を延長す
る場合（他の法律の規定に基きこれらに準
ずる措置をとる場合を含む。）その他各省
各庁の長が大蔵大臣と協議して定める
特別の事情がある場合は、この限りで
ない。
一　担保の附されている債権（保証人
の保証がある債権を含む。以下同じ。）
については、当該債権の内容に従
い、その担保を処分し、若しくは法

7 関係法令

務大臣に対して競売その他の担保権の実行の手続をとることを求め、又は保証人に対して履行を請求すること。

二　債務名義のある債権（次号の措置により債務名義を取得したものを含む。）については、法務大臣に対し、強制執行の手続をとることを求めること。

三　前2号に該当しない債権（第1号に該当する債権で同号の措置をとつてなお履行されないものを含む。）については、法務大臣に対し、訴訟手続（非訟事件の手続を含む。）により履行を請求することを求めること。

○刑事訴訟法

（公務上の秘密に関する証人尋問）

第144条　公務員又は公務員であつた者が知り得た事実について、本人又は当該公務所から職務上の秘密に関するものであることを申し立てたときは、当該監督官庁の承諾がなければ証人としてこれを尋問することはできない。但し、当該監督官庁は、国の重大な利益を害する場合を除いては、承諾を拒むことができない。

（宣誓証言の拒絶と過料等）

第160条　証人が正当な理由がなく宣誓又は証言を拒んだときは、決定で、10万円以下の過料に処し、かつ、その拒絶により生じた費用の賠償を命ずることができる。

2　前項の決定に対しては、即時抗告をすることができる。

（宣誓又は証言拒否の罪）

第161条　正当な理由がなく宣誓又は証言を拒んだ者は、1年以下の懲役又は

30万円以下の罰金又は拘留に処する。

2　前項の罪を犯した者には、情状により、罰金及び拘留を併科することができる。

（捜査のための取調）

第197条　捜査については、その目的を達するため必要な取調をすることができる。但し、強制の処分は、この法律に特別の定のある場合でなければ、これをすることができない。

2　捜査については、公務所又は公私の団体に照会して必要な事項の報告を求めることができる。

（公務所等への照会）

3〜5　略

第279条　裁判所は、検察官、被告人若しくは弁護人の請求により又は職権で、公務所又は公私の団体に照会して必要な事項の報告を求めることができる。

（執行指揮）

第472条　裁判の執行は、その裁判をした裁判所に対応する検察庁の検察官がこれを指揮する。但し、第70条第1項但書の場合、第108条第1項但書の場合その他その性質上裁判所又は裁判官が指揮すべき場合は、この限りでない。

2　上訴の裁判又は上訴の取下により下級の裁判所の裁判を執行する場合には、上訴裁判所に対応する検察庁の検察官がこれを指揮する。但し、訴訟記録が下級の裁判所又はその裁判所に対応する検察庁に在るときは、その裁判所に対応する検察庁の検察官が、これを指揮する。

（財産刑等の執行）

第490条　罰金、科料、没収、追徴、過

第Ⅲ部　資　料　編

料、没取、訴訟費用、費用賠償又は仮
納付の裁判は、検察官の命令によつて
これを執行する。この命令は、執行力
のある債務名義と同一の効力を有す
る。

2　前項の裁判の執行は、民事執行法
（昭和54年法律第4号）その他強制執行
の手続に関する法令の規定に従つてす
る。ただし、執行前に裁判の送達をす
ることを要しない。

第507条　検察官又は裁判所若しくは裁
判官は、裁判の執行に関して必要があ
ると認めるときは、公務所又は公私の
団体に照会して必要な事項の報告を求
めることができる。

○刑　　法

（公正証書原本不実記載等）

第157条　公務員に対し虚偽の申立てを
して、登記簿、戸籍簿その他の権利若
しくは義務に関する公正証書の原本に
不実の記載をさせ、又は権利若しくは
義務に関する公正証書の原本として用
いられる電磁的記録に不実の記録をさ
せた者は、5年以下の懲役又は50万円
以下の罰金に処する。

2　公務員に対し虚偽の申立てをして、
免状、鑑札又は旅券に不実の記載をさ
せた者は、1年以下の懲役又は20万円
以下の罰金に処する。

3　前2項の罪の未遂は、罰する。

（私文書偽造等）

第159条　行使の目的で、他人の印章若
しくは署名を使用して権利、義務若し
くは事実証明に関する文書若しくは図
画を偽造し、又は偽造した他人の印章
若しくは署名を使用して権利、義務若
しくは事実証明に関する文書若しくは

図画を偽造した者は、3月以上5年以
下の懲役に処する。

2　他人が押印し又は署名した権利、義
務又は事実証明に関する文書又は図画
を変造した者も、前項と同様とする。

3　前2項に規定するもののほか、権
利、義務又は事実証明に関する文書又
は図画を偽造し、又は変造した者は、
1年以下の懲役又は10万円以下の罰金
に処する。

（偽造私文書等行使）

第161条　前2条の文書又は図画を行使
した者は、その文書若しくは図画を偽
造し、若しくは変造し、又は虚偽の記
載をした者と同一の刑に処する。

2　前項の罪の未遂は、罰する。

○健康保険法

（保険料等の督促及び滞納処分）

第180条　保険料その他この法律の規定
による徴収金（第204条の2第1項及び第
204条の6第1項を除き、以下「保険料等」
という。）を滞納する者（以下「滞納者」
という。）があるときは、保険者等（被
保険者が協会が管掌する健康保険の任意継
続被保険者である場合、協会が管掌する健
康保険の被保険者若しくは日雇特例被保険
者であって第58条、第74条第2項及び第
109条第2項（第149条においてこれらの規
定を準用する場合を含む。）の規定による
徴収金を納付しなければならない場合
又は解散により消滅した健康保険組合
の権利を第26条第4項の規定により承
継した場合であって当該健康保険組合
の保険料等で未収のものに係るものが
あるときは協会、被保険者が健康保険
組合が管掌する健康保険の被保険者で
ある場合は当該健康保険組合、これら

298

以外の場合は厚生労働大臣をいう。以下この条及び次条第1項において同じ。）は、期限を指定して、これを督促しなければならない。ただし、第172条の規定により保険料を徴収するときは、この限りでない。

2 前項の規定によって督促をしようとするときは、保険者等は、納付義務者に対して、督促状を発する。

3 前項の督促状により指定する期限は、督促状を発する日から起算して10日以上を経過した日でなければならない。ただし、第172条各号のいずれかに該当する場合は、この限りでない。

4 保険者は、納付義務者が次の各号のいずれかに該当する場合においては、国税滞納処分の例によってこれを処分し、又は納付義務者の居住地若しくはその者の財産所在地の市町村（特別区を含むものとし、地方自治法（昭和22年法律第67号）第252条の19第1項の指定都市にあっては、区とする。第6項において同じ。）に対して、その処分を請求することができる。

　1 第1項の規定による督促を受けた者がその指定の期限までに保険料その他この法律の規定による徴収金を納付しないとき。

　2 第172条各号のいずれかに該当したことにより納期を繰り上げて保険料納入の告知を受けた者がその指定の期限までに保険料を納付しないとき。

5 前項の規定により協会又は健康保険組合が国税滞納処分の例により処分を行う場合においては、厚生労働大臣の認可を受けなければならない。

6 市町村は、第4項の規定による処分の請求を受けたときは、市町村税の例によってこれを処分することができる。この場合においては、保険者は、徴収金の100分の4に相当する額を当該市町村に交付しなければならない。

○公営住宅法

（入居者資格）

第23条 公営住宅の入居者は、少なくとも次に掲げる条件を具備する者でなければならない。

　一 その者の収入がイ又はロに掲げる場合に応じ、それぞれイ又はロに定める金額を超えないこと。

　　イ 入居者の心身の状況又は世帯構成、区域内の住宅事情その他の事情を勘案し、特に居住の安定を図る必要がある場合として条例で定める場合 入居の際の収入の上限として政令で定める金額以下で事業主体が条例で定める金額

　　ロ イに掲げる場合以外の場合 低額所得者の居住の安定を図るため必要なものとして政令で定める金額を参酌して、イの政令で定める金額以下で事業主体が条例で定める金額

　二 現に住宅に困窮していることが明らかであること。

（収入超過者に対する措置等）

第28条 公営住宅の入居者は、当該公営住宅に引き続き3年以上入居している場合において政令で定める基準を超える収入のあるときは、当該公営住宅を明け渡すように努めなければならない。

2 公営住宅の入居者が前項の規定に該当する場合において当該公営住宅に引

第Ⅲ部　資料編

き続き入居しているときは、当該公営
住宅の毎月の家賃は、第16条第1項の
規定にかかわらず、毎年度、入居者か
らの収入の申告に基づき、当該入居者
の収入を勘案し、かつ、近傍同種の住
宅の家賃以下で、政令で定めるところ
により、事業主体が定める。

3〜5　略

（収入状況の報告の請求等）

第34条　事業主体の長は、第16条第1項
若しくは第4項若しくは第28条第2項
若しくは第4項の規定による家賃の決
定、第16条第5項（第28条第3項若しく
は第5項又は第29条第9項において準用す
る場合を含む。）の規定による家賃若し
くは金銭の減免、第18条第2項の規定
による敷金の減免、第19条（第28条第
3項若しくは第5項又は第29条第9項にお
いて準用する場合を含む。）の規定による
家賃、敷金若しくは金銭の徴収の猶
予、第29条第1項の規定による明渡し
の請求、第30条第1項の規定によるあ
つせん等又は第40条の規定による公営
住宅への入居の措置に関し必要がある
と認めるときは、公営住宅の入居者の
収入の状況について、当該入居者若し
くはその雇主、その取引先その他の関
係人に報告を求め、又は官公署に必要
な書類を閲覧させ、若しくはその内容
を記録させることを求めることができ
る。

○厚生年金保険法

（徴収に関する通則）

第89条　保険料その他この法律の規定に
よる徴収金は、この法律に別段の規定
があるものを除き、国税徴収の例によ
り徴収する。

○高年齢者等の雇用の安定等に関する法
律

（中高年齢失業者等求職手帳の発給）

第22条　公共職業安定所長は、中高年齢
失業者等であつて、次の各号に該当す
るものに対して、その者の申請に基づ
き、中高年齢失業者等求職手帳（以下
「手帳」という。）を発給する。

一　公共職業安定所に求職の申込みを
していること。

二　誠実かつ熱心に就職活動を行う意
欲を有すると認められること。

三　第25条第1項各号に掲げる措置を
受ける必要があると認められるこ
と。

四　前3号に掲げるもののほか、生活
の状況その他の事項について厚生労
働大臣が労働政策審議会の意見を聴
いて定める要件に該当すること。

○高年齢者等の雇用の安定等に関する法
律施行規則

（手帳の発給）

第7条　法第22条の申請は、厚生労働省
職業安定局長（以下「職業安定局長」と
いう。）が定める手続及び様式に従い、
当該申請者の住所（住所により難いとき
は、居所とする。）を管轄する公共職業
安定所（その公共職業安定所が2以上ある
場合には、厚生労働省組織規則第792条の
規定により当該事務を取り扱う公共職業安
定所とする。以下この節において「管轄公
共職業安定所」という。）の長に対して、
行うものとする。

2　法第22条第4号の厚生労働大臣が労
働政策審議会の意見を聴いて定める要
件は、次のとおりとする。

7 関係法令

一　常用労働者（同一事業主に継続して雇用される労働者をいう。）として雇用されることを希望していること。

二　職業安定局長が定めるところにより算定したその者の所得の金額（配偶者（届出はしていないが事実上婚姻関係と同様の事情にある者を含む。）に所得があるときは、職業安定局長が定めるところにより算定したその者の所得の金額を合算した額とする。）が、所得税法（昭和40年法律第33号）に規定する控除対象配偶者及び扶養親族の有無及び数に応じて、同法第83条、第84条及び第86条の規定を適用した場合に所得税が課せられないこととなる所得の最高額を基準として職業安定局長が定める額を超えていないこと。

三～八　略

3～5　略

○高齢者の医療の確保に関する法律

第69条　後期高齢者医療広域連合は、災害その他の厚生労働省令で定める特別の事情がある被保険者であつて、保険医療機関等に第67条第1項の規定による一部負担金を支払うことが困難であると認められるものに対し、次の措置を採ることができる。

一　一部負担金を減額すること。

二　一部負担金の支払を免除すること。

三　保険医療機関等に対する支払に代えて、一部負担金を直接に徴収することとし、その徴収を猶予すること。

2　前項の措置を受けた被保険者は、第67条第1項の規定にかかわらず、前項第1号の措置を受けた被保険者にあつてはその減額された一部負担金を保険医療機関等に支払うことをもつて足り、同項第2号又は第3号の措置を受けた被保険者にあつては一部負担金を保険医療機関等に支払うことを要しない。

3　前条の規定は、前項の場合における一部負担金の支払について準用する。

○高齢者の医療の確保に関する法律施行規則

（法第69条第1項の厚生労働省令で定める特別の事情）

第33条　法第69条第1項の厚生労働省令で定める特別の事情は、被保険者が、震災、風水害、火災その他これらに類する災害により住宅、家財又はその他の財産について著しい損害を受けたこと、被保険者の属する世帯の世帯主が死亡し、若しくは心身に重大な障害を受け、又は長期間入院したことその他これらに類する事由があることにより一部負担金を支払うことが困難と認められることとする。

2　一部負担金の減額、その支払の免除又はその徴収の猶予を受けようとする被保険者は、一部負担金減免等申請書を後期高齢者医療広域連合に提出しなければならない。この場合において、後期高齢者医療広域連合は、必要に応じ、申請書に前項に規定する事由に該当することを明らかにすることができる書類を添付するよう求めることができる。

3　後期高齢者医療広域連合は、前項の申請が第1項に規定する場合に該当すると認めたときは、一部負担金減免等

第Ⅲ部　資料編

証明書を交付しなければならない。

4　前項の規定により一部負担金減免等証明書の交付を受けた者は、保険医療機関又は保険薬局（以下「保険医療機関等」という。）について療養の給付、法第64条第2項第3号に規定する評価療養（以下「評価療養」という。）、同項第4号に規定する患者申出療養（以下「患者申出療養」という。）又は同項第5号に規定する選定療養（以下「選定療養」という。）を受けようとするときは、当該保険医療機関等にこれを提出しなければならない。

○国税徴収法

（差押先着手による国税の優先）

第12条　納税者の財産につき国税の滞納処分による差押をした場合において、他の国税又は地方税の交付要求があつたときは、その差押に係る国税は、その換価代金につき、その交付要求に係る他の国税又は地方税に先だつて徴収する。

2　納税者の財産につき国税又は地方税の滞納処分による差押があつた場合において、国税の交付要求をしたときは、その交付要求に係る国税は、その換価代金につき、その差押に係る国税又は地方税（第9条（強制換価手続の費用の優先）の規定の適用を受ける費用を除く。）に次いで徴収する。

（質問及び検査）

第141条　徴収職員は、滞納処分のため滞納者の財産を調査する必要があるときは、その必要と認められる範囲内において、次に掲げる者に質問し、又はその者の財産に関する帳簿若しくは書類を検査することができる。

一　滞納者

二　滞納者の財産を占有する第三者及びこれを占有していると認めるに足りる相当の理由がある第三者

三　滞納者に対し債権若しくは債務があり、又は滞納者から財産を取得したと認めるに足りる相当の理由がある者

四　滞納者が株主又は出資者である法人

（捜索の権限及び方法）

第142条　徴収職員は、滞納処分のため必要があるときは、滞納者の物又は住居その他の場所につき捜索することができる。

2　徴収職員は、滞納処分のため必要がある場合には、次の各号の一に該当するときに限り、第三者の物又は住居その他の場所につき捜索することができる。

一　滞納者の財産を所持する第三者がその引渡をしないとき。

二　滞納者の親族その他の特殊関係者が滞納者の財産を所持すると認めるに足りる相当の理由がある場合において、その引渡をしないとき。

3　徴収職員は、前2項の捜索に際し必要があるときは、滞納者若しくは第三者に戸若しくは金庫その他の容器の類を開かせ、又は自らこれらを開くため必要な処分をすることができる。

第188条　次の各号のいずれかに該当する者は、1年以下の懲役又は50万円以下の罰金に処する。

一　第141条（質問及び検査）の規定による徴収職員の質問に対して答弁をせず、又は偽りの陳述をした者

二　第141条の規定による検査を拒

み、妨げ、若しくは忌避し、又は当
該検査に関し偽りの記載若しくは記
録をした帳簿書類を提示した者

○国家公務員法

（秘密を守る義務）
第100条　職員は、職務上知ることので
きた秘密を漏らしてはならない。その
職を退いた後といえども同様とする。
2　法令による証人、鑑定人等となり、
職務上の秘密に属する事項を発表する
には、所轄庁の長（退職者については、
その退職した官職又はこれに相当する官職
の所轄庁の長）の許可を要する。
3　前項の許可は、法律又は政令の定め
る条件及び手続に係る場合を除いて
は、これを拒むことができない。
4　前3項の規定は、人事院で扱われる
調査又は審理の際人事院から求められ
る情報に関しては、これを適用しな
い。何人も、人事院の権限によつて行
われる調査又は審理に際して、秘密の
又は公表を制限された情報を陳述し又
は証言することを人事院から求められ
た場合には、何人からも許可を受ける
必要がない。人事院が正式に要求した
情報について、人事院に対して、陳述
及び証言を行わなかつた者は、この法
律の罰則の適用を受けなければならな
い。

○国民健康保険法

（保険料）
第76条　市町村は、当該市町村の国民健
康保険に関する特別会計において負担
する国民健康保険事業費納付金の納付
に要する費用（当該市町村が属する都道
府県の国民健康保険に関する特別会計にお

いて負担する前期高齢者納付金等及び後期
高齢者支援金等並びに介護納付金の納付に
要する費用を含む。以下同じ。）、財政安
定化基金拠出金の納付に要する費用そ
の他の国民健康保険事業に要する費用
に充てるため、被保険者の属する世帯
の世帯主（当該市町村の区域内に住所を
有する世帯主に限る。）から保険料を徴
収しなければならない。ただし、地方
税法の規定により国民健康保険税を課
するときは、この限りでない。
2　組合は、療養の給付等に要する費用
その他の国民健康保険事業に要する費
用（前期高齢者納付金等及び後期高齢者支
援金等並びに介護納付金の納付に要する費
用を含み、健康保険法第179条に規定する
組合にあつては、同法の規定による日雇拠
出金の納付に要する費用を含む。）に充て
るため、組合員から保険料を徴収しな
ければならない。
3　前2項の規定による保険料のうち、
介護納付金の納付に要する費用に充て
るための保険料は、介護保険法第9条
第2号に規定する被保険者である被保
険者について賦課するものとする。
（文書の提出等）
第113条　保険者は、被保険者の資格、
保険給付及び保険料に関して必要があ
ると認めるときは、世帯主若しくは組
合員又はこれらであつた者に対し、文
書その他の物件の提出若しくは提示を
命じ、又は当該職員に質問させること
ができる。
（資料の提供等）
第113条の2　市町村は、被保険者の資
格、保険給付及び保険料に関し必要が
あると認めるときは、被保険者若しく
は被保険者の属する世帯の世帯主の資

第Ⅲ部　資料編

産若しくは収入の状況又は国民年金の被保険者の種別の変更につき、郵便局その他の官公署に対し、必要な書類の閲覧若しくは資料の提供を求め、又は銀行、信託会社その他の機関若しくは被保険者の雇用主その他の関係者に報告を求めることができる。

2　市町村は、被保険者の資格に関し必要があると認めるときは、他の市町村、組合、第6条第1号から第3号までに掲げる法律の規定による保険者若しくは共済組合又は私立学校教職員共済法の規定により私立学校教職員共済制度を管掌することとされた日本私立学校振興・共済事業団に対し、他の市町村若しくは組合が行う国民健康保険の被保険者、健康保険若しくは船員保険の被保険者若しくは被扶養者、共済組合の組合員若しくは被扶養者又は私立学校教職員共済制度の加入者若しくは被扶養者の氏名及び住所、健康保険法第3条第3項に規定する適用事業所の名称及び所在地その他の必要な資料の提供を求めることができる。

○国民年金法

第72条　年金給付は、次の各号のいずれかに該当する場合においては、その額の全部又は一部につき、その支給を停止することができる。

　一　受給権者が、正当な理由がなくて、第107条第1項の規定による命令に従わず、又は同項の規定による当該職員の質問に応じなかつたとき。

　二　障害基礎年金の受給権者又は第107条第2項に規定する子が、正当な理由がなくて、同項の規定による命令に従わず、又は同項の規定による当該職員の診断を拒んだとき。

第73条　受給権者が、正当な理由がなくて、第105条第3項の規定による届出をせず、又は書類その他の物件を提出しないときは、年金給付の支払を一時差し止めることができる。

第90条　次の各号のいずれかに該当する被保険者等から申請があつたときは、厚生労働大臣は、その指定する期間（次条第1項から第3項までの規定の適用を受ける期間又は学校教育法（昭和22年法律第26号）第50条に規定する高等学校の生徒、同法第83条に規定する大学の学生その他の生徒若しくは学生であつて政令で定めるもの（以下「学生等」という。）である期間若しくは学生等であつた期間を除く。）に係る保険料につき、既に納付されたものを除き、これを納付することを要しないものとし、申請のあつた日以後、当該保険料に係る期間を第5条第3項に規定する保険料全額免除期間（第94条第1項の規定により追納が行われた場合にあつては、当該追納に係る期間を除く。）に算入することができる。ただし、世帯主又は配偶者のいずれかが次の各号のいずれにも該当しないときは、この限りでない。

　一　当該保険料を納付することを要しないものとすべき月の属する年の前年の所得（1月から厚生労働省令で定める月までの月分の保険料については、前々年の所得とする。以下この章において同じ。）が、その者の扶養親族等の有無及び数に応じて、政令で定める額以下であるとき。

　二　被保険者又は被保険者の属する世

7　関係法令

帯の他の世帯員が生活保護法による生活扶助以外の扶助その他の援助であつて厚生労働省令で定めるものを受けるとき。

三　地方税法（昭和25年法律第226号）に定める障害者であつて、当該保険料を納付することを要しないものとすべき月の属する年の前年の所得が政令で定める額以下であるとき。

四　地方税法に定める寡婦であつて、当該保険料を納付することを要しないものとすべき月の属する年の前年の所得が前号に規定する政令で定める額以下であるとき。

五　保険料を納付することが著しく困難である場合として天災その他の厚生労働省令で定める事由があるとき。

2、3　略

4　第1項第1号、第3号及び第4号に規定する所得の範囲及びその額の計算方法は、政令で定める。

第90条の2　次の各号のいずれかに該当する被保険者等から申請があつたときは、厚生労働大臣は、その指定する期間（前条第1項若しくは次項若しくは第3項の規定の適用を受ける期間又は学生等である期間若しくは学生等であつた期間を除く。）に係る保険料につき、既に納付されたものを除き、その4分の3を納付することを要しないものとし、申請のあつた日以後、当該保険料に係る期間を第5条第4項に規定する保険料4分の3免除期間（第94条第1項の規定により追納が行われた場合にあつては、当該追納に係る期間を除く。）に算入することができる。ただし、世帯主又は配偶者のいずれかが次の各号のいずれにも

該当しないときは、この限りでない。

一　当該保険料を納付することを要しないものとすべき月の属する年の前年の所得が、その者の扶養親族等の有無及び数に応じて、政令で定める額以下であるとき。

二　前条第1項第2号から第4号までに該当するとき。

三　保険料を納付することが著しく困難である場合として天災その他の厚生労働省令で定める事由があるとき。

2～6　略

第90条の3　次の各号のいずれかに該当する学生等である被保険者又は学生等であつた被保険者等から申請があつたときは、厚生労働大臣は、その指定する期間（学生等である期間又は学生等であつた期間に限る。）に係る保険料につき、既に納付されたものを除き、これを納付することを要しないものとし、申請のあつた日以後、当該保険料に係る期間を第5条第3項に規定する保険料全額免除期間（第94条第1項の規定により追納が行われた場合にあつては、当該追納に係る期間を除く。）に算入することができる。

一　当該保険料を納付することを要しないものとすべき月の属する年の前年の所得が、その者の扶養親族等の有無及び数に応じて、政令で定める額以下であるとき。

二　第90条第1項第2号から第4号までに該当するとき。

三　保険料を納付することが著しく困難である場合として天災その他の厚生労働省令で定める事由があるとき。

305

第Ⅲ部　資料編

２、３　略

（被保険者に関する調査）

第106条　厚生労働大臣は、必要がある
と認めるときは、被保険者の資格又は
保険料に関する処分に関し、被保険者
に対し、国民年金手帳、被保険者若し
くは被保険者の配偶者若しくは世帯主
若しくはこれらの者であつた者の資産
若しくは収入の状況に関する書類その
他の物件の提出を命じ、又は当該職員
をして被保険者に質問させることがで
きる。

２　前項の規定によつて質問を行う当該
職員は、その身分を示す証票を携帯
し、かつ、関係人の請求があるとき
は、これを提示しなければならない。

（受給権者に関する調査）

第107条　厚生労働大臣は、必要がある
と認めるときは、受給権者に対して、
その者の身分関係、障害の状態その他
受給権の消滅、年金額の改定若しくは
支給の停止に係る事項に関する書類そ
の他の物件を提出すべきことを命じ、
又は当該職員をしてこれらの事項に関
し受給権者に質問させることができ
る。

（資料の提供等）

第108条　厚生労働大臣は、被保険者の
資格又は保険料に関し必要があると認
めるときは、被保険者若しくは被保険
者であつた者（以下この項において「被
保険者等」という。）、国民年金基金の加
入員若しくは加入員であつた者、農業
者年金の被保険者若しくは被保険者で
あつた者、国家公務員共済組合法若し
くは地方公務員等共済組合法の短期給
付に関する規定の適用を受ける組合員
若しくは組合員であつた者、私立学校

教職員共済法の短期給付に関する規定
の適用を受ける加入者若しくは加入者
であつた者又は健康保険若しくは国民
健康保険の被保険者若しくは被保険者
であつた者の氏名及び住所、個人番号
（行政手続における特定の個人を識別する
ための番号の利用等に関する法律（平成25
年法律第27号）第２条第５項に規定す
る個人番号をいう。次項において同
じ。）、資格の取得及び喪失の年月日、
保険料若しくは掛金の納付状況その他
の事項につき、官公署、第109条第２
項に規定する国民年金事務組合、国民
年金基金、国民年金基金連合会、独立
行政法人農業者年金基金、共済組合
等、健康保険組合若しくは国民健康保
険組合に対し必要な書類の閲覧若しく
は資料の提供を求め、又は銀行、信託
会社その他の機関若しくは被保険者等
の配偶者若しくは世帯主その他の関係
人に報告を求めることができる。

２、３　略

○個人情報の保護に関する法律

（目的）

第１条　この法律は、高度情報通信社会
の進展に伴い個人情報の利用が著しく
拡大していることにかんがみ、個人情
報の適正な取扱いに関し、基本理念及
び政府による基本方針の作成その他の
個人情報の保護に関する施策の基本と
なる事項を定め、国及び地方公共団体
の責務等を明らかにするとともに、個
人情報を取り扱う事業者の遵守すべき
義務等を定めることにより、個人情報
の適正かつ効果的な活用が新たな産業
の創出並びに活力ある経済社会及び豊
かな国民生活の実現に資するものであ

7 関係法令

ることその他の個人情報の有用性に配慮しつつ、個人の権利利益を保護することを目的とする。

（定義）

第2条 この法律において「個人情報」とは、生存する個人に関する情報であって、次の各号のいずれかに該当するものをいう。

一　当該情報に含まれる氏名、生年月日その他の記述等（文書、図画若しくは電磁的記録（電磁的方式（電子的方式、磁気的方式その他人の知覚によっては認識することができない方式をいう。次項第2号において同じ。）で作られる記録をいう。第18条第2項において同じ。）に記載され、若しくは記録され、又は音声、動作その他の方法を用いて表された一切の事項（個人識別符号を除く。）をいう。以下同じ。）により特定の個人を識別することができるもの（他の情報と容易に照合することができ、それにより特定の個人を識別することができることとなるものを含む。）

二　個人識別符号が含まれるもの

2　この法律において「個人識別符号」とは、次の各号のいずれかに該当する文字、番号、記号その他の符号のうち、政令で定めるものをいう。

一　特定の個人の身体の一部の特徴を電子計算機の用に供するために変換した文字、番号、記号その他の符号であって、当該特定の個人を識別することができるもの

二　個人に提供される役務の利用若しくは個人に販売される商品の購入に関し割り当てられ、又は個人に発行されるカードその他の書類に記載さ

れ、若しくは電磁的方式により記録された文字、番号、記号その他の符号であって、その利用者若しくは購入者又は発行を受ける者ごとに異なるものとなるように割り当てられ、又は記載され、若しくは記録されることにより、特定の利用者若しくは購入者又は発行を受ける者を識別することができるもの

3　この法律において「要配慮個人情報」とは、本人の人種、信条、社会的身分、病歴、犯罪の経歴、犯罪により害を被った事実その他本人に対する不当な差別、偏見その他の不利益が生じないようにその取扱いに特に配慮を要するものとして政令で定める記述等が含まれる個人情報をいう。

4　この法律において「個人情報データベース等」とは、個人情報を含む情報の集合物であって、次に掲げるもの（利用方法からみて個人の権利利益を害するおそれが少ないものとして政令で定めるものを除く。）をいう。

一　特定の個人情報を電子計算機を用いて検索することができるように体系的に構成したもの

二　前号に掲げるもののほか、特定の個人情報を容易に検索することができるように体系的に構成したものとして政令で定めるもの

5　この法律において「個人情報取扱事業者」とは、個人情報データベース等を事業の用に供している者をいう。ただし、次に掲げる者を除く。

一　国の機関

二　地方公共団体

三　独立行政法人等（独立行政法人等の保有する個人情報の保護に関する法律

307

第Ⅲ部　資料編

（平成15年法律第59号）第2条第1項に
規定する独立行政法人等をいう。以下同
じ。）

四　地方独立行政法人（地方独立行政法
人法（平成15年法律第118号）第2条第
1項に規定する地方独立行政法人をい
う。以下同じ。）

6　この法律において「個人データ」と
は、個人情報データベース等を構成す
る個人情報をいう。

7　この法律において「保有個人デー
タ」とは、個人情報取扱事業者が、開
示、内容の訂正、追加又は削除、利用
の停止、消去及び第三者への提供の停
止を行うことのできる権限を有する個
人データであって、その存否が明らか
になることにより公益その他の利益が
害されるものとして政令で定めるもの
又は1年以内の政令で定める期間以内
に消去することとなるもの以外のもの
をいう

8　この法律において個人情報について
「本人」とは、個人情報によって識別
される特定の個人をいう。

9　この法律において「匿名加工情報」
とは、次の各号に掲げる個人情報の区
分に応じて当該各号に定める措置を講
じて特定の個人を識別することができ
ないように個人情報を加工して得られ
る個人に関する情報であって、当該個
人情報を復元することができないよう
にしたものをいう。

一　第1項第1号に該当する個人情報
当該個人情報に含まれる記述等の
一部を削除すること（当該一部の記述
等を復元することのできる規則性を有し
ない方法により他の記述等に置き換える
ことを含む。）。

二　第1項第2号に該当する個人情報
当該個人情報に含まれる個人識別
符号の全部を削除すること（当該個
人識別符号を復元することのできる規則
性を有しない方法により他の記述等に置
き換えることを含む。）。

10　この法律において「匿名加工情報取
扱事業者」とは、匿名加工情報を含む
情報の集合物であって、特定の匿名加
工情報を電子計算機を用いて検索する
ことができるように体系的に構成した
ものその他特定の匿名加工情報を容易
に検索することができるように体系的
に構成したものとして政令で定めるも
の（第36条第1項において「匿名加工情報
データベース等」という。）を事業の用に
供している者をいう。ただし、第5項
各号に掲げる者を除く。

（利用目的の特定）

第15条　個人情報取扱事業者は、個人情
報を取り扱うに当たっては、その利用
の目的（以下「利用目的」という。）をで
きる限り特定しなければならない。

2　個人情報取扱事業者は、利用目的を
変更する場合には、変更前の利用目的
と相当の関連性を有すると合理的に認
められる範囲を超えて行ってはならな
い。

（利用目的による制限）

第16条　個人情報取扱事業者は、あらか
じめ本人の同意を得ないで、前条の規
定により特定された利用目的の達成に
必要な範囲を超えて、個人情報を取り
扱ってはならない。

2　個人情報取扱事業者は、合併その他
の事由により他の個人情報取扱事業者
から事業を承継することに伴って個人
情報を取得した場合は、あらかじめ本

7 関係法令

人の同意を得ないで、承継前における当該個人情報の利用目的の達成に必要な範囲を超えて、当該個人情報を取り扱ってはならない。

3　前2項の規定は、次に掲げる場合については、適用しない。

一　法令に基づく場合

二　人の生命、身体又は財産の保護のために必要がある場合であって、本人の同意を得ることが困難であるとき。

三　公衆衛生の向上又は児童の健全な育成の推進のために特に必要がある場合であって、本人の同意を得ることが困難であるとき。

四　国の機関若しくは地方公共団体又はその委託を受けた者が法令の定める事務を遂行することに対して協力する必要がある場合であって、本人の同意を得ることにより当該事務の遂行に支障を及ぼすおそれがあるとき。

（取得に際しての利用目的の通知等）

第18条　個人情報取扱事業者は、個人情報を取得した場合は、あらかじめその利用目的を公表している場合を除き、速やかに、その利用目的を、本人に通知し、又は公表しなければならない。

2　個人情報取扱事業者は、前項の規定にかかわらず、本人との間で契約を締結することに伴って契約書その他の書面（電磁的記録を含む。以下この項において同じ。）に記載された当該本人の個人情報を取得する場合その他本人から直接書面に記載された当該本人の個人情報を取得する場合は、あらかじめ、本人に対し、その利用目的を明示しなければならない。ただし、人の生命、身

体又は財産の保護のために緊急に必要がある場合は、この限りでない。

3　個人情報取扱事業者は、利用目的を変更した場合は、変更された利用目的について、本人に通知し、又は公表しなければならない。

4　前3項の規定は、次に掲げる場合については、適用しない。

一　利用目的を本人に通知し、又は公表することにより本人又は第三者の生命、身体、財産その他の権利利益を害するおそれがある場合

二　利用目的を本人に通知し、又は公表することにより当該個人情報取扱事業者の権利又は正当な利益を害するおそれがある場合

三　国の機関又は地方公共団体が法令の定める事務を遂行することに対して協力する必要がある場合であって、利用目的を本人に通知し、又は公表することにより当該事務の遂行に支障を及ぼすおそれがあるとき。

四　取得の状況からみて利用目的が明らかであると認められる場合

（第三者提供の制限）

第23条　個人情報取扱事業者は、次に掲げる場合を除くほか、あらかじめ本人の同意を得ないで、個人データを第三者に提供してはならない。

一　法令に基づく場合

二　人の生命、身体又は財産の保護のために必要がある場合であって、本人の同意を得ることが困難であるとき。

三　公衆衛生の向上又は児童の健全な育成のために特に必要がある場合であって、本人の同意を得ることが困難であるとき。

309

第Ⅲ部　資料編

四　国の機関若しくは地方公共団体又
　　はその委託を受けた者が法令の定め
　　る事務を遂行することに対して協力
　　する必要がある場合であって、本人
　　の同意を得ることにより当該事務の
　　遂行に支障を及ぼすおそれがあると
　　き。
2～6　略

○雇用対策法

（報告の請求）
第36条　都道府県知事又は公共職業安定
　　所長は、職業転換給付金の支給を受
　　け、又は受けた者から当該給付金の支
　　給に関し必要な事項について報告を求
　　めることができる。

○雇用対策法施行規則

（就職促進手当）
第1条の4　法第18条第1号に掲げる給
　　付金（以下「就職促進手当」という。）は、
　　次の各号のいずれかに該当する者に対
　　して、支給するものとする。
　一～六　略
　七　次のいずれかに該当し、かつ、公
　　　共職業安定所長が指示した公共職業
　　　能力開発施設の行う職業訓練（イに
　　　該当する者にあつては、職業能力開発促
　　　進法施行規則（昭和44年労働省令第24号）
　　　第9条に定める短期課程（職業に必
　　　要な相当程度の技能及びこれに関する知
　　　識を習得させるためのものに限る。）の
　　　普通職業訓練（次条第3項において
　　　「短期課程の普通職業訓練」という。）に
　　　限る。）を受けるために待期してい
　　　るもの
　　　イ　次のいずれにも該当する者
　　　(1)～(3)　略

(4)　厚生労働省職業安定局長が定
　　めるところにより算定したその
　　者の所得の金額（配偶者（届出を
　　していないが、事実上婚姻関係と同
　　様の事情にある者を含む。以下同
　　じ。）に所得があるときは、厚
　　生労働省職業安定局長が定める
　　ところにより算定したその配偶
　　者の所得の金額を加えた金額）
　　に対し、所得税法（昭和40年法
　　律第33号）の規定により計算し
　　た所得税の額（この所得税の額を
　　計算する場合には、同法第72条から
　　第82条まで、第83条の2、第92条及
　　び第95条の規定を適用しないものと
　　する。）が厚生労働省職業安定
　　局長が定める額を超えない者
　　ロ～ニ　略

（訓練手当）
第2条　法第13条〔職業転換給付金の支
　　給〕第2号に掲げる給付金は、基本手
　　当、技能習得手当（受講手当、特定職種
　　受講手当及び通所手当とする。）及び寄宿
　　手当（以下「訓練手当」という。）とする。
2　訓練手当は、次の各号のいずれかに
　　該当する求職者であって、公共職業安
　　定所長の指示により職業訓練（求職者
　　を作業環境に適応させる訓練を含む。以下
　　同じ。）を受けているものに対して、
　　支給するものとする。
　一～七　略
　八　母子及び寡婦福祉法（昭和39年法
　　　律第129号）第5条〔定義〕第1項に
　　　規定する配偶者のない女子であっ
　　　て、20歳未満の子若しくは別表に定
　　　める障害がある子又は同項第5号の
　　　精神若しくは身体の障害により長期
　　　にわたって労働能力を失っている配

偶者（婚姻の届出をしていないが、事実上婚姻関係と同様の事情にある者を含む。）を扶養しているもの（第6条の2第1項第1号において「母子家庭の母等」という。）のうち当該事由に該当することとなった日の翌日から起算して3年以内に公共職業安定所に出頭して求職の申込みをした者（前条第1項第7号イ(4)に該当するものに限る。）

八の二～十二　略

3～7　略

○児童手当法

（支給要件）

第4条　児童手当は、次の各号のいずれかに該当する者が日本国内に住所を有するときに支給する。

一　次のイ又はロに掲げる児童（以下「支給要件児童」という。）を監護し、かつ、これと生計を同じくするその父又は母

　イ　3歳に満たない児童（月の初日に生まれた児童については、出生の日から3年を経過しない児童とする。以下同じ。）

　ロ　3歳に満たない児童を含む2人以上の児童

二　父母に監護されず又はこれと生計を同じくしない支給要件児童を監護し、かつ、その生計を維持する者

三　児童を監護し、かつ、これと生計を同じくするその父又は母であつて、父母に監護されず又はこれと生計を同じくしない児童を監護し、かつ、その生計を維持するもの。ただし、これらの児童が支給要件児童であるときに限る。

2　略

第5条　児童手当は、前条第1項各号のいずれかに該当する者の前年の所得（1月から5月までの月分の児童手当については、前前年の所得とする。）が、その者の所得税法（昭和40年法律第33号）に規定する控除対象配偶者及び扶養親族（以下「扶養親族等」という。）並びに同項各号のいずれかに該当する者の扶養親族等でない児童で同項各号のいずれかに該当する者が前年の12月31日において生計を維持したものの有無及び数に応じて、政令で定める額以上であるときは、支給しない。

2　前項に規定する所得の範囲及びその額の計算方法は、政令で定める。

（資料の提供等）

第28条　市町村長は、児童手当の支給に関する処分に関し必要があると認めるときは、官公署に対し、必要な書類の閲覧若しくは資料の提供を求め、又は銀行、信託会社その他の機関若しくは受給資格者の雇用主その他の関係者に対し、必要な事項の報告を求めることができる。

○児童手当法施行規則

（認定の請求）

第1条の4　法第7条第1項の規定による児童手当の受給資格及びその額についての認定の請求は、様式第2号による請求書を市町村長に提出することによつて行わなければならない。

2　前項の請求書には、次の各号に掲げる書類を添えなければならない。

一～七　略

八　一般受給資格者（未成年後見人であり、かつ、法人である場合を除く。）が

第Ⅲ部　資料編

その年（1月から5月までの月分の児童手当については、前年とする。）の1月1日において住所地の市町村の区域内に住所を有しなかつたときは、一般受給資格者の前年の所得（1月から5月までの月分の児童手当については、前々年の所得とする。）につき、所得の額（児童手当法施行令（昭和46年政令第281号。以下「令」という。）第2条及び第3条の規定によつて計算した所得の額をいう。以下同じ。）を明らかにすることができる市町村長の証明書並びに法第5条第1項に規定する扶養親族等並びに令第1条に規定する老人控除対象配偶者及び老人扶養親族の有無並びに数についての当該市町村長の証明書

九、十　略

○児童扶養手当法

（支給要件）

第4条　都道府県知事、市長（特別区の区長を含む。以下同じ。）及び福祉事務所（社会福祉法（昭和26年法律第45号）に定める福祉に関する事務所をいう。以下同じ。）を管理する町村長（以下「都道府県知事等」という。）は、次の各号に掲げる場合の区分に応じ、それぞれ当該各号に定める者に対し、児童扶養手当（以下「手当」という。）を支給する。

一　次のイからホまでのいずれかに該当する児童の母が当該児童を監護する場合　当該母

　イ　父母が婚姻を解消した児童
　ロ　父が死亡した児童
　ハ　父が政令で定める程度の障害の状態にある児童
　ニ　父の生死が明らかでない児童
　ホ　その他イからニまでに準ずる状態にある児童で政令で定めるもの

二　次のイからホまでのいずれかに該当する児童の父が当該児童を監護し、かつ、これと生計を同じくする場合　当該父

　イ　父母が婚姻を解消した児童
　ロ　母が死亡した児童
　ハ　母が前号ハの政令で定める程度の障害の状態にある児童
　ニ　母の生死が明らかでない児童
　ホ　その他イからニまでに準ずる状態にある児童で政令で定めるもの

三　第1号イからホまでのいずれかに該当する児童を母が監護しない場合若しくは同号イからホまでのいずれかに該当する児童（同号ロに該当するものを除く。）の母がない場合であつて、当該母以外の者が当該児童を養育する（児童と同居して、これを監護し、かつ、その生計を維持することをいう。以下同じ。）とき、前号イからホまでのいずれかに該当する児童を父が監護しないか、若しくはこれと生計を同じくしない場合（父がない場合を除く。）若しくは同号イからホまでのいずれかに該当する児童（同号ロに該当するものを除く。）の父がない場合であつて、当該父以外の者が当該児童を養育するとき、又は父母がない場合であつて、当該父母以外の者が当該児童を養育するとき　当該養育者

2、3　略

（支給の制限）

第9条　手当は、受給資格者（第4条第1項第1号ロ又はニに該当し、かつ、母が

7 関係法令

ない児童、同項第2号ロ又はニに該当し、かつ、父がいない児童その他政令で定める児童の養育者を除く。以下この項において同じ。）の前年の所得が、その者の所得税法に規定する同一生計配偶者及び扶養親族（以下「扶養親族等」という。）並びに当該受給資格者の扶養親族等でない児童で当該受給資格者が前年の12月31日において生計を維持したものの有無及び数に応じて、政令で定める額以上であるときは、その年の11月から翌年の10月までは、政令の定めるところにより、その全部又は一部を支給しない。

2 略

第9条の2 手当は、受給資格者（前条に規定する養育者に限る。以下この条において同じ。）の前年の所得が、その者の扶養親族等及び当該受給資格者の扶養親族等でない児童で当該受給資格者が前年の12月31日において生計を維持したものの有無及び数に応じて、政令で定める額以上であるときは、その年の11月から翌年の10月までは、支給しない。

第10条 父又は母に対する手当は、その父若しくは母の配偶者の前年の所得又はその母の民法（明治29年法律第89号）第877条第1項に定める扶養義務者でその父若しくは母と生計を同じくするものの前年の所得が、その者の扶養親族等の有無及び数に応じて、政令で定める額以上であるときは、その年の11月から翌年の10月までは、支給しない。

第11条 養育者に対する手当は、その養育者の配偶者の前年の所得又はその養育者の民法第877条第1項に定める扶

養義務者でその養育者の生計を維持するものの前年の所得が、その者の扶養親族等の有無及び数に応じて、前条に規定する政令で定める額以上であるときは、その年の11月から翌年の10月までは、支給しない。

（資料の提供等）

第30条 都道府県知事は、手当の支給に関する処分に関し必要があると認めるときは、受給資格者、当該児童、第4条第1項第1号に該当する児童の父若しくは受給資格者の配偶者若しくは扶養義務者の資産若しくは収入の状況又は受給資格者、当該児童若しくは当該児童の父若しくは母に対する公的年金給付の支給状況につき、官公署、日本年金機構、法律によって組織された共済組合若しくは国家公務員共済組合連合会若しくは日本私立学校振興・共済事業団に対し、必要な書類の閲覧若しくは資料の提供を求め、又は銀行、信託会社その他の機関若しくは受給資格者の雇用主その他の関係人に対し、必要な事項の報告を求めることができる。

○児童扶養手当法施行規則

（認定の請求）

第1条 児童扶養手当法（昭和36年法律第238号。以下「法」という。）第6条〔認定〕の規定による児童扶養手当（以下「手当」という。）の受給資格及びその額についての認定の請求は、児童扶養手当認定請求書（様式第1号）に、次の各号に掲げる書類等を添えて、これを住所地の都道府県知事に提出することによって行われなければならない。

一～六 略

313

第Ⅲ部　資料編

七　受給資格者の前年（1月から6月までの間に請求する者にあっては、前々年とする。次号において同じ。）の所得につき、次に掲げる書類等

イ　所得の額（令第3条〔手当の支給を制限する場合の所得の範囲〕及び第四条〔手当の支給を制限する場合の所得の額の計算方法〕の規定によって計算した所得の額をいう。以下同じ。）並びに法第9条又は第9条の2〔支給の制限〕に規定する扶養親族等の有無及び数並びに所得税法（昭和40年法律第33号）に規定する老人控除対象配偶者、老人扶養親族及び特定扶養親族の有無及び数についての市町村長（特別区の区長を含む。以下同じ。）の証明書

ロ～ホ　略

八　配偶者（婚姻の届出をしていないが、事実上婚姻関係と同様の事情にあるものを含む。以下同じ。）がある受給資格者又は法第10条〔支給の制限〕に規定する扶養義務者がある母である受給資格者若しくは法第11条〔支給の制限〕に規定する扶養義務者がある養育者である受給資格者にあっては、当該配偶者又は当該扶養義務者の前年の所得につき、次に掲げる書類

イ　所得の額並びに法第10条に規定する扶養親族等の有無及び数並びに所得税法に規定する老人扶養親族の有無及び数についての市町村長の証明書

ロ　当該配偶者又は当該扶養義務者が令第4条第2項各号の規定に該当するときは、当該事実を明らかにすることができる市町村長の証明書

ハ　略

○職業安定法

（市町村が処理する事務）

第11条　公共職業安定所との交通が不便であるため当該公共職業安定所に直接求人又は求職を申し込むことが困難であると認められる地域として厚生労働大臣が指定する地域（以下この項において「指定地域」という。）を管轄する市町村長は、次に掲げる事務を行う。

一　指定地域内に所在する事業所からの求人又は指定地域内に居住する求職者からの求職の申込みを当該公共職業安定所に取り次ぐこと。

二　当該公共職業安定所からの照会に応じて、指定地域内に所在する事業所に係る求人者又は指定地域内に居住する求職者の職業紹介に関し必要な事項を調査すること。

三　当該公共職業安定所からの求人又は求職に関する情報を指定地域内に所在する事業所に係る求人者又は指定地域内に居住する求職者に周知させること。

○旧所得税法

（当該職員の質問検査権）

第234条　国税庁、国税局又は税務署の当該職員は、所得税に関する調査について必要があるときは、次に掲げる者に質問し、又はその者の事業に関する帳簿書類（その作成又は保存に代えて電磁的記録（電子的方式、磁気的方式その他の人の知覚によつては認識することができない方式で作られる記録であつて、電子計算機による情報処理の用に供されるものを

7 関係法令

いう。）の作成又は保存がされている場合における当該電磁的記録を含む。次条第2項及び第242条第10号（罰則）において同じ。）その他の物件を検査することができる。

一　納税義務がある者、納税義務があると認められる者又は第123条第1項（確定損失申告）、第125条第3項（年の中途で死亡した場合の確定申告）若しくは第127条第3項（年の中途で出国をする場合の確定申告）（これらの規定を第166条（非居住者に対する準用）において準用する場合を含む。）の規定による申告書を提出した者

二　第225条第1項（支払調書）に規定する調書、第226条第1項から第3項まで（源泉徴収票）に規定する源泉徴収票又は第227条から第228条の3まで（信託に関する計算書等）に規定する計算書若しくは調書を提出する義務がある者

三　第1号に掲げる者に金銭若しくは物品の給付をする義務があつたと認められる者若しくは当該義務があると認められる者又は同号に掲げる者から金銭若しくは物品の給付を受ける権利があつたと認められる者若しくは当該権利があると認められる者

2　前項の規定による質問又は検査の権限は、犯罪捜査のために認められたものと解してはならない。

○生活保護法

（用語の定義）

第6条　この法律において「被保護者」とは、現に保護を受けている者をいう。

2　この法律において「要保護者」とは、現に保護を受けているといないとにかかわらず、保護を必要とする状態にある者をいう。

（申請による保護の開始及び変更）

第24条　保護の開始を申請する者は、厚生労働省令で定めるところにより、次に掲げる事項を記載した申請書を保護の実施機関に提出しなければならない。ただし、当該申請書を作成することができない特別の事情があるときは、この限りでない。

一　要保護者の氏名及び住所又は居所

二　申請者が要保護者と異なるときは、申請者の氏名及び住所又は居所並びに要保護者との関係

三　保護を受けようとする理由

四　要保護者の資産及び収入の状況（生業若しくは就労又は求職活動の状況、扶養義務者の扶養の状況及び他の法律に定める扶助の状況を含む。以下同じ。）

五　その他要保護者の保護の要否、種類、程度及び方法を決定するために必要な事項として厚生労働省令で定める事項

2　前項の申請書には、要保護者の保護の要否、種類、程度及び方法を決定するために必要な書類として厚生労働省令で定める書類を添付しなければならない。ただし、当該書類を添付することができない特別の事情があるときは、この限りでない。

3　保護の実施機関は、保護の開始の申請があつたときは、保護の要否、種類、程度及び方法を決定し、申請者に対して書面をもつて、これを通知しなければならない。

4　前項の書面には、決定の理由を付さなければならない。

315

第Ⅲ部　資料編

5　第3項の通知は、申請のあつた日から14日以内にしなければならない。ただし、扶養義務者の資産及び収入の状況の調査に日時を要する場合その他特別な理由がある場合には、これを30日まで延ばすことができる。

6　保護の実施機関は、前項ただし書の規定により同項本文に規定する期間内に第3項の通知をしなかつたときは、同項の書面にその理由を明示しなければならない。

7　保護の申請をしてから30日以内に第3項の通知がないときは、申請者は、保護の実施機関が申請を却下したものとみなすことができる。

8　保護の実施機関は、知れたる扶養義務者が民法の規定による扶養義務を履行していないと認められる場合において、保護の開始の決定をしようとするときは、厚生労働省令で定めるところにより、あらかじめ、当該扶養義務者に対して書面をもつて厚生労働省令で定める事項を通知しなければならない。ただし、あらかじめ通知することが適当でない場合として厚生労働省令で定める場合は、この限りでない。

9　第1項から第7項までの規定は、第7条に規定する者からの保護の変更の申請について準用する。

10　保護の開始又は変更の申請は、町村長を経由してすることもできる。町村長は、申請を受け取つたときは、5日以内に、その申請に、要保護者に対する扶養義務者の有無、資産及び収入の状況その他保護に関する決定をするについて参考となるべき事項を記載した書面を添えて、これを保護の実施機関に送付しなければならない。

（職権による保護の開始及び変更）
第25条　保護の実施機関は、要保護者が急迫した状況にあるときは、すみやかに、職権をもつて保護の種類、程度及び方法を決定し、保護を開始しなければならない。

2、3　略

（資料の提供等）
第29条　保護の実施機関及び福祉事務所長は、保護の決定若しくは実施又は第77条若しくは第78条の規定の施行のために必要があると認めるときは、次の各号に掲げる者の当該各号に定める事項につき、官公署、日本年金機構若しくは国民年金法（昭和34年法律第141号）第3条第2項に規定する共済組合等（次項において「共済組合等」という。）に対し、必要な書類の閲覧若しくは資料の提供を求め、又は銀行、信託会社、次の各号に掲げる者の雇主その他の関係人に、報告を求めることができる。

一　要保護者又は被保護者であつた者　氏名及び住所又は居所、資産及び収入の状況、健康状態、他の保護の実施機関における保護の決定及び実施の状況その他政令で定める事項（被保護者であつた者にあつては、氏名及び住所又は居所、健康状態並びに他の保護の実施機関における保護の決定及び実施の状況を除き、保護を受けていた期間における事項に限る。）

二　前号に掲げる者の扶養義務者　氏名及び住所又は居所、資産及び収入の状況その他政令で定める事項（被保護者であつた者の扶養義務者にあつては、氏名及び住所又は居所を除き、当該被保護者であつた者が保護を受けていた期間における事項に限る。）

7 関係法令

2 別表第1の上欄に掲げる官公署の長、日本年金機構又は共済組合等は、それぞれ同表の下欄に掲げる情報につき、保護の実施機関又は福祉事務所長から前項の規定による求めがあつたときは、速やかに、当該情報を記載し、若しくは記録した書類を閲覧させ、又は資料の提供を行うものとする。

同法別表1

七　都道府県知事又は市町村長	次に掲げる情報であつて厚生労働省令で定めるもの 一　地方税法（昭和25年法律第226号）その他の地方税に関する法律に基づく条例の規定により算定した税額又はその算定の基礎となる事項に関する情報 二　省略

○生活保護法施行規則

（申請）

第1条　生活保護法（昭和25年法律第144号。以下「法」という。）第24条第1項（同条第9項において準用する場合を含む。次項において同じ。）の規定による保護の開始の申請は、保護の開始を申請する者（以下「申請者」という。）の居住地又は現在地の保護の実施機関に対して行うものとする。

2〜5　略

6　保護の実施機関は、第4項又は前項に規定する書類又は申請書のほか、保護の決定に必要な書類の提出を求めることができる。

○税理士法

（国等と日本税理士会連合会との間の通知）

第23条　税務署長並びに市町村及び都道府県の長は、第21条第1項の規定による登録申請書を提出した者が税理士となる資格を有せず、又は次条各号の一に該当する者であると認めたときは、第21条第2項の規定により登録申請書の副本の送付を受けた日から1月以内に、その事実を日本税理士会連合会に通知するものとする。

2　日本税理士会連合会は、前条第1項の規定により登録を拒否したときは、その旨を国税庁長官並びに当該申請者の住所地を管轄する市町村及び都道府県の長に通知しなければならない。

（登録拒否事由）

第24条　次の各号のいずれかに該当する者は、税理士の登録を受けることができない。

一　懲戒処分により、弁護士、外国法事務弁護士、公認会計士、弁理士、司法書士、行政書士若しくは社会保険労務士の業務を停止された者又は不動産の鑑定評価に関する法律第5条に規定する鑑定評価等業務（第43条において「鑑定評価等業務」という。）を行うことを禁止された不動産鑑定士で、現にその処分を受けているもの

二　報酬のある公職（国会又は地方公共団体の議会の議員の職及び非常勤の職を

第Ⅲ部　資料編

除く。以下同じ。）についている者

三　不正に国税又は地方税の賦課又は
　徴収を免れ、若しくは免れようと
　し、又は免れさせ、若しくは免れさ
　せようとした者で、その行為があつ
　た日から2年を経過しないもの

四　不正に国税又は地方税の還付を受
　け、若しくは受けようとし、又は受
　けさせ、若しくは受けさせようとし
　た者で、その行為があつた日から2
　年を経過しないもの

五　国税若しくは地方税又は会計に関
　する事務について刑罰法令にふれる
　行為をした者で、その行為があつた
　日から2年を経過しないもの

六　心身の故障により税理士業務を行
　わせることが適正を欠く虞がある者

七　税理士の信用又は品位を害する虞
　があり、その他税理士の職責に照ら
　し税理士としての適格性を欠く者

○地方公務員法

（一般職に属する地方公務員及び特別
職に属する地方公務員）

第3条　地方公務員の職は、一般職と特
　別職とに分ける。

2　一般職は、特別職に属する職以外の
　一切の職とする。

3　特別職は、左に掲げる職とする。

一　就任について公選又は地方公共団
　体の議会の選挙、議決若しくは同意
　によることを必要とする職

一の二　地方開発事業団の理事長、理
　事及び監事の職

一の三　地方公営企業の管理者及び企
　業団の企業長の職

二　法令又は条例、地方公共団体の規
　則若しくは地方公共団体の機関の定

める規程により設けられた委員及び
委員会（審議会その他これに準ずるも
のを含む。）の構成員の職で臨時又は
非常勤のもの

三　臨時又は非常勤の顧問、参与、調
　査員、嘱託員及びこれらの者に準ず
　る者の職

四　地方公共団体の長、議会の議長そ
　の他地方公共団体の機関の長の秘書
　の職で条例で指定するもの

五　非常勤の消防団員及び水防団員の
　職

（この法律の適用を受ける地方公務員）

第4条　この法律の規定は、一般職に属
　するすべての地方公務員（以下「職員」
　という。）に適用する。

2　この法律の規定は、法律に特別の定
　がある場合を除く外、特別職に属する
　地方公務員には適用しない。

（秘密を守る義務）

第34条　職員は、職務上知り得た秘密を
　漏らしてはならない。その職を退いた
　後も、また、同様とする。

2　法令による証人、鑑定人等となり、
　職務上の秘密に属する事項を発表する
　場合においては、任命権者（退職者に
　ついては、その退職した職又はこれに相当
　する職に係る任命権者）の許可を受けな
　ければならない。

3　前項の許可は、法律に特別の定があ
　る場合を除く外、拒むことができない

（罰則）

第60条　左の各号の一に該当する者は、
　1年以下の懲役又は50万円以下の罰金
　に処する。

一　略

二　第34条第1項又は第2項の規定
　（第9条第12項において準用する場合を

含む。）に違反して秘密を漏らした
者

三　略

○地方自治法

（地方公共団体の法人格、事務、地方
自治行政の基本原則）

第2条　地方公共団体は、法人とする。

2　普通地方公共団体は、その公共事務
及び法律又はこれに基く政令により普
通地方公共団体に属するものの外その
区域内におけるその他の行政事務で国
の事務に属しないものを処理する。

3～16　略

（検閲及び検査、監査の請求）

第98条　普通地方公共団体の議会は、当
該普通地方公共団体の事務又は当該普
通地方公共団体の長、教育委員会、選
挙管理委員会、人事委員会若しくは公
平委員会、公安委員会、地方労働委員
会、農業委員会若しくは監査委員その
他法令若しくは条例に基づく委員会若
しくは委員の権限に属する事務（政令
で定めるものを除く。）に関する書類及
び計算書を検閲し、当該普通地方公共
団体の長、教育委員会、選挙管理委員
会、人事委員会若しくは公平委員会、
公安委員会、地方労働委員会、農業委
員会又は監査委員その他法令又は条例
に基づく委員会又は委員の報告を請求
して、これらの事務の管理、議決の執
行及び出納を検査することができる。

2　議会は、監査委員に対し、当該普通
地方公共団体の事務又は当該普通地方
公共団体の長、教育委員会、選挙管理
委員会、人事委員会若しくは公平委員
会、公安委員会、地方労働委員会、農
業委員会その他法令若しくは条例に基

づく委員会若しくは委員の権限に属す
る事務（政令で定めるものを除く。）に関
する監査を求め、監査の結果に関する
報告を請求することができる。この場
合における監査の実施については、第
199条第2項後段（監査の実施に関する
政令への委任）の規定を準用する。

（調査権、出頭証言及び記録の提出請
求、刊行物の送付、図書室）

第100条　普通地方公共団体の議会は、
当該普通地方公共団体の事務に関する
調査を行い、選挙人その他の関係人の
出頭及び証言並びに記録の提出を請求
することができる。

2～15　略

（督促、滞納処分等）

第231条の3　分担金、使用料、加入金、
手数料及び過料その他の普通地方公共
団体の歳入を納期限までに納付しない
者があるときは、普通地方公共団体の
長は、期限を指定してこれを督促しな
ければならない。

2　普通地方公共団体の長は、前項の歳
入について同項の規定による督促をし
た場合においては、条例の定めるとこ
ろにより、手数料及び延滞金を徴収す
ることができる。

3　普通地方公共団体の長は、分担金、
加入金、過料又は法律で定める使用料
その他の普通地方公共団体の歳入につ
き第1項の規定による督促を受けた者
が同項の規定により指定された期限ま
でにその納付すべき金額を納付しない
ときは、当該歳入並びに当該歳入に係
る前項の手数料及び延滞金について、
地方税の滞納処分の例により処分する
ことができる。この場合におけるこれ
らの徴収金の先取特権の順位は、国税

第Ⅲ部　資　料　編

及び地方税に次ぐものとする。

4〜11　略

（私人の公金取扱いの制限）

第243条　普通地方公共団体は、法律又はこれに基づく政令に特別の定めがある場合を除くほか、公金の徴収若しくは収納又は支出の権限を私人に委任し、又は私人をして行なわせてはならない。

附　　則

第6条　他の法律で定めるもののほか、第231条の3第3項に規定する法律で定める使用料その他の普通地方公共団体の歳入は、次に掲げる普通地方公共団体の歳入とする。

一、二　略

三　下水道法（昭和33年法律第79号）第18条から第20条まで（第25条の10において第18条及び第18条の2を準用する場合を含む。）の規定により徴収すべき損傷負担金、汚濁原因者負担金、工事負担金及び使用料

四　略

○地方税法

（用語）

第1条　この法律において、左の各号に掲げる用語の意義は、当該各号に定めるところによる。

一　地方団体　道府県又は市町村をいう。

二　地方団体の長　道府県知事又は市町村長をいう。

三　徴税吏員　道府県知事若しくはその委任を受けた道府県職員又は市町村長若しくはその委任を受けた市町村職員をいう。

四、五　略

六　納税通知書　納税者が納付すべき地方税について、その賦課の根拠となつた法律及び当該地方団体の条例の規定、納税者の住所及び氏名、課税標準額、税率、税額、納期、各納期における納付額、納付の場所並びに納期限までに税金を納付しなかつた場合において執られるべき措置及び賦課に不服がある場合における救済の方法を記載した文書で当該地方団体が作成するものをいう。

七〜十四　略

2〜4　略

（差押先着手による地方税の優先）

第14条の6　納税者又は特別徴収義務者の財産につき地方団体の徴収金の滞納処分による差押をした場合において、他の地方団体の徴収金又は国税の交付要求があつたときは、当該差押に係る地方団体の徴収金は、その換価代金につき、当該交付要求に係る地方団体の徴収金又は国税に先だつて徴収する。

2　納税者又は特別徴収義務者の財産につき他の地方団体の徴収金又は国税の滞納処分による差押があつた場合において、地方団体の徴収金の交付要求をしたときは、当該交付要求に係る地方団体の徴収金は、その換価代金につき、当該差押に係る地方団体の徴収金又は国税（第14条の2の規定の適用を受ける費用を除く。）に次いで徴収する。

（行政手続法の適用除外）

第18条の4　行政手続法（平成5年法律第88号）第3条又は第4条第1項に定めるもののほか、地方税に関する法令の規定による処分その他公権力の行使に当たる行為については、同法第2章及び第3章の規定は、適用しない。

7 関係法令

2 行政手続法第3条、第4条第1項又は第35条第3項に定めるもののほか、地方団体の徴収金を納付し、又は納入する義務の適正な実現を図るために行われる行政指導（同法第2条第6号に規定する行政指導をいう。）については、同法第35条第2項及び第36条の規定は、適用しない。

（書類の送達）

第20条　地方団体の徴収金の賦課徴収又は還付に関する書類は、郵便による送達又は交付送達により、その送達を受けるべき者の住所、居所、事務所又は事業所に送達する。ただし、納税管理人があるときは、地方団体の徴収金の賦課徴収（滞納処分を除く。）又は還付に関する書類については、その住所、居所、事務所又は事業所に送達する。

2 交付送達は、地方団体の職員が、前項の規定により送達すべき場所において、その送達を受けるべき者に書類を交付して行う。ただし、その者に異議がないときは、その他の場所において交付することができる。

3 次の各号に掲げる場合には、交付送達は、前項の規定による交付に代え、当該各号に掲げる行為により行うことができる。

一　送達すべき場所において書類の送達を受けるべき者に出会わない場合　その使用人その他の従業者又は同居の者で書類の受領について相当のわきまえのあるものに書類を交付すること。

二　書類の送達を受けるべき者その他前号に規定する者が送達すべき場所にいない場合又はこれらの者が正当な理由がなく書類の受取を拒んだ場合　送達すべき場所に書類を差し置くこと。

4 通常の取扱による郵便によつて第1項に規定する書類を発送した場合には、この法律に特別の定がある場合を除き、その郵便物は、通常到達すべきであつた時に送達があつたものと推定する。

5 地方団体の長は、前項に規定する場合には、その書類の名称、その送達を受けるべき者の氏名、あて先及び発送の年月日を確認するに足りる記録を作成しておかなければならない。

（期間の計算及び期限の特例）

第20条の5　この法律又はこれに基づく条例に定める期間の計算については、民法第139条から第141条まで及び第143条に定めるところによる。

2 この法律又はこれに基づく条例の規定により定められている期限（政令で定める期限を除く。）が民法第142条に規定する休日その他政令で定める日に該当するときは、この法律又は当該条例の規定にかかわらず、これらの日の翌日をその期限とみなす。

（第三者の納付又は納入及びその代位）

第20条の6　地方団体の徴収金は、その納税者又は特別徴収義務者のために第三者が納付し、又は納入することができる。

2 地方団体の徴収金の納付若しくは納入について正当な利益を有する第三者又は納税者若しくは特別徴収義務者の同意を得た第三者が納税者又は特別徴収義務者に代つてこれを納付し、又は納入した場合において、その地方団体の徴収金を担保するため抵当権が設定されていたときは、これらの者は、そ

第Ⅲ部　資料編

の納付又は納入により、その抵当権につき地方団体に代位することができる。ただし、その抵当権が根抵当である場合において、その担保すべき元本の確定前に納付又は納入があつたときは、この限りでない。

3　前項の場合において、第三者が納税者又は特別徴収義務者の地方団体の徴収金の一部を納付し、又は納入したときは、その残余の地方団体の徴収金は、同項の規定により代位した第三者の債権に先だつて徴収する。

（納税証明書の交付）

第20条の10　地方団体の長は、地方団体の徴収金と競合する債権に係る担保権の設定その他の目的で、地方団体の徴収金の納付又は納入すべき額その他地方団体の徴収金に関する事項（この法律又はこれに基づく政令の規定により地方団体の徴収金に関し地方団体が備えなければならない帳簿に登録された事項を含む。）のうち政令で定めるものについての証明書の交付を請求する者があるときは、その者に関するものに限り、これを交付しなければならない。

（官公署等への協力要請）

第20条の11　徴税吏員は、この法律に特別の定めがあるものを除くほか、地方税に関する調査について必要があるときは、官公署又は政府関係機関に、当該調査に関し参考となるべき簿書及び資料の閲覧又は提供その他の協力を求めることができる。

（秘密漏えいに関する罪）

第22条　地方税に関する調査（不服申立てに係る事件の審理のための調査及び地方税の犯則事件の調査を含む。）若しくは租税条約等の実施に伴う所得税法、法人

税法及び地方税法の特例等に関する法律（昭和44年法律第46号）の規定に基づいて行う情報の提供のための調査に関する事務又は地方税の徴収に関する事務に従事している者又は従事していた者は、これらの事務に関して知り得た秘密を漏らし、又は窃用した場合においては、2年以下の懲役又は100万円以下の罰金に処する。

（市町村民税に係る徴税吏員の質問検査権）

第298条　市町村の徴税吏員は、市町村民税の賦課徴収に関する調査のために必要がある場合においては、次に掲げる者に質問し、又は第1号から第3号までの者の事業に関する帳簿書類（その作成又は保存に代えて電磁的記録（電子的方式、磁気的方式その他の人の知覚によつては認識することができない方式で作られる記録であつて、電子計算機による情報処理の用に供されるものをいう。）の作成又は保存がされている場合における当該電磁的記録を含む。次条第1項第1号及び第2号において同じ。）その他の物件を検査し、若しくは当該物権（その写しを含む。）の提示若しくは提出を求めることができる。

一　納税義務者又は納税義務があると認められる者

二　前号に規定する者に金銭又は物品を給付する義務があると認められる者

三　給与支払報告書を提出する義務がある者及び特別徴収義務者

四　前3号に掲げる者以外の者で当該市町村民税の賦課徴収に関し直接関係があると認められる者

2　前項の場合においては、当該徴税吏

員は、その身分を証明する証票を携帯し、関係人の請求があつたときは、これを呈示しなければならない。

3　市町村の徴税額は政令で定めるところにより、第1項の規定により提出を受けた物件を留め置くことができる。

4　市町村民税に係る滞納処分に関する調査については、第1項の規定にかかわらず、第331条第6項の定めるところによる。

5　第1項の規定による質問又は検査の権限は、犯罪捜査のために認められたものと解釈してはならない。

（給与支払報告書等の提出義務）

第317条の6　1月1日現在において給与の支払をする者（法人でない社団又は財団で代表者又は管理人の定めのあるものを含む。以下本節において同じ。）で、当該給与の支払をする際所得税法第183条の規定によつて所得税を徴収する義務があるものは、同月31日までに、総務省令の定めるところによつて、当該給与の支払を受けている者についてその者に係る前年中の給与所得の金額その他必要な事項を当該給与の支払を受けている者の1月1日現在における住所所在の市町村別に作成された給与支払報告書に記載し、これを当該市町村の長に提出しなければならない。

2〜4　略

（所得税又は法人税に関する書類の供覧等）

第325条　市町村長が市町村民税の賦課徴収について、政府に対し、所得税又は法人税の納税義務者が政府に提出した申告書、連結子法人が政府に提出した法人税法第81条の25に規定する書類又は政府がした更正若しくは決定に関

する書類を閲覧し、又は記録することを請求した場合においては、政府は、関係書類を市町村長又はその指定する吏員に閲覧させ、又は記録させるものとする。

（以下省略）

（市町村民税に係る滞納処分）

第331条　市町村民税に係る滞納者が次の各号の一に該当するときは、市町村の徴税吏員は、当該市町村民税に係る地方団体の徴収金につき、滞納者の財産を差し押えなければならない。

一、二　略

2〜5　略

6　前各項に定めるものその他市町村民税に係る地方団体の徴収金の滞納処分については、国税徴収法に規定する滞納処分の例による。

7　略

（徴税吏員等の固定資産税に関する調査に係る質問検査権）

第353条　市町村の徴税吏員、固定資産評価員又は固定資産評価補助員は、固定資産税の賦課徴収に関する調査のために必要がある場合においては、次に掲げる者に質問し、又は第一号若しくは第二号の者の事業に関する帳簿書類（中略）その他の物件を検査し、若しくは当該物件（その写しを含む。）の提示若しくは提出を求めることができる。

一　納税義務者又は納税義務があると認められる者

二　前号に掲げる者に金銭又は物品を給付する義務があると認められる者

三　前二号に掲げる者以外の者で当該固定資産税の賦課徴収に関し直接関係があると認められる者

323

第Ⅲ部　資　料　編

2　略

3　第1項の場合においては、当該徴税
吏員、固定資産評価員又は固定資産評
価補助員は、その身分を証明する証票
を携帯し、関係人の請求があつたとき
は、これを提示しなければならない。

4～5　略

6　第1項又は第4項の規定による市町
村の徴税吏員、固定資産評価員又は固
定資産評価補助員の権限は、犯罪捜査
のために認められたものと解釈しては
ならない。

（固定資産税に係る滞納処分）

第373条　固定資産税に係る滞納者が次
の各号の一に該当するときは、市町村
の徴税吏員は、当該固定資産税に係る
地方団体の徴収金につき、滞納者の財
産を差し押えなければならない。

一、二　略

2～6　略

7　前各項に定めるものその他固定資産
税に係る地方団体の徴収金の滞納処分
については、国税徴収法に規定する滞
納処分の例による。

8　略

（登記所からの通知及びこれに基づく
土地課税台帳又は家屋課税台帳への記
載）

第382条　登記所は、土地又は建物の表
示に関する登記をしたときは、10日以
内に、その旨を当該土地又は家屋の所
在地の市町村長に通知しなければなら
ない。

2　前項の規定は、所有権、質権若しく
は100年より長い存続期間の定めのあ
る地上権の登記又はこれらの登記の抹
消、これらの権利の登記名義人の氏名
若しくは名称若しくは住所についての

変更の登記若しくは更正の登記若しく
は100年より長い存続期間を100年より
短い存続期間に変更する地上権の変更
の登記をした場合に準用する。ただ
し、登記簿の表題部に記録した所有者
のために所有権の保存の登記をした場
合又は当該登記を抹消した場合は、こ
の限りでない。

3　市町村長は、前2項の規定による登
記所からの通知を受けた場合において
は、遅滞なく、当該土地又は家屋につ
いての異動を土地課税台帳又は家屋課
税台帳に記載（当該土地課税台帳又は家
屋課税台帳の備付けが第380条第2項の規
定により電磁的記録の備付けをもつて行
われている場合にあつては、記録。以下本項
において同じ。）をし、又はこれに記載
をされた事項を訂正しなければならな
い。

（固定資産課税台帳の閲覧）

第382条の2　市町村長は、納税義務者
その他の政令で定める者の求めに応
じ、固定資産課税台帳のうちこれらの
者に係る固定資産として政令で定める
ものに関する事項（総務省令で定める事
項を除く。以下この項において同じ。）が
記載（当該固定資産課税台帳の備付けが第
380条第2項の規定により電磁的記録の備
付けをもつて行われている場合には、記録。
次項、次条及び第394条において同じ。）を
されている部分又はその写し（当該固
定資産課税台帳の備付けが第380条第2項
の規定により電磁的記録の備付けをもつて
行われている場合には、当該固定資産課税
台帳に記録をされている事項を記載した書
類。次項及び第387条第3項において同じ。）
をこれらの者の閲覧に供しなければな
らない。

7 関係法令

2　略

（固定資産課税台帳に記載をされている事項の証明書の交付）

第382条の3　市町村長は、第20条の10の規定によるもののほか、政令で定める者の請求があつたときは、これらの者に係る固定資産として政令で定めるものに関して固定資産課税台帳に記載をされている事項のうち政令で定めるものについての証明書を交付しなければならない。

○地方税法施行令

（納税証明事項）

第6条の21　法第20条の10に規定する政令で定める事項は、次の各号に掲げるものとする。

一　請求に係る地方団体の徴収金の納付し、又は納入すべき額として確定した額並びにその納付し、又は納入した額及び未納の額（これらの額のないことを含む。）

二　前号の地方団体の徴収金に係る法第14条の9第1項に規定する法定納期限等（同項第5号及び第6号に掲げるものを除く。）又は同条第2項に規定する法定納期限等（国税徴収法第15条第1項第7号及び第8号に掲げる日に係るものを除く。）

三　法第16条の4第2項の規定により通知した金額

四　固定資産課税台帳に登録された事項

五　地方団体の徴収金につき滞納処分を受けたことがないことその他総務省令で定める事項

六　前各号に掲げるもののほか、総務省令で定める事項

2　次の各号に掲げる地方団体の徴収金に関する事項は、前項各号に掲げる事項に該当しないものとする。

一　地方団体が発行する証紙をもつて払い込む地方団体の徴収金（証紙に代えて、証紙代金収納計器で表示させることにより、又は現金で納付される地方団体の徴収金を含む。）のうち自動車税に係るもの以外のもの

二　法定納期限が法第20条の10の規定により請求する日の3年前の日の属する会計年度前の会計年度に係る地方団体の徴収金（前項第1号の規定の適用については、未納の地方団体の徴収金を除く。）

3　法20条の10の規定により請求する日の3年前の日の属する会計年度前の会計年度において地方団体の徴収金について滞納処分を受けたことがないことは、第1項第5号に掲げる事項に該当しないものとする。

（法第382条の3の者等）

第52条の15　法第382条の3に規定する政令で定める者は、次の表の上欄に掲げる者とし、同条に規定するこれらの者に係る固定資産として政令で定めるものは、同表の上欄に掲げる者について、それぞれ同表の中欄に掲げる固定資産とし、同条に規定する固定資産課税台帳に記載をされている事項のうち政令で定めるものは、同表の上欄に掲げる者について、それぞれ同表の下欄に掲げる事項とする。

325

第Ⅲ部　資料編

一　土地について賃借権その他の使用又は収益を目的とする権利（対価が支払われるものに限る。）を有する者	当該権利の目的である土地	法に規定するすべての登録事項
二　家屋について賃借権その他の使用又は収益を目的とする権利（対価が支払われるものに限る。）を有する者	当該権利の目的である家屋及びその敷地である土地	法に規定するすべての登録事項
三　固定資産の処分をする権利を有する者として総務省令で定める者	当該権利の目的である固定資産	法に規定するすべての登録事項
四　民事訴訟費用等に関する法律（昭和46年法律第40号）別表第１の１の項から７の項まで、10の項、11の２の項ロ、13の項及び14の項の上欄に掲げる申立てをしようとする者	当該申立ての目的である固定資産	法第381条第１項から第５項までに規定する登録事項

○地方税法施行規則

（納税証明事項）

第１条の９　政令第６条の21第１項第６号の総務省令で定める事項は、次の各号に掲げるものとする。

一　法第53条第６項後段の前事業年度（連結事業年度に該当する期間を除く。以下本号において同じ。）又は前連結事業年度以前の法人税割の課税標準となる法人税額又は個別帰属法人税額について控除されなかつた同項に規定する控除対象個別帰属調整額、同条第11項後段の前事業年度又は前連結事業年度以前の法人税割の課税標準となる法人税額又は個別帰属法人税額について控除されなかつた同項に規定する控除対象個別帰属税額、同条第15項後段の前事業年度若しくは前計算期間又は前連結事業年度以前の法人税割の課税標準となる法人税額又は個別帰属法人税額について控除されなかつた同項に規定する控除対象還付法人税類、同条第19項後段の前事業年度又は前連結事業年度以前の法人税割の課税標準となる法人税額又は個別帰属法人税額について控除されなかつた同項に規定する控除対象個別帰属還付税額その他法第14条の９第２項各号に掲げる地方税の額の算出のために必要な事項

二　前号に掲げるもののほか条例で定める事項

○道路運送車両法

（登録事項等証明書等）

第22条　何人も、国土交通大臣に対し、登録事項その他の自動車登録ファイルに記録されている事項を証明した書面

7 関係法令

（以下「登録事項等証明書」という。）の交付を請求することができる。

2　前項の規定により登録事項等証明書の交付を請求する者は、国土交通省令で定めるところにより第102条第1項の規定による手数料のほか送付に要する費用を納付して、その送付を請求することができる。

○道路交通法

（定義）

第2条　この法律において、次の各号に掲げる用語の意義は、それぞれ当該各号に定めるところによる。

二～七　略

八　車両　自動車、原動機付自転車、軽車両及びトロリーバスをいう。

（以下略）

（放置違反金）

第51条の4　警察署長は、警察官等に、違法駐車と認められる場合における車両（軽車両にあつては、牽引されるための構造及び装置を有し、かつ、車両総重量（道路運送車両法第40条第3号の車両総重量をいう。）が750キログラムを超えるもの（以下「重被牽引車」という。）に限る。以下この条において同じ。）であつて、その運転者がこれを離れて直ちに運転することができない状態にあるもの（以下「放置車両」という。）の確認をさせ、内閣府令で定めるところにより、当該確認をした旨及び当該車両に係る違法駐車行為をした者について第4項ただし書に規定する場合に該当しないときは同項本文の規定により当該車両の使用者が放置違反金の納付を命ぜられることがある旨を告知する標章を当該車両の見やすい箇所に取り付け

させることができる。

2　何人も、前項の規定により車両に取り付けられた標章を破損し、若しくは汚損し、又はこれを取り除いてはならない。ただし、当該車両の使用者、運転者その他当該車両の管理について責任がある者が取り除く場合は、この限りでない。

3　警察署長は、第1項の規定により車両に標章を取り付けさせたときは、当該車両の駐車に関する状況を公安委員会に報告しなければならない。

4　前項の規定による報告を受けた公安委員会は、当該報告に係る車両を放置車両と認めるときは、当該車両の使用者に対し、放置違反金の納付を命ずることができる。ただし、第1項の規定により当該車両に標章が取り付けられた日の翌日から起算して30日以内に、当該車両に係る違法駐車行為をした者が当該違法駐車行為について第128条第1項の規定による反則金の納付をした場合又は当該違法駐車行為に係る事件について公訴を提起され、若しくは家庭裁判所の審判に付された場合は、この限りでない。

（以下略）

（報告徴収等）

第51条の5　公安委員会は、前条の規定の施行のため必要があると認めるときは、同条第1項の規定により標章を取り付けられた車両の使用者、所有者その他の関係者に対し、当該車両の使用に関し必要な報告又は資料の提出を求めることができる。

2　公安委員会は、前条の規定の施行のため必要があると認めるときは、官庁、公共団体その他の者に照会し、又

第Ⅲ部　資料編

は協力を求めることができる。

第119条の３　次の各号のいずれかに該当する者（第１号から第４号までに掲げる者にあつては、前条第１項の規定に該当する者を除く。）は、10万円以下の罰金に処する。

一～四　略

五　第51条の５（報告徴収等）第１項の規定による報告をせず、若しくは資料の提出をせず、又は虚偽の報告をし、若しくは虚偽の資料を提出した者

（以下略）

○特別児童扶養手当等の支給に関する法律

（支給要件）

第３条　国は、障害児の父若しくは母がその障害児を監護するとき、又は父母がないか若しくは父母が監護しない場合において、当該障害児の父母以外の者がその障害児を養育する（その障害児と同居して、これを監護し、かつ、その生計を維持することをいう。以下同じ。）ときは、その父若しくは母又はその養育者に対し、特別児童扶養手当（以下この章において「手当」という。）を支給する。

２　前項の場合において、当該障害児を父及び母が監護するときは、当該父又は母のうち、主として当該障害児の生計を維持する者（当該父及び母がいずれも当該障害児の生計を維持しないものであるときは、当該父又は母のうち、主として当該障害児を介護する者）に支給するものとする。

３　第１項の規定にかかわらず、手当は、障害児が次の各号のいずれかに該当するときは、当該障害児については、支給しない。

一　日本国内に住所を有しないとき。

二　障害を支給事由とする年金たる給付で政令で定めるものを受けることができるとき。ただし、その全額につきその支給が停止されているときを除く。

４　第１項の規定にかかわらず、手当は、父母に対する手当にあつては当該父母が、養育者に対する手当にあつては当該養育者が、日本国内に住所を有しないときは、支給しない。

５　手当の支給を受けた者は、手当が障害児の生活の向上に寄与するために支給されるものである趣旨にかんがみ、これをその趣旨に従つて用いなければならない。

（支給の制限）

第６条　手当は、受給資格者の前年の所得が、その者の所得税法（昭和40年法律第33号）に規定する控除対象配偶者及び扶養親族（以下「扶養親族等」という。）並びに当該受給資格者の扶養親族等でない児童扶養手当法（昭和36年法律第238号）第３条第１項に規定する者で当該受給資格者が前年の12月31日において生計を維持したものの有無及び数に応じて、政令で定める額以上であるときは、その年の８月から翌年の７月までは、支給しない。

第７条　父又は母に対する手当は、その父若しくは母の配偶者の前年の所得又はその父若しくは母の民法（明治29年法律第89号）第877条第１項に定める扶養義務者でその父若しくは母と生計を同じくするものの前年の所得が、その者の扶養親族等の有無及び数に応じ

328

て、政令で定める額以上であるとき
は、その年の8月から翌年の7月まで
は、支給しない。

第8条 養育者に対する手当は、その養
育者の配偶者の前年の所得又はその養
育者の民法第877条第1項に定める扶
養義務者でその養育者の生計を維持す
るものの前年の所得が、その者の扶養
親族等の有無及び数に応じて、前条に
規定する政令で定める額以上であると
きは、その年の8月から翌年の7月ま
では、支給しない。

（支給要件）

第17条 都道府県知事、市長（特別区の
区長を含む。以下同じ。）及び福祉事務
所（社会福祉事業法（昭和26年法律第45号）
に定める福祉に関する事務所をいう。
以下同じ。）を管理する町村長は、その
管理に属する福祉事務所の所管区域
内に住所を有する重度障害者に対し、
福祉手当（以下この章において「手当」
という。）を支給する。ただし、その者
が次の各号のいずれかに該当するとき
は、この限りではない。

一、二　略

（支給の制限）

第20条 手当は、受給資格者の前年の所
得が、その者の扶養親族等の有無及び
数に応じて、政令で定める額を超える
ときは、その年の8月から翌年の7月
までは、支給しない。

第21条 手当は、受給資格者の配偶者の
前年の所得又は受給資格者の民法第
877条第1項に定める扶養義務者で当
該受給資格者の生計を維持するものの
前年の所得が、その者の扶養親族等の
有無及び数に応じて、政令で定める額
以上であるときは、その年の8月から

翌年の7月までは、支給しない。

（資料の提供等）

第37条 行政庁は、手当の支給に関する
処分に関し必要があると認めるとき
は、受給資格者、受給資格者の配偶者
若しくは扶養義務者若しくは障害児の
資産若しくは収入の状況又は障害児に
対する第3条第3項第2号に規定する
年金たる給付、重度障害児に対する第
17条第1号に規定する給付若しくは特
別障害者に対する第26条の4に規定す
る給付の支給状況につき、郵便局その
他の官公署に対し、必要な書類の閲覧
若しくは資料の提供を求め、又は銀
行、信託会社その他の機関若しくは受
給資格者の雇用主その他の関係者に対
し、必要な事項の報告を求めることが
できる。

○特別児童扶養手当等の支給に関する法
　律施行規則

（認定の請求）

第1条 特別児童扶養手当等の支給に関
する法律（昭和39年法律第134号。以下
「法」という。）第5条〔認定〕の規定
による特別児童扶養手当（以下「手当」
という。）の受給資格及びその額につい
ての認定の請求は、特別児童扶養手当
認定請求書（様式第1号）に、次に掲
げる書類等を添えて、これを都道府県
知事に提供することによって行われな
ければならない。

一～五　略

六　受給資格者の前年（1月から6月ま
での間に請求する者にあっては、前々年
とする。次号において同じ。）の所得に
つき、次に掲げる書類等

イ　所得の額（特別児童扶養手当等の

第Ⅲ部　資料編

支給に関する法律施行令（昭和50年政令第207号。以下「令」という。）第4条〔特別児童扶養手当の支給を制限する場合の所得の範囲〕及び第5条〔特別児童扶養手当の支給を制限する場合の所得の額の計算方法〕の規定によつて計算した所得の額をいう。以下同じ。）並びに法第6条〔支給の制度〕に規定する扶養親族等の有無及び数並びに所得税法（昭和40年法律第33号）に規定する老人控除対象配偶者、老人扶養親族及び特定扶養親族の有無及び数についての市町村長（特別区の区長を含む。以下同じ。）の証明書

ロ　受給資格者が令第5条第2項第1号から第6号までの規定に該当するときは、当該事実を明らかにすることができる市町村長の証明書

ハ～ホ　略

七　配偶者（婚姻の届出をしていないが、事実上婚姻関係と同様の事情にある者を含む。以下同じ。）がある受給資格者又は法第7条に規定する扶養義務者がある父若しくは母である受給資格者若しくは法第8条に規定する扶養義務者がある養育者である受給資格者にあつては、当該配偶者又は当該扶養義務者の前年の所得につき、次に掲げる書類

イ　所得の額並びに法第7条に規定する扶養親族等の有無及び数並びに所得税法に規定する老人扶養親族の有無及び数についての市町村長の証明書

ロ　当該配偶者又は当該扶養義務者

が令第5条第1号から第6号までの規定に該当するときは、当該事実を明らかにすることができる市町村長の証明書

ハ、二　略

○日本国憲法

（対審及び判決の公開）

第82条　裁判の対審及び判決は、公開法廷でこれを行ふ。

2　裁判所が、裁判官の全員一致で、公の秩序又は善良の風俗を害する虞があると決した場合には、対審は、公開しないでこれを行ふことができる。但し、政治犯罪、出版に関する犯罪又はこの憲法第3章で保障する国民の権利が問題となつてゐる事件の対審は、常にこれを公開しなければならない。

（会計検査）

第90条　国の収入支出の決算は、すべて毎年会計検査院がこれを検査し、内閣は、次の年度に、その検査報告とともに、これを国会に提出しなければならない。

2　会計検査院の組織及び権限は、法律でこれを定める。

○破産法

（財団債権となる請求権）

第148条　次に掲げる請求権は、財団債権とする。

一　破産債権者の共同の利益のためにする裁判上の費用の請求権

二　破産財団の管理、換価及び配当に関する費用の請求権

三　破産手続開始前の原因に基づいて生じた租税等の請求権（第97条第5号に掲げる請求権を除く。）であつて、

破産手続開始当時、まだ納期限の到来していないもの又は納期限から1年（その期間中に包括的禁止命令が発せられたことにより国税滞納処分をすることができない期間がある場合には、当該期間を除く。）を経過していないもの

四～八　略

2～4　略

（財団債権の取扱い）

第151条　財団債権は、破産債権に先立って、弁済する。

〇番号法

（定義）

第2条　1～6　略

7　この法律において「個人番号カード」とは、氏名、住所、生年月日、性別、個人番号その他政令で定める事項が記載され、本人の写真が表示され、かつ、これらの事項その他総務省令で定める事項（以下「カード記録事項」という。）が電磁的方法（電子的方法、磁気的方法その他の人の知覚によって認識することができない方法をいう。第18条において同じ。）により記録されたカードであって、この法律又はこの法律に基づく命令で定めるところによりカード記録事項を閲覧し、又は改変する権限を有する者以外の者による閲覧又は改変を防止するために必要なものとして総務省令で定める措置が講じられたものをいう。

8～15　略

（利用範囲）

第9条　別表第1の上欄に掲げる行政機関、地方公共団体、独立行政法人等その他の行政事務を処理する者（法令の規定により同表の下欄に掲げる事務の全部又は一部を行うこととされている者がある場合にあっては、その者を含む。第3項において同じ。）は、同表の下欄に掲げる事務の処理に関して保有する特定個人情報ファイルにおいて個人情報を効率的に検索し、及び管理するために必要な限度で個人番号を利用することができる。当該事務の全部又は一部の委託を受けた者も、同様とする。

2　地方公共団体の長その他の執行機関は、福祉、保健若しくは医療その他の社会保障、地方税（地方税法（昭和25年法律第226号）第1条第1項第4号に規定する地方税をいう。以下同じ。）又は防災に関する事務その他これらに類する事務であって条例で定めるものの処理に関して保有する特定個人情報ファイルにおいて個人情報を効率的に検索し、及び管理するために必要な限度で個人番号を利用することができる。当該事務の全部又は一部の委託を受けた者も、同様とする。

3～5　略

（個人番号利用事務実施者等の責務）

第12条　個人番号利用事務実施者及び個人番号関係事務実施者（以下「個人番号利用事務等実施者」という。）は、個人番号の漏えい、滅失又は毀損の防止その他の個人番号の適切な管理のために必要な措置を講じなければならない。

（提供の要求）

第14条　個人番号利用事務等実施者は、個人番号利用事務等を処理するために必要があるときは、本人又は他の個人番号利用事務等実施者に対し個人番号の提供を求めることができる。

2　略

（提供の求めの制限）

第Ⅲ部　資料編

第15条　何人も、第19条各号のいずれか
に該当して特定個人情報の提供を受け
ることができる場合を除き、他人（自
己と同一の世帯に属する者以外の者をい
う。第20条において同じ。）に対し、個人
番号の提供を求めてはならない。

（本人確認の措置）

第16条　個人番号利用事務等実施者は、
第14条第１項の規定により本人から個
人番号の提供を受けるときは、当該提
供をする者から個人番号カード若しく
は通知カード及び当該通知カードに記
載された事項がその者に係るものであ
ることを証するものとして主務省令で
定める書類の提示を受けること又はこ
れらに代わるべきその者が本人である
ことを確認するための措置として政令
で定める措置をとらなければならな
い。

（特定個人情報の提供の制限）

第19条　何人も、次の各号のいずれかに
該当する場合を除き、特定個人情報の
提供をしてはならない。

一～六　略

七　別表第２の第１欄に掲げる者（法
令の規定により同表の第２欄に掲げる事
務の全部又は一部を行うこととされてい
る者がある場合にあっては、その者を含
む。以下「情報照会者」という。）が、
政令で定めるところにより、同表の
第３欄に掲げる者（法令の規定により
同表の第４欄に掲げる特定個人情報の利
用又は提供に関する事務の全部又は一部
を行うこととされている者がある場合に
あっては、その者を含む。以下「情報提
供者」という。）に対し、同表の第２
欄に掲げる事務を処理するために必
要な同表の第４欄に掲げる特定個人

情報（情報提供者の保有する特定個人情
報ファイルに記録されたものに限る。）
の提供を求めた場合において、当該
情報提供者が情報提供ネットワーク
システムを使用して当該特定個人情
報を提供するとき。

八　条例事務関係情報照会者（第９条
第２項の規定に基づき条例で定める事務
のうち別表第２の第２欄に掲げる事務に
準じて迅速に特定個人情報の提供を受け
ることによって効率化を図るべきものと
して個人情報保護委員会規則で定めるも
のを処理する地方公共団体の長その他の
執行機関であって個人情報保護委員会規
則で定めるものをいう。第26条において
同じ。）が、政令で定めるところに
より、条例事務関係情報提供者（当
該事務の内容に応じて個人情報保護委員
会規則で定める個人番号利用事務実施者
をいう。以下この号及び同条において同
じ。）に対し、当該事務を処理する
ために必要な同表の第４欄に掲げる
特定個人情報であって当該事務の内
容に応じて個人情報保護委員会規則
で定めるもの（条例事務関係情報提供
者の保有する特定個人情報ファイルに記
録されたものに限る。）の提供を求め
た場合において、当該条例事務関係
情報提供者が情報提供ネットワーク
システムを使用して当該特定個人情
報を提供するとき。

九　略

十　地方公共団体の機関が、条例で定
めるところにより、当該地方公共団
体の他の機関に、その事務を処理す
るために必要な限度で特定個人情報
を提供するとき。

十一～十三　略

7 関係法令

十四 各議院若しくは各議院の委員会
若しくは参議院の調査会が国会法
（昭和22年法律第79号）第104条第1項
（同法第54条の4第1項において準用す
る場合を含む。）若しくは議院におけ
る証人の宣誓及び証言等に関する法
律（昭和22年法律第225号）第1条の
規定により行う審査若しくは調査、
訴訟手続その他の裁判所における手
続、裁判の執行、刑事事件の捜査、
租税に関する法律の規定に基づく犯
則事件の調査又は会計検査院の検査
（第36条において「各議院審査等」とい
う。）が行われるとき、その他政令
で定める公益上の必要があるとき。

十五 略

十六 その他これらに準ずるものとし
て個人情報保護委員会規則で定める
とき。

（収集等の制限）

第20条 何人も、前条各号のいずれかに
該当する場合を除き、特定個人情報
（他人の個人番号を含むものに限る。）を収
集し、又は保管してはならない。

（情報提供ネットワークシステム）

第21条 総務大臣は、委員会と協議し
て、情報提供ネットワークシステムを
設置し、及び管理するものとする。

2 総務大臣は、情報照会者から第19条
第7号の規定により特定個人情報の提
供の求めがあったときは、次に掲げる
場合を除き、政令で定めるところによ
り、情報提供ネットワークシステムを
使用して、情報提供者に対して特定個
人情報の提供の求めがあった旨を通知
しなければならない。

一 情報照会者、情報提供者、情報照
会者の処理する事務又は当該事務を

処理するために必要な特定個人情報
の項目が別表第2に掲げるものに該
当しないとき。

二 当該特定個人情報が記録されるこ
ととなる情報照会者の保有する特定
個人情報ファイル又は当該特定個人
情報が記録されている情報提供者の
保有する特定個人情報ファイルにつ
いて、第28条（第3項及び第5項を除
く。）の規定に違反する事実があっ
たと認めるとき。

（特定個人情報の提供）

第22条 情報提供者は、第19条第7号の
規定により特定個人情報の提供を求め
られた場合において、当該提供の求め
について前条第2項の規定による総務
大臣からの通知を受けたときは、政令
で定めるところにより、情報照会者に
対し、当該特定個人情報を提供しなけ
ればならない。

2 前項の規定による特定個人情報の提
供があった場合において、他の法令の
規定により当該特定個人情報と同一の
内容の情報を含む書面の提出が義務付
けられているときは、当該書面の提出
があったものとみなす。

（特定個人情報の漏えい等に関する報
告）

第29条の4 個人番号利用事務等実施者
は、個人情報保護委員会規則で定める
ところにより、特定個人情報ファイル
に記録された特定個人情報の漏えいそ
の他の特定個人情報の安全の確保に係
る重大な事態が生じたときは、委員会
に報告するものとする。

○番号法施行令

（公益上の必要がある場合）

第Ⅲ部　資料編

第26条　法第19条第14号の政令で定める
公益上の必要があるときは、別表に掲
げる場合とする。

別表（第26条、第34条関係）
一　恩赦法（昭和22年法律第20号）第4
　条の特赦、同法第6条の減刑（同条
　に規定する特定の者に対するものに限
　る。）、同法第8条の刑の執行の免除
　又は同法第9条の復権（同条に規定
　する特定の者に対するものに限る。）が
　行われるとき。
二　私的独占の禁止及び公正取引の確
　保に関する法律第47条第1項の規定
　による処分又は同法第101条第1項
　に規定する犯則事件の調査が行われ
　るとき。
三　地方自治法第100条第1項の規定
　による調査が行われるとき。
四　金融商品取引法の規定による報告
　若しくは資料の提出の求め若しくは
　検査（同法第6章の2の規定による課徴
　金に係る事件についてのものに限る。）、
　同法第177条の規定による処分、同
　章第2節の規定による審判手続、同
　法第187条（投資信託及び投資法人に関
　する法律第26条第7項（同法第54条第1
　項において準用する場合を含む。）、第60
　条第3項、第219条第3項及び第223条第
　3項において準用する場合を含む。）の
　規定による処分（金融商品取引法第
　187条第1項の規定による処分にあって
　は、同法第192条の規定による申立てに
　ついてのものに限る。）又は同法第210
　条第1項（犯罪による収益の移転防止
　に関する法律第32条において準用する場
　合を含む。）に規定する犯則事件の調
　査が行われるとき。

五　公認会計士法（昭和23年法律第103
　号）第33条第1項（同法第34条の21の
　2第7項において準用する場合を含む。）
　の規定による処分（同法第31条の2第
　1項又は第34条の21の2第1項の規定に
　よる課徴金に係る事件についてのものに
　限る。）又は同法第5章の5の規定
　による審判手続が行われるとき。
六　検察審査会法（昭和23年法律第147
　号）第2条第1項第1号に規定する
　審査が行われるとき。
七　少年法（昭和23年法律第168号）第
　6条の2第1項又は第3項の規定に
　よる調査が行われるとき。
八　租税に関する法律又はこれに基づ
　く条例の規定による質問、検査、提
　示若しくは提出の求め又は協力の要
　請が行われるとき。
九　破壊活動防止法（昭和27年法律第
　240号）第11条の規定による処分の
　請求、同法第22条第1項の規定によ
　る審査、同法第27条の規定による調
　査又は同法第28条第1項（無差別大
　量殺人行為を行った団体の規制に関する
　法律（平成11年法律第147号）第30条に
　おいて準用する場合を含む。）の規定
　による書類及び証拠物の閲覧の求めが
　行われるとき。
十　租税条約等の実施に伴う所得税
　法、法人税法及び地方税法の特例等
　に関する法律（昭和44年法律第46号）
　第8条の2第1項の規定による情報
　の提供が行われるとき。
十一　国際捜査共助等に関する法律
　（昭和55年法律第69号）第1条第1号
　に規定する共助（同条第4号に規定す
　る受刑者証人移送を除く。）又は同法第
　18条第1項の協力が行われるとき。

7　関係法令

十二　暴力団員による不当な行為の防止等に関する法律（平成3年法律第77号）第33条第1項の規定による報告若しくは資料の提出の求め又は立入検査が行われるとき。

十三　国際的な協力の下に規制薬物に係る不正行為を助長する行為等の防止を図るための麻薬及び向精神薬取締法等の特例等に関する法律（平成3年法律第94号）第21条の規定による共助が行われるとき。

十四　行政機関の保有する情報の公開に関する法律（平成11年法律第42号）第19条第1項の規定による諮問が行われるとき。

十五　不正アクセス行為の禁止等に関する法律（平成11年法律第128号）第9条第1項の規定による申出が行われるとき。

十六　組織的な犯罪の処罰及び犯罪収益の規制等に関する法律（平成11年法律第136号）第59条第1項又は第2項の規定による共助が行われるとき。

十七　無差別大量殺人行為を行った団体の規制に関する法律第7条第1項、第14条第1項若しくは第29条の規定による調査、同法第7条第2項若しくは第14条第2項の規定による立入検査又は同法第12条第1項の規定による処分の請求が行われるとき。

十八　独立行政法人等の保有する情報の公開に関する法律（平成13年法律第140号）第19条第1項の規定による諮問が行われるとき。

十九　個人情報の保護に関する法律（平成15年法律第57号）第40条第1項

の規定による報告若しくは資料の提出の求め又は立入検査が行われるとき。

二十　行政機関個人情報保護法第43条第1項の規定による諮問、行政機関個人情報保護法第49条第1項の規定による報告の求め又は行政機関個人情報保護法第50条の規定による資料の提出及び説明の求めが行われるとき。

二十一　独立行政法人等個人情報保護法第43条第1項の規定による諮問又は独立行政法人等個人情報保護法第48条第1項の規定による報告の求めが行われるとき。

二十二　犯罪被害財産等による被害回復給付金の支給に関する法律（平成18年法律第87号）第6条第1項に規定する犯罪被害財産支給手続又は同法第37条第1項に規定する外国譲与財産支給手続が行われるとき。

二十三　犯罪による収益の移転防止に関する法律第8条第1項の規定による届出、同条第4項若しくは第5項の規定による通知、同法第13条第1項若しくは第14条第1項の規定による提供、同法第13条第2項の規定による閲覧、謄写若しくは写しの送付の求め、同法第15条若しくは第19条第2項の規定による報告若しくは資料の提出の求め又は同法第16条第1項若しくは第19条第3項の規定による立入検査が行われるとき。

二十四　国際刑事裁判所に対する協力等に関する法律（平成19年法律第37号）第2条第4号に規定する証拠の提供、同条第10号に規定する執行協力又は同法第52条第1項に規定する管

335

轄刑事事件の捜査に関する措置が行われるとき。

二十五　更生保護法（平成19年法律第88号）第85条第1項に規定する更生緊急保護が行われるとき。

二十六　公文書等の管理に関する法律（平成21年法律第66号）第8条第1項、第11条第4項若しくは第14条第2項の規定による移管又は同法第21条第4項の規定による諮問が行われるとき。

○行政手続における特定の個人を識別するための番号の利用等に関する法律第19条第16号に基づき同条第14号に準ずるものとして定める特定個人情報の提供に関する規則（平成27年7月15日、特定個人情報保護委員会規則第1号）

行政手続における特定の個人を識別するための番号の利用等に関する法律（以下「法」という。）第19条第14号に準ずるものとして同条第16号の個人情報保護委員会規則で定めるときは、次に掲げる場合とする。

一　行政書士法（昭和26年法律第4号）第13条の22第1項の規定による立入検査又は同法第14条の3第2項の規定による調査が行われるとき。

二　税理士法（昭和26年法律第237号）第55条第1項の規定による報告の徴取、質問又は検査が行われるとき。

三　社会保険労務士法（昭和43年法律第89号）第24条第1項の規定による報告の求め又は立入検査が行われるとき。

四　条例の規定に基づき地方公共団体の機関がした開示決定等（行政機関の保有する情報の公開に関する法律（平成11年法律第42号）第1条第1項に規定する開示決定等又は行政機関の保有する個人情報の保護に関する法律（平成15年法律第58号）第19条第1項、第31条第1項若しくは第40条第1項に規定する開示決定等、訂正決定等若しくは利用停止決定等に相当するものをいう。）又は開示請求等（行政機関の保有する情報の公開に関する法律第4条第1項に規定する開示請求又は行政機関の保有する個人情報の保護に関する法律第12条第2項、第27条第2項若しくは第36条第2項に規定する開示請求、訂正請求若しくは利用停止請求に相当するものをいう。）に係る不作為について審査請求があった場合において、当該審査請求に対する裁決をすべき当該地方公共団体の機関による諮問が行われるとき。

○不動産登記法

（行政機関の保有する情報の公開に関する法律の適用除外）

第153条　登記簿等及び筆界特定書等については、行政機関の保有する情報の公開に関する法律（平成11年法律第42号）の規定は、適用しない。

○弁護士法

（弁護士の使命）

第1条　弁護士は、基本的人権を擁護し、社会正義を実現することを使命とする。

2　弁護士は、前項の使命に基き、誠実にその職務を行い、社会秩序の維持及び法律制度の改善に努力しなければならない。

（秘密保持の権利及び義務）

第23条　弁護士又は弁護士であった者

7 関係法令

は、その職務上知り得た秘密を保持する権利を有し、義務を負う。但し、法律に別段の定めがある場合は、この限りでない。

（報告の請求）

第23条の2 弁護士は、受任している事件について、所属弁護士会に対し、公務所又は公私の団体に照会して必要な事項の報告を求めることができる。申出があった場合において、当該弁護士会は、その申請が適当でないと認めるときは、これを拒絶することができる。

2 弁護士会は、前項の規定による申出に基き、公務所又は公私の団体に照会して必要な事項の報告を求めることができる。

○民事執行法

（官庁等に対する援助請求等）

第18条 民事執行のため必要がある場合には、執行裁判所は、官庁又は公署に対し、援助を求めることができる。

2 前項に規定する場合には、執行裁判所又は執行官は、民事執行の目的である財産に対して課される租税その他の公課について、所管の官庁又は公署に対し、必要な証明書の交付を請求することができる。

3 前項の規定は、民事執行の申立てをしようとする者がその申立てのため同項の証明書を必要とする場合について準用する。

（現況調査）

第57条 執行裁判所は、執行官に対し、不動産の形状、占有関係その他の現況について調査を命じなければならない。

2 執行官は、前項の調査をするに際し、不動産に立ち入り、又は債務者若しくはその不動産を占有する第三者に対し、質問をし、若しくは文書の提示を求めることができる。

3 執行官は、前項の規定により不動産に立ち入る場合において、必要があるときは、閉鎖した戸を開くため必要な処分をすることができる。

4 執行官は、第1項の調査のため必要がある場合には、市町村（特別区の存する区域にあっては、都）に対し、不動産（不動産が土地である場合にはその上にある建物を、不動産が建物である場合にはその敷地を含む。）に対して課される固定資産税に関して保有する図面その他の資料の写しの交付を請求することができる。

5 執行官は、前項に規定する場合には、電気、ガス又は水道水の供給その他これらに類する継続的給付を行う公益事業を含む法人に対し、必要な事項の報告を求めることができる。

（評価）

第58条 執行裁判所は、評価人を選任し、不動産の評価を命じなければならない。

2 評価人は、第6条第2項の規定により執行官に対し援助を求めるには、執行裁判所の許可を受けなければならない。

3 第18条第2項並びに前条第2項、第4項及び第5項の規定は、評価人が評価をする場合について準用する。

○民事執行規則

（申立書の添付書類）

第23条 不動産に対する強制競売の申立

337

第Ⅲ部　資料編

書には、執行力ある債務名義の正本の
ほか、次に掲げる書類を添付しなけれ
ばならない。

一～四　略

五　不動産に対して課される租税その
他の公課の額を証する文書

○民事訴訟法

（送達実施機関）

第99条　送達は、特別の定めがある場合
を除き、郵便又は執行官によってす
る。

2　郵便による送達にあっては、郵便の
業務に従事する者を送達をする公務員
とする。

（調査の嘱託）

第186条　裁判所は、必要な調査を官庁
若しくは公署、外国の官庁若しくは公
署又は学校、商工会議所、取引所その
他の団体に嘱託することができる。

（過料の裁判の執行）

第189条　この章の規定による過料の裁
判は、検察官の命令で執行する。この
命令は、執行力のある債務名義と同一
の効力を有する。

2　過料の裁判の執行は、民事執行法
（昭和54年法律第4号）その他強制執行
の手続に関する法令の規定に従ってす
る。ただし、執行をする前に裁判の送
達をすることを要しない。

3、4　省略

（文書提出義務）

第220条　次に掲げる場合には、文書の
所持者は、その提出を拒むことができ
ない。

一　当事者が訴訟において引用した文
書を自ら所持するとき。

二　挙証者が文書の所持者に対しその

引渡し又は閲覧を求めることができ
るとき。

三　文書が挙証者の利益のために作成
され、又は挙証者と文書の所持者と
の間の法律関係について作成された
とき。

四　前3号に掲げる場合のほか、文書
が次に掲げるもののいずれにも該当
しないとき。

イ　文書の所持者又は文書の所持者
と第196条各号に掲げる関係を有
する者についての同条に規定する
事項が記載されている文書

ロ　公務員の職務上の秘密に関する
文書でその提出により公共の利益
を害し、又は公務の遂行に著しい
支障を生ずるおそれがあるもの

ハ　第197条第1項第2号に規定す
る事実又は同項第3号に規定する
事項で、黙秘の義務が免除されて
いないものが記載されている文書

ニ　専ら文書の所持者の利用に供す
るための文書（国又は地方公共団体
が所持する文書にあっては、公務員が
組織的に用いるものを除く。）

ホ　刑事事件に係る訴訟に関する書
類若しくは少年の保護事件の記録
又はこれらの事件において押収さ
れている文書

（文書提出命令等）

第223条　裁判所は、文書提出命令の申
立てを理由があると認めるときは、決
定で、文書の所持者に対し、その提出
を命ずる。この場合において、文書に
取り調べる必要がないと認める部分又
は提出の義務があると認めることがで
きない部分があるときは、その部分を
除いて、提出を命ずることができる。

7 関係法令

2 裁判所は、第三者に対して文書の提出を命じようとする場合には、その第三者を審尋しなければならない。

3 裁判所は、公務員の職務上の秘密に関する文書について第220条第4号に掲げる場合であることを文書の提出義務の原因とする文書提出命令の申立てがあった場合には、その申立てに理由がないことが明らかなときを除き、当該文書が同号ロに掲げる文書に該当するかどうかについて、当該監督官庁（衆議院又は参議院の議員の職務上の秘密に関する文書についてはその院、内閣総理大臣その他の国務大臣の職務上の秘密に関する文書については内閣。以下この条において同じ。）の意見を聴かなければならない。この場合において、当該監督官庁は、当該文書が同号ロに掲げる文書に該当する旨の意見を述べるときは、その理由を示さなければならない。

4 前項の場合において、当該監督官庁が当該文書の提出により次に掲げるおそれがあることを理由として当該文書が第220条第4号ロに掲げる文書に該当する旨の意見を述べたときは、裁判所は、その意見について相当の理由があると認めるに足りない場合に限り、文書の所持者に対し、その提出を命ずることができる。

一 国の安全が害されるおそれ、他国若しくは国際機関との信頼関係が損なわれるおそれ又は他国若しくは国際機関との交渉上不利益を被るおそれ

二 犯罪の予防、鎮圧又は捜査、公訴の維持、刑の執行その他の公共の安全と秩序の維持に支障を及ぼすおそれ

5 第3項前段の場合において、当該監督官庁は、当該文書の所持者以外の第三者の技術又は職業の秘密に関する事項に係る記載がされている文書について意見を述べようとするときは、第220条第4号ロに掲げる文書に該当する旨の意見を述べようとするときを除き、あらかじめ、当該第三者の意見を聴くものとする。

6 裁判所は、文書提出命令の申立てに係る文書が第220条第4号イからニまでに掲げる文書のいずれかに該当するかどうかの判断をするため必要があると認めるときは、文書の所持者にその提示をさせることができる。この場合においては、何人も、その提示された文書の開示を求めることができない。

7 文書提出命令の申立てについての決定に対しては、即時抗告をすることができる。

（第三者が文書提出命令に従わない場合の過料）

第225条 第三者が文書提出命令に従わないときは、裁判所は、決定で、20万円以下の過料に処する。

2 前項の決定に対しては、即時抗告をすることができる。

（判決の発効）

第250条 判決は、言渡しによってその効力を生ずる。

　　附　則

（検討）

第27条 新法第220条第4号に規定する公務員又は公務員であった者がその職務に関し保管し、又は所持する文書を対象とする文書提出命令の制度については、行政機関の保有する情報を公開するための制度に関して行われている

第Ⅲ部　資料編

検討と並行して、総合的な検討を加
え、その結果に基づいて必要な措置を
講ずるものとする。

2　前項の措置は、新法の公布後2年を
目途として、講ずるものとする。

○旧民事訴訟法第643条

1　申立ニハ執行力アル正本ノ外左ノ証
書ヲ添付ス可シ
第一　登記簿ニ債務者ノ所有トシテ登
記シタル不動産ニ付テハ登記官ノ認
証書
第二　登記簿ニ登記アラサル不動産ニ
付テハ債務者ノ所有タルコトヲ証ス
可キ証書
第三　地所ニ付テハ国郡市町村、字、
番地、地目、地積及ヒ其地所ニ付キ
納ム可キ1ヶ年ノ租税其他ノ公課ヲ
証ス可キ証書
第四　建物ニ付テハ国郡市町村、字、
番地、構造ノ種類、床面積及ヒ其建
物ニ付キ納ム可キ1ヶ年ノ公課ヲ証
ス可キ証書
第五　地所、建物ニ付キ賃貸借アル場
合ニ於テハ其期限並ニ借賃及ヒ借賃
ノ前払又ハ敷金ノ差入アルトキハ其
額ヲ証ス可キ証書

2　第2号、第3号及ヒ第4号ノ要件ニ
付テハ債権者公簿ヲ主管スル官庁ニ其
証明書ヲ求ムルコト得

3、4　略

○民　　法

（事務所の移転の登記）

第48条

3　同一の登記所の管轄区域内において
事務所を移転したときは、その移転を
登記すれば足りる。

（夫婦の氏）

第750条　夫婦は、婚姻の際に定めると
ころに従い、夫又は妻の氏を称する。

（同居・扶助の義務）

第752条　夫婦は同居し、互いに協力し
扶助しなければならない。

（日常の家事による債務の連帯責任）

第761条　夫婦の一方が日常の家事に関
して第三者と法律行為をしたときは、
他の一方は、これによって生じた債務
について、連帯してその責に任ずる。
但し、第三者に対し責に任じない旨を
予告した場合は、この限りでない。

（離婚と氏）

第767条　婚姻によって氏を改めた人又
は妻は、協議上の離婚によって婚姻前
の氏に復する。

2　前項の規定によつて婚姻前の氏に復
した夫又は妻は、離婚の日から3箇月
以内に戸籍法の定めるところにより届
け出ることによつて、離婚の際に称し
ていた氏を称することができる。

○郵便法

（正当の交付）

第37条　この法律若しくはこの法律に基
づく総務省令又は郵便約款に規定する
手続を経て郵便物を交付したときは、
正当の交付をしたものとみなす。

（郵便を不正に利用する罪）

第82条　詐欺、恐喝又は脅迫の目的をも
つて、真実に反する住所、居所、所在
地、氏名、名称又は通信文を記載した
郵便物を差し出し、又は他人にこれを
差し出させた者は、50万円以下の罰金
に処する。

7 関係法令

○老人福祉法

（老人ホームへの入所等）
第11条　市町村は、必要に応じて、次の措置を採らなければならない。
　一　65歳以上の者であつて、身体上若しくは精神上又は環境上の理由及び経済的理由（政令で定めるものに限る。）により居宅において養護を受けることが困難なものを当該地方公共団体の設置する養護老人ホームに入所させ、又は当該市町村以外の者の設置する養護老人ホームに入所を委託すること。
　二　65歳以上の者であつて、身体上又は精神上著しい障害があるために常時の介護を必要とし、かつ、居宅においてこれを受けることが困難なものが、やむを得ない事由により介護保険法に規定する介護老人福祉施設に入所することが著しく困難であると認めるときは、その者を当該市町村の設置する特別養護老人ホームに入所させ、又は当該地方公共団体以外の者の設置する特別養護老人ホームに入所を委託すること。
　三　65歳以上の者であつて、養護者がないか、又は養護者があつてもこれに養護させることが不適当であると認められるものの養護を養護受託者（老人を自己の下に預つて養護することを希望する者であつて、市町村長が適当と認めるものをいう。以下同じ。）のうち政令で定めるものに委託すること。
（費用の徴収）
第28条　第10条の4第1項及び第11条の規定による措置に要する費用について

は、これを支弁した市町村の長は、当該措置に係る者又はその扶養義務者（民法（明治29年法律第89号）に定める扶養義務者をいう。以下同じ。）から、その負担能力に応じて、当該措置に要する費用の全部又は一部を徴収することができる。
2　略
（調査の嘱託及び報告の請求）
第36条　市町村は、福祉の措置に関し必要があると認めるときは、当該指定を受け、若しくは受けようとする老人又はその扶養義務者の資産又は収入の状況につき、官公署に調査を嘱託し、又は銀行、信託会社、当該老人若しくはその扶養義務者、その雇主その他の関係人に報告を求めることができる。

○労働保険の保険料の徴収等に関する法律

（督促及び滞納処分）
第27条　労働保険料その他この法律の規定による徴収金を納付しない者があるときは、政府は、期限を指定して督促しなければならない。
2　前項の規定によつて督促するときは、政府は、納付義務者に対して督促状を発する。この場合において、督促状により指定すべき期限は、督促状を発する日から起算して10日以上経過した日でなければならない。
3　第1項の規定による督促を受けた者が、その指定の期限までに、労働保険料その他この法律の規定による徴収金を納付しないときは、政府は、国税滞納処分の例によつて、これを処分する。

341

第Ⅲ部　資料編

8　用語索引

あ行

一元管理　31
一般職　137〜141
委任状　99, 100〜103
運転免許証　121, 123, 194
閲覧　14, 15
恩給法　288

か行

会計検査院　199, 205
会計検査院法　288
外国人登録原票　154
介護保険法　289
家屋調査表　82, 89〜91
課税証明書　99, 121〜123, 130
機関別符号（情報提供用個人識別符号）
　43
旧姓　154〜157
行政運営情報　88
行政機関の保有する個人情報の保護に関
　する法律　290
行政指導　111, 161, 162, 168
行政調査　113, 168, 178, 183
強制調査　117, 118
行政手続法　296
行政文書　82, 85, 86, 107, 108
銀行秘密　161, 162
国の債権の管理等に関する法律　296
刑事訴訟法　297
刑法　298
健康保険証　123
健康保険法　298
検察官　186
原動機付自転車のナンバープレート

92, 93
コアシステム　43, 44, 47, 48
公営住宅法　299
公課証明　9, 188
口座振替　182
口座振替契約　182
厚生年金保険法　300
高年齢者等の雇用の安定等に関する法律
　300
高年齢者等の雇用の安定等に関する法律
　施行規則　300
高齢者の医療の確保に関する法律　301
高齢者の医療の確保に関する法律施行規
　則　301
国税徴収法　302
国民健康保険法　303
国民年金法　304
個人情報　15〜24, 26, 106〜108
個人情報保護委員会　240, 244
個人情報の保護に関する法律　306
個人情報保護条例　22
個人番号関係事務　35, 210
個人番号関係事務実施者　35, 39, 74, 78,
　214, 236, 239
個人番号利用事務等　210, 212
個人番号利用事務等実施者　74, 77, 210,
　213, 215
固定資産課税台帳登録事項証明　14
国家公務員法　303
雇用対策法　310
雇用対策法施行規則　310

さ行

裁判の執行　186
債務名義　186

8　用語索引

差押え対象財産　180
自己に関する情報をコントロールする権利　91
質問検査権　111, 113, 117〜119, 133, 168
児童手当法　311
児童手当法施行規則　311
児童扶養手当法　312
児童扶養手当法施行規則　313
事務事業情報　86, 88, 90
住所　93, 107
住民基本台帳　29, 153
住民基本台帳法　152
受忍義務　147, 161, 162
守秘義務　4, 5, 53〜55, 60, 61, 64〜66, 70, 71, 100, 114, 115, 131〜133, 145, 147

証言拒否権　10
情報公開条例　87
情報公開・個人情報保護審査会等　90
情報照会者　41〜43, 52, 56〜59
情報提供者　41〜43, 52, 56〜59
情報提供ネットワークシステム（情報提供NWS）　30, 42〜51, 53, 60〜63
情報連携　30
条例事務（条例事務関係情報連携）　35, 40, 47
職業安定法　314
嘱託員　137〜142
職務上知り得た秘密　5, 190
職務上の秘密　5
所得税法　314
書類の送達　195
生活保護法　315
生活保護法施行規則　317
税務調査　172, 173
税理士法　317
捜査機関　185, 189
捜索　117, 118

訴訟記録　172, 173
訴訟における立証活動　171
租税情報開示禁止原則　4, 5, 28, 45, 50, 95, 116, 120, 172, 173, 188, 199

た行

第二次納税義務　183
滞納者　159〜162, 165, 169, 170, 179, 181
滞納処分　182
滞納整理　131, 132, 160, 166, 167, 178, 179, 182
代理権授与通知書　102
代理人　101, 121, 122
他機関連携　38, 41
地方公共団体情報システム機構　29
地方公務員法　318
地方自治法　319
地方税法　320
地方税法施行令　325
地方税法施行規則　326
着信時オーソライズ方式　51, 52, 55
中間サーバー　43, 44
調査の嘱託　146
庁内連携　35, 36
通称名　151〜156
提供　36〜38
電話による照会　193, 196
道路運送車両法　326
道路管理者　93, 97
道路交通法　327
独自利用事務　35
特定個人情報　29, 38, 52
特定個人情報保護評価　49
特別児童扶養手当等の支給に関する法律　328
特別児童扶養手当等の支給に関する法律施行規則　329
特別職　138, 139

343

第Ⅲ部　資　料　編

な行

日常家事代理権　101
日本国憲法　330
任意調査　117, 118, 168, 189, 202
納税証明　99
納税通知書　152〜155

は行

破産法　330
パスポート　124
番号法　331
秘密　5, 118, 133〜135
評価証明　99, 185
符号　29, 31
不動産登記法　336
プライバシー　3, 4, 12〜14, 16〜18, 21,
　26
プレフィックス情報　52〜55
分散管理　31
文書提出命令　144
弁護士　143〜149
弁護士会　143, 144, 146, 149, 150
弁護士法　336
ペンネーム　151, 152, 154, 156
法定事務　35
保有個人情報　86〜88, 106〜109

本人開示　86, 90, 108
本人確認　33, 121, 123〜126, 193〜197
本人の同意（本人同意，同意書）　42,
　54〜67, 71

ま行

マイナポータル　59
マイナンバーカード（個人番号カード）
　72〜76, 79
身分証明書　124
民事執行法　337
民事執行規則　337
民事訴訟法　338
民法　340

や行

郵送による税務証明の請求　193
郵便法　340
預金照会　158〜163

ら行

利用　36〜38
老人福祉法　341
労働保険の保険料の徴収等に関する法律
　341

【編著者紹介】

地方税事務研究会

　横浜市で税務部門を経験した OB から成り、日々、地方税事務を研究。

○編著者代表

尾澤詳憲（おざわ・よしのり）

　1964年横浜市税制課に配属されて以来、税務経歴通算29年余に及び、その間、自治省（現総務省）市町村税課課長補佐、横浜市税制課長、主税部長、市民局理事・総務部長等を歴任。

（主な著作）

『事例解説　地方税とプライバシー　改訂版』（ぎょうせい）、『増訂版　キーワードの比較で読む　わかりやすい　地方税のポイント115』（ぎょうせい）、『税務課のシゴト』（ぎょうせい）その他、月刊「税」等に多数執筆。

○執筆者

江間利男、北野信行、鷲巣研二

地方税務職員のための　事例解説
税務情報管理とマイナンバー

令和元年8月5日　第1刷発行

編著者　地方税事務研究会
発行所　株式会社　ぎょうせい
本　社　東京都中央区銀座7―4―12(〒104―0061)
本　部　東京都江東区新木場1―18―11(〒136―8575)
電　話　編集　03-6892-6510
　　　　営業　03-6892-6666
フリーコール　0120-953-431
ＵＲＬ　https://gyosei.jp

＜検印省略＞

印刷・製本：ぎょうせいデジタル㈱
乱丁・落丁本は、送料小社負担にてお取り替えいたします。
©2019　Printed in Japan
禁無断転載・複製
ISBN978-4-324-10689-1
(5108546-00-000)
〔略号：番号税務〕